처벌의 원리

공동체 가치로서 연대성과 처벌의 인간화

김혜경

마인드탭
MIND TAP

처벌의 원리

공동체 가치로서 연대성과 처벌의 인간화

머리말

죄를 지은 자는 마땅히 처벌받아야 한다는 것이 일반적인 우리의 사고이다. 형법이 범죄행위의 표지와 그에 상응하는 처벌을 하나하나씩 별도로 구분지어 규정한 것도, 어떤 범죄는 어느 정도만큼 나쁜 행위여서 어느 정도로 처벌되어야 한다는 관념을 투영한 것이다. 하지만 범죄를 범하였다고 해서 누구나 똑같이 처벌되는 것은 아니다. 복층적이고 다양한 '이러저러한' 이유로 인하여 죄를 지은 사람들은 서로 다르게 처벌된다. 그렇다면 육하원칙에 따라서 이러한 질문이 후속되어야 할 것이다. 누가 언제 어디서 어떻게 왜 처벌을 받는가? 육하원칙 중 '무엇을(what)에 해당하는 것이 처벌이라면 말이다.

이러한 의문은 처음 형법을 전공으로 선택하였을 때부터 풀리지 않는 숙제였고, 늘 명쾌하지 않아서 공부하는 동안 길을 헤매게 만들곤 하였다. 하지만 본문에서도 언급하였던 다기망양(多岐亡羊)이라는 사자성어가 다시금 본질을 찾게끔 발길을 되돌리게 하였다. 배우고 연구하는 학자로서, 그동안 지나치게 많은 학문의 방법으로 인해 도리어 본질과 정도(正道)를 헤매곤 하였을지도 모를 일이다. 그러나 학문은 본래 근본이 다르지 않다. 근본은 본래 한 가지이다. 아주 다양한 방법으로 연구를 하더라도 결국에는 다 같은 데로 향하고, 하나로 되돌아올 뿐이다.

정의(正義)로움이 무엇인가.
무엇이 인간에게 가장 이로운 것인가 또는 무엇이 가장 인간적인가.
인간본성을 기초로 한 인간성의 회복이란 무엇인가.

그것이 바로 본질이고 출발점이자 도달해야 할 목적지인 것이다. 그렇다면 큰 줄기에서 처벌의 원리가 추구하는 바도 본래 같은 것이고, 그 본질은 역시 인간, 인간성의 회복 그 자체로부터 찾아야 한다는 믿음이 어느 순간부터 서서히 자리 잡게 되었다. 따라서 이 책에서는, 처벌의 인간화란 처벌을 통한 인간본성의 회복, 인간본성의 가장 핵심인 공동체 가치로서의 연대성의 회복이라고 결론짓고자 한다. 물론 그것만으로는 누구를 처벌할 것인가, 어떻게 처벌할 것인가, 어느 만큼 처벌할 것인가에 관한 구체적인 해답이 제시되는 것처럼 보이지는 않는다. 그러나 여기에서는 처벌의 근본 원리를 탐구하고자 하였고, 처벌의 근본원리를 이와 같은 '인간화'와 '연대성'을 중심으로 이해할 때 처벌의 지도원리는 방향성을 가질 수 있다고 보았다. 그리고 본문에 앞서, 이 책의 내용 중 일부는 글쓴이가 그동안 게재한 논문을 수정·보완하여 수록하였음을 미리 밝히고자 한다.

우선 제1장에서는 처벌의 목적이 무엇인가에 관하여 공리주의적 관점, 자유주의적 관점 및 공동체주의적 관점에서 살펴보고 다양성과 관용성을 토대로 한 다원적 공동체주의에 입각한 연대성의 원리가 우리 사회에서, 그리고 처벌의 원리로서 무게를 가지는지를 확인하고, 이를 전제로 한 처벌의 인간화에 대한 기초 원리를 세우고자 노력하였다. 그리고 이를 바탕으로 제2장에서는 기업의 사회적 상호작용과 기능을 전제로 하여 기업을 비롯한 법인들이 범죄의 주체가 될 수 있음을 논증하고자 하였다. 우선 기업 내 경영자가 상법상 경영판단의 원칙에 근거하여 언제나 처벌로부터 배제될 수 없음을 확인하고, 나아가 기업 자체도 경영자의 처벌과 무관하게 독자적으로 처벌될 수 있음을 밝히고자 하였다. 더 나아가 제3장에서는 공동체의 결속을 해하는 국가작용이 국가폭력범죄가 됨을, 그리고 국가폭력범죄의 주체가 개인이 아닌 국가 자체임을 이론화하고자 하였다. 우리 사회는 근현대사를 통해 국가폭력에 의한 구성원들의 희생을 목격하여 왔다. 더 이상 국가가 국가권력을 통한 폭력을 자행하지 않도록 공동체가 스스로를 지키기 위해서도, 국가는 범죄의 주체로서 처벌의 대상이 되어야 한다.

이처럼 육하원칙 중 왜 처벌되는가의 원리를 제1장에서 정립하고 누가 처벌되는가를 제2장 및 제3장을 통해서 확립한 후에, 결론에 해당하는 제4장에서는 제도의 인간화, 인간다운 처벌이라는 제목하에 구체적으로 언제 어디서 어떻게 처벌되는가에 대하여 논하고자 하였다. 언제라는 시간적인 면은 사회공동체와 인간중심의 가치 회복이 필요한 때로, 어디서라는 장소적인 면은 예방처분을 통한 시설내외의 처분의 필요성을 통해, 그리고 가장 중요한 어떻게라는 처벌의 방식에 관하여는 인간다운 처벌이어야 함을 전개함으로써 결론을 짓고자 하였다. 인간다운 처벌이란 사회에서 요구하는 '최적의' 또는 '이상적인' 인간상에 맞춰져야 하는 것이 아니라, 인간본성에 기초한 '최소한의 인간상'을 기준으로 이루어져야 한다. 그것은 궁극적으로 범죄자와 사회구성원들 간의 연대성의 회복에 무게중심이 자리 잡혀야 하는 것이다.

처벌은 국가형벌권의 충족이어서는 안 된다. 권력의 만족은 국가의 것이며, 공동체 구성원들의 몫이 아니다. 또한 처벌은 사회공동체 구성원들의 분노의 표출이거나, 악의 감정의 대리만족이어서는 안 된다. 처벌은 객관적이어야 하고, 처벌의 양과 질은 공동체 일부의 주관적 감정의 표현이거나 그것에 기여하여서도 안 된다. 그리고 처벌은 인간성의 회복과 사회연대로의 복귀를 목적으로 하여야 한다. 처벌이 단순히 응보의 개념일 때에는 형벌의 가중화를 막을 수 없고, 재범의 예방만을 목적으로 한다면 극단적으로 범죄자를 사회와 격리시키고 범죄자에게 주홍글씨를 새기게 된다. 그러나 범죄자 역시 공동체 구성원의 일부이다. 비록 범죄를 범한 자라고 하더라도 재사회화되어 다시 공동체로 복귀하여야 한다면 오로지 응보의 목적만으로는 인간성과 연대성의 회복을 이루어낼 수 없다.

이 책을 쓰겠다고 마음먹은 것도 처벌이라는 것이 인간성과 연대성의 회복을 목적으로 해야 한다는 바로 그것에 있다. 비록 얇은 학문적 소양으로 인하여 목적한 바를 모두 풀어내지는 못하였지만, 적어도 처벌의 원리에 대한 우리 사회의 관심을 조금이라도 끌어낼 수 있다면 좋겠다는 마음이다. 글을 쓰면서 다양한 측면에서 접근하고자 철학·경제학·진화생물학 등의 연구결과들을 공부하고 또 형법과 접목하면서, 개인적으로 어려움에 부딪치기도 하였다. 그러나 아직은 계획하고 마음먹고 있는 연구의 길 중간 즈음에도 못 미치는 지점에 있음을 스스로 위로삼아 용기를 내어 책을 마무리하고자 한다.

마지막으로 글쓴이의 참스승이시자 형법학계에 굵은 획을 그어 오신 이형국 교수님께 마음으로 감사를 드린다. 그리고 글쓴이를 연구자의 길로 들어설 수 있도록 지도해주신 박상기 교수님께 진심으로 감사를 드린다. 이 두 분의 학문적 깊이를 통해 형법에 대한 매력을 느꼈고, 지금까지도 학문에 대한 애정이화수분과 같으시기에 글쓴이의 스승님들께 마음깊이 존경을 드린다. 또한 때로는 우문(愚問)을 던지는 글쓴이에게 현답(賢答)으로 안목을 밝혀주신 형법학계의 선후배 교수님들께 이 자리를 빌려 진심으로 감사를 드린다. 앞으로 글쓴이가 학문적 성장통을 계속 겪는 동안 곁에서 지켜보아 주시고 이끌어주실 분들이시기에 더더욱 마음 깊숙한 곳으로부터 존경심을 표현하고 싶다. 그리고 묵묵히 옆이 허전해지지 않도록 함께 하는 가족들과 특히 엄마로서 부족함에도 늘 밝은 미소로 답하는 아들 윤서에게 고마움을 전하고 싶다. 끝으로 글쓴이에 대한 신뢰로 흔쾌히 책의 발간을 승낙해 주신 마인드탭 김중용 대표님과 편집·교정 작업을 든든히 담당해 주신 심성보 이사님과 김인숙 과장님께 고마운 마음을 전한다. 이 분들의 노고가 아니었으면 이 글들은 여전히 책상 속 어딘가에 묻혀 있었을 것이다.

2018년 6월

글쓴이 김혜경

차 례

❙PART 1❙ 처벌의 목적: 공동체 가치로서의 연대성

CHAPTER 01 처벌 목적으로서 안전사회: 현대판 법의 노예들

CHAPTER 02 처벌의 목적은 행복(공리)인가?

CHAPTER 03 처벌의 목적은 자유의 보장인가?

CHAPTER 04 처벌되는 행위는 국가가 정하지 않는다: 공동체 가치로서의 연대성

PART 2 처벌되는 행위자들 1: 기업(법인)

CHAPTER 01 개인의 처벌: 경영판단의 원칙

CHAPTER 02 법인의 처벌: 기업범죄

PART 3 처벌되는 행위자들 2: 국가

CHAPTER 01 국가의 처벌: 국가폭력범죄

CHAPTER 02 처벌되는 국가와 처벌되지 않는 행위자들

PART 4 제도의 인간화: 인간다운 처벌

CHAPTER 01 좋은 형법과 작은 형법

CHAPTER 02 제도의 인간화, 인간다운 처벌

1

PART

처벌의 목적:
공동체 가치로서의 연대성

CHAPTER 01 처벌 목적으로서 안전사회: 현대판 법의 노예들

I 불확실한 사회에 제기하는 의문들

현재를 살아가고 있는 우리는 형법의 전성기 또는 최고의 호황기를 맞이하고 있다. 국가의 거의 모든 영역에서의 민영화 또는 국가기능의 축소라는 현대사회의 경험적 변화 흐름에도 불구하고 안전을 내세운 형법의 위상은 비대화의 수준을 넘어서서, 스스로도 자가발전적인 가속도를 통제하지 못하는 듯한 인상을 준다. 이러한 형법의 팽창현상에 대한 비판은 최근 지속적으로 논의되어 왔는바, 그러한 비판의 중심에는 위험사회에서의 위험개념과 형법의 역할에 관한 상관관계가 놓여 있다. 과학기술 발전에 따른 새로운 대량위험의 출현과 위험의 예측가능성을 객관적 근거로 한 예방적 형법의 역할을 강조하면서도, 이에 수반되는 형법의 기능변화에는 조심스러운 태도를 보여 왔다.[1]

그런데 실제로 위험사회에서의 형법의 예방적 기능이 현실적으로 실현되었는가, 즉 그 기능이 위험의 예방에 효과적이었는가라는 질문은 우문(愚問)일

1 물론 산업사회의 급격한 발전들의 이면에 존재하는 대량위험의 특징은 집단적 결정에 근거하여 어느 정도 예측가능한 위험이지만, 그러한 위험이 개인의 입장에서는 피할 수 없는 위험으로 나타난다는 점에서 예방적 형법에의 의존이 일면 정당성을 갖는 듯 보인다.

것이다. 위험산정의 계량화 또는 수치화는 계량화된 영역에 한정하여 규제의 효과를 발휘하고, 그러한 규제는 사전적인 개입이기 때문에 만일 규제하지 않았다면 발생하였을 위험의 정도는 미리 예측되어 계량화된 수치와는 별개의 문제이면서, 이를 계량화하여 예방효과를 경험적으로 산정할 수는 없기 때문이다. 뿐만 아니라 위험을 논하는 경우, 이처럼 기술적으로 관리가능하고 예측가능한 영역이 아닌 부분, 즉 아직 기술적으로 관리할 수 없는 위험은 적어도 과학적 산정이나 법률적 판정에는 존재하지 않는 것이라고 보면서 이를 계산불가능한 위험으로서 '잠재적 위험'의 범주에 넣기도 한다.[2]

문제는 이러한 새로운 대량위험들은 사회구성원의 불안감과 두려움이 증가한다는 주관적 측면에서 보다 더 큰 의미를 획득하고 있다는 점이다. 위험이 보편화될수록 이에 대한 막연한 불안감은 안전욕구를 증가시킨다.[3] 위험사회가 현대과학기술의 발전에 수반하는 위험이라는 객관적 사정에 중점을 둔다면, 불안전사회는 사회구성원이 체감하는 불확실성과 두려움, 그리고 불안감이라는 심리적 사정에 중점을 두는 개념이라고 할 수 있다. 그리고 이러한 불안감은 안전에의 욕구를 추구하게 되고, 불안감에 대한 제로 상태를 안전상태 또는 안전사회로 정의하게 된다. 객관적으로는 보다 안전사회를 지향하게 되었음에도 불구하고 주관적으로 커져가는 불안감과 안전욕구는 이제 일반적인 사회감정으로 자리매김하게 되면서 또다시 형법적 개입을 사회전반에 걸쳐 요구하게 되는 것이다. 통제하기 곤란하거나 통제의 대상이 막연한 불안감 또는 두려움은 예측가능성도, 객관적인 측정기준도 없으면서 주관적이고 개인적인 감정의 정도를 넘어 보다 강도 높은 불안요소에 대한 통제를 사회적 책무로 인식하게 한다는 점이다. 위험사회라는 개념이 과학기술의 발전에 따른 특정 영역에서의 형법의 개입문제였다면, 안전사회 또는 불안전사회라는 개념은 사회의 모든 제반 영역

---

2 Ulrich Beck/홍성태 역, 위험사회－새로운 근대성을 향하여(Risikogesellschaft－Auf dem Weg in eine ander Moderne, 1986), 새물결, 2006, 67면.

3 이러한 관점에서 위험사회를 넘어서서 현대사회를 "불안전사회(Unsicherheitsgesellschaft)"라고 명명하기도 한다. Kaufmann, Normen und Institutionen als Mittel zur Bewältung von Unsicherheit: Die Sicht der Soziologie, in: Bayerische Rückversicherung Akiengesellschaft (Hrsg.), Gesellschaft und Unsicherheit, Karlsruhe, 1987, 37면(김재윤, "위험사회에 있어 형법의 팽창현상에 대한 비판적 고찰", 비교형사법연구 제7권 제1호, 한국비교형사법학회, 2005, 33면 각주 8) 재인용).

에서의 형법의 개입을 정당화할 근거로서 작용하고자 부지런히 움직인다는 점에서 보다 큰 우려를 낳을 수 있다.

그렇다면 '안전' 또는 '사회안전', '안전사회'라는 개념은 '위험' 또는 '위험사회'에 대응하는 개념인가? 위험의 제거 또는 예방을 통하여 사회안전은 구축되는가? 그로 인하여 위험사회에서의 형법의 개입도식이 안전사회에도 그대로 적용될 수 있는가? '사회안전'이 현대사회의 변화과정에서 새롭게 요구되는 새로운 법익인가? 또는 현행 형법의 사회적 또는 국가적 법익이 개별 영역마다 안전을 상대적으로 보다 구체적인 보호법익으로 이미 포섭하고 있는바, '안전'이라는 개념의 표방이 기존 형법의 태도와는 다른 형태의 형법의 작용을 요구하는가?

II 위험사회와 안전사회의 구조적 비교

1. 위험사회의 논리구조

가. 위험의 개념

울리히 벡(Ulrich Beck)이 위험과 위험사회에 관하여 정의한 이래 거의 30여 년이 지났다. 그동안 위험은 거의 모든 학계의 담론으로서 논의되어져 왔지만 위험 개념 그 자체에 대하여 완전히 공감된 정의가 내려지지는 않은 듯하다.[4] 다만 그간의 논의에서 공통적으로 찾아볼 수 있는 위험의 개념요소는 다음과 같다.[5]

첫째, 위험개념의 사회적 구성이다. 전통적 의미의 위험은 가시적으로 경험되고 인과적으로 입증될 수 있는 반면, 현대사회의 위험은 가시적이지 않고

---

4 위험 개념의 어원은 류전철, "危險社會(Risikogesellschaft)와 危險刑法(Risikostrafrecht)", 법률행정논총 제18집, 전남대학교 법학연구소, 1998/12, 238면 이하 참조. 이에 따르면 위험(Risko)이란 의도된 감행의 대상으로서 간주하고 무엇인가를 얻기 위해 감수해야만 하는 난관, 또는 불확실성에 대한 계산으로부터 비롯된 것이라고 소개한다.

5 이하의 내용들은 Beck, 앞의 책, 58면 이하; Anthony Giddens/이윤희·이현희 역, 포스트모더니티(The consequences of modernity, 1990), 민영사, 1991, 5면 이하의 내용을 간략히 요약한 것이다. 다만, 여기에서는 위험 개념 자체가 논의의 중심은 아니므로, 위험 개념의 소개에 국한하고자 한다.

인과관계도 뚜렷하기 않기 때문에 그러한 위험에 대한 과학적 지식과 관련하여서만 그 존재가 확인된다. 따라서 위험은 전문가에 의하여만 포착되어지고, 그것이 사회적으로 전달되는 과정에서 얼마든지 정책적으로 재구성될 또 다른 "위험"이 내재한다. 이러한 위험은 기술적 관리의 가능성 차원에서 논의되므로, 기술적으로 관리될 수 없는 위험은 과학적 위험산정이나 법적 판단의 측면에서는 존재하지 않는다.[6]

둘째, 위험의 분배법칙의 변화이다. 분배법칙의 변화는 크게 세 단계로 나뉘는데, 초기 위험은 부의 분배에 있어서 불평등을 초래하면서, 부의 창출자와 위험의 귀속자가 불평등하게 된다는 점을 강조한다. 즉, 위험원을 제공함으로 인하여 얻는 부의 창출자는 특정되지만, 이로 인하여 위험을 부담하게 되는 자는 불특정 다수인이 된다. 그러나 두 번째 단계에서는 궁극적으로는 현대사회의 위험원인 환경, 과학기술 등에서 발생하는 위험에서는 모든 사람이 손해자가 된다. 그리고 이 위험의 확산은 조만간 위험을 생산하거나 그로부터 이익을 얻는 사람에게도 돌아가는 부메랑 효과가 있어서, 부와 권력의 소유 여부와도 무관하게 전 지구적 위험을 의미한다. 이와 같은 위험은 계급적으로 분배되는 것도 아니고, 모든 사회성원 또는 모든 세계적으로 위험을 공유함으로써 사회적, 경제적 차이가 무의미해진다고 본다.[7] 세 번째 단계에서는 이처럼 부메랑 효과가 있어서 전 지구적 위험이 된다고 하더라도, 공평하게 분배된 위험에 대응하는 방식의 차이로 인하여 다시 불평등이 초래된다고 본다. 위험에 대응할 수 있는 보험, 정보, 기술적 관리도구 등을 가진 자와 그렇지 않은 자 사이의 불평등이다.[8]

---

6 이러한 위험의 속성으로 인하여 연관관계가 불분명하거나 정보가 불충분할 경우 위험은 인정되지 않는다. 또한 위험의 허용 역시 과학적으로 측정되는 허용기준을 통해서 이루어지며, 실제 해약 여부와는 무관한 과학적 수치가 기준이 된다. 더욱이 과학적 정보가 불충분하여 아직 위험으로 인정되지 않는 영역에서의 위험은 더욱 커지게 된다. Beck, 앞의 책, 117면.

7 Giddens, 앞의 책, 133면 및 Anthony Giddens/김미숙 외 역, 현대사회학(Sociology, 1986), 을유문화사, 2009, 77면.

8 예컨대 김영란, "한국의 사회적 위험구조-위험의 민주화 또는 위험의 계급화?-", 담론201 제14권 제3호, 한국사회역사학회, 2011, 82면은 한국의 사회적 위험구조는 위험의 지위나 생산의 경우 전 계층이 공유할 수 있으나 실제적으로 위험의 분배, 경험, 그리고 앞으로 일어날 위험에 대한 인식 등은 계급, 계층에 따라 다르게 분포되는바, 직업위계, 소득수준, 교육수준이 낮을수록 위험에 대한 경험이 많다는 조사결과를 소개하고 있다.

셋째, 위험은 새로운 산업계기가 되며, 다시금 새로운 사회적 불평등을 초래한다. 그 결과 유해산업들은 후진국으로 이전되고, 위험을 막을 수 있는 자 또는 국가와 그렇지 못한 계급 또는 국가 사이의 새로운 불평등이 초래된다.[9] 이 과정을 통하여 산업 또는 과학기술과 같이 정치적, 사회적인 측면과 동떨어진 곳에서 시작된 위험은 이제까지 비정치적으로 인식되었던 거의 모든 영역을 정치적으로 인식되도록 만든다.

전통적인 의미에서의 위험이란 개인의 법익에 대한 침해가능성을 의미하는 데 반해, 현대사회의 위험이란 과학기술의 발전과 더불어 나타난 일종의 사회적 구성물로[10] 인식된다. 특히 근대사회의 위험이, 위험을 창출하거나 위험으로부터 이득을 얻는 자에게 피해가 간다면, 위험사회의 위험은 편면성과 평등성을 특징으로 한다.[11] 이러한 편면성과 평등성은 사적 생산에서 발생하는 부수적 효과로서의 위험을 공적 영역에서 감수하도록 강제한다.

나. 위험의 예측과 관리구조

위험이란 구체적으로 손해가 발생한 상황이 아니라, 단순히 통계학적 개연성일 뿐이다.[12] 통상적인 위험은 계측할 수는 없으나 구체적으로 이를 확인할 수 있지만, 위험사회에서의 위험은 사전에 계측할 수는 있지만 실제로 손해발생으로 실현될 것인지는 확실하지 않고 막연하다. 따라서 실제로 위험사회에서의 위험이 사전예측을 통하여 예방에 얼마나 효과적이었는가라는 문제제기는 의미가 없다. 위험산정의 계량화 또는 수치화는 계량화된 영역에 한정하여 규제의 효과를 발휘하고, 그러한 규제는 사전적인 개입이기 때문에 만일 규제하

---

9 김영란, 앞의 논문, 54~66면은 위험의 계급화에 관하여 언급한다. 이에 따르면 위험의 생산, 분배 및 경험과 관련하여 평등하다는 입장과 불평등하다는 두 가지 관점의 접근이 가능한바, 이중 후자의 입장에서는 위험사회에서 사회적 불평등, 즉 사회적 계급, 젠더, 인종에 따라 위험은 다르게 분배된다고 본다. 위험은 모든 사람에게 스며들 수는 있으나 모두에게 동일한 결과를 가져오는 것은 아니라는 점에서 불평등하다고 본다.

10 노진철, "불확실성 시대의 위험사회", 2010년 국가위기관리학회 동계학술대회 자료집, 2면; 박종근, "위험사회와 형법의 기능변화", 비교형사법연구 제12권 제2호, 한국비교형사법학회, 2012, 233면.

11 Ulich Beck/홍성태 역, 앞의 책, 75면; 정태석, "위험사회의 사회이론－위험을 어떻게 이론화할 것인가?", 문화과학 제35호, 문화과학사, 2003, 40면.

12 Tobias Singelstein · Peer Stolle/윤재왕 역, 안전사회－21세기의 사회통제, 한국형사정책연구원, 2012, 27면.

지 않았다면 발생하였을 위험의 정도는 미리 예측되어 계량화된 수치와는 별개의 문제이면서, 이를 계량화하여 예방효과를 경험적으로 산정할 수는 없기 때문이다. 뿐만 아니라 위험을 논하는 경우, 이처럼 기술적으로 관리가능하고 예측가능한 영역이 아닌 부분, 즉 아직 기술적으로 관리할 수 없는 위험은 적어도 과학적 산정이나 법률적 판정에는 존재하지 않는 것이라고 보면서 이를 계산불가능한 위험으로서 '잠재적 위험'의 영역이 생기기도 한다. 여기에서 문제는 위험의 사전예측은 위험이 존재할 만한 어느 영역에서나 가능하지 않다는 점과, 계량화된 수치는 반대로 그 허용범위 내에서의 위험은 '위험하지 않은' 것으로 인식시킨다는 점이다.

전통적인 위험이 예측가능성이 없다는 점에서 형법의 투입을 최후수단으로 남겨 두는 것에 반하여, 위험의 사전예측은 형법의 조기투입을 정당화하는 면이 있다. 위험의 존재를 계량적으로 확인할 수 있다는 점은 형법의 예방임무와 결부되어 이른바, 위험형법 또는 상징적 형법의 역할을 허용하게 한다는 점이다. 이로써 위험사회에서 형법의 투입시기에 대한 예측 또는 산정의 계량화가 가능하여졌다는 점에서, 위험형법 또는 상징형법은 나름의 역할을 하여 왔다. 그리고 위험형법은 사회갈등의 해결수단을 여전히 형법에 의하여 실현해야 한다는 의도에 바탕을 두고, 형법이 과학기술위험을 포함한 모든 사회적 문제에 대해 충분한 통제수단이라는 관점에 입각해 있다.[13]

이러한 위험형법[14]은 다음과 같은 특징을 가지게 된다. 첫째, 위험의 예측

---

13 허일태, "위험사회에 있어서 형법의 임무", 비교형사법연구 제5권 제2호, 한국비교형사법학회, 2002, 11면.

14 위험형법의 정의와 내용에 관한 지금까지의 논의로는 김성규, "위험사회에서의 형법의 과제와 기능", 법학연구 제15집 제2호, 인하대학교 법학연구소, 2012, 179면 이하; 김영환, "위험사회에서의 책임구조", 법철학연구 제14권 제3호, 한국법철학회, 2011, 175면 이하; 김일수, "남흥우 교수님의 100세 기념 특별기고문: 위험형법, 적대형법과 사랑의 형법", 고려법학 제65권, 고려대학교 법학연구원, 2012, 1면 이하; 김재윤, "위험사회에 있어 형법의 팽창현상에 대한 비판적 고찰", 비교형사법연구 제7권 제1호, 한국비교형사법학회, 2005, 29면 이하 및 "위험사회라는 사회 변화에 대한 형사법의 대응", 비교형사법연구 제12권 제2호, 한국비교형사법학회, 2010, 251면 이하; 김학태, "현대위험사회에서의 형법상 귀속구조의 변화", 비교형사법연구 제3권 제1호, 한국비교형사법학회, 2001, 1면 이하; 류인모, "현대과학기술의 발전과 위험사회의 형법", 비교형사법연구 제4권 제2호, 한국비교형사법학회, 2002, 1면 이하; 류전철, "위험원의 제거와 형법의 과제", 아주법학 제4권 제2호, 아주대학교 법학연구소, 2010, 197면 이하; 박강우, "위험사회(危險社會)와 형법(刑法)의 변화(變化)", 형사정책연구 제32권, 한국형사정책연구원, 1997, 273면 이하; 백상진, 위험형법

은 현재 진행되고 있는 분쟁 또는 침해가 아니라 미래에 관한 것이다. 미래에 필연적으로 발생하게 될 위험을 미리 예견하고, 이를 현재 억제하는 것은 기존의 법익침해에 대응하는 형법의 태도로는 이를 인정할 수 없다. 둘째, 기존의 형법이 전제하는 불법은 인간이 지각적으로 인식할 수 있는 타인의 법익에 대한 침해라면, 위험형법상의 불법은 인간의 오감으로는 감지할 수 없다. 셋째, 기존의 형법이 투입되었던 행위들은 그 불법성이 행위의 고유한 속성으로부터 드러나기 때문에 어떠한 행위가 불법한지는 어느 시대나 일반적으로 인정되어 왔다. 그러나 위험형법상의 불법은 일상생활에서의 행위와 특별히 구분되지 않는다. 예컨대 공사장에서 방출되는 분진이라든가 오수, 오염된 쓰레기의 배출, 원자력발전소의 가동, 생물학적 또는 의학적 연구 등은 일상에서 일반적으로 일어나는 행위일 뿐이며, 그 행위로 인하여 장래 위험이 발생할 수 있는 허용수치가 불법성의 근간이 될 뿐이다. 즉, 행위 자체가 고유의 불법성을 가지는 것이 아니라, 그러한 행위로 인하여 위험발생이 가능해질 수 있는 허용범위를 넘어서는 경우에만 규제의 대상이 될 뿐이다. 넷째, 전통적인 위험은 언제나 행위주체가 특정되지만, 위험형법상으로는 행위의 주체가 불분명해진다.[15] 대량화된 산업형태에서 하나의 조직 또는 블록처럼 작용하는 사람들의 총체적인 행위의 총합으로 위험이 발생할 경우 그러한 위험을 누구에게 귀속시킬 것인가가 불분명해진다는 점이다. 이처럼 위험의 개념적 특성은 형법의 작용에도 영향을 미치게 되었고, 형법의 기능을 예방적 또는 상징적으로 변모시키고 있다는 점은 부인할 수 없을 것이다.[16]

의 전개에 대한 비판과 바람직한 형법적 대응방안, 비교형사법연구 제13권 제1호, 한국비교형사법학회, 2011, 2면 이하; 이용식, "위험사회에서의 법익보호와 적극적 일반예방", 형사정책 제13권 제1호, 한국형사정책학회, 2001, 33면; 조병선, "환경형법에 있어서의 위험범-"위험사회의 형법"의 한계와 가능성-", 한일법학연구 제14집, 한일법학회, 1995, 57면 이하; 최석윤, "위험형법(危險刑法)(Risikostrafrecht) "위험사회" 그리고 환경형법과 마약형법에서 위험사회의 "상징적 입법"", 형사정책연구 제33권, 한국형사정책연구원, 1998, 237면 이하; 허일태, "위험사회에 있어서 형법의 임무", 비교형사법연구 제5권 제2호, 한국비교형사법학회, 2003, 1면 이하 참조.

15 Cornelius Prittwitz, Strafrecht und Risiko: Untersuchungen zur Krise von Strafrecht und Kriminalpolitik in der Risikogesellschaft, Klostermann, Vittorio, 1993, 366면은 위험형법도 목적을 위한 수단이라는 점 및 불법행위를 위험한 행위로 전환하였을 뿐, 반드시 전통형법과 위험형법이 단절된 것은 아니라고 보기도 한다.

16 Stephan Stübinger, Strafrecht－zwischen Wissenschaft und politik: Über die Differenz

2. 위험과 안전 개념의 관계

가. 안전의 개념

사전적인 의미에서 안전한 상태란 위험 원인이 없는 상태 또는 위험 원인이 있더라도 인간이 위해를 받는 일이 없도록 대책이 세워져 있고, 그런 사실이 확인된 상태를 뜻한다. 단지, 재해나 사고가 발생하지 않고 있는 상태를 안전이라고는 할 수 없으며, 잠재 위험의 예측을 기초로 한 대책이 수립되어 있어야만 안전이라고 할 수 있다. 그런 의미에서 안전이란 만들어지는 상태를 뜻한다.[17] 또는 안전이란 '위험으로부터 자유로운, 위험을 관리하는' 상태를 의미한다고 보기도 한다.[18]

위험사회를 거치면서 안전에 대한 논의가 확산되면서, 안전개념은 확대되고 있다. 이러한 안전에 대한 새로운 사회적 논의의 확산은 사회적 격변과 병행하여 전개되는데, 안전을 과시함으로써 국민의 관심이 증대되고, 이를 통해 안전이 갖는 비중이 더욱 확대된다는 것이다.[19] 이에 따라 안전을 향한 더 많은 노력들은, 이제 안전을 국가의 임무가 아닌 국가와 사인의 분담 또는 협력과제로 인식하게 되고, 동시에 모든 사회구성원이 담당해야 할 과제가 된다. 그 결과 안전은 다른 사회적 원칙들과 가치들 및 목표기준들보다 더 상위에 있게 되고, 그 자체가 하나의 가치가 된다.[20]

그런데 안전의 개념을 이렇게 정의할 경우, 안전은 허상이자 도달할 수 없

---

zwischen wissenschaftlichem und politischem Reformdruck auf das Strafrecht, in: Institut für Kriminalwissenschaften und Rechtsphiosophie Frankfurt a.M.(ed.), Irrwege der Strafgesetzgeburg, 1999, 156면은 상징적인 형사입법에 의하여 국민의 감정에 온화 또는 완화적인 영향을 미칠 수 있다면 그러한 입법 역시 형사정책적인 면에서는 의미가 있다고 본다. 또한, 김성규, "위험사회에서의 형법의 과제와 기능", 법학연구 제15집 제2호, 인하대학교 법학연구소, 2012/7, 190면은 단기적으로는 위험사회의 현상에 있어서 위험요소에 대응할 수 있는 모든 수단의 동원이라는 측면에서 형법도 하나의 수단으로 작용하는 한 상징적 형법이 그 자체로서 비합리적인 것으로 단정하기는 힘들 것이라고 본다.

17 두산백과사전 참조.

18 홍성태, 앞의 논문, 238면.

19 Tobias Singelstein · Peer Stolle/윤재왕 역, 앞의 책, 122면.

20 Tobias Singelstein · Peer Stolle/윤재왕 역, 앞의 책, 123면은 이처럼, 안전의 의미확대는 안전이라는 목적을 위해 개인에게 시민의 보편적 의무로서의 특별희생까지도 요구하게 되고, 법치국가와 계몽철학적 의미에서의 개인의 자유는 안전욕구의 충족을 위해서는 얼마든지 무시된다고 한다.

는 이상에 가까워질 뿐이다. 모든 위협과 위험이 제로상태인 지점은 현실적으로 불가능하며, 안전에 대한 이상이 오히려 더 많은 영역을 위험하다고 인식하게 만들기 때문이다. 이처럼 안전이 그 어떤 사회적 노력으로도 도달 불가능한 상태라면, 오히려 주목해야 할 부분은 개인의 안전욕구일 것이다. 안전욕구란 안전·보호·공포와 혼란 및 불안으로부터의 해방 등을 추구하는 인간의 기본욕구를 의미하는바, 외부 환경으로부터의 보호 및 장래에 대한 보장과 관련된 인간의 기본 욕구라고 할 수 있다.

위험이라는 개념이 객관적 사정에 기초한다면 안전욕구는 불안이라는 개인의 주관적 심리사정에 기초하게 된다. 특히 안전의 개념을 '인간의 생존에 위협이 없이 복지에 나쁜 결과가 발생할 수 있다는 걱정 때문에 위태로움을 느끼지 않는 편안한 상태'[21]로 정의하게 된다면, 이제 안전은 특정한 외적 상태가 아니라 외적 상태로부터 경험적으로 얻어지는 주관적·내적 상태를 의미하게 된다. 그 결과 안전이란 인간의 생존과 생활에서 위협을 느끼지 않는 내적 상태이다.

여기에서는 '안전'의 개념을 객관적으로 존재하는 결함 없는 외적 상태가 아니라, 이로 인하여 얻어지는 개인 또는 사회의 주관적 감정에 가깝게 이해하고자 한다. 안전을 내적 상태로 이해하게 되면, 안전의 반대는 위험이 아니라 불안전 또는 불안이 된다. 그리고 안전을 추구하고자 하는 내적 심리상태인 안전욕구가 안전의 개념을 대체할 수 있다. 이와 같은 주관화 또는 심리화를 통해 안전 또는 안전사회(가 추구하는 사회안전)를 위험 또는 위험사회의 연속선상에서만 바라보고자 하는 시각을 배제할 수 있을 것으로 보인다.

이러한 개념의 한정을 통해 추구하는 바는 두 가지이다. 하나는 위험사회에서의 위험배제를 위한 형법의 투입원리가 안전 또는 안전사회에도 그대로 적용될 수 없다는 기초를 제공하기 위함이다. 그리고 다른 하나는 위험사회에서는 위험원이 과학기술발달과 연계되는 특정영역으로부터 비롯되지만, 안전에 있어서는 사회적으로 안전의 반대개념인 불안의 원인이 되는 모든 요소들에 안전의 원리가 적용될 수 있음을 언급하기 위함이다. 후술하는 바와 같이 안전을 위험과 대립되는 개념이 아닌 전혀 별개의 개념으로 파악한다면, 더 이상 형법

21 한덕웅, "한국사회에서 안전에 관한 심리학 연구의 과제", 한국심리학회지: 사회문제 제9권, 한국심리학회, 2003, 37면.

의 적용원리가 위험사회와 동일하게 평가될 수 없을 것이다. 위험사회에서의 위험이 범죄적 양상으로 드러난다면, 안전사회에서 안전을 위협하는 것은 범죄가 아닌 사고 내지 일탈이며, 이는 개인행동, 위험한 환경 그리고 엄정한 법률의 재정과 집행이 결여된 상황에서의 복합적 요인들에 기인하기 때문에,[22] 형법적 규제영역으로부터 보다 자유로울 수 있게 된다. 즉, 입법적으로 국민생활의 평온이 주된 입법이유라면, 주관적인 감정으로서의 불안 또는 안전이라는 개념은 형법적 보호대상으로는 적합하지 않게 된다.

나. 위험과 안전의 관계에 관한 견해들

위험과 안전의 상관관계에 대하여는 세 가지 입장이 가능하다. 위험과 안전을 완전히 대립되거나 대등한 개념으로 파악하여 위험이 없는 상태가 안전이라고 보는 견해, 안전을 보다 거시적 개념으로 간주하고 위험은 안전을 위한 부분적 포섭개념으로 보는 견해, 위험과 안전은 근간이 다르기 때문에 서로 접근방법이 달라야 한다고 보는 견해가 그것이다.

우선 위험을 통제할 수 있는 것으로 파악하는 입장에서는 위험과 안전을 완전히 대립되거나 대등한 개념으로 파악하게 된다.[23] 또는 위험이 없는 상태를 의미하는 것이 아니라, 위험을 올바르게 인식하고 관리하는 상태를 안전이라고 보는 견해[24]도 여기에 포함시킬 수 있다. 또는 위험과 안전을 뚜렷이 대비되는 개념이면서 그 관계를 단절적 관점과 연속적 관점으로 대별하는 견해도 있다. 이에 따르면 위험과 안전을 단절적인 것으로 파악하는 관점은 양자가 흑과 백의 관계로 일반인은 안전과 위험을 판명할 수 있고, 규제를 가해야 할 특정 수준이 있는 것으로 본다고 한다. 또한 위험과 안전을 연속체의 양극으로 보는 견해에서는 중간에 광범위한 회색지대가 분포하는 것으로 본다. 거의 모든 안전

---

22 A. F. William · A. K. Lund, Injury control: What psychologists can contribute. American Psychologist vol.47, 1992, 1036면.

23 유문무, “위험사회와 성찰성 그리고 사회적 안전”, 경호경비연구 제8호, 한국경호경비학회, 2004, 220면 이하; 정승환, “‘안전사회’와 수사절차”, 2013년 한국형사소송법학회 춘계학술대회 발표집, 9면; 홍성태, “위험연구와 위험정치－위험사회에서 안전사회로－”, 아주법학 제4권 제2호, 아주대학교 법학연구소, 2010/12, 238면. 이러한 입장은 위험을 모두 극복하고 완전한 안전을 이룰 수 있다는 근대적 사고의 산물이라고 본다.

24 홍성태, 앞의 논문, 238면은 위험과 안전을 완전히 대립하는 것으로 파악하는 것은 아니라고 보지만, 위험과 안전을 대등한 관계로 본다는 점에서 여기에 분류하고자 한다.

에 대한 규제는 통제할 수 없는 불확실성과 애매성이 존재하는 지점에서 이루어지며, 이를 보는 관점은 매우 다양하므로 규제를 가해야 할 단일한 최적 수준은 존재하지 않는다고 본다.[25]

둘째, 안전을 보다 거시적인 개념으로 보면서, 위험에 있어서는 위험관리가 단순히 위험의 개념을 명확히하여 이러한 위험의 원인을 분석하고 대책의 마련에 집중한다면, 안전에 있어서는 위해의 대비뿐만 아니라 사후회복방안까지 고려하는 총체적이고 유기적인 개념으로 접근한다.[26]

셋째, 위험은 객관적 사정으로, 안전은 주관적 사정으로 보아서 서로 별개의 개념이면서도 그 상관관계를 인정하는 견해가 가능할 것이다. 예컨대 과학기술적 또는 사회제도적 위험사회에서는 현실의 객관적 위험 그 자체보다도 사람들이 주관적으로 느끼는 불안감을 통해 "불안사회"의 양상이 드러난다고 하는 견해[27]가 이와 유사하다. 위험과 안전을 별개의 개념으로 보게 되면 앞서 언급한 바와 같이 위험사회에서 아슬아슬하게나마 형법의 상징화 또는 위험형법화가 일면의 정당성이라는 좁은 입지라도 가져온 현상과는 달리, 안전 개념에는 형법이 투입될 여지가 없게 된다. 안전개념은 불안을 요소로 하지만, 불안이란 지극히 개인적이고 주관적인 감정으로서 개인에 따라 다양할 수밖에 없고, 형법이라는 외적 개입에 의해서가 아니라 그러한 감정을 느끼는 자 스스로에 의한 자기수행 또는 자발적 참여에 의해서 형성되어야 하는 것이 기초이기 때문이다. 물론 위험을 개인적 위험과 사회적 위험과 같이 양분할 수 있다고 본다면,[28] 안전 역시 개인적 안전과 사회적 안전으로 구분하여 개인적 차원의 안전

---

25 설동훈, "한국인의 위험인식", 한국사회과학 제20권 제1호, 서울대학교 사회과학연구원, 1998, 22면 이하; 임현진, "한국사회의 안전과 위험 – 이론적 모색과 경험적 고찰", 사회과학 제39권 제2호, 통권 제51호, 성균관대학교 사회과학연구소, 2000, 3면 이하.

26 이윤근/조용철, "미국 사회안전시스템의 새로운 변화와 전망", 한국공안행정학회보 제18호, 한국공안행정학회, 2009, 305면.

27 김성규, 앞의 논문, 190면.

28 최영준, "위험 관리자로서의 복지국가: 사회적 위험에 대한 이론적 이해", 정부학연구 제17권 제2호, 고려대학교 정부학연구소, 2011, 34면은 위험을 전통적 위험과 새로운 위험, 개인적 위험과 사회적 위험으로 구분한다. 즉, 사회적 위험도 집합적 차원의 사회적 위험과 개인적 차원에서의 사회적 위험이 구분된다고 본다. 동 논문에서의 위험은 위험사회에서의 위험개념과는 다르지만, 위험을 세분하면서 상호간의 연관성을 제시하고 있다는 점에서 안전개념의 구분에도 좋은 적용례가 될 수 있을 것으로 보인다.

과 사회적 차원의 안전에의 접근방식을 달리 할 수도 있을 것이다. 그러나 사회적 안전은 개인적 안전의 차원의 연속선상에서 이해되어야 하며, 개인적 안전감정의 도식화이다. 따라서 사회적 안전이 주된 관심사가 된다고 하더라도 이에 대한 형법의 개입은 전통적인 형법원리로부터 벗어나지 않는다.

3. 안전개념의 투입방식

위험과 안전이 서로 대립되는 개념이 아니라 할지라도, 위험이란 통계적으로 사전에 계측된다는 점에서 위험의 사전확인은 안전을 위한 통제의 근거로 작용한다.[29] 개연성에 대한 계산을 기초로 한 위험개념은, 통계적으로 고찰해볼 때 일탈행위가 발생할 개연성이 높고, 따라서 위험요인으로 분류될 수 있는 특정한 기준들을 확인할 수 있게 되면, 그와 같은 기준들을 조합하여 통계적으로 특수한 잠재적 위험의 정도를 확인할 수 있다고 본다. 그런데 이렇게 사전에 계측된 위험은 실제로 얼마나 손해발생으로 실현될 것인지는 여전히 막연하다.

그럼에도 불구하고 위험의 사전예측가능성은 동시에 통제의 필요성도 예측된 가능성에 비례하는 만큼 제공하게 된다. 위험의 사전예측가능성은 위험실현의 가능성에 대한 사전예측도 아니고 위험으로 인하여 발생할 손해에 대한 사전예측도 아니며, 다만 과학적·기술적으로 어느 정도의 수치에 다다르면 위험이 발생할 수 있는 가능성이 있다는 의미이다. 이처럼 구체적 요소들에 의한 특정한 예측방식은 이를 통해 현실을 파악하고 계산하면서 여기에 통제라는 영향을 미칠 수 있도록 근거를 제공한다.

일반적으로 위험요소인가 여부는 정책결정자 또는 위험포착자의 결정에 기인한다. 그러나 이들에 의한 위험판단은 몇 가지 난점을 가지게 된다. 예측에 의한 허용기준은 허용범위 내의 위험을 반사적으로 무해한 것으로 판단하여 법적으로 사회에 감수할 것을 강제하는 결과를 초래한다는 점, 위험요소인지 여부 또는 발생가능성과의 상관관계 등이 분명하지 아니한 경우 오히려 더 큰 위험을 초래할 수 있다는 점, 그러한 잠재적인 위험에 대한 우려가 사회전반의 불안을 확대시킨다는 점이다. 더욱이 기술진보에 따른 새로운 종류의 위험에서

29 김한균, 후기현대사회의 위험관리를 위한 형법 및 형사정책연구(Ⅰ)－현대과학기술사회 위험관리 형법 및 형사정책의 체계와 원리－, 한국형사정책연구원 연구총서 12－CB－01, 2012, 61면은 이런 의미에서 위험사회의 기초이자 원동력인 규범이 안전이라고 본다.

비롯된 사전예측과 통제는 이와는 관계없는 영역까지도 위험으로 포착하게 된다. 최대한 정확한 예측을 추구하면서, 그로 인하여 끝없이 새로운 위험요인들이 포착 또는 발견되고, 이는 다시 새로운 위험을 부각시키기 때문에 결과적으로 위험의 논리는 스스로 새로운 위험을 양산하게 되는 것이다.[30]

이처럼 위험사회의 위험에 대한 인식으로부터 비롯된 불안은 이제 사회전반적 요소에 대한 불안으로 확산된다. 따라서 이제까지 위험사회에서 위험요소로 인식되어 왔던 특정부분뿐만 아니라 거의 모든 일상생활의 예측가능한 또는 예측불가능한 영역을 잠재적이고 추정적인 위험요소로 인식하게 된다. 그리고 이로 인하여 팽배하는 불안감 또는 불안전은 이제 안전사회의 추구로 이어지게 된다. 이와 같은 불안전이란 안전욕구에 의한 주관적 안전이나 안전감정을 의미하기 때문에 객관적 안전 여부와는 별개의 문제가 된다. '거의 영원히 지속되는 것 같은 불안전은 우리가 가장 안전하고, 안전을 중시하는 사회에 살고 있음에도 불구하고 증가하는 것이 아니라, 오히려 바로 그러한 사회에 살고 있기 때문에 증가한다'[31]는 기술은 안전이 객관적이고 외적인 문제가 아닌 주관적이고 내적인 감정으로부터 비롯됨을 간접적으로 시사한다.

III 사회안전 — 또 다른 사회통제

1. 안전에 대한 인식과 실제 현실

가. 안전에 대한 인식과 현실

객관적인 안전의 현실과 주관적 안전의 감정이 불일치하다는 점에 관한 직접적인 논증은 쉽지 않지만, 지난 기간 동안의 범죄발생률과 안전 또는 위험에 관한 일반인의 인식 또는 감정을 비교해봄으로써 간접적으로 이를 확인할 수 있을 것이다.

몇 가지 통계는 안전 또는 위험에 관한 일반인의 인식을 드러낸다. 우선 사

30 Castel, Die Stärkung des Sozialen. Leben im neuen Wohlfehatsstaat, 2005, 11면(윤재왕 역, 앞의 책, 28면 재인용).

31 Tobias Singelstein · Peer Stolle/윤재왕 역, 앞의 책, 35면.

회적 위험의 경험은 전반적으로 연령이 높을수록, 교육수준이 낮을수록, 직업의 위계가 낮을수록 그리고 소득이 낮을수록 높은 것으로 나타난다. 위험에 대한 대응기제와 관련된 박탈감은 연령이 낮을수록, 교육수준과 월소득이 낮을수록, 정규직보다는 비정규직으로 갈수록 높은 것으로 나타난다고 한다. 위험경험에 있어서는 자녀연령이 높은 집단일수록, 연령이 높을수록, 교육수준이 낮을수록, 취업상태가 취약할수록, 직업의 위계가 낮을수록, 소득이 낮을수록 높다고 한다. 위험이 일어날 가능성에 대한 인식 역시 이와 유사하다.[32] 또 다른 조사에서는 한국인의 경우 원자력사고가 가장 위험한 것으로 생각하며, 다음으로 산업재해, 교통사고, 화재, 질병, 실업, 대기오염, 부실공사, 성희롱, 수돗물, 폭력, 도둑, 가스사고, 지진의 순으로 위험하다고 생각하였으며 유해식품이 가장 덜 위험한 것으로 평가하였다고 한다.[33] 이 중에서 지진, 원자력사고, 대기오염, 수돗물, 부실공사, 학교폭력, 폭력배, 산업재해, 성추행 등은 피해자의 개인적 노력으로는 어떨 수 없는 요인에 의하여 비롯된 것으로 보았다. 본 조사에서 재미있는 사실은 자신이나 친척이 원자력사고를 경함한 자는 전체의 1%에 불과하지만, 가장 위험한 요소로 원자력사고를 선택하였다는 점이다. 또 다른 연구에서는 한국사회에 국민들의 생명과 재산을 위협하는 요인이 얼마나 있다고 생각하는지에 대하여 5점 척도에 반응하도록 하였는바, 아주 많다고 한 대답이 19.3%, 많은 편이라는 대답이 54.7%라고 하여 74.0%에 이르는 국민들이 안전에 위협이 있다고 인식한 반면, 없는 편이라는 대답은 2.1%, 전혀 없다는 대답은 0.1%로 2.2%에 불과하였다고 한다.[34] 물론 이와 같은 통계들은 기간별 인식에 관한 변동추이를 드러내지 않기 때문에 안전의식의 변화를 보여주지는 않지만, 사회전반적으로 불안감 또는 이로 인한 안전욕구가 매우 높다는 점을 시사해 준다.

나. 통계의 함정: 범죄가 증가하지 않아도 범죄율을 증가시키는 방법

지난 20년간 범죄율의 변화는 과연 우리 사회의 범죄가 급증한 것인지, 아니면 다른 이유가 있는지에 관하여 단적으로 드러낸다. 즉, 범죄가 급증하지 않

---

32 김영란, 앞의 논문, 71면 이하.

33 임현진, 앞의 논문, 12면 이하.

34 김왕배, 안전문화 정착을 위한 안전의식 조사연구, 국무총리실 안전관리개선기획단, 2002 참조.

고도 범죄통계는 언제든지 변화할 수 있음을 보여주고 있는데, 그 원인은 첫째, 법률위반의 어느 범주까지 범죄율에 포함하여 산정하는가의 문제이다. 즉, 법위반 중에서 형법범죄라고 하는 영역을 넓히게 되면 그동안 포함되지 않았던 영역까지 범죄율 산정에 가산되고 이것은 전체 범죄율을 급상승하게 만드는 요인으로 작용한다. 둘째, 법률이 많아지면 당연히 법위반의 양적 증가가 불가피해지고 따라서 범죄율이 증가한다. 다음의 그림을 살펴보자.

인구 10만 명당 형법범죄 변동률

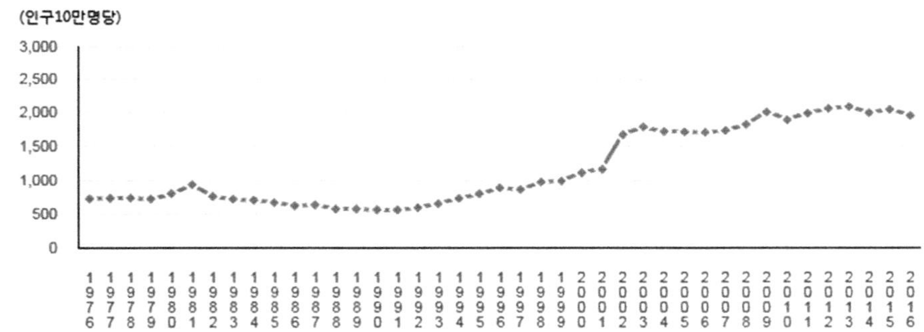

출처: 검찰청, 「범죄분석」 각 연도, 통계청, 「장래인구추계」 2016

범죄율은 인구 10만 명당 보고된 형법범죄 건수로 사회의 안전수준과 치안상태를 나타낸다.[35] 형법범죄에는 절도, 사기와 같은 재산범죄, 살인, 강도와 같은 강력범죄뿐만 아니라 위조범죄, 공무원범죄, 풍속범죄, 과실범죄 등도 포함된다. 범죄는 피해자의 재산, 신체, 명예를 손상시키고 일반인의 범죄에 대한 두려움을 가중시켜 사회적 비용을 증가시킨다.

한국의 범죄율은 지난 30여 년간 2배 이상 증가하였다. 1981년 인구 10만 명당 935건에서 1991년 558건까지 감소했다가 그 이후로는 지속적으로 증가하여 왔다. 1997년 경제위기의 영향으로 1998년에 범죄율 증가폭이 커졌고, 2002년과 2003년에 가장 급격하게 증가하였다. 그러나 이 시기에 범죄율이 급증한 것은 범죄발생의 증가 이외에 특별법범죄에 속했던 「특정범죄 가중처벌 등에

35 이하의 설명은 객관성을 담보하기 위하여 표를 작성한 국가주요지표가 해석한 내용을 인용하였다. http://www.index.go.kr/potal/main/EachDtlPageDetail.do?idx_cd=4057

관한 법률」, 「특정경제범죄 가중처벌 등에 관한 법률」, 「성폭력범죄의 처벌 등에 관한 특례법」, 「폭력행위 등 처벌에 관한 법률」 위반을 형법범죄에 포함시켰기 때문으로 보아야 할 것이다. 경찰청이 2000년에 '경찰통계 원년의 해'를 선포하여 경미한 사건도 경찰통계에 입력하도록 조치한 것도 범죄율 급증에 영향을 미친 것으로 보인다. 최근에는 2008년 글로벌 금융위기를 전후해서 약간 상승했다.

형법범죄 중에서 주요 범죄로 분류되는 살인, 강도, 성폭력, 폭행, 절도의 추세를 보면, 2000년에서 2016년 사이에 강도와 살인 범죄율은 감소하였다.[36] 강도는 지속적으로 감소하였고 살인은 비슷한 수준을 유지하다가 최근에 약간 감소하였다. 그러나 같은 기간 절도는 1.1배, 성폭력(강간 포함)은 3.9배, 폭행은 9.4배 증가하였다. 특이한 것은 2006년 이후 폭행이 급증한 현상이다. 이것은 폭행의 발생이 갑자기 증가했다기보다는 경찰이 2005년도부터 범죄정보관리시스템(CIMS)을 형사사건에 적용하면서 과거에는 기록에 남지 않던 경미한 폭행사건이 빠짐없이 기록된 것과 2006년 중순 이후로 야간에 발생한 폭력행위를 특수폭행죄에서 폭행으로 분류하면서 생긴 결과로 추정된다.

이처럼 공식적인 통계에서는 2001년과 2007년을 기준으로 범죄가 급증한 것으로 보이지만, 이는 범죄발생 자체가 증가한 것이 아니다. 단지 범죄율이라는 통계의 근거가 되는 범죄를 어디까지 포함시킬 것인가의 문제일 뿐이었다. 2001년에는 경제사범을 형법범죄에 포함시킴으로써 급상승 곡선을 보였고, 2006년 이후로 관련 시스템의 변경이 과거 기록하지 아니하였던 범죄들을 모두 포함시킴으로써 다시 한번 상승곡선을 만들어 냈던 것이다.

그 결과 공식통계에서 보여주는 외형적 변화를 믿을 것이 아니라, 그 행간의 의미 및 지표내용의 변화를 확인해야만 한다. 그렇지 않고서는 범죄가 증가하지 않아도 범죄율을 증가시키는 방법에 의하여 통계의 함정에 빠지게 된다.

---

36 국가마다 범죄의 규정과 집계방식이 달라 국가 간 범죄발생을 비교하기는 어렵지만, 살인은 대부분의 국가에서 동일한 정의를 사용하고 있어서 살인범죄율을 통해 한국의 범죄발생 수준을 다른 나라들과 비교해 볼 수 있다. 국내 기준과 달리 국제 기준 살인범죄율에는 살인미수와 살인음모 등이 포함되지 않는다. 국제 기준으로 집계한 2014년 한국의 살인범죄율은 0.7로 아시아에서 일본(0.3)보다는 높지만, 인도(3.2)보다는 낮다. 한국의 살인범죄율은 비교대상에 포함된 10개국 평균(8.4)보다 상당히 낮은 편이다.

다. 범죄의 두려움에 관한 추측과 현실

범죄에 대한 두려움은 사람들이 범죄피해를 당할까봐 두려워하고 걱정하는 현상이다. 이것은 실제 범죄피해의 위험성 평가와는 별개로 작용하는 주관적이고 감정적인 측면을 말한다.[37] 두려움이 커질수록 안전감을 얻기 위해 추가적인 비용을 부담하게 되고 개인의 일상 활동이 위축되어 비공식적 통제수준도 낮추게 된다. 따라서 범죄에 대한 두려움은 국민의 일상생활에 큰 영향을 주게 된다. 범죄에 대한 두려움 수준은 2009년 37.8%에서 2015년 21.5%로 지속적으로 감소하였다.

범죄두려움에서 가장 두드러진 차이는 남녀 간에 나타나는데, 여성의 범죄두려움 수준은 평균적으로 남성보다 3.7배 정도 높다. 연령별로 보면, 연령이 낮을

범죄의 두려움

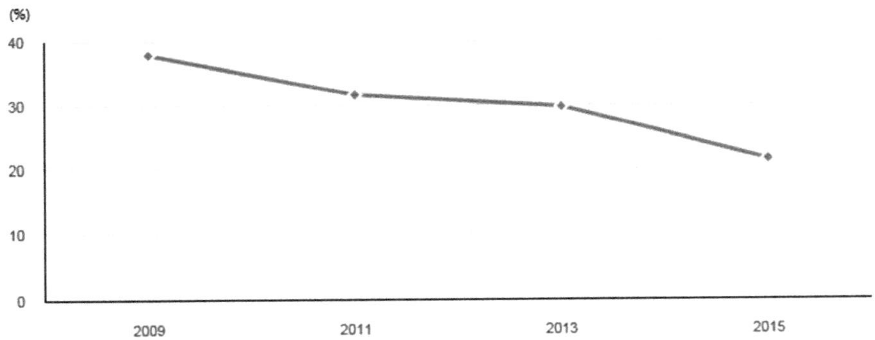

출처: 한국형사정책연구원, 「범죄피해통계시스템, 전국범죄피해조사」 각 연도

37 http://www.index.go.kr/potal/main/EachDtlPageDetail.do?idx_cd=4060 위의 내용 역시 객관성을 담보하기 위하여 통계를 작성한 나라지표의 설명을 그대로 인용하였다. 이에 따르면, 「국민생활안전실태조사」의 범죄두려움 측정 문항이 2009년 "밤에 혼자서 골목길을 다니기가 두렵다"에서 2011년 이후 "밤에 혼자 동네 골목길을 다니기가 두렵다"로 문항의 어구 변화가 있었던 점과 이 조사의 역사가 상대적으로 짧아 아직 안정화 단계에 있는 점을 고려하면 보다 역사가 긴 통계청의 「사회조사」 결과와 비교해 볼 필요가 있다고 한다. 그리고 통계청의 「사회조사」에서는 "(귀하의)집 근처에는 밤에 혼자 걷기(가) 두려운 곳이 있습니까?"라는 문항으로 범죄두려움을 측정한다. 이 조사로 측정되는 야간보행에 대한 두려움 수준은 2010년 40.6%에서 2012년 44.0%로 증가한 후 2016년 40.9%로 다시 감소하였다. 통계청의 「사회조사」 결과는 한국형사정책연구원의 「국민생활안전실태조사」 결과보다 두려움의 수준이 높고 두려움의 변화폭도 상대적으로 적다.

수록 범죄두려움이 높아서 10대의 두려움이 60대 이상보다 평균적으로 1.9배 정도 높다.

EU가 출간한 2005년 세계범죄피해조사 자료에 따르면, 당시 한국의 범죄두려움 수준은 25%로 조사대상 11개 국가들의 평균인 27.4%보다 조금 낮은 수준이다. 범죄두려움은 조사대상 국가들 가운데 일본과 이탈리아가 35%로 가장 높고 캐나다가 17%로 가장 낮다. 멕시코, 스페인, 영국, 뉴질랜드, 호주는 범죄두려움 수준이 한국보다 높은 반면, 프랑스, 미국, 네덜란드는 한국보다 낮다.

이처럼, 일반적인 인상으로는 범죄에 관한 심각성이나 두려움이 클 것이라는 막연한 추측을 할 수도 있지만, 실제 조사에서는 범죄의 두려움은 이전보다 점점 낮아지고 있다. 이는 범죄에 관한 일반적인 인상과 실제 개개인이 느끼는 주관적 안전의식이 서로 다를 수 있음을 간접적으로 시사한다.

2. 안전에 관한 논의의 확대재생산

울리히 벡이 현대사회를 위험사회라고 정의할 때에는 과거와는 다른 형태의 위험이 객관적으로 증대되었다고 보았다.[38] 즉, 산업발전과 과학기술혁명 등이 특정 영역에 객관적인 위험을 증대시킨다는 것이다. 반면 현대 사회의 위험을 실제 위험의 증대라기보다는 위험에 대한 인지와 평가가 달라진 결과로 파악하는 접근이 가능하다. 따라서 '인지된' 위험은 개인들이 특정한 현상을 어떤 방식으로 이해하고 경험하는지에 관심을 가지게 된다.[39] 이러한 입장에서는 객관적인 위험이나 위험요소의 양적 또는 질적 증가보다는 오히려 위험에 대한

38 이를 위험-객관주의라고 칭하는데, 종래의 위험과는 대조적으로 근대화의 위협적인 힘 및 불신의 전 지구화와 관련된 결과로서, 현대사회의 위험은 인간에 의하여 유인되거나 적어도 그렇게 된 것으로 인식된다는 사실을 특징으로 한다고 본다. 따라서 울리히 벡은 기술적 현상에만 논의를 제한함으로써, 그 밖의 위험들은 논의에서 배제하였다는 비판을 받는다. 이승훈, "현대 사회의 위험과 위험 관리: '위험의 사회적 구성'에 대한 이론적 논의를 중심으로", 현대사회와 문화 제29권, 연세대학교 사회발전연구소, 2009, 65면.

39 Sigve Oltedal · Bjørg-Elin Moen · Hroar Klempe · Torbjørn Rundmo, Explaining risk perception: An evaluation of cultural theory, 2004, 11면은 이를 위험-구성주의라고 한다. 하지만 위험으로 여기는 것들과 무시하는 것들을 선별적으로 구분하는 기준이 전적으로 개인의 자의적 판단은 아니라고 한다. 예컨대 사회 구성원들이 공유하고 있는 가치가 무엇인 위험인지, 그리고 이러한 위험들이 허용될 수 있는 한계는 어디까지인지 등을 결정하는데 중요한 역할을 한다고 본다. 그 밖에도 위험의 원인에 대한 친밀성, 상황의 통제가능성 등이 결정의 요인이라고 본다.

사람들의 감수성이 과거에 비해 더 민감해졌기 때문에 그만큼 위험이 증대된 것으로 본다.

후자의 입장이 안전에 원용하는데 더 적합하다. 안전 역시 안전욕구라는 사람들의 주관적 감정을 기초로 한다고 보기 때문이다. 따라서 객관적인 사정에 기초하지 않는, 오히려 안전지향적인 사회적 구조가 불안을 생산해내고 그만큼 사회가 안전하지 못하다는 인식과 민감성을 증대시키는 것이다. 이로 인하여 안전에의 욕구는 안전에 관한 논의를 확대하고 스스로 불안전을 확대재생산한다.

뿐만 아니라 불안요소들은 확인될 수 있는지 없는지와 관계없이 사회의 소통에 의하여 재생산된다. 현대사회의 위험이란 객관적인 사정으로 인하여 발생하는 것이 아니라, 위험과 위해에 대한 소통이 갖는 사회적 역동성에 기인한다고 보는 것과 같이,[40] 불안 역시 객관적으로 존재하는 안전을 위협하는 인자들에 의한 것이 아니라 그것을 교류하는 정보체계의 신속성과 대량성과 같은 사회적 역동성이 안전욕구를 재생산하게 되면서 사회안전을 사회의 중심에 놓이게 한다. 그런데 위험이 객관적 사정을 기초로 재생산되고 있다면, 불안은 주관적 감정에 기초하기 때문에 그 근저가 얼마나 불안한지에 관한 실체가 없기 때문에 불안요소를 더욱 증대시키게 된다는 점에서 보다 자가발전적인 양상을 띤다.

일반적으로 안전에 대한 접근은 객관적인 기준이나 목적이 없다. 안전을 목표로 한다는 것은 도달할 수 없는 이상과 같기 때문이다. 그러나 반대로 안전을 향한 끊임없는 노력과 사회적 투입은 안전이 아니라 불안전을 생산한다. 그러한 노력만큼 안전에 대한 기대가 높아지고, 높아진 수준의 안전욕구는 반대로 그에 상응하는 정도의 불안전을 양산하기 때문이다.[41] 상승된 안전욕구는 이 안전욕구를 위한 방어조치와 동시에 그 안전욕구 자체가 계속해서 만들어내는 보장조치까지 요구하게 됨으로써 스스로가 스스로를 재생산하는 순환관계로서, 이 관계 속에서 안전은 계속 추구하는 대상이지만, 사회적인 보장능력의 한계와 욕구 사이의 간극으로 인하여 지속적인 불안정성이 사회의 정상적인 모습으로 확립된다.

---

40 노진철, 앞의 논문, 3면.

41 Tobias Singelstein · Peer Stolle/윤재왕 역, 앞의 책, 35면.

3. 안전이라는 보편적 법익의 허구성

새로운 위험이 곧바로 언제나 새로운 형법을 필요로 하지는 않는다. 이러한 의미에서 위험사회의 특유한 새로운 위험형법이라는 개념의 위험성, 즉 탈정형화와 유연화를 통한 전통적 법치국가적 형법의 기본 틀에 대한 위협을 논하기도 한다.[42] 또한 위험사회에서의 예방적 형법의 기능은, 새로운 법익으로서 불명확한 보편적 법익의 보호와 형법적 보호의 전단계화를 통해서 거대한 조종형법이 됨으로 인하여, 위험형법 자체가 매우 비효율적이고 비생산적이라고 비판을 가하기도 한다.[43] [44]

위험과 안전을 동일한 의미로 보는 견해에 따르면, 위험사회형법의 또 다른 이름을 안전형법이라고 칭하기도 한다.[45] 안전을 강화하는 조치에는 예방이 뒤따르기 때문에 안전은 예방의 가까운 친척[46]이라는 점에서, 위험사회형법은 안전형법이자 예방형법이라고 본다. 이처럼 안전사회 또는 사회안전을 위험형법의 연장선상에서 논하고자 하는 경우에는 위험형법에 있어서의 형법투입에 관한 위와 같은 비판적 논거가 역시 동일하게 적용될 수 있다. 즉, 사회안전을

---

42 Eric Hilgendorf, Gibt es ein Strafrecht der Risikogesellschaft?, NStZ, Heft.1. 1993. 16면. 이에 따르면 위험형법은 형법이 모든 사회적 문제를 해결하는 데 적합한 수단이라고 전제하면서 범죄자－피해자 범위를 넘어 포괄적 범죄화로 나아가려고 한다는 점, 보편적 법익개념을 도입한다는 점, 인과관계나 미수 등의 개념이 기존의 형법에서의 해석보다 모호해진다는 점, 경제문제, 환경이나 보건정책문제에 부수적인 수단으로써 형벌이 개입됨으로 인하여 법익지향적인 형법이 상대화 되어 간다는 점 등을 그 특징이자 비판점으로 제시한다.

43 Lothar Kuhlen, Zum Strafrecht der Risikogesellschaft, Goltdammer's Archiv für Strafrecht, Decker, 1994, 353면. 한편 Cornelius Prittwitz, Strafrecht und Risiko: Untersuchungen zur Krise von Strafrecht und Kriminalpolitik in der Risikogesellschaft, Klostermann, Vittorio, 1993, 366면은 이러한 비판과 동시에 위험형법도 전통적 형법의 연장선상에서 고찰할 수 있다고 본다. 즉, 위험형법도 목적을 위한 수단으로서 이해되고 정당화된다는 점에서는 전통적인 형법이 입장과 다르지 않다고 보는 것이다. 다만 차이점이라면 전통적 형법이 불법한 행위를 대상으로 하였다면 이를 위험한 행위로 대체한 것일 뿐이라고 본다.

44 김학태, "현대위험사회에서의 형법상 귀속구조의 변화", 비교형사법연구 제3권 제1호, 한국비교형사법학회, 2001, 27면; 허일태, "위험사회에 있어서 형법의 임무", 비교형사법연구 제5권 제2호, 한국비교형사법학회, 2003, 14면 등은 이와 유사한 취지로 전통적 형법에 의한 규제를 지지한다. 따라서 기술적 위험이 사회적으로 용납될 수 없는 경우라도 그것이 위험방지에 관련된 종래의 법률에 의해서도 충분히 가능할 때에는 종래의 일반 법률규정에 의할 것을 제시한다.

45 김한균, 앞의 책, 194면.

46 Winfried Hassemer/배종대·윤재왕 역, 범죄와 형벌, 2012, 86면.

목표로 불안요소에 대하여 언제나 새로운 형법의 투입이 필요하지는 않다는 점이다. 위험이 불안을 야기하고 이로 인하여 안전을 추구한다고 하더라도, 안전 역시 기존에 없었던 전혀 새로운 임무는 아니다. 따라서 위험사회의 위험을 새로운 법익으로 보호하고자 하는 태도가 안전에 관하여도 동일한 논리를 적용하고자 함을 경계하여야 한다.

위험사회를 거치면서 많은 영역에서 보편적 법익이 그 실체를 드러내었다. 위험을 중심으로 한 논의는 형법으로 하여금 개인적 법익의 보호보다는 사회적이고 국가적인 법익보호에 더 치중하게 만드는바, 근래에는 보편적 법익이 형사정책의 중심사상으로 발전하였고 이는 예방지향적 사고와 함께 법익론을 변화시키고 있다고 한다.[47] 이로 인하여 과거 개인적 법익의 범주로 간주되었던 법익들도 점차 사회적 법익으로 전환되고 있다. 예컨대 성적 자기결정권은 전적으로 개인적 법익으로 이해되어 왔지만, 성폭력 범죄에 대한 형사제재가 살인죄보다 중하게 규정된 모습을 통하여, 이제는 성폭력범죄를 단순히 개인의 문제가 아니라 사회적 악으로 이해하여 '개인의 성적 자유를 침해함으로 인한 사회적 불안'이 현재의 보호법익이라고 진단하는 경우[48]가 이에 속한다.

그러나 개인적 법익과는 달리 보편적 법익은 구체적으로 확정 가능한 법익 또는 이익이 아니기 때문에 실제로는 불확정적이고 실체를 파악할 수 없는 허구에 불과하다. 특히 사회적 불안이나 안전을 법익으로 할 때에는 정신화 또는 관념화된 법익으로서의 도덕이나 사회적 윤리와 같은 사회적 관념과 법익이 혼동됨으로 인하여 비형법적 요소가 형법의 법익을 대체하는 결과를 초래하게 된다. 더욱이 이러한 법익들은 그 침해 내지 위태화를 확인할 수 없을 뿐만 아니라, 설령 법익으로 인정한다고 하더라도 그 자체의 관념적 속성으로 인하여 어느 정도의 불법성을 내재하는지를 측정할 수 없게 된다. 이러한 불법성 판단의 어려움은 불법성 표현으로서의 법정형을 정확히 산출해 낼 수 없게 만들고, 그 결과 중형화에 이르는 매우 간단한 방법이 되어 버린다. 또한 사회적 법익으로서의 보편적 법익의 중형화는, 전통적인 법익이 그와 유사한 정도로 중형화됨

---

47 이용식, "위험사회에서의 법익보호와 적극적 일반예방", 형사정책 제13권 제1호, 한국형사정책학회, 2001, 43면.

48 김정환, "2013 성폭력범죄에 대한 형사제재의 모습", 2013 한국보호관찰학회 춘계학술세미나 자료집, 14면.

에 있어서 법적 정당성을 제공하게 된다.[49] 즉, 전통적인 형법이 요구하는 비례성의 원칙을 오히려 무기로 삼아, 관념화된 보편적 법익에 상응하는 정도로 개인적 법익의 중형화를 이끌어 내어 전체적인 법정형의 상향평준화를 이끌어 내는 결과를 초래한다. 이러한 중형화는 전반적으로 중형화에 대한 감각을 무디게 만든다.

또한 보호법익의 추상화는 어떤 행위가 구체적으로 법익침해와 연관되는지를 확인할 수 없게 하므로, 처벌의 근거는 특정한 법익침해가 아니라, 침해와의 연관성에 근거하지 않는 행위로부터의 장래의 공격행위를 사전에 차단하도록 만든다. 그 결과 법익과 연관되지 않는 행위준칙을 만들게 되고, 그러한 안전에 관한 규칙 미준수만으로도 형벌을 부과함으로 인하여 가벌적 영역을 쉽게 확장시킬 우려가 있다.

마지막으로 보호법익의 추상화는 법익침해의 결과에 대한 예측가능성 또는 그 논거를 뚜렷하게 제시하지 못하기 때문에, 경미범죄에 대하여 그 불법성을 뚜렷하게 제시하지도 못하면서 이를 정당화시켜준다. 불안은 전쟁이나 테러 등과 같은 매우 위협적인 요소로부터도 근거하지만, 일상의 매우 소소로운 행위들까지도 뚜렷한 논거 없이 안전을 위한 통제의 대상으로 삼을 수 있다.

그러나 안전이 주관화된 안전욕구의 충족이라는 점에서 접근된다면 안전은 법익이 될 수 없다. 앞서 본 바와 같이 사회적 현황상 보편적 법익을 일부 인정한다고 하더라도 감정이 법익이 될 수는 없기 때문이다. 개인적이고 주관적인 감정 또는 욕구가 사회적 합의 과정을 거쳐서 사회적 감정이 형성된다고 하더라도 마찬가지이다. 법익이란 개인 또는 사회에 공동화된 이익이어야 하지만, 사회적 감정이라 하더라도 이를 적용하거나 확인할 때에는 개인의 주관적 감정으로부터 단절된 "무엇"인가를 찾아낼 수 없기 때문이다.

물론 안전이 국가의 공공사업 영역이라는 점에서 일반인은 안전에 대한 권

---

49 사회적 법익과 개인적 법익 간의 관계는 아니지만, 최근 양형위원회가 악질적인 성범죄보다 가볍던 살인죄 처벌을 강화하였다. 대법원 양형위원회는 2013년 3월 25일 전체회의를 열고 일부 성범죄와 뇌물죄, 사기죄보다 낮았던 살인죄 양형을 최소 1년 최대 5년씩 상향 조정하기로 하였으며, 전체 모든 살인죄에 무기형 선고가 가능하도록 하였다. 이는, 우선 성범죄에 대한 두려움 또는 인식이 강화됨으로 인하여 전체 성범죄의 형량이 높아지고, 성범죄의 형량과의 "비례성의 원칙"에 따라 다른 범죄들의 형량도 상향평준화되는 과정을 단적으로 보여준다.

리, 즉 "안전권"을 주장할 수 있을 것이고,[50] 이와 같은 안전권이 또 다른 형법상의 보호법익으로 간주될 가능성이 있다. 그러나 국가가 안전한 삶을 영위할 보편적 권리로서 안전권을 보장한다는 차원이 반드시 형법의 발동기제가 될 수는 없다. 사회정의적 차원의 안전권은 추상적인 권리하에 다시 구체적이고 개별적인 권리와 행위규범을 선별하는 작업을 거쳐야 하고, 그와 대응되는 사회구성원으로서의 의무와 통제가 이루어져야 하기 때문이다.

4. 사회안전을 목표로 하는 사회통제

가. 안전과 사회통제

어느 사회든 일정 정도의 항상적인 불안과 범죄를 사회에 정상적인 것으로 내포한다. 그런데 사회적 불안정성이 증가하는 상황을 배경으로 개인의 보호문제는 보다 강화되어, 국가가 범죄나 기타의 위협으로부터 국민을 보호하거나 최소한 보호한다는 느낌을 갖게 하는 것은 매우 중요한 문제가 되었다. 특히 우리 사회를 돌진적 성장, 졸속성장, 한강의 기적이 아닌 한강의 신기루, 이중위험사회, 위험폭증사회, 총체적 위험사회, 후진적 위험사회, 폭압적 근대화, 비동시적인 것의 동시적 병존 또는 비동시성의 동시성[51] 등으로 표현할 때에는 급속성

---

50 장경섭, "압축적 근대성과 복합위험사회", 비교사회 통권 제2호, 한국비교사회학회, 1998, 406면.

51 이와 같은 한국사회의 설명에 관하여는 양천수, "예방과 억압의 혼융", 공법학연구 제10권 제2호, 한국비교공법학회, 2009, 310면 및 "한국 법체계에 대한 '비동시성의 동시성' 테제", 법철학연구 제10권 제2호, 한국법철학회, 2007/12, 282면; 유문무, 앞의 논문, 233면; 이재열, "체계실패로서의 위험사회: 대형사고에 대한 조직사회학적 연구", 1998 전기사회학대회 발표문 요약집, 한국사회학회, 1998, 91면; 장경섭, 앞의 논문, 405면; 홍성태, 앞의 논문, 232면 등 참조. 특히 이중위험사회라는 용어는 한국사회에서 현대화의 결과로서의 위험과 파행적 현대화로 인한 사회적 합리성의 결여를 동시적으로 파악하려는 개념이다. 김대환, "돌진적 성장이 낳은 이중위험사회", 사상, 사회과학원, 1998/가을, 28면; 정태석, 앞의 논문, 50면. 총체적 위험사회도 비슷한 의미로, 성장으로의 질주 과정에서 나타난 대량실업에 따른 사회적 위험의 폭증은 잘못된 성장과정에서 필연적으로 초래된 위험사회를 더욱 확장하고 심화시켜서 사회 전체를 총체적 위험사회로 만든다고 한다. 성경륭, "실업과 사회해체: 총체적 위험사회의 등장", 사상, 사회과학원, 1998/가을, 249면. 또한 후진적 위험사회란, 한편으로는 현대성의 자기적용 또는 재귀적 현대화로서 위험사회의 성격을 띠면서도 다른 한편으로는 현대성의 저발전 또는 현대성 요소들간의 불균등발전으로 인해 산업사회적 위험에서도 벗어나지 못하고 있는 점을 지적하는 용어이다. 정태석, "벡의 재귀적 현대화 이론과 개인화의 딜레마", 경제와 사회 제55권, 비판사회학회, 2002, 268면. 비동시성의 동시성 또는 비동시적인 것의 동시적 병존이란 사회현실이 근대와 탈근대가 병

장으로 인한 그동안의 위험요소에 대한 경시, 산업발전에의 윤리성 저하, 사회로부터의 상대적 박탈감 등이 불안요소로 작용하면서 안전에 대한 욕구는 폭증하게 된다. 이러한 개발주의는 경제성장을 지배적인 논리와 가치로 설정하는 반면, 국토를 경제적 가치창출의 도구 또는 수단으로만 설정하였기 때문에 환경이나 기술 등 위험사회의 위험요소가 더욱 부각되었다고 설명한다. 즉, 50여년 만에 이룩한 한국사회의 모습은 불균형 성장, 불균등 발전, 고압의 정부주도 성장, 시민사회의 피폐화라는 특징을 지닌 파행적 근대화의 모습을 띠고 있다.

한국사회를 이와 같이 표현하는 주된 이유는 단기간동안의 급속한 성장으로 지극히 짧은 기간 동안 완전히 산업사회로 이행되었을 뿐만 아니라, 산업구조의 이행이 급속도로 이루어져서 전통사회의 위험과 현대사회의 위험이 동시대에 병존하기 때문이라고 한다. 서구에서 200년이 넘게 진행되어 온 전통적 근대화가 경제적인 수준에서의 지속적인 성장 및 산업화, 정치적인 수준에서의 참여의 확대 및 민주화, 사회적인 수준에서의 합리적인 가치체계의 도입 및 확산이라는 조건을 충족하는 근대화임에 반해, 우리의 근대화는 대단히 일탈적일 수밖에 없다.

따라서 서구사회에서 현대사회를 안전사회라고 지칭하는 의미보다 우리사회에서 안전사회의 문제는 보다 강한 인상을 주게 된다. 한국적 위험의 특수성들이 안전에 대한 욕구를 더욱 폭발적으로 드러낸다는 것이다. 그동안은 경제적 생존논리가 위험에 대한 인식을 압도하여 왔다는 점에서 더욱 그러하다. 사회가 산업화되고 소득이 향상되면서 사람들의 관심은 변화하는바, 경제적으로 빈곤할 때에는 우선 생활의 향상과 기아로부터의 해방이 급선무이지만 생활의 여유를 찾게 된 이후에는 생활의 질이 주된 관심이 된다는 것이 대부분의 사회과학자들의 주장이고,[52] 안전문제 역시 생활의 질과 관련된 관심의 대상이 된다.

이러한 상황에서 개인의 안전과 안전을 위한 차단은 사회통제의 목표가 된다.[53] 안전이라는 새로운 이상이 국가적 사회통제의 대상영역을 확대하는 결과

존하거나, 법체계가 '전근대'와 '근대' 및 '탈근대'가 병존하고 있다는 점을 지적한다. 특히 법체계의 측면에서는 실정형법의 체계의 골격은 근대의 형법이 터잡고 있고, 법문화의 지평에서 전근대의 형법이 지속되고 있고 사회경제적 지평에선 탈근대의 형법이 시작되고 있는 구조를 삼중구조라고 지칭하기도 한다. 이상돈, 형법학, 법문사, 1999, 11~12면 참고.

52 정기성, "한국사회의 위험인식에 대한 문화론적 연구", 정치·정보연구 제7권 제1호, 한국정치정보학회, 2004, 224면.

53 Tobias Singelstein·Peer Stolle/윤재왕 역, 앞의 책, 37면.

를 낳고, 포괄적 안전이라는 이상이 변화하는 사회질서와 사회통제의 전개과정에서 부동의 핵심요인으로 자리잡게 되는 것이다. 이처럼 안전이 목표가 될 때에는 과거 복지의 대상이 되었던 어떤 것들, 예컨대 빈민, 부랑자, 외국인노동자 등은 이제는 사회통제의 대상이 된다. 즉, 사회부조의 영역들이 이제는 사회부조와 동시에 사회통제의 대상이 되거나, 전적으로 사회통제의 영역으로 넘어오게 되는 것이다. 이러한 과정을 거쳐 안전을 목표로 하는 사회통제 영역은 무한히 확대될 수 있다. 그러나 그 중심에는 사회적 불안이 이들에 대한 통제와 동시에 사회구성원들의 통제에 대한 자발적 참여 또는 수인을 이끌어 내는 과정이 존재하여야 할 것이다.

나. 사회통제 대상의 특정화 경향

사회통제에서 또 하나의 문제는 불안요소들이 실제 현상에 적용되어 통제가 이루어질 때에는 사회적 소수자를 통제의 특정 대상 또는 희생으로 삼는 경우가 발생한다는 점이다. 불안감 또는 안전욕구가 증대될수록 기존의 사회통합적 구조에 동의하지 않게 되고, 이러한 불안은 특히 중산층이나 사회일반이 하위계층이나 소수자들에 대해 적대감을 형성하고 그들에 대한 차단욕구를 정착시키는 데 가장 이상적인 토대로 작용한다. 그 결과 '위험한 계급'이라는 명명 하에 사회적 위협을 특정한 소수집단으로 투영시키는 형태가 드러나고, 이를 사회통제의 가장 유효한 방법으로 삼게 된다는 점을 부인할 수 없을 것이다.

일반적으로는 불안의 원인과 불안에 대한 통제 대상이 불일치하게 되는 바, 이는 전적으로 불안이라는 주관적 감정에 기인하기 때문이다. 예컨대 경제적, 사회적 또는 환경적 구조변경으로 인한 불안은, 빈민, 부랑자, 성적 소수자, 알코올중독자, 외국인 등 기존의 사회통합구조하에서는 사회부조 또는 치료의 대상이었던 집단들을 사회적 위험의 대상으로 삼아 사회통제를 발동하게 된다. 하나의 예로, 외국인 통제의 이유가 되는 우리나라 유입 외국인 현황과 외국인 범죄 피의자검거 현황을 비교하면 다음과 같다.

이와 같이 통계를 언급하는 바는, 앞서 통계의 함정에서 살펴본 바와 같이 숫자가 드러내는 속임수를 제시하기 위한 것이다.

외국인범죄 피의자 검거현황

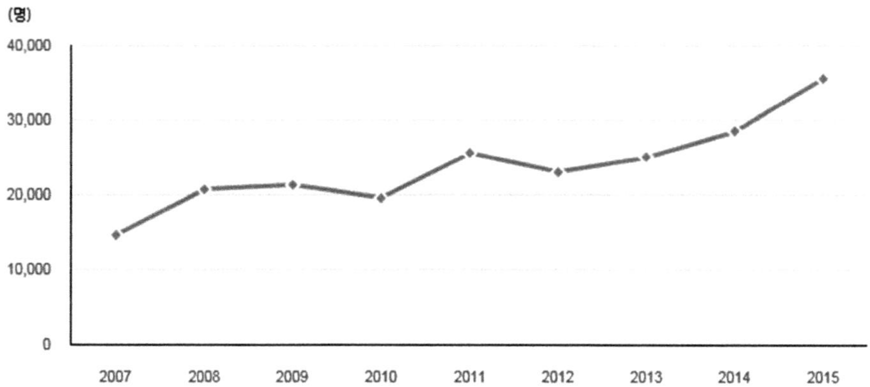

출처: 경찰청(범죄정보관리시스템)

〈표 1〉 범죄별 외국인범죄 현황

	2007	2008	2009	2010	2011	2012	2013	2014	2015
계	14,524	20,623	21,235	19,445	25,507	22,914	24,984	28,456	35,443
살인	54	85	86	82	94	84	73	80	93
강도	118	133	228	191	143	141	104	74	118
강간	176	178	165	238	305	348	499	500	598
절도	1,213	1,343	1,805	1,581	1,643	1,554	1,743	1,774	2,291
폭력	3,369	4,940	5,084	5,533	7,573	8,073	8,338	8,641	9,786
지능	5,685	7,472	3,397	2,407	2,466	2,231	2,299	2,888	3,781
도박	-	-	1,723	1,151	2,874	905	699	649	852
교통	-	-	1,594	3,609	5,256	4,673	5,769	6,942	9,617
마약	231	694	760	689	216	221	200	312	386
기타	3,678	5,778	6,393	3,964	4,937	4,684	5,260	6,596	7,921

〈표 2〉 외국인 체류현황

	2007	2008	2009	2010	2011	2012	2013	2014	2015	2016
체류외국인	1,066,273	1,158,866	1,168,477	1,261,415	1,395,077	1,445,103	1,576,034	1,797,618	1,899,519	2,049,441
- 장기체류	800,262	895,464	920,887	1,002,742	1,117,481	1,120,599	1,219,192	1,377,945	1,467,873	1,530,539
- 단기체류	266,011	263,402	247,590	258,673	277,596	324,504	356,842	419,673	431,646	518,902
불법체류자	223,464	200,489	177,955	168,515	167,780	177,854	183,106	208,778	214,168	208,971

우선 외국인범죄 증감률과 외국인 체류 증감률이 비례적인가 하는 점에 있어서는 항상적으로 비례하지는 않는다. 2008년 피의자검거는 2007년 대비 42.0%임에 반하여 체류 증가율은 9.0%이고, 2009년 피의자검거증가율은 3%임에 반하여 체류자 증가율은 1%에 이른다. 또한 2010년 피의자검거는 -8% 감소한 데 반하여 체류자는 전년대비 8% 증가하였다. 따라서 외국인체류자 증가율과 외국인범죄피의자 증감율은 전혀 일치하지 않는다. 또한 2008년 42%라는 큰 폭의 범죄증가는 지능범죄의 증가로 인한 것인 반면, 2009년에는 도박사범과 교통사범을 외국인범죄에 포함시켜서 두 범죄의 비율이 전체 범죄 중 15.6%에 이르고 있음에도 불구하고 전체 범죄율은 3%의 증가에 그쳤다는 점은 통계의 함정을 드러낸다. 즉, 2009년의 전체범죄발생건수에서 추가된 두 범죄에 해당하는 3,317명의 범죄자를 제외하면, 2008년 대비 오히려 -13.1% 감소하였음을 알 수 있다.

위 통계에서 외국인범죄 피의자 검거현황을 단순히 전년대비 증감률로만 비교하는 것은 아무런 의미가 없다. 우선 <표 1>의 외국인 범죄현황을 보면 매년 꾸준히 증가하여 2007년 대비 2015년에는 14,524명이었던 범죄자 수가 35,443명으로 약 2.44배 늘어났다. 지난 10여 년간 외국인범죄가 약 2.5배나 늘었다는 것은 외국인범죄의 심각성을 드러내는 것처럼 보인다. 그러나 외국인범죄 증감률은 외국인 체류 증감률과의 연동 비교가 필요하다. 2007년 대비 2016년 외국인 체류자가 1.92배 늘어났다는 점, 그리고 2007년에는 범죄통계에 포함되지 않았던 도박과 교통범죄가 2016년에는 포함되었다는 점을 고려해야 한다. 따라서 동일조건으로 산정하여 2007년과 2015년을 비교한다면, 범죄자는 2007년 14,524명 대비 2015년 24,974명이고, 외국인 체류자는 2007년 1,066,273

명에서 2015년 1,899,519명으로 증가한 것이다. 따라서 범죄증가율은 지난 9년간 1.72배에 해당하는 반면 외국인 체류자 증가율은 1.78배로 범죄증가율보다 많다는 점을 확인할 수 있다. 여기에서도 외적으로 드러나는 통계의 함정이 보여지는 것이다.

이처럼 외국인 체류자가 많아질수록 이에 비례하여 외국인에 의한 범죄가 많아지는 것은 아님에도 불구하고,[54] 위 첫 번째 표처럼 단순히 외국인피의자 검거현황을 수치 또는 전년대비 증감율로만 계산한다면 외국인에 의한 범죄의 양적 증가가 사회적 불안요소라고 인식시키기는 쉬울 것이다. 특히 개별범죄 중 2015년의 급격한 증가는 교통범죄자의 급증이 많은 비중을 차지하고 있어서, 일반적으로 외국인에 의한 범죄가 주는 두려움의 인상과는 거리가 멀다는 점 역시 고려하여야 한다.

그럼에도 불구하고, 법무부는 국내체류 외국인의 통제를 위하여 외국인 지문날인[55]과 전자여권제도 등의 도입을 목적으로 출입국관리법을 2010년도에 통과시키면서, "각종 사고나 범죄 발생시 외국인의 신원을 신속·정확하게 확인하여 사건을 조속히 해결함으로써 국민의 생명과 신체의 안전을 보장하고, "사회불안"을 해소할 수 있을 것으로 기대"된다고 밝힌 바 있다. 외국인지문날인제도는 2003년까지도 시행되었었지만, 2003년 12월 31일 법 개정을 통해 외국인 등록을 한 장기체류 외국인에 대해서는 더 이상 지문날인을 실시하지 못하도록 하였다. 그 주된 이유는 연령 및 체류기간을 기준으로 외국인 체류자에게 획일적으로 지문날인을 의무화하게 되면 이들의 인권이 심각하게 침해될 우려가 있

---

54 참고로 다소 지난 통계이기는 하나, 2009년 경찰백서에 따르면, 한국인 1백명당 범죄율은 4.1명이고 외국인거주자 범죄율은 1백명당 3.9명으로 더 낮으며 2008년 전체 범죄건수 중 외국인범죄가 차지하는 비중은 1.65퍼센트에 불과하다. 한국사회 이주민 인구가 전체의 약 2%라고 할 때 이 비율에도 못 미치는 것이다.

55 2005년의 경우 연간 범죄의 건수 총 1,893,896건 가운데 지문확인 의뢰건수는 전체 범죄수의 1.09%에 불과하며, 신원을 확인한 경우는 0.51%로 지극히 미미한 것으로 나타났다. 또한 경찰청홈페이지에 따르면, 살인, 강도, 절도, 강간, 폭력 등 5대 강력범죄만 놓고 보더라도 2005년도 강력범죄의 전체 발생건수 487,847건 가운데 4.24%만 지문확인이 의뢰되고 있으며, 확인건수도 1.97%에 불과하다는 것을 지적한다. 현실적으로 범죄현장에 남아있는 지문의 융선이 불선명하거나 지문이 여러 조각으로 나누어져 있는 경우가 많아 의뢰건수 대비 신원확인의 실적은 저조할 수밖에 없다는 것이다. 권건보, "형사절차와 출입국관리법상의 지문날인제도와 헌법의 국제화", 국제헌법학회·한국학회 학술대회 발표논문집, 2008, 61면 이하.

다고 판단했기 때문이다.[56] 이처럼 "인권침해"의 이유로 수사상 필요한 경우로 제한되던 동 제도는 "사회불안을 해소"하고자 하는 목적으로 다시 부활하였다. 반면에 외국인들이 범죄의 피해자가 될 우려가 있다는 점은 아직은 우리의 주된 관심대상은 아닌 듯하다. 내국인 100인당 범죄율보다도 외국인 100인당 범죄율이 낮음에도 불구하고 외국인의 증가가 사회불안을 조장한다는 입법이유는, 특정집단을 사회통제 대상으로 삼아 사회의 안전감정 또는 안전욕구를 충족시키고자 하는 것은 아닌가라는 의심을 버릴 수 없다.[57]

Ⅳ 사회안전과 성찰적 형법

1. 사회통제 수단으로서의 안전법의 문제점

가. 새로운 안전법 또는 중재법의 영역

사회통제가 사회안전을 위한 수단으로 작용한다면, 이제 사회통제는 보다 광범위한 안전법을 발동하게 된다. 안전은 전통적으로 형법의 영역이 아니었을 뿐만 아니라, 행정법이나 경찰법이 그 역할을 담당하여 왔지만 이러한 세 영역이 사회안전을 목적으로 통합되어 안전법으로 작용하게 된다.[58] 특히 새로운 안전법의 출현은, 예방적 활동의 수행과 "의심스러운" 또는 "위험한" 자의 적발이라는 동시적 필요성이 형법적인 진압적 대응과 예방적 경찰활동 사이의 구별을

56 그 결과 2004년부터는 지문날인이 가능한 외국인은 3가지 유형으로 줄어들게 되었다. ① 출입국관리법에 위반하여 조사를 받거나 다른 법률에 위반하여 수사를 받고 있는 자(법 제38조 제1항 제2호), ② 신원이 확실하지 아니한 자(같은 항 제3호), ③ 기타 법무부장관이 대한민국의 안전이나 이익을 위하여 특히 지문을 찍을 필요가 있다고 인정하는 자(같은 항 제4호) 가운데 어느 하나에 해당하는 경우에만 지문채취를 할 수 있게 된 것이다.

57 이미 각국에서는 외국인들을 종종 특별히 위험하다고 간주되거나, 비시민에게 적용되는 이민법이나 다른 법률의 적용을 받기 때문에 현재 많은 나라들이 자국민과 외국인 사이에 구분을 짓는 이원적 법체계를 갖고 있다고 한다. Ulich Sieber/김한균 외 역, 전 세계적 위험사회에서 복합적 범죄성과 형법(New Challenges of the Risk Society Blurring the Limits of Criminal Law), 2011, 172면.

58 Ulich Sieber/김한균 외 역, 앞의 책, 145면은 안전법 체계가 과거회고적인 진압적 형법, 질서유지와 장래의 해악 예방이 목표인 예방적 경찰법, 미래지향적인 정보법으로 분별되어 검토되어야 한다고 본다.

폭넓게 무너뜨리게 된 요인으로 본다.[59] 안전법의 구상은 최대한 조기에 국가의 작용을 투입하여 잠재적 불안요소를 인지하고자 하며, 범죄자를 대상으로 하는 것이 아니라 불안요소를 대상으로 하게 된다. 따라서 사회통제는 갈수록 구체적인 요인이나 행위자와는 무관하게 행사된다. 위협적이거나 불안한 상황이 행위자에 의하여 야기되기 훨씬 이전단계에서 통계적 위험성 계산을 통하여 안전법이 개입하고자 하기 때문에, 사회통제대상은 행위자가 아니라 특정집단이나 상황, 특정 영역이 되는 것이다.

특히 안전이 지배적인 사고가 된다면, 법적 의미보다는 정치적, 사회적, 정보적, 심지어는 문화적 의미가 더욱 커진다는 점은 이미 확인된 바이다. 그리하여 과거 국가가 담당하였던 안전보장의 영역의 많은 부분은 민영화되었거나 개인화되어가고 있다. 그런데 오히려 이러한 정치적, 문화적, 정보적, 사회적인 의미가 개입됨으로 인하여 국가가 담당하는 안전의 영역은 보다 확대되고 있다. 이는 어쩌면 안전이라는 주관적이고 매우 불특정한 관념이 다원화된 시각에서 이를 보장하기 위하여 새로운 안전법을 창출해내고 있기 때문일 것이다. 예컨대 과거에는 시장경제의 원리나 사회의 자발성에 맡겨두었던 영역들도 안전이라는 위상이 개입하면 자연스럽게 국가의 개입이 허용되는 듯한 인상을 주는 것도 이 때문이다.

안전법과는 다소 개념차이가 있는 중재법에 의한 해결을 제시하기도 한다. 현대의 새로운 사회적 문제는 법적으로 새로운 현대법적인 관계와 구조를 통하여 그 해결책을 강구해야 하는바, 이를 중재법이라고 언급한다. 중재법은 형법과 질서위반법의 사이에, 민법과 공법 간의 중간에 위치하는 것으로서, 형법보다는 덜 효율적인 제재수단이기는 하나, 개개인에 대하여는 덜 강력한 제재라는 긍정적 효과가 있다고 본다. 따라서 현대사회의 특별한 현상적 문제들을 담당함에 더욱 적합한 수단이 될 수 있다고 보기도 한다.[60]

나. 새로운 법영역의 문제점

사회통제의 대안이 안전법이든 중재법이든 다음의 몇 가지는 여전히 해결하여야 할 문제일 것이다.

---

59 Sieber/김한균 외 역, 앞의 책, 171면.

60 Winfried Hassemer, Produktverantwortung im modernen Strafrecht, 1994, 22면 이하.

첫째, 안전법 또는 중재법의 명확한 영역이다. 기존의 형법의 역할이 예방기능의 확대와 안전욕구의 충족을 담당하기에는 적절하지 않다는 것은 사실이다. 따라서 안전법 또는 중재법이라는 새로운 법영역이 필요하다고 하지만, 실제로 그 법영역이 어디까지인지, 어느 역할까지 담당하게 되는지 모호하다. 민사적인 분쟁의 조정이나 원상회복에서부터 경찰법 또는 질서위반법적인 예방의 영역뿐만 아니라 시장경제원리나 국제적 분쟁의 영역까지도 모두 포괄할 수 있는 법이 가능한가, 즉 기존에 뚜렷했던 법영역을 혼재하여 새로운 법을 창출해내는 것이, 그러한 새로운 법영역이 독창적으로 기능할 수 있는 것인지의 문제이다. 아마도 기존의 법제들이 행하였던 작용을 일부씩 담당하게 함으로써 통합된 어느 법영역을 지정한다고 하더라도 그것이 새로운 대안이라고 할 수는 없을 것이다. 다만 기존의 법역할의 분담문제 뿐일 것이다.[61] 더욱이 법적 범주를 불명확하게 하는 새로운 법영역은 기본적인 인권보장의 틀을 보다 더 위협할 수 있다.

둘째, 국가권력의 가장 강력한 무기처럼 여겨져 왔던 형법의 역할을 축소하고 새로운 안전법이나 중재법을 제시한다고 하더라도, 그러한 새로운 법영역의 역할이 형법이 수행하였던 기본적 침해적 작용을 대체한다면 이는 새로운 방안이 될 수 없다. 형법이 행하였던 규제와 그 결과를 다시 법영역 또는 법명만 바꾸어서 여전히 수행하게 된다면 그간의 위험형법에 대하여 제기해왔던 우려가 잠식될 수 없다는 점이다. 더욱이 전통적인 형법의 기능이 형법의 확대 또는 변질과정을 거쳤다고 하더라도 여전히 자유보장에 있다는 점은 부인할 수 없다. 그러나 안전법이든 중재법이든 안전을 위한 예방작용을 함에 있어서 기본적침해적 국가작용을 여전히 예전 그대로 아니 그보다 더욱 확장하여 허용하게 될 우려가 있는바, 이러한 법역할의 대체는 의미가 없다고 보여진다.

셋째, 한 걸음 물러서서 안전법 또는 중재법이 형법과 예방적 행정작용법의 중간영역이라고 인정하더라도, 그 작용을 어떻게 이해할 것인지는 여전히 해결되어야 한다. 뿐만 아니라 그에 앞서 우리 사회가 새로운 형태의 법영역을

61 Sieber/김한균 외 역, 앞의 책, 182면이 새로운 안전법을 언급하면서도, 전통적으로 분리되어 있는 법분과들의 서로 다른 법적 범주들이 보안이라는 새로운 패러다임 아래서 동시적인 적용을 강화한다는 서술도 간접적으로 이러한 측면을 의미하는 것은 아닌가 한다.

요구할만큼 격변하였는가를 진단해 보아야 할 것이다. 사회의 변동이나 변화는 자연스러운 현상이며, 불연속선상에 있지 않다. 특히 근대적인 형법을 가진 이후의 우리 사회의 모습을 표현하는 용어들은 매우 부정적이다. 이중위험이라든가 돌진적이라든가 폭증적, 후진적, 다중적 등의 명칭은 사회의 급박하면서도 성찰적이지 않은 변모를 드러내지만, 이것이 형법의 격변을 반드시 필요로 하는가는 검증되지 않았다. 오히려 이러한 지칭들은 형법외적 영역에서 속도의 부정교합을 지칭하는 것은 아닌가 한다.

넷째, 위험사회의 위험형법과 같은 역할을 안전사회의 안전법이 수행하게 된다면, 위험을 안전으로 대체하는 의미가 없게 된다. 본 논문에서 안전의 의미를 주관화시키고자 하였던 점은 위험형법과의 단절을 의도하기 위함이었다. 그런데 위험형법이 과대하게 몸을 부풀렸던 논거와 동일하게 안전법의 영역을 확대하게 된다면 안전법은 형법보다 더 위협적인 무기가 될 것이다.

다섯째, 안전이라는 관념이 법익이 될 수도 없고, 위험처럼 예측가능성도 처음부터 없다면 전적으로 법에 의하여 지배될 수 없는 영역이라는 점을 인정해야 할 것이다. 물론 그 광범위한 개념으로부터 법의 개입이 완전히 단절되어서는 안 된다. 다만 "불안" 또는 "안전욕구"에의 법적 개입은, 객관적인 사전예측가능성도 없다는 점, 예방기능의 담당으로 인하여 실제로 "불안전"이 "안전"이 되었는지에 대한 사후진단가능성도 없다는 점에서 특히 형법에 의한 개입의 최소화가 필요할 것이다.

여섯째, 국제적으로 논의되는 안전법의 영역이 우리 사회의 현상에도 적합한가의 문제이다. 지버의 주장처럼 국내안전법과 국제안전법을 달리하더라도, 국제안전이 국내안전에 미치는 위협을 조망하면서 국제테러, 전쟁 등의 논의를 중심으로 생성한 국제안전법 위주의 안전법론은 우리의 현실과는 다소 동떨어진 듯하다. 이른바 사회안전을 위하여 표방한 4대악을 성폭력, 가정폭력, 학교폭력, 불량식품으로 규정한 우리사회의 안전에 관한 논의의 대안을 대 국제적 안전을 중심으로 발전한 안전법으로 대체하는 것은 보다 정교하고 세밀한 정제과정이 필요한 듯하다.

2. 사회통제의 자발성과 형법의 예방임무

가. 안전의식과 자발적 참여

안전에 관한 논의는 사회구성원들에게도 자발적 변화를 요구한다. 불안이 확대될수록 안전의 확보는 더 이상 국가의 역할이 아니라, 사회구성원 모두가 적극적으로 참여해야 할 과제로 인식된다. 이러한 참여는 두 가지 방식으로 가능하게 되는데, 안전의 민영화와 안전에의 자발성이다.

우선 불안은 안전욕구로 인하여 보호를 요하는 영역을 무한히 확대할 뿐만 아니라, 개인차원에서 불안요소들은 매우 다양하기 때문에, 국가에 의한 안전보호작용에 국한하지 않고 이제 안전을 위한 작용을 민영화하기 시작한다. 과거와는 달리 우리 사회 역시 민간에 의한 안전영역이 매우 확대되고 있는 바, 민간경비라든가 자치방범활동, 민영교도소, 보험영역의 확장 등 그 영역은 보다 세분화되고 산업적으로까지 발전하게 되었다. 이러한 민영화는 안전에 대한 폭증한 수요와 이에 못 미치는 국가 공급의 결과이며, 자연스러운 현상이다. 국가는 민영화된 안전영역에 대하여는 민간안전관리자에 대한 후견 또는 감독의 역할만 하게 되고, 민간 안전관리자가 전적으로 안전 영역을 수행한다.

그런데 안전이 민영화될수록 새로운 차별과 불평등이 발생한다. 안전을 획득할 수 있는 경제력이나 계층에 있는 자와 그렇지 못한 자 사이의 안전욕구의 충족 정도는 간극이 생기고, 후자는 점점 더 안전으로부터 멀어지게 된다. 오로지 공적인 안전공급에 기대는 계층들은 정교화된 불안전요소들에 노출되는 한편, 안전수요자들에 의하여 다시 불안전요소로 인식되기도 한다.

다른 하나는 안전에의 자발적 참여이다. 불안정과 위험을 통한 지속적인 위협은 순응을 낳고, 불안이 지배할수록 개인은 자신과 자신의 행위만을 믿게 된다고 한다.[62] 즉, 불안전한 요소들에 대한 통제를 요구하는 자들은 그러한 통

62 Tobias Singelstein · Peer Stolle/윤재왕 역, 앞의 책, 71~95면은 현재의 사회통제기술은 자기수행과 통제기술, 배제기술 세 가지로 설명한다. 자기수행이란 명시적이고 지속적인 위협이나 구체적인 이익의 약속이 필요 없는 상태에서 개인이 혼자서 그리고 스스로 의도하여 사회적으로 기대되는 기준에 자신의 행위를 맞추도록 삶을 수행하는 기술을 의미하고, 통제기술은 전통적 의미의 국가적 감시나 위험탐지, 정보수집 등에 의한 사회통제이며, 배제기술은 단적으로 위험한 자들을 공간적으로 격리하고 무용한 자들을 사회적으로 추방하는

제에 순응하고 자발적으로 참여하게 된다. 이러한 순응은 준법의식의 향상을 견인하고, 역설적이게도 불안이 확대될수록 스스로의 안전을 보장받기 위하여 법을 비롯한 많은 통제에의 자발적 참여가 이루어진다. 안전에의 자발적 참여는 직접 안전위협요소를 제거하는 역할을 하기보다는, 외적으로 이루어지는 행위를 통하여 스스로 내적인 불안감을 해소하는 역할을 한다. 어떤 형태이든 사회통제의 자발성은, 안전욕구이라는 주관적 감정의 충족과 불안의 해소에는 매우 유효하다. 특히 안전에의 자발적 참여는 불안을 양산하는 개인이 불안을 스스로 해소하기 때문에 스스로 느끼는 안전 또는 불안전의 지표에 직접 영향을 미친다.

나. 형법의 적극적 일반예방

이제 안전에의 자발적 참여는 형법의 예방임무에도 긍정적 효과를 가져온다. 안전에의 형법적 개입은 최소화되지만, 그 영역에 있어서도 개인의 자발적 참여로 인한 불안의 해소는 적극적 일반예방에 있어 긍정적인 효과로 드러난다.

형법의 예방임무에 있어서, 특별예방의 실패는 이미 확인되었다고 보여진다. 재범우려에 대처한 중형화와 다양한 보안처분의 도입은 재범률을 낮추지 못하였고, 그 결과 재사회화보다는 사회적 격리를 위한 더욱 가중된 중형화와 감시제도를 도입함으로써, 적극적 특별예방효과는 실패한 것으로 자인하는 결과만 초래하였다. 오히려 그와 같은 가중된 자유형과 감시가 소극적 특별예방으로서 기능할 뿐이다.

그리고 소극적 일반예방 역시 그 효과를 긍정적으로 답하기 어렵다. 형벌의 위하력을 통해 잠재적 범죄를 낮추기 위해 형벌을 중형화하였지만, 이는 오히려 범죄를 더 잔인하게 만들뿐만 아니라, 범죄의 발각을 피하기 위하여 범행수법이나 죄적 인멸을 보다 교묘하고 정교하게 만든다.

그렇다면 예방임무 중에서 기대할 영역은 적극적 일반예방[63]일 것이다. 적극적 일반예방은 그 의미나 평가가 완전히 통일된 것으로 보이지는 않는다. 적극적 일반예방은 기존의 형벌효과와 차별화된 신뢰효과, 학습효과, 통합효과,

---

기술을 의미한다. 이 세 가지 기술 중에서 통제기술과 배제기술은 국가에 의한 일방적 통제라면, 자기수행은 개인적 차원에서의 자기훈육을 의미한다.

63 통합예방론에 대하여는 조성용, "적극적 일반예방의 가능성과 한계-독일의 논의상황을 중심으로-, 법조 제565권, 법조협회, 2003, 156면 이하 참조.

만족효과 또는 법승인에 대한 훈련효과 등을 주장하고 있음에도 불구하고, 그 효과가 너무 포괄적이고 추상적이어서 그 실체를 정확하게 파악하기는 매우 어렵다는 지적, 그 정당성이 경험적으로 검증되지 않았다는 비판[64] 등을 감수하고도, 이러한 예방효과는 긍정적으로 검토될 수 있을 것으로 보인다.

급증하는 불안요소에 대한 일반인의 안전욕구 또는 형벌요구에 대응하여 형법은 사회적 학습이나 자발적 승인을 내세워 스스로 정당화할 수 있다. 물론 적극적 일반예방의 입장에서라도, 형벌이 규범승인의 훈련을 위해 부과되는 것이라면, 형벌도 규범승인을 위해 필요한 정도로만 부과되어야 하지만, 그만큼이 어느 정도인지 확정하기 어렵다는 점에서는 여전히 논란이 될 것이다. 그러나 최소한 안전욕구를 스스로 충족하기 위하여, 또는 안전을 보장받기 위하여 자발적인 규범에의 참여가 이루어진다면 적극적 일반예방은 외형적으로나마 효과적이라고 진단할 수 있을 것이다.

3. 사회안전을 위한 형법의 역할 — 성찰성

안전을 위한 국가의 작용은 너무나 광범위해서 그것이 반드시 법적 영역일 필요도 없다. 그러나 안전을 위한 작용이 기본적 침해적 효과를 수반한다면 이제 반드시 법적 개입이 요구된다. 이 때의 법적 개입은 불안의 원인에 따라 세분화되고, 과거 불안요소로 인한 침해에 대한 민사법적 원상회복에서부터 현재 불안요소에 대한 다양한 행정법적 규제에 이어 장래 불안요소에 대한 예방적 경찰법적 활동까지 모두 안전을 위한 법작용으로 인식되게 된다.

지난 몇 십년간 형법은 위험이라는 객관적 사정과 불안이라는 주관적 감정을 극복하기 위한 다양한 투입이 시도되었다. 그러나 그동안의 논의들은 전통적 형법의 임무의 강조와 변화를 받아들이고 이에 순응해야하는 형법의 임무의 강조, 두 가지 입장으로 이해된다. 전자는 자유주의적, 개인주의적 형법관은 장래의 위험에 대한 형법적 개입이 개인의 자유를 오히려 침해하며, 정치적 왜곡이나 통제장치의 확대를 초래한다고 본다.[65] 후자의 경우에도 예방형법을 무조

---

64 적극적 일반예방에 대한 평가 또는 비판으로는 임병락, "적극적 일반예방론의 허와 실", 법학연구 제30집, 한국법학회, 2008, 222면 이하; 조성용, 앞의 논문, 152면 이하 참조.

65 김한균, 앞의 책, 151면은 그러나 이러한 형법관은 현대과학기술의 위험성은 과소평가하는 반면, 이에 대응하기 위한 형법적 개입의 위험성은 과대평가하는 경향이 있다고 본다. 그

건 수용하지는 않으며, 사회변화에 적절히 대응하되 형법의 최후수단성은 반드시 지킬 것을 강조한다. 델타형법이 그 대표적 예이다. 이에 따르면 전통적인 근대형법이라는 큰 흐름의 장외인 삼각주 영역의 문제에 대해서는 부수형법·특별형법·특별법의 형식으로 위험형법적·안전형법적 수단을 극히 위험성이 높은 위험원 대상에 제한하여 잠정적·과도기적으로 투입하는 조치를 현실로 받아들이고, 이를 통해서 안전이 실효성 있게 확보되면 다시 전통형법·근대형법의 본래 흐름에로의 다시 합류가 자연스럽게 이어질 수 있다고 본다.[66] 후자는 사회 스스로의 복원력을 매우 신뢰하는 듯하다. 현대사회문제들에 대하여 형법적으로 대처하는 과도기적인 조치도 자유적 기본권과 인권의 포기할 수 없는 본질적 내용의 한계선을 넘어가서는 안된다는 점을 강조하면서, 안전과 질서의 자율적 회복을 통한 자율적 사회안정을 확보해야 한다고 보기 때문이다.

국내의 이러한 두 가지 관점 모두 전통적 형법에서 벗어나지 않고자 한다는 점에서는, 안전법의 출발점과는 상이한 모습을 보인다. 안전법은 자유와 안전을 대등한 목적으로 보기보다는 안전을 위한 자유와 기본권의 제한을 요구하기도 한다. 물론 안전법에서도 인권보장을 위한 제한원리에 매우 민감할 뿐만 아니라, 법적 범주의 전환을 조심스럽게 다룬다. 그렇지만 현실에 대한 가장 적절한 대응책으로서 법영역의 통합 또는 전환을 제시한다는 점에서, 그러한 통합이나 전환과정에서 발생할 또 다른 자유와 안전의 위협요소를 수인하고 있다는 점은 인정해야 할 것이다.

앞서 위험과 안전의 개념을 분리하여, 위험사회의 위험형법 또는 예방형법이나 상징형법의 논리와 구조를 사회안전과 단절시켰다. 그리고 안전개념의 주관화를 통해 안전이 법익이 될 수 없음을 언급한 이유는, 안전개념에 형법이 투입되는 양상이 전혀 새로운 의미가 아님을 언급하기 위해서이다. 형법은 인간의 자유와 기본권을 지키기 위한 수단이지, 형법 그 자체가 목적이 될 수 없다. 형법이라는 수단을 통해서 지켜야 할 자유와 기본권은, 전통적 형법이든 현대

리고 위험현실을 왜곡 과장하여 형법적 개입을 경솔하게 확대하려는 경향만큼이나, 위험현실을 간과하고 신중한 형법태도만을 강조하는 것은 현실에 대한 올바른 대처법이 아니라고 비판한다.

66 김일수, "전환기형법학의 도전과 과제", 2012/5/23 일본 메이지대학 강연문 및 "사회변동과 형법정책의 방향", 2012/7/19 제5회 입법정책포럼 발표문 참조.

사회에 대응하는 형법이든 공통된 목표라는 점에서 전통적 형법과 근대형법 간의 간극은 생길 수 없다. 다만 형법이라는 수단의 투입 여부, 투입시기, 투입 정도 등에 있어서의 시각의 차이일 뿐이다.

안전이 법익이 아닌 관리의 문제라면, 안전을 위한 법적 개입은 형법이 우선되는 영역이 아니다. 만일 국가가 형법에 의한 적극적 개입을 한다면, '사회안전'을 위해서가 아닌 '안전욕구의 충족'을 위해서라는 의미가 되어버린다. 안전은 사회적 불안요소의 관리에 의한 기대효과이지 법익이 아니다. 따라서 형법적 허용과 불허용을 통해서 안전을 확보하는 방식은 타당하지 않다.

안전을 관리하는 법규들은 구체적인 명령규범의 형태가 되어야 하며, 위반에 대한 제재는 원상회복이 우선되어야 한다. 그리고 원상회복의 거부나 미이행에 대하여도 형법 투입 이전에 안전에 의한 이익을 박탈하거나 미부과함으로써 안전준수 위반에 대한 불이익 부과가 우선되어야 한다. 그 후에 비로소 형벌권 투입 여부가 논의되어야 하며, 위반에 즉각적으로 형법이 반응하는 것은 적절한 방법이 아니다. 만일 안전에의 자발적 참여와 준수를 거부하거나 실패한 자에게 직접 형법을 투입하고 사회적 배제대상으로 삼게 된다면, 형법의 재사회화 임무는 처음부터 포기된 것이나 마찬가지이다. 안전사회를 지향하면서 선개입과 후개입을 통해 사회에 보이지 않는 유리벽을 만드는 것은 사회를 안전하게 하는 것이 아니라, 보다 불안의 요소를 양산하는 결과를 초래한다.

지금까지 우리는 충분히 형법이 영역을 확장하는 모습을 지켜보았다. 그리고 형법적 통제의 폭증을 통해, 우리는 규범의 효력은 규범위반을 통하여 가시화됨을 보았다. 위반되지 않는 규범은 존재가치가 없다. 위반되지 않는 규범은 규범의 존재필요성이 없음을 스스로 확인시킨다. 따라서 불안요인에 대하여 보다 구체적이고 세밀하게 위반가능성이 있는 행위들에 형법을 투입하고, 그리하여 위반을 통하여 사회적 불안감을 확증하는 과정을 통해 다시 사회안전을 위한 법적 통제의 정당성을 부여받음으로 인하여, 법에 의한 규율영역을 자가확대하는 과정을 충분히 지켜보았다.

물론 안전을 위협하는 요소에 형법적 투입이 필요하다면, 형법은 그 역할을 수행하여야 한다. 그러나 그 이전에 고민해야 할 것은 법익침해 또는 위태화에 어느 정도 근접하는 행위가 형법의 대상이 되는가라는 물음이다. 불안요소가 법익침해에 근접하지 않는다면 형법으로부터 자유로운 영역으로 남아야 한다. 그리고 주관적 안전감정이 객관적으로 확증될 수 없다면, 이에 대한 형법의 투입 여부와 투입시기 및 투입 정도에 대한 결정도 확증될 수 없기 때문에 형법은 최후의 수단으로 남아야 한다. 이제 형법은 그동안 위험사회에서 너무나 과중하게 떠맡았던 임무를 내려놓고 다시 전통적인 형법으로 돌아갈 수 있을 것이다.

V 위험형법의 위험성, 안전형법의 불안전성

현대사회는 수많은 현상들과 복합된 작용만큼이나 많은 담론과 화두를 제시한다. 그리고 안전 역시 그중 하나일 것이다. 또한 안전이라는 화두에 대하여도 다양한 접근이 가능하며, 형법도 그중 일부이다. 위험사회에서 위험에 대한 논의가 치열했던 만큼, 이제는 안전사회를 위한 안전에 관한 논의가 더욱 박차를 가할 것이다.

여기에서는 위험이 사전예측가능성이라는 객관적 사정을 근거로 한 예방형법적 접근이 가능했던 것과는 달리, 안전은 불안 또는 안전욕구라는 주관화된 사정을 기초로 한다고 보았다. 일반적으로 안전에 대한 접근은 객관적인 기준이나 목적이 없다. 안전을 목표로 한다는 것은 도달할 수 없는 이상과 같기 때문이다. 그러나 반대로 안전을 향한 끊임없는 노력과 사회적 투입은 안전이 아니라 불안전을 생산한다. 그러한 노력만큼 안전에 대한 기대가 높아지고, 높아진 수준의 안전욕구는 반대로 그에 상응하는 정도의 불안전을 양산하기 때문이다. 상승된 안전욕구는 이 안전욕구를 위한 방어조치와 동시에 그 안전욕구 자체가 계속해서 만들어내는 보장조치까지 요구하게 됨으로써 스스로가 스스로를 재생산하는 순환관계로서, 이 관계 속에서 안전은 계속 추구하는 대상이지만, 사회적인 보장능력의 한계와 욕구 사이의 간극으로 인하여 지속적인 불안정성이 사회의 정상적인 모습으로 확립된다.

위험사회를 거치면서 많은 영역에서 보편적 법익이 그 실체를 드러내었다.

위험을 중심으로 한 논의는 형법으로 하여금 개인적 법익의 보호보다는 사회적이고 국가적인 법익보호에 더 치중하게 만드는바, 근래에는 보편적 법익이 형사정책의 중심사상으로 발전하였고 이는 예방지향적 사고와 함께 법익론을 변화시키고 있다고 한다. 이로 인하여 과거 개인적 법익의 범주로 간주되었던 법익들도 점차 사회적 법익으로 전환되고 있다. 그러나 보편적 법익은 구체적으로 확정가능한 법익 또는 이익이 아니기 때문에 실제로는 불확정적이고 실체를 파악할 수 없는 허구에 불과하다. 특히 사회적 불안이나 안전을 법익으로 할 때에는 정신화 또는 관념화된 법익으로서의 도덕이나 사회적 윤리와 같은 사회적 관념과 법익이 혼동됨으로 인하여 비형법적 요소가 형법의 법익을 대체하는 결과를 초래하게 된다. 더욱이 이러한 법익들은 그 침해 내지 위태화를 확인할 수 없을 뿐만 아니라, 설령 법익으로 인정한다고 하더라도 그 자체의 관념적 속성으로 인하여 어느 정도의 불법성을 내재하는지를 측정할 수 없게 된다. 따라서 여기에서는 안전은 법익이 될 수 없다고 보고자 한다. 이로 인하여 안전영역은 형법의 개입이 최소화할 수 있는 나름의 정당성을 가질 수 있을 것으로 보인다.

침묵만이 답은 아니다. 따라서 형법이 필요한 새로운 영역이 제기된다면 형법의 고유임무는 수행되어야 한다. 그러나 새로운 불안전한 영역이 언제나 새로운 형법을 필요로 하는 것은 아니다. 또한 그 영역에 형법의 투입 여부가 불명확하다면 형법은 최후수단성이라는 고유의 속성을 유지하여야 한다. 그런데 사회안전은 법익도 아니고 새로운 법익은 더더욱 아니다. 즉, 안전은 사회적 불안요소에 반응하는 주관적인 감정이므로, 이러한 주관적 영역에 형법이 투입될 수는 없다. 안전은 관리의 대상을 의미할 뿐이며, 안전을 통하여 자발적인 참여를 이끌어야만 그것이 달성될 수 있다. 뿐만 아니라 주관적 영역의 충만은, 개인 또는 사회가 규율을 준수하여야만 안전을 보장할 수 있다는 인식을 통하여 스스로 규율을 수행할 때에만 가능해진다. 따라서 안전이 구체적인 사정와 맞물려 객관적으로 확인되는 형법투입의 필요성이 인정되지 않은 한, 형법의 투입은 '안전' 그 자체만으로는 정당화될 수 없다.

CHAPTER 02 처벌의 목적은 행복(공리)인가?

I 사회의 변동과 형법관의 변화

변화 또는 발전이 언제나 긍정적인 방향성을 가지는 것은 아니지만 사회가 고정불변하는 정적 피사체가 아닌 한, 사회를 구성하는 소단위로서 인간은 작더라도 확실한 그리고 올바른 변화를 추구하고자 할 것이다. 그러한 변화들이 현재 또는 과거에 대한 반성과 의문으로부터 출발하고자 한다면, 이제 긍정의 변화는 현재 또는 과거에 대한 반성과 의문으로부터 비롯된다. 우리가 지금까지 당연하게 수용하였던 특정한 제도나 개념이 올바른지 또는 제대로 작동하고 있는지에 대한 검토는 그러한 목적하에서 매우 의미 있는 작업이다. 이는 형법도 예외가 아니다.

당위규범인 형법의 목적은 당위적인 귀결을 통해서 찾아지는 것이 아니라, 언제나 목적의식적인 지향점 또는 가치를 설정하고 그것을 위한 논리적 기틀을 세우는 방식으로 추구되어 왔다. 관념론에서 자유권을 핵심으로 한 형벌관을 주장한 것도, 공리주의적인 접근을 시도하면서 보통법이나 자연법의 부정을 시도한 것도, 근대 독일 형법학의 법익론을 거치는 동안에도 그러한 논쟁들은 철학적 사조와 맞물려 인간과 국가 또는 형벌권의 관계를 드러내는 주제로 다루어져 왔다. 그 결과 형법의 목적이나 법익은 마치 전적으로 철학적 사유의 지배를 받는 영역처럼 비춰져 온 듯하다. 즉, 어떠한 철학적 사조를 따르는가 또는 선택하는가에 따라서 법익이나 형벌목적의 구체적인 실체와 내용은 달리 채워지고, 형법을 조망하는 시각 역시 이에 좌우되어 왔다.

우리가 학설이라고 부르는 것들은 논리적인 검증은 가능할지언정, 현실적인 또는 경험적인 수치로서 실제 입법에 반영되고 있는지를 확인하는 것은 쉽지 않다. 심지어 이는 형법이 사회과학의 한 계열로서 위치할 수 있는가에 대한 반문을 제기하기도 할 것이다. 그도 그럴 것이 형법이 보호하여야 하는 것은 법익이라는 점 이외에 법익의 실체는 여전히 베일에 가려져 있다. 가장 이상적인 사회를 가정하여 법체계를 갖추고 법익개념을 그 안에 넣고자 한다면 이는 공허한 허상에 불과할 뿐이지만, 반대로 현실을 반영하여 현실에서 요구하는 대로 법체계를 변형하고 법익을 애써 끼워넣고자 한다면 편협한 궁여지책에 불과하게 될 것이다. 하지만, 결국 법익이나 형법의 목적과 관련한 논쟁들은, 그 개개의 논거는 다를지언정 결과적으로는 이상과 현실 사이, 허상과 편협 사이, 그리고 개인과 국가 어디에 중점을 맞출 것인가를 두고 순환적인 주장들이 펼쳐져 온 듯하다. 즉, 철학적 사조의 흐름을 따라 부수적 또는 후발적으로 연계되어온 법체계에 대한 조망의 일부로서 법익의 개념이 논의되어 왔다는 점, 그리고 정치적 또는 현실적 변화들이 요구하는 바를 수용하고자 편협적으로 흘러왔다는 점이 법익의 의미나 형법의 목적에 끊임없이 수정을 가하게 하였고, 모든 형법체계에 일관된 그것들의 정립을 어렵게 한 것은 아닌가 한다.

이 절에서는 이러한 의문을 배경으로 현대 형법의 초기단계에 형사법제에 영향을 미쳤던 철학적 사조부터 고찰함으로써 해결의 단초를 찾아보고자 한다. 즉, 형법의 목적 또는 법익이 개인과 국가의 관계를 비롯한 철학적 사변에 맞물려 논쟁의 역사를 거쳤다는 점에 논의의 실마리를 두고자 한다. 따라서 현대 형법과 형사사법제도의 토대가 되었던 프랑스 혁명 이후에 전개된 공리주의 관점부터 출발함이 적절할 것이다.[1] 공리주의적 관점의 궁극적인 목적은 행복이라

---

1 본론에 앞서 철학적 이론의 일부를 차용하거나 요약하는 과정에서 본래 의미의 일부만을 원용함으로써 불가피하게 발생하는 해석의 차이가 있을 수 있음을 미리 밝히고자 한다. 개별 문장 하나하나도 철학적으로는 논쟁중이거나 방대한 자료와 연구들이 있어서, 이를 모두 포섭하여 한 논문에 반영하기란 거의 불가능할 것이다. 다만, 최대한 이러한 오류를 피

는 점에서, 공리주의는 매우 명료하면서도 국가 또는 사회의 어느 영역에서든 수용가능성이 높다. 형법도 예외는 아니어서 공리주의적 관점을 통해 조망한 형법관 또는 형법의 목적은 사회 전체의 행복이다. 그러므로 공리주의적 형법 목적은 행복의 행간의 의미를 어떻게 읽고 이해할 것인가의 문제로 귀결된다. 공리주의는 최대다수의 최대행복에 기여하는 국가와 제도에 관하여 법실증적으로 활발한 전개를 펼쳐왔다는 점에서 현재까지도 많은 정의론의 근간이 되고 있는바, 공리주의적 관점에서의 형법목적에 관한 가능한 논의들을 분석하고, 초기 공리주의적 관점에서 형법관이 어떻게 전개될 수 있었는지를 살펴보고는 것은 과연 행복이 형법의 목적 또는 처벌의 이유가 될 수 있는지를 확인토록 할 것이다.

Ⅱ 공리주의적 관점에서 형법의 목적

1. 자유주의적 정의론으로서의 공리주의

자유주의적 정의론에 있어서 가장 중요한 것은 사회구성권 각자가 도덕적으로 가치 있다고 생각하는 것이 서로 다르다는 의미의 도덕적 다양성을 존중해야 한다는 점이다. 즉, 도덕적으로 가치 있는 것을 흔히 선(good)이라고 하는데, 사회구성원 각자는 자신의 삶에서 최선이 무엇인가에 관하여 생각하는 선의 개념화가 다르므로, 각자에게 최선인 것을 추구하기 위한 삶의 계획도 다르다는 점을 전제한다. 따라서 특정한 선의 개념화나 삶의 계획이 더 가치 있다는 전제를 하지 않은 상태에서 정의론을 전개하며, 결과 분배정의에 있어서도 특정한 분배원칙이 더 가치 있는 분배원칙임을 전제하지 않는다.

이처럼 특정한 분배원칙을 미리 전제하지 않는 상태에서 정의론을 전개하는 자유주의의 방법은 중립성의 개념에 의존하는 방법과 인간에 관한 사실에 의존하는 방법이 있다. 전자는 특정한 선의 개념화나 삶의 계획 혹은 특정의 분

하기 위하여 개별 이론이나 주장들에 관하여는 되도록 간략하게 일반적인 내용들만 서술하되, 그에 관한 형법적 측면에서의 차용성에 관하여 중점을 두고자 한다.

배원칙을 도덕적으로 더 가치 있다고 미리 전제하지 않는 방법으로 자유지상주의나 자유주의적 평등주의에서 두드러진다. 후자는 공리주의에서 두드러지는 방법으로서, 공리주의에서 말하는 인간에 관한 사실은 인간은 쾌락을 추구하고 고통을 회피하려고 한다는 사실이다.

2. 효율성의 극대화와 정의관념

역사적으로 볼 때 17세기 이후 발전하기 시작한 자본주의 시장경제 체제는 성장을 거듭하여 19세기에 이르러서는 사회 전체의 부를 극대화하여 빈곤현상을 점차 추방할 수 있으리라는 기대를 받았다. 이러한 믿음의 실현을 위하여 효율성 극대화 차원에서의 사회제도의 개혁을 요구하였고, 이러한 상황에서 등장한 공리주의는 최대다수의 최대행복을 가져오는 것이 선이라고 규정함으로써 효율성 극대화 차원에서의 사회제도개혁을 쉽사리 도덕적으로 정당화시킬 수 있었고, 당시의 사회개혁에 있어서 이론적 무기로서의 역할을 담당하게 되었다.[2]

공리주의(Utilitarianism)는 벤담(J. Bentham)과 밀(J. S. Mill) 등에 의하여 19세기 전반에 걸쳐 영국을 지배한 사회사상으로서, 인간의 도덕적 행위의 기초를 개인적 이익에 두고 최대다수의 최대행복(the greatest happiness of the greatest number)을 도덕철학의 기본원리로 삼고 있다.[3] 이 이론에 따르면 '어떠한 행위이든지 행복을 증진시키는 데 유용하다면 옳은 일'이라고 한다. 행복은 만족의 크기이며 그 합계로서 만족은 선하고 불만족은 악한 것이므로, 어떤 행위이든지 선한 것을 낳고 악한 것을 배제하거나 막는다면 옳은 일이 된다. 이처럼 공리주의 철학의 특징은 사회현상의 좋고 나쁨을 판단하는 기준을 '최대다수의 최대행복'으로 표현하고, 사회후생 또는 복지에 기준을 두고 상태의 정당성을 평가하는 데 있다. 또한 결과가 수단을 정당화시킨다는 주장 아래 사회후생에 공헌하는 경우에만 권리에 정당성이 부여되므로, 사회후생을 증대하는 행위가 곧

---

2 김학근, "분배적 정의에 관한 소고", 목포대학교 논문집 제12집 제1권, 목포대학교 1991/6, 37면; 황경식, "분배적 정의의 기준", 철학연구 제42권, 대한철학회, 1986, 17면 이하.

3 공리주의를 유형별로 살펴보면, 고전적 공리주의에는 벤담에서 시작되어 시즈위크에 의하여 완성된 양적쾌락공리주의와 밀에 의한 질적쾌락 공리주의, 다원적 공리주의, 행위공리주의 및 규칙공리주의 등으로 구분된다. 이러한 공리주의의 유형에 대한 자세한 내용은 이홍윤, 功利主義의 分配的 正義, 형이상학 통권 제6호, 토마스학회, 1998/12, 56~63면 참조.

정당한 행위라고 본다.

여기서 최대다수의 최대행복이란 이념은 총효용의 극대화, 즉 사회후생의 극대화를 의미하고, 이는 모든 사람에게 한계효용을 균등하게 함으로써 달성된다고 본다. 따라서 정의 역시 최대다수의 최대행복을 실현하는 것이며, 정의의 판단기준은 개인의 효용 또는 모든 사회 구성원의 효용의 합이 되고, 사회후생의 증대를 위한 절차나 과정에 관계없이 결과가 선하면 정의롭다는 결과주의를 표방한다.[4] 이러한 관점에서 인간의 천부적 능력에 따른 소득의 격차를 공정한 소득의 격차로 보는 것에 공리주의는 반대하고 있다. 원초적으로 두뇌가 우수한가 그렇지 않은가는 결코 개인의 의사나 행동과는 무관한 것이기 때문이다. 따라서 다른 원칙에 의하여 소득분배기준을 정하여만 하는데, '최대다수의 최대행복'을 이룰 수 있는 소득분배가 가장 합리적인 기준이라고 보았다.

그러나 공리주의는 의사결정의 근본요인을 만족이나 불만족에 둠으로써 지나친 만족 추구를 위한 이기심은 타인의 불만족을 낳는다는 점, 분배의 공정한 기준을 제시하지 못한다는 점, 그리고 도덕철학의 원칙과 실제의 법규사이에 생기는 마찰을 간과한다는 점에서 비판을 받는다.[5] 또한 고전적 의미의 공리주의에 의하면, 각 개인의 이익이 계산되기는 하지만, 총이익의 만족 또는 총효용의 창출이 중요하기 때문에, 그 좋음의 귀속자가 누구인가에 대하여는 관심을 가지지 않는다.

3. 공리주의적 관점에서의 형법의 난점

가. 무고한 자에 대한 처벌로 얻어지는 총효용의 극대화

형법과 관련하여서 공리주의의 치명적인 난점은 다수를 위한 소수의 희생을 정당화한다는 점이다. 다수의 이익을 위하여 형법은 소수의 권리를 무시하여도 법적으로 승인될 수 있으며, 극단적으로는 사회의 이익을 위한 인권침해적 형사절차도 사회적 합의라는 명목으로 묵인될 수 있다. 특정 범죄가 횡행하는 사회적 현상을 전제로 할 때, 범죄수사는 매우 어렵지만 범죄로 인한 사회적

---

4 박유영, "공리주의 철학에 근거하는 분배정의관에 관한 일고", 논문집 21, 숭실대학교 산업경제연구소, 1991/12, 118면.

5 설봉식, "경제적 정의에 관한 연구", 경제논문집 제6집, 중앙대학교 경제연구소, 1992/12, 52면.

해악이 매우 심각한 경우 용의자나 관련자를 보다 쉽게 유죄판결을 함으로써 얻어지는 사회적 이득에 대한 기대치는 높아질 것이다. 심지어 공리주의가 함축하는 훨씬 더 근본적인 문제는, 어떤 상황하에서는 형벌절차상의 공리를 극대화하기 위하여 상당한 범죄혐의가 있는 피고인에 대하여 증거조작 등을 통하여 유죄판결을 의도적으로 만들어내려는 판사나 검사 또는 입법자 등과 같은 형사절차의 관여자들을 필요로 하게 된다는 점이다.[6]

이처럼 개인에게 취해지는 조치들이 강제적이고 불합리하더라도, 그것이 사회 전체에 일반적으로 좋은 결과를 미치는 경우에는 형법이 적용되어도 무방하다는 결론으로 귀결될 수 있다. 복잡다변화는 사회일수록, 하나의 사건에 대한 사회적 관심도의 시간적 기간은 상대적으로 짧아진다. 따라서 사회적으로 문제되는 범죄에 특정인이 용의자로 지목된다면 그가 실제로 범죄자인지 여부의 장고의 법적 판단의 결과는 사회에 중요하지 않게 된다. 특정인이 범죄자로 낙인받음으로 인하여 범죄가 감소할 것이라는 법적 안정감의 회복만이 사회적 효용을 극대화하는 결과를 가지기 때문에, 개인이 받는 형사법적 불이익은 극대의 효용치 안에 잠식된다. 가장 일반적인 예로, 폭발물의 위치를 알아내기 위한 테러범에 대한 고문이나 사회안정을 위하여 무고한 시민을 범죄자로 낙인찍는 일들이 정당화될 수 있다.

나. 우리 현실에서 분노의 표출과 효용의 극대화 방식

저돌적인 경제성장이 곧 사회의 행복이라는 각인을 통하여, 우리는 단기간에 국가의 양적 부의 창출을 이루어 냈다. 그러나 그 이면에는 외면되거나 왜곡된 사실들이 은폐되어 있었으며, 그것들은 최대다수의 최대행복을 달성하는데 있어서 걸림돌이라는 이유만으로 개인의 희생 또는 불이익으로만 치부되어 왔다. 최근까지 우리나라의 많은 사건들은 그러한 방식으로 이루어져 왔다.

예컨대, 세월호 사건이 나자마자 본질적인 국가의 책임을 은폐하고 사회적 불안정을 회복함과 동시에 국민들의 분노를 해소할 당사자로 유병언을 지목한 사건[7]이나 2015년도 제1차 민중총궐기대회에서 사망한 백남기 씨 사건 등이 이

6 Nicola Lacey, State Punishment: Political Principles and Community Values, 1988(장영민 역, 국가형벌론－정치적 원리와 공동체 가치－, 한국형사정책연구원, 2012, 58면).

7 유병언의 행적과 그간의 횡령, 배임 및 종교적 문제 등은 형사법적 그리고 사회적 비난의

에 해당한다. 전자의 경우 국가기관은 유병언을 공개적으로 지목함으로써, 세월호 사건이 발생할 수밖에 없었던 원인의 중심에 국가가 있음을 은폐하고자 하였을 뿐만 아니라 사회적 분노의 표출대상을 지정해 줌으로써 사회적 분노가 적절히 해소됨으로 인한 사회적 쾌락을 극대화 또는 증대시키고자 하였다. 즉, 거의 병적에 가까운 사회적 분노와 슬픔을 해소할 출구를 한 개인을 통해 마련해 줌으로써 효용의 극대화를 추구한 것이다. 후자의 경우에도[8] 한편으로는 사건의 실제행위자가 처벌대상이 되었으므로 정의가 회복되었다는 인상을 심어줌으로써, 그것이 국가폭력범죄라는 실체를 은폐하게 되는바, 처벌되는 특정 개인에 대한 불이익을 통해 사회적 욕구를 해소하는 방식으로 사회적 공리를 높이고자 하였다. 즉, 국가가 살수차를 불법적으로 운영하였다는 원인된 사실을 은폐하고, 특정 개인의 과실로 사망자가 발생하였고 그 개인이 처벌됨으로써 형법의 정의는 실현되었다고 각인시킴으로써 총체적으로 사회의 안전이 정상화되었다는 피상적인 법적 안정감을 부여하는 것이다.

최근에 확대되는 진상규명과 화해의 움직임들은 사회 총효용의 극대화 뒤에 가려진 사실들을 재평가하고 질적인 행복을 추구하고자 하는 뒤늦은 반성의 표현이다. 그나마 양적 행복추구에서 벗어나 다양성과 관용성을 가지고 공동체적 정의를 실현하고자 하는 노력의 일부라는 점에서 의미가 크다. 그럼에도 불

대상임은 물론이다. 그러나 여기에서 언급하고자 하는 바는, 횡령죄 등 범죄행위를 한 범죄자로서 그가 사회적으로 지목을 받은 것이 아니라, 세월호 사건의 본질적인 또는 핵심적인 범죄당사자로서 그리고 수백 명을 살해한 살해자로서 언론에 노출되었다는 점이다.

8 형사사건은 2015년 11월 14일 제1차 민중총궐기에서 경찰의 살수차 물포에 맞고 쓰러진 고 백남기 씨가 뇌출혈로 수술을 받게 되자, 동월 18일 백씨 가족측이 전 경찰청장을 비롯한 관련자 7명을 살인미수, 경찰관직무집행법위반죄 등으로 고발하면서 시작되었다. 동년 12월 10일 법원은 살수차 동영상에 대한 증거보전신청을 인용하였지만, 서울중앙지검은 다음날인 11일 오히려 대회참가자 6명을 구속기소하였다. 이후 2016년 9월 25일 고인이 사망하자, 경찰은 부검영장을 신청하였지만, 법원은 이를 기각하고, 진료기록 확보를 위한 압수수색영장을 발부하였다. 9월 27일 경찰은 부검영장을 재신청하였지만, 28일 법원은 집행방법 제한을 붙인 조건부 영장을 발부하였고, 영장의 유효기한은 10월 25일이었다. 10월 22일까지 유가족들은 6차에 걸친 경찰의 부검 협조 공문을 거부하였으며, 경찰은 10월 25일까지 2차례에 걸쳐 부검영장의 강제집행을 시도하였지만 실패하였다. 이후 11월 5일 장례식이 진행되었고, 12월 14일 검찰은 전 경찰청장을 서면조사하기에 이르렀다. 2017년 1월 12일 유가족들은 서창석 전 서울대병원장을 의료법 위반으로 특검에 고발하였고, 6월 15일 서울대병원에서 사인을 병사에서 외인사로 수정 발표한 이후에 2017년 10월 17일 검찰은 전 서울청장 등 4명을 업무상과실치사죄로 불구속 기소하기에 이른 것이다.

구하고 다수를 위한 소수의 불이익은 여전히 정당화되고 있는 것이 현실이다.

다. 중형주의의 정당화

공리주의에 따르면 한계효용체감은 일반적으로 평등한 배분을 더 선호할 것이지만, 결과적으로 누구에게 귀속되는가는 문제 삼지 않고 총효용의 가감만을 고려하기 때문에 불공정한 배분이 있다고 여겨질 수 있다. 이는 형법의 측면에서는 일반예방효과를 목적으로 하는 중형주의를 적극적으로 정당화하는 문제로 연결될 수 있다. 그 중형이 누구에게 내려지는가 또는 수범자의 입장에서 누가 그러한 중형으로 고통받는가는 공리주의적 측면에서는 문제되지 않는다. 다만, 그것으로 인하여 사회의 총효용성, 형벌의 측면에서는 일반예방효과가 극대화된다면 최대다수의 최대행복을 추구한 결과로 받아들여질 수 있기 때문에 사형과 무기형 또는 극단적인 자유제한적 보안처분 등이 정당화될 수 있는 것이다.

그리고 중형주의적 형벌의 실제 효과는 공리주의 입장에서는 중요하지 않은 것 같다. 총효용이 그것으로 인하여 사회가 가지는 안전에 대한 의식의 총합까지도 고려하여 산정된다면, 그 추상성으로 인하여 중형주의는 언제나 옳은 선택으로 인식될 것이기 때문이다. 범죄에의 사회적 불안감이나 선택된 형벌제도로 인한 사회적 또는 법적 안정감이나 안전의식의 회복은 정밀하게 계산될 수 없다. 다만 극단적이고 고통스러운 형벌제도일수록 보다 많은 위화감을 부여할 것이라는 기대치가, 선택된 형벌제도에 대한 신뢰감 또는 법적 안정감으로 받아들여짐으로서 중형주의를 정당화하게 되는 것이다.

물론 중형주의가 전체 사회에 주는 인상으로서의 위화감이나 두려움은 효용을 감소시키는 요인으로 작용할 수 있겠지만, 중형주의에 대한 두려움을 가지는 자를 잠재적 범죄자로 인상지우거나 그러한 두려움이 외적으로 드러날 수 있는 출구를 차단해 버리는 방식도 병행한다면 그것은 전체 총효용을 계산할 때 고려의 대상이 되지 않는다. 예컨대, 위치추적 전자장치 부착제도가 도입될 당시에는, 성범죄에 대한 사회적 인식이 그와 같은 엄중한 보안처분을 수용하는 듯한 인상이었다. 그러나 이후 형벌적용의 형평성이 '평등권'의 변형처럼 작용하여, 성폭력범죄와 형량이 유사하거나 중한 불법성을 가지는 범죄에 위치추적 전자장치 부착제도의 적용을 허용하도록 하는 과정에서, 이를 반대하는 일견의 의사를 다수결의 원칙에 의해서 잠식시켜 버리는 방식이다. 따라서 입법과정에서의 다수결의 원칙이 소수의견의 출구차단용 방화벽으로 작용함으로 그것은 전체 총효용을 계산할 때 외면되고 만다. 그 결과 최대 행복 또는 총효용이 진정한 사회구성원의 행복의 총합인지는 의문이 남게 된다.

Ⅲ 초기 공리주의적 관점에서의 형법관 이해

1. 벤담의 행위 공리주의적 관점

가. 자연법과 보통법(common law)의 부정

벤담은 자연법 및 자연권 없는 사회개혁의 가능성과 정당성에 대한 신뢰와 실천을 이어갔으며, 대부분의 저술에서 보통법(common law)에 대한 강한 부정과 불신을 표방하였다. 심지어 벤담은 자연법에 기초한 프랑스 인권선언조차도 거세게 비판하였으며, 실체가 없는 법에 근거한 사회개혁에 대한 공격을 통해 공리주의 원칙을 형성하고 공리주의에 입각한 대안적 제도와 입법론을 전개하였다. 비난의 핵심은 자연법과 보통법은 공통적으로 법적 허구라는 점이다. 실제 합의된 바 없고 그 어떤 의미에서도 실증적으로 증명된 바 없는 허구적인 법에 의해서 현실세계가 지배받는다면, 그러한 법을 해석하는 판사나 해석자에 의하여 법의 실체가 좌우되므로, 사회계약에 의하여 형성된 국가에게 일정한 권리를 양도한 국민들은 자신들의 권리를 정당하게 보장받을 수 없는 결과가 된다고 보았다.[9] 이는 법전문가에 의한 약탈이자 법에 대한 국민의 맹목적 복종을 강요하는 결과를 초래하게 되므로, 벤담의 입장에서 그것들은 맹목적 공포에 의한 복종이라는 결코 용납할 수 없는 법체계인 것이다.

보통법에 대하여 벤담은 우선 그것이 국민들이 동의에 기초한다는 정당성

9 벤담은 법적 판단에서 허구가 가져온 전반적인 해악은 개별 법률규정들의 장점을 앗아가 버렸다고 단언한다. Gerald Postema, Bentham and the Common Law Tradition, Oxford, 1986, 271면(이상영, “공리주의 대 자연권—프랑스혁명과 자연권에 대한 벤담의 평가”, 세계헌법연구 제16권 제2호, 세계헌법학회 한국학회, 2010/6, 303면 재인용).

을 부여받을 수 없음을 강조하였다. 입법과정에서 국민의 승인이 없이, 다만 '법 그 자체의 적합성 여부' 즉, 행위의 적법성과 '법을 어기는 경우 처벌의 대상' 즉, 처벌가능성만을 국민의 승인대상으로 한다면 '승인'이라는 용어의 남용이라고 일갈하였다.[10] 벤담은 블랙스톤이 언급한 것과 같은[11] 보통법, 즉 마치 살아 있는 듯한 허구로서의 법은 새롭게 변화하는 상황에 적응할 수 있는 유연함과 무한한 적응력을 가지기 때문에, 법의 허구성을 통해 재판하는 자는 선례를 준수하면서도 변화하는 사회환경에 보통법을 충분히 적용할 수 있다는 요지에 대한 반박을 통해 논지를 전개하였다. 비판의 핵심은 법적 허구는 부패하기 마련이며, 법적 판단에서 허구가 가져온 해악은 일회성으로 그치지 않고 연속된다는 점이다. 벤담의 입장에서 시민들이 합리적으로 복종할 수 있는 법은 헌법적으로 부여된 입법 기구의 입법적 행위로부터 시작하여야 한다.

또한 프랑스 혁명이 발발하였을 때, 벤담은 혁명 이후의 프랑스의 정황은 그의 이론을 현실에서 검증할 기회라고 보았고 여러 차례 논고와 서설을 통해 프랑스 혁명정부가 취해야 할 입법과 제도들에 대하여 제안하였지만 쉽게 받아들여지지 않았음은 잘 알려진 사실이다. 물론 프랑스 인권선언을 그러한 의미에서 부정한 것은 결코 아니며, 인권선언의 근거가 되는 자연법과 자연권에 대한 비판으로부터 비롯되었다.[12] "자연권은 그저 난센스이다: 자연적 불가침의 권리는 수사학적 난센스이다－허황된 난센스 nonsense upon stilts"라는 표현은 벤담의 생각을 여과 없이 드러낸다. '인간과 시민의 권리에 대한 선언'이라는 제목에서부터, 인권선언은 인간과 시민이라는 용어를 구분하여 사용하는데, 벤담의 입장에서는 그 자체로 정치사회의 구성원인 시민과 국가에 관계하지 않는 자연상태의 인간을 구분하는 것이 어떤 함의를 가지는지 비판한다. 그리고 자연법과 자연권의 존재에 대하여 논증하지 않고 그러한 추상적 개념을 광범위하게 받아들일수록 더 많은 오류를 범하게 된다고 경고한다.

---

10 이하의 내용은 Gerald Postema, Bentham and the Common Law Tradition, Oxford, 1986, 272면 이하를 재인용한 이상영, 앞의 논문 306면 이하의 내용을 정리한 것이다.

11 Sir William Blackstone, The Commentaries on the Laws of England, The Claredon Press at Oxford, 1765~1769.

12 Nonsense Upon Stilts in Rights, Representation, and Reform, 330면(이상영, 앞의 논문, 315면 재인용).

결론적으로 국민이 법과 사회질서에 복종하는 것은 국민이 당해 법과 사회질서에 대한 이해를 받아들이거나 시민의 의지에 의하여 그것들이 형성되었기 때문이다. 그러나 실제법에 선제하는 자연법이나 태고적부터 형성되어온 보통법은 시민의지에 의한 동의 또는 승인이 없기 때문에 불복종해야 한다는 점이다.[13]

나. 벤담의 관점에서 형법의 목적

공리주의 관점에서는 국가형벌권을 넓게 인정하는 제도들을 정당화시키는 경향을 가질 수밖에 없다. 따라서 사회안정을 위한 무고한 자의 처벌이 쾌락의 최대치라는 명목하에 정당화될 수 있다는 극단적인 난점이 제기되어 왔음은 앞서 언급한 바와 같다. 이에 대하여 벤담은 오히려 무고한 자에 대한 형벌이 가져올 효용감소, 즉 비공리들을 제시하였다. 따라서 무고한 자에 대한 처벌이 절대로 사회의 공리를 극대화하지 않는다거나 지극히 예외적으로만 극대화한다는 것을 입증하고자 하였다. 예컨대, 피해자의 결백으로 인한 부가적 고통, 피해자 및 가족들의 심적인 고통과 불안, 법준수에도 불구하고 처벌받을 수 있는 가능성에 대한 일반인의 두려움, 무고한 자가 처벌되는 대신 정작 범죄자는 여전히 사회 내에 존속하고 있는 점에 대한 불안감과 우려, 무고한 희생자에 대하여 느끼는 동정으로 인한 고통, 경각심의 증가 등이 그것이다.

벤담이 제시한 또 다른 근거는 비인기성 또는 비대중성이다.[14] 어떠한 형태의 형벌이 대중성이 없다면 그것은 좋은 결과를 해하게 된다. 마찬가지로 무고한 자를 처벌하는 것은 매우 인기가 없을 것이고, 따라서 무고한 자의 처벌은 좋은 결과를 가져오지 않기 때문에 효용을 극대화하지 않는 것이다. 더욱이 비인기성이 공리주의에 의한 것이 아니라 전적으로 선입견으로부터 비롯한 것이라면, 공리주의 원칙에 부합하는 방향으로의 대중의 교육이 입법자의 궁극적인

13 "인간은 오직 제정법에 의하여 지배당하고, common law에서는 금수들이 지배당한다"라거나 "성문법은 문명국가의 법이고 전통법은 야만인들의 법, 그리고 관습법은 야수들의 법이다"(이상영, 앞의 논문, 305면의 각주 27)라는 벤담의 표현은 자연법과 보통법에 대한 벤담의 적대감을 적확히 드러내어 준다. 또한 Jeremy Bentham/고정식 역, 도덕과 입법의 원리 서설(An Introduction of the Principle of Morals and Legislation, 1789), 나남, 2011, 494면 이하의 해제에서도 이와 같은 내용들을 주로 언급하고 있다).

14 J. Bentham, Introduction to the Principles of Morals and Legislation, J. Burns/H. L. A. Hart, Methuen, 1982, 182면 이하.

의무가 된다.

벤담은 영미법계의 철저한 법실증주의자이자 창시자로서, 있는 법과 있어야 할 법을 철저하게 구분하였다. 자연법이 개인적인 선호와 당위감정을 현존하는 것에 반영하는 것은 현실을 호도하는 것이라는 맹비판을 통해서, 그는 설명적 법학과 비평적 법학을 구분하고 법의 존재 자체와 법에 대한 사회 또는 개인의 욕구를 구분하였다. 현실법의 존재 자체를 드러내는 설명적 법학과 달리 비평적 법학은 공공복리를 위한 입법적 개선을 담당하여야 하며, 사회개혁의 도구로서 기능하여야 한다고 보았다. 형법을 포함한 입법을 통한 사회개혁을 주장하는 그의 입장에서 무고한 자에 대한 처벌을 용인하는 형법과 제도는 결코 공리주의에 의하여 정당화될 수 없다. 그가 비인기성 또는 비대중성을 근거로 삼는 이유도 공리주의의 기본원칙을 적용하여 그와 같은 비판에 대응하기 위해서인바, 비인기성의 효용감소와 무고한 자에 대한 처벌로 인한 효용증대와의 상쇄 후에도 비인기성에 의한 효용감소가 더욱 크다는 점을 밝히고자 한 것이다.

2. 밀의 공리주의적 관점

가. 전체의 선으로서의 도덕적 의무

밀은 쾌락의 단순한 양보다도 행복의 고차적 질을 선호함으로써 벤담의 쾌락과 고통은 계산될 수 있다는 주장을 비판하였다. 또한 밀은 “옳은 행위의 공리주의적 기준을 형성하는 행복은 행위자 자신의 행복이 아니라 관련된 모두의 행복”이라고 지칭하고, 자기 자신의 행복과 타인들의 행복 사이에서 공리주의는 사심 없고 호의적인 방관자로서의 엄격한 불편부당의 위치에 각자가 있을 것을 요구한다고 지적하면서 벤담의 이기주의적인 쾌락추구를 수정하였다. 그리고 그는 공리주의의 황금률적인 특성을 보다 강조하여, 공리성이란 첫째, 법률과 사회제도들은 모두 개인의 행복 또는 이해를 가능한 한 전체의 이해와 조화되게 위치시켜야 하고, 둘째, 인간성의 형성에 거대한 힘을 지니고 있는 교육과 언론은 그 힘을 그 자신의 행복과 전체의 선과의 불가분적 연관성을 모든 개인의 마음속에 확립시키는 데 사용하여 하며, 전체의 선을 증진하려는 직접적 충동이 모든 개인 속에서 행위의 습관적인 동기의 하나로 될 수 있도록 해야 한

다고 주장하였다.[15]

즉, 밀은 추구해야 할 것은 나의 쾌락이 아니라 '전체의 선'이라는 점을 강조하며, 의무의 근거가 단순히 우리의 쾌락이 아니라 다른 어떠한 것에 있음을 암시한다. 또한 행복이 인간의 본성이자 인간 행위의 가장 바람직한 목표, 즉 도덕적 삶의 중심이라고 보고 있다.[16] 따라서 행복을 추구하는 것이 우리의 도덕적 의무이며, 옳다거나 선하다는 것도 도덕적 의무에 내포된다고 보았다.[17]

나. 정의에 대한 관점

밀은 "우리는 만약 어떤 행위를 한 이유로 한 개인이 이런 저런 방식으로 처벌받아 마땅함(ought to be punished)을 함축하려고 의미하지 않는다면 그 어떤 것도 그르다고(wrong) 부르지 않는다. 만약 법에 의해서가 아니라면 그의 동료 인간들의 여론에 의해서, 만약 여론에 의해서가 아니라면 그 자신의 양심의 질책에 의해서"라고 하였다.[18] 법적 처벌은 물론 규칙에 근거한 것이며 사회적 여론도 효력을 가지려면 일관적 형태로 작동해야 한다. 양심의 경우, 양심의 질책은 규칙 위반에 대한 의식을 전제로 하며 이미 내면화된 규칙 준수의 성향이 완전히 부재하는 개인에게 양심은 작동하지 않을 것이다. 따라서 양심의 비난이 합당하다고 말하는 것은 이미 어떤 규칙의 존재를 함축한다는 것이 규칙 공

---

15 S. E. Stumpf/이광래 역, 서양철학사(A History of Philosophy, 1966), 종로서적, 1994, 484면.

16 김영정/정원규, "밀『공리주의』", 철학사상 제16호, 서울대학교 철학사상연구소, 2003/5, 65면 이하. 같은 논문 76면에서는 공리주의가 행위자 자신의 행복이 아닌 관계된 모든 사람의 행복을 정당한 행위의 기준으로 삼고 있다는 점을 언급하면서, 행위자 자신의 행복과 타인의 행복 사이에서 공리주의는 행위자에게 전혀 이해관계가 없고 자비로운 제3자처럼 중립을 엄격히 지켜야 한다는 점을 요구한다고 본다.

17 다만, 밀이 행위공리주의자인지 규칙공리주의자인지 또는 다층적 공리주의를 주장하였는지 여부에 관하여는 여전히 논란이다. 규칙 공리주의는 옳은 행위는 옳은 규칙을 준수하는 행위로, 그리고 옳은 규칙은 그 규칙이 적용되는 개인들에 의해 일반적으로 준수될 경우 다른 규칙준수보다 더 커다란 공리를 산출하는 규칙으로 규정한다. 또한 옳은 규칙을 준수한 특정 행위의 결과가 위반의 경우보다 못하더라도 규칙 공리주의에서는 그 준수를 옳은 행위로 보는 것이, 예외를 인정할 경우보다 더욱 일반적 공리를 기대할 있다는 점에서 수용된다고 본다. 그런데 밀은 기본적으로 벤담의 이론을 바탕으로 하였다는 점 이외에도 여러 측면에서 이와 같은 논란이 있는 것으로 보인다. 이와 관련하여서는 강병호, "밀의 공리주의의 규범성의 의무론적 바탕에 관하여", 사회와 철학 제34호, 사회와철학연구회, 2017/10, 151면 이하; 주동률, "밀의 다층적 공리주의－행위 vs 규칙 공리주의의 이분법을 넘어서", 철학 제131호, 한국철학회, 2017/5, 47면 이하 참조.

18 주동률, 앞의 논문, 53면.

리주의 해석의 요지이다.

즉, 일반적으로 준수될 경우에 최적의 결과를 낳는 규칙이 위반될 경우에, 그 위반에 대한 제재가 필요하고 그것이 법적, 사회적, 또는 양심에 의한 처벌로 구체화되어야 한다고 본다. 밀은 정의 관념을 하나의 정의로 설명하지 않고 다섯 단계로 세분하여 공리주의적 관점에서 설명하였다.19 첫째, 타인의 법률상의 권리를 존중하는 것, 둘째, 악법에 대한 견해는 여러 논거에서 달라질 수 있지만, 그러한 논쟁에도 불구하고 부정한 법이 있을지도 모른다는 점과 그러한 법률은 정의가 궁극적인 기준이 아니기 때문에 누구에게는 이익이 되는 한편 다른 사람에게는 해를 가하기도 하는데, 정의는 이러한 점을 비난한다는 것, 셋째, 가장 일반적으로 받아들여지는 부정이란 부당하게 선을 얻거나 악을 떠맡는 것, 넷째, 타인의 신뢰에 대한 배반, 마지막으로 불공평이다.

특히 밀은 정의가 행복 달성을 위한 수단에 불과하다고 보지 않고, 정의가 공리의 주요 덕목이라고 보면서 도덕법칙이 중요한 이유는 그것이 인간복지에 직접적으로 결부되었기 때문이라고 보았다. 이러한 점에서는 정의를 공리와 거의 동등한 수준으로 이해하는 듯하다.

또한 공리주의의 약점으로서 다수에 의한 소수의 피해에 대하여는 벤담과 달리 질적 측면에서 접근한다. 다수규칙은 다수와 소수의 이해관심을 저울질하지 않고 단순히 선호 수에 따라 결정을 내리기 때문에 소수억압이 발생할지 몰라도, 밀의 질적 공리주의하에서는 선호 수뿐만 아니라 선호 정도 내지 선호의 질을 고려하여야 하기 때문에 발생하지 않거나 완화된 형태로 발생할 것이라고 본다.20

다. 형법의 목적에 대한 추론: 국가형벌권의 축소와 체계비판적 기능

밀에게 있어서 정의의 관념은 행동의 준칙과 준칙을 제재하는 심정을 전제로 하는데, 행동의 준칙은 인류전체에 공통적이면서 인류의 선을 지향하고, 심정은 그러한 준칙의 위반자에 대한 처벌의 욕구인바, 여기에는 위반으로 인하여 고통 받는 분명한 피해자라는 개념도 포함한다. 밀에게서 정의의 심정은 처

19 김영정/정원규, 앞의 논문, 39~43면.

20 주동률, 앞의 논문, 54면에 따르면 밀은 반(反)공리(disutility)의 예방과 축소에 치중하는 소극적 공리주의 도덕관을 가지는 것으로 평가되기도 한다.

벌의 욕구를 구성하는 한 요소로 보게 되고, 인간의 복수라는 자연스러운 감정이 지성과 공감에 의해서 피해, 즉 사회 전체를 통해 또는 사회 전체와 더불어 우리에게 상처를 입히는 손해에 적용된다고 본다. 이때 심정이란 그 자체가 도덕적인 것이 아니라, 이러한 심정이 사회적 공감에 전면적으로 복종하여 사회의 요구를 기다려 사회의 요구에 복종하는 경우를 의미한다고 본다.

이러한 밀의 입장에서 접근한다면, 개인이 범죄의 피해를 받는다면 복수심이 유발되는 것이 본성이지만, 사회적 감정이 작용하여 도덕화된다면 심정은 사회전체의 일반적인 선과 조화를 이루는 방향에서 적용될 수밖에 없다. 도덕적 감정을 가지고 피해에 분개하는 자는 그것이 사회를 위하는 것은 아닐지 몰라도, 사회에 유익한 준칙을 주장하는 한 표현인 것이다. 특히 공리원칙의 일종으로서 타인에게 해악을 가하는 것을 금지하는 법칙을 인간의 삶에 있어서 그 어떤 준칙보다 중요하게 생각하였는데, 형법과 규범준수의식을 직접적으로 언급하지는 않았지만 그것이 밀의 공리주의의 기본정신이 아닐까 한다. 밀에 따르면 개인의 자유는 자신을 제외한 어떤 사람의 이익과도 관계되지 않은 한 사회적으로 제재를 받으면 안 되지만, 반대로 개인의 자유가 타인에게 해를 가하면 처벌의 개입이 가능해진다. 개인 스스로는 자신의 몸과 정신에 대하여 주권자이기 때문에, 설령 개인에게 이익이 되는 것도 강제하거나 위협할 수 없는 없으며, 국가가 개입할 수 없음도 물론이다.

심지어 중독과 도박과 같은 사회적 법익을 해하는 행위조차도 개인에 국한된 일이므로 타인이나 국가가 간섭할 수 없다는 점을 강조한다. 이러한 극단적 자유주의는 국가가 안전과 보호의 정도를 넘어선 재화와 편의를 제공하는 것조차 반대한다. 그러한 국가의 행위 또는 권리가 또 다른 권력의 편중을 초래하고 그러한 권력에 대한 개인의 종속을 심화시키기 때문이다. 이러한 의미에서는 개인의 자유와 사회적 해악의 관계가 명확히 산출되지 않는 영역에서는 철저하게 형벌의 개입이 차단된다. 이와 같이 국가형벌권의 축소를 주장하고 개인의 자유권을 존중하고자 하는 밀은, 법체계 그 자체가 정의가 아니기 때문에 옳지 않을 수 있음을 강조한다는 점에서 형법의 체계비판적 기능을 인정하고 있는 것으로 보인다. 더욱이 사회적 법익과 같이 법익의 추상성으로 인하여 산출불가능한 이익을 도모할 수밖에 없는 영역에서 개인의 자유권의 우선성을 강조하여 과도한 국가형벌권의 남용을 견제하였다는 점에서 의의가 있다.

그럼에도 불구하고, 밀은 사회 전체의 복리를 고려하는 공리주의자이다. 밀은 사회에 유익한 준칙을 지키는 것이 공리라는 점 이외에 어떠한 것이 그러한 준칙에 해당하는지 그리고 그러한 준칙이 어떻게 형성되거나 발견되는지에 관하여는 자세한 언급이 없는 듯하다. 벤담이 헌법하에 정당하게 세워진 입법기관의 역할을 강조하고 사법부는 단지 법의 해석자에 불과하다는 점을 주장한 바와는 차이가 있다. 오히려 법체계는 정의가 궁극적인 기준이 아니기 때문에 부정의한 법이 있을 수 있다는 점을 지적함으로써, 입법기관에 의한 법에 대한 의심을 제기하고 있다. 벤담이 입법기관에 의하지 않은 자연법 등을 부정하기 위하여 입법기관에 의한 법의 정당성을 강조한 것과는 대조된다.

한편, 세워진 준칙을 준수하는 것이 비록 개인에게 이익이 되지 않는다고 하더라도 그것이 전체에 이익이 되는 규범이라면 이를 준수하는 것이 고귀한 인간의 선택이어야 한다는 점을 강조하였다는 점에서 적극적 일반예방이론과 닮아 있는 것은 아닌가 한다. 같은 차원은 아니지만, 밀 역시 교육의 힘을 강조하고 자신과 타인에 대한 적합한 역할을 수행하기 위해 교육은 부모의 가장 신성한 의무이며, 이러한 의무불이행은 사회에 대한 도덕적 범죄라고 본다. 그리고 교육을 위한 국가의 통제를 정당화시키고 있다.[21] 밀에 따르면 그러한 국가 입장에서 교육을 위한 개인의 통제는 정당한 것이지만, 그렇다고 해서 국가가 직접 교육을 주도해서는 안 된다고 본다. 철저한 자유주의자로서 밀의 입장에서 개인의 자유주의는 개인적인 품성과 의견, 행동양식의 다양성이 중요하므로, 이를 위해서는 교육의 다양성이 필요하기 때문이다. 만일 국가가 천편일률적인 교육을 통해 동일한 인성의 인간으로 교육한다면, 교육은 바로 국가의 지배권력을 만족시키기 위한 수단으로 전락한다는 것이다.

21 J. S. Mill/최요한 역, 자유론, 홍신문화사, 2006, 105면 이하.

Ⅳ 헤어의 두 수준 공리주의적 관점

1. 법적 관점에 대한 이해

헤어(R. M. Hare)는 행위공리주의의 난점[22]을 극복하기 위하여 규칙공리주의에 우선 지위를 부여할 경우 기존 규칙이 특수한 상황에서 효용의 원리를 충족시키지 못하거나 또는 효용원리를 충족시키기 위해 규칙에 수정을 가하여 지나치게 구체화된 규칙을 만들게 될 경우 특정 행위에 대해서만 타당한 규칙으로 제한됨으로써, 결과적으로는 행위공리와 규칙공리 간의 실질적인 차이가 없어진다는 점에 주목하였다. 반면에 규칙의 구체화를 거부하고 무조건 우선지위를 부여하면 그 결과가 공리주의의 영역을 벗어나 사실상 비공리적인 의무론의 체계로 넘어가게 된다는 점도 지적하였다. 그리고 이와 같은 모순점을 해결하기 위하여 두 수준 공리주의를 제안하였다. 이에 따르면 직관적 수준과 비판적 수준의 두 수준이 적용되는 경우를 달리하게 되는데, 직관적 수준의 사유는 규칙공리주의에 의하여, 비판적 수준의 사유는 행위공리주의적으로 사유하는 것을 의미한다.[23] 기본적으로 우리의 일상적인 도덕적 상황에서는 직관적 수준의 도덕적 사유로 충분하지만, 직관적 사유가 다룰 수 없는 비정상적이고 예외적인 상황 하에서는 비판적 사유가 요구된다고 본다.[24]

헤어는 두 수준 공리주의 이론을 통해 법적 권리 체계를 매우 손쉽게 인정

---

22 규칙공리주의가 대두되게 된 행위공리주의의 문제점에 관하여는 강문석, "두 수준의 공리주의 정당화 논변", 인문연구 제78호, 영남대학교 인문과학연구소, 2016/12, 157~160면 참조. 여기에서는 행위공리주의가 도덕적 상식이나 직관에 반하는 결과를 초래하거나, 매 행위시마다 공리주의적 편익을 계산함으로써 오히려 그에 드는 비용으로 인하여 공리에 반할 수 있다는 자멸성을 내포한다는 점, 타인의 고통이나 불행을 공감하여 도덕적 행위에 영향을 미치는 대리정서(vicarious affects)의 문제에서 내적 모순을 드러낼 수 있다는 기존의 행위공리주의에 대한 비판점들을 종합하여 제시하였다. 또한 류지한, "두 수준 공리주의에 관한 연구", 국민윤리연구 제55호, 한국윤리학회(구 한국국민윤리학회), 2004, 205~207면 또한 같다.

23 R. M. Hare, "Ethical Theory and Utilitarianism," in Essays in Ethical Theory, Oxford: Clarendon Press, 1989의 내용으로, 자세한 내용은 생략하고 권리 및 형법체계와 연관된 것들만을 사용하고자 한다.

24 헤어는 이에 대한 적절한 사례로서 '광신자문제'를 거론하고 있다. 그에 관하여는 각주 26) 참조.

한다. 법적 권리체계를 가지는 것이 그렇지 않은 경우에 비해서 더 많은 공리를 산출할 것이므로, 법적 권리라는 제도를 도덕적으로 정당화할 수 있음을 인정하게 된다.[25] 권리들의 존중은 동시에 집행해야 할 도덕적 책무까지도 인정해야만 하는데, 도덕적으로 정당화되는 법적 권리의 체계를 가지면서 도덕적 책무를 가지지 않는다면 자멸을 초래하기 때문이라고 한다. 법률이 적용되는 경우란 일반적이고 예측가능한 상황이어야 하고 이를 토대로 수범자에게 예측가능한 의사결정규범으로 작용하여야 하므로 규칙공리주의 관점에서 명쾌하게 해결할 수 있기 때문에 법의 우위성이 인정하는 것은 헤어의 관점에서 당연한 귀결일 것이다.

2. 형사법적 의미의 고찰

직관적 수준의 사유란 이미 주어진 것으로 간주하고 의문을 제기하지 않는 습관, 성향, 원리 등을 적용하는 수준이므로, 규칙공리주의가 적용된다면 그에 적합한 도덕적이고 공리주의적인 법률체계의 존재는 일반인들에게 법률체계의 존중으로 이끌도록 함에 아무런 문제가 없어 보인다. 특히 권리를 존중하고 집행할 도덕적 의무 자체가 그러한 권리체계 자체의 도덕적 힘의 일부이기 때문에, 법률이 부여하는 의무이행이 정당화되는 것이다. 만일 사람들이 법이 준수되어야 한다는 도덕적 직관을 가지지 않는다면, 규칙 공리주의 입장에서는 그 자체로서 법률체계의 공리에 반하거나 공리가 사라지는 게 될 것이기 때문이다.

헤어는 광신자 문제[26]라는 사례를 통해 충분히 이성적이고 논리적인 광신

---

25 류지한, "권리에 기초한 공리주의 비판", 철학논총 제59호, 새한철학회, 2010/1, 106면.

26 이대희, "헤어와 공리주의", 철학논총 제78호, 새한철학회, 2014/1, 201면 이하 참조. 이러한 예는 Hare, Moral Thinking/Its Levels, Method and Point, Oxford, The Clarendon Press, 1981. 170면 이하의 내용이다. 광신자문제란 의사와 말기 암환자 사이의 갈등의 해결을 지칭한다. 말기 암환자의 고통을 해소시키기 위한 안락사가 하나의 보편적 규칙이라면, 환자를 살려야 한다는 의사로서의 신념(여기에서는 양자를 규칙이나 직관 또는 신념이 아니라 선호라고 표현한다) 사이에서, 의사가 전자를 따를 것인가 개인의 신념을 굽히지 않을 것인가의 문제이다. 일반적으로 후자를 따르고자 한다면 의사는 자신의 선호가 단순한 선호가 아닌 하나의 도덕적 신념이라고 주장하면서, 그러한 도덕적 신념이 환자의 선호보다 우선한다고 주장하는 방식이 가능하다. 그러나 헤어는 이를 1) 직관적 단계에서의 도덕적 신념들은 우선적인 것이 아니고, 이러한 도덕적 신념들도 종종 충돌하기 때문에 우선적인 것이 될 수 없음. 2) 충돌하고 있는 것은 두 개의 도덕원칙들이고, 의사는 두 개의 보편적 규정들 사이에서 선택에 직면한 것이므로 우선성에 대한 어떤 호소도 의사에게는 도움이 되

자가 규칙공리에 반하는 견해를 고수할 경우를 전제로, 그것이 공리주의의 결과와 반하는가 여부를 논증하고자 하였다. 결론적으로 의사가 역지사지의 형태로 환자의 고통을 인수하고자 한다면, 의사는 자신의 신념과 그것을 요구하는 보편적 규정을 포기한 것으로 보아야 한다. 반대로 딜레마 상황에서 환자치료라는 자신의 신념이 보다 강하고 그것이 일반 규칙에 우세하게 되면, 그것은 특정한 새로운 보편적 규정으로 승인될 것이므로 의사는 더 이상 광신자일 필요가 없다고 본다. 즉, 규칙공리주의가 제공하는 것은 일상의 일반적이고 직관적 단계에서 사용될 수 있다. 그런데 이들 원리들은 하나가 아니어서, 서로 충돌이 발생할 경우 이를 조정해 주는 것은 그러한 충돌이라는 특수한 상황 하에서의 비판적 사유이고, 이 때에는 사태를 고려함에 있어서 관련 있는 것으로 주장될 수 있는 행위의 어떠한 특성도 제외시키지 않기 때문에 행위공리주의적이지만, 그 때에도 선호되는 것은 특수한 상황하에서의 또 하나의 신념이기 때문에 규칙공리주의적이기도 하다고 보는 것이다. 이러한 형태의 규칙공리주의는 규칙의 무한한 구체성을 허용하기 때문에 결과적으로는 행위공리주의와 구별되지 않으므로 두 가지 종류의 공리주의는 각각의 단계에서 공존할 수 있다고 본다.

예컨대, 의무의 충돌에 있어서 우열관계에 있는 의무 중 보다 우위에 있는 의무를 이행하는 경우에는 위법성이 조각된다고 보는 데 견해가 일치한다.[27] 그러나 동가치한 의무의 충돌을 책임조각사유로 보는 견해[28]는 동가치 의무 중 어느 하나도 포기할 수 없기 때문에 초법규적으로 책임이 조각된다고 본다. 반면 법이 양립할 수 없는 둘 이상의 의무를 요구하는 것을 인정할 수 없다는 점에서 위법성이 조각된다고 봄이 다수이다.[29] [30] 그리고 이 때 둘 이상의 동등한 의무,

---

지 않는다고 한다.

27 그러나 위법성 조각의 근거에 관하여는 대립이 있다. 형법 제20조의 사회상규에 위배되지 않는 정당행위에 해당한다는 견해(김성돈, 형법총론, 533면; 김일수, 서보학, 형법총론, 352면; 오영근, 형법총론, §20/54; 임웅, 형법총론, 238면 등)와 초법규적 위법성 조각사유로 이해하는 견해(손해목, "의무의 충돌", 월간고시, 1988/8, 116면) 및 긴급피난의 특수한 형태로 이해하는 견해(배종대, 형법총론, §68/2; 신동운, 형법총론, 684면; 정성근/박광민 형법총론, 250면) 등이 이에 해당한다.

28 배종대, 앞의 책, §68/12.

29 김성돈, 앞의 책 534면; 김일수/서보학, 앞의 책, 382면; 이형국, 형법총론, 401면; 임웅, 형법총론, 240면. 정성근/박광민, 형법총론, 254면 등.

30 둘 이상의 의무이행의 요구가 법규적으로 발생할 경우 이를 논리적 충돌로 보아, 법규상

예컨대 위급한 둘 이상의 환자를 살려야 하는 의사의 치료의무의 충돌에서 의사의 생명을 구할 환자 선택이라는 특수한 상황하에서 구체적으로 어떠한 신념을 통하여 선택하는가는, 의사의 선택에 개입된 도덕적 기준이 강한 신념으로서 또 하나의 규칙으로 정립될 수 있다. 예를 들어 노인과 소인 중 누구를 먼저 살릴 것인가 하는 문제에서 비판적 사유를 통해 장유유서를 앞세울 것인가 아니면 장래 사회가 기대하는 이익을 앞세울 것인가는 두 개 이상의 도덕적 기준들이 충돌하고 있는 것이며, 의사가 공동체의 이익을 기준으로 후자를 선택하였고, 그것이 사회에 수용되기 시작하면 어느 지점에서 그 선택은 보편적 공리로서 규칙공리의 수준이 된다. 따라서 어느 지점에서부터는 동가치의무일지라도 후자를 선택하지 아니하는 것이 위법성을 더 이상 조각할 수 없는 사유가 될 수도 있다. 비판적 사유를 통한 강한 신념이 규칙으로서 형법체계 내에 승인되는 것이다. 더 나아가 우열관계에 있는 의무 중에서 보다 하위에 있는 의무를 강한 개인적 신념을 통해 선택하였다면, 하위에 위치한 의무를 선택하는 데 개입된 또 다른 도덕적 신념이 존재할 것이고 그것이 사회적으로 수용된다면 법적 수준에서 위법성 또는 초법규적 책임 조각의 사유로서 승인될 수 있을 것이다.

3. 형법에의 적용

이처럼 헤어의 신중한 공리주의원리는 우선 형법을 포함한 법률체계에 있어서 나름의 의미를 가질 수 있을 것이다. 우선 통상의 경우 일반인들의 선호도가 가장 높으면서 동시에 공익을 추구하는 법률체계가 직관적 단계에서 받아들여져야 하기 때문에 수범자들이 의사결정규범으로서 형법을 기준으로 범죄행위로 인한 이익과 처벌로 인한 불이익을 개별행위시마다 따지지 않거나 또는 않아도 된다는 점을 설명케 한다. 즉, 형법을 의사결정규범이라고 이해하지만, 그렇다고 해서 수범자인 우리가 일상의 개개의 행위를 선택할 때마다 형법을 기준으로 하여 이익과 불이익을 따지지 않고도 직관적으로 행한다면 그 자체가 일반적으로 규범의 이행으로 나아가게 되는 것이다.

존재하는 충돌을 논리적 해석에 의하여 법조경합으로 해결하는 것 역시 법이 양립할 수 없는 둘 이상의 의무를 요구할 수 없음을 이유로 한다는 점에서 위법성이 조각된다고 봄이 타당할 것이다.

그리고 특수한 상황하에서 행위자가 선택하고자 하는 행위에 대한 개인의 도덕적 신념이 매우 높아서 그것을 선택하는 것이 구체적인 행위 하에서 보편적 규정으로 승인될 수 있다면, 그러한 보편적 규정으로의 승인은 또 다른 법률체계로 구축되어야 할 것이다. 예컨대, 그것이 위법성이나 책임을 조각할 새로운 규범으로 승인되거나 그가 선택한 행위가 특정한 상황하에서는 용인되어야 한다는 특수성이 사회에 규범적으로 승인되는 것이다. 이 경우 그러한 승인은 새로운 보편적 규칙으로서 규범화될 것이기 때문에 특정 상황하에서의 비판적 사유에 의해 선택된 신념은 새로운 규칙공리로서 받아들여지게 된다.

예컨대, 우리 형법상 초법규적 책임조각사유인 기대불가능성을 여기에 적용할 수 있을 것이다. 예외적이고 비일상적인 상황하에서 행위자가 비판적 사유를 통해 선택한 불법행위에 대하여 그것이 초법규적 책임조각사유에 해당한다고 판단되었다면 그 때 선호된 것은 특수한 상황하에서의 또 하나의 신념이기 때문에 새로운 규칙공리주의가 된다. 따라서 비판적 사유 수준의 행위공리가 이러한 과정을 통해 규칙공리가 되는 것이다. 이로서 사회에서 특정한 또는 특수한 상황에 대한 법적 태도가 규범의 일부로 승인되고 입법화 과정을 통해 법률체계 내로 편입될 수 있을 것이다.

V 공리주의적 관점에서 행복과 정의

1. 동태적 개념으로서의 정의와 형법의 목적

정의는 각 시대의 주요한 관심사로서의 지위를 차지하였지만, 다양한 견해의 제시로 인하여 명백하고 정확한 규정을 한다는 것은 불가능하다. 또한 정의만큼 그 하위 개념 간의 중첩과 상반성이 두드러지는 개념도 드물다. 다만 공통사항을 발견한다면 당대의 사회적 환경을 기반으로 하여, 전체와 개체, 즉 국가와 개인 간의 문제에서 어느 것에 중점이 실려 있느냐에 따라 정의의 개념 정립이 영향을 받는다는 점이다.

그리고 복지국가를 이상으로 하는 현대에 이르러서는 정의가 사회질서, 사회제도의 수준에서 다루어지고 있는 것이 일반적인 흐름이다. 그러나 사회질서는 추상적 구도가 아니라 인간이 생활하고 삶의 가치를 실현해 나가는 무대에 적용되는 원리이다. 따라서 사회질서란 인간의 개별적인 행위들을 통하여 구체적인 내용이 부과되어야 하는 형식이라고 할 수 있을 것이다. 사회질서는 개인들에게 행위를 금지하거나 명령하기도 하지만, 또한 그러한 인간의 행위에 의해서 실현되는 것이기도 한다. 그러므로 사회질서로서의 정의를, 개인들이 사회를 통하여 자기 자신을 실현시키는 제도적 틀이라고 본다면, 정의의 개념은 국가나 개인 — 전체나 개체 — 어느 한 방향에 의해서 정립되기보다는, 국가와 개인, 사회질서와 구성원 간의 불가분의 관계성으로부터 출발하여야 할 것이다.

밀이 언급한 바와 같이 형법이 언제나 정의로운 것은 아니다. 법은 부정의할 수 있다.[31] 그러나 형법이 당대의 가치관을 토대로 동태적으로 변화한다는 점에서는 정의와 유사성이 있다. 즉, 형법과 정의는 서로 동일한 개념은 아니지만, 그 방향성과 역동성은 같다. 형법과 정의의 서로 같은 방향성은 형법이 정의를 얼마나 담아낼 수 있겠는가라는 과제를 부여하게 된다. 정당한 형법을 넘어서서 정의로운 형법이어야 하는바, 반대로 정의로운 형법이야말로 정당한 형법으로 승인될 수 있을 것이기 때문이다.

2. 벤담의 총효용의 관점에 대한 형법적 측면의 비판

정의적 측면에서 벤담이 언급한 처벌에 부적합한 예들은 시사하는 바가 매우 크다. 우선 벤담은 모든 법의 일반목적은 공동체 전체적 행복이라고 본다. 따라서 행복에 반대되는 모든 처벌은 원칙적으로 폐해지만, 공리성의 원리에 의할 때 그것이 더욱 큰 악을 없애는 것을 보장하는 한에서만 처벌은 인정되어야 한다고 본다.[32] 따라서 처벌이 근거가 없는 경우, 확실한 실효성이 없는 경우, 유익하지 않거나 지나치게 비용이 드는 경우, 불필요한 경우에는 처벌이 초

---

31 벤담과 달리 밀은 대중민주주의의 가능성과 동시에 그것이 실현되었을 때의 위험성, 즉 최대다수의 최대행복이 동시에 다수의 독재가 될 것을 우려하였다는 점에도, 다수에 의한 입법이 내포하는 부정의를 지적하였다고 볼 수 있다. 김명식, "행복학, 공리주의, 숙의민주주의", 사회와 철학 제31집, 사회와철학연구회, 2016/4, 173면.

32 Jeremy Bentham/고정식 역, 도덕과 입법의 원리 서설(An Introduction of the Principle of Morals and Legislation, 1789) 나남, 2011, 251면 이하.

래할 폐해가 예방할 폐해보다도 더 크다고 본다. 즉 처벌에 소요되는 사회적 총비용이 처벌에 의하여 해소되는 범죄의 감소보다 클 경우, 형벌의 투입은 공리적이지 않다.

이러한 벤담의 입장을 모두 수용할 필요는 없지만, 그와 같은 벤담의 주장은 이미 우리 형법상 위법성조각사유나 책임조각사유로 이미 반영되어 있는 것은 아닌가 한다. 예컨대 피해자의 승낙이나 긴급피난 및 정당방위와 같은 위법성조각사유들은 처벌의 근거가 없는 경우에 해당한다.[33] 다만, 아무런 조건 없이 당사자의 동의에 국가형벌권을 귀속시키는 것을 우리가 전적으로 수용할 것인가는 재고하여야 할 것이다. 국가형벌권이 오로지 행위에 의한 이익과 손실만을 기준으로 정립되는 것은 아니며, 그것이 가지는 정의적 관점을 무시할 수 없기 때문이다. 다음으로 처벌이 비효과적인 경우로는 심신상실 등에 의한 책임조각사유들이 이에 해당한다.[34] 특히 주목할 바는 처벌이 유익하지 않은 경우이다. 벤담은 처벌이 위법행위보다 더 많은 해악을 창출하는 경우에는 처벌이 오로지 억제, 우려, 고통 받음, 파생적 해악 등을 수반한다고 본다.

벤담은 철저하게 공동체 전체의 총효용만을 기준으로 평가한다는 점에서 비판을 면할 수는 없다. 더욱이 동일 공동체의 불특정 구성원들이 위법행위나 위법자가 처벌받지 않아야 한다고 믿거나 최소한 그러한 처벌방식이 그릇되다고 생각하는 경우도 총효용이 감소한다고 보는데, 이와 같은 측면에서는 범죄자가 기 사회에 기여한 바가 큰 경우 그와 같은 기여와 범죄행위의 해악이 서로 상쇄되어서 처벌의 필요성이 없다는 결론에 이르게 될 것이므로 처벌의 공평성을 해하게 된다.

둘째, 아마도 벤담의 입장에서는, 처벌은 최소비용을 투입할 때에만 공동체 전체의 최대공리를 추구할 수 있게 될 것이다. 이는 처벌 및 행형에의 사회적 투입의 감소로 이어지는바, 권리침해적인 형종을 더욱 선호하는 결과를 초

33 Jeremy Bentham, 앞의 책, 253~254면은 당사자의 합의가 있는 경우이거나 재난예방과 같이 이득이 폐해를 능가하는 경우 및 위법행위가 확실하고 적절한 보상을 수반하는 경우에는 처벌의 근거가 없다고 본다.

34 벤담은 극단적인 유아 상태, 정신이상 상태, 중독상태, 의도성이 없는 경우, 무의식상태, 그릇된 가정하에 행한 경우, 협박에 의한 경우 등을 이러한 범주로 분류한다. 앞의 책, 254~258면.

래한다. 가장 저렴한 방식은 사형이 될 것이며, 범죄의 폐해보다 더 많은 이익을 범죄자로부터 차출하기 위해서는 과도한 벌금을 허용하게 된다. 더욱이 자유형들은 고비용이 투입될 뿐만 아니라 교정에의 사회적 비용투입의 정당성을 찾아내기가 어렵게 된다.

셋째, 과연 처벌의 목적이 무엇인가의 문제로 환원된다. 벤담은 처벌로 인한 총효용의 극대화가 인정될 때에만 형벌의 투입이 정당화된다고 본다. 그러나 공동체적 가치로서 정의를 배제한 채 오로지 형벌의 정당성을 판단한다면, 다시금 사회의 최대 '행복'이 무엇인가를 고민하지 않을 수 없다. 인간은 사회적 상호성 또는 이타적 상호성을 배제하고 공리를 생각할 수 없다. 공리란 그 자체 의미로 공동체적 가치여야 하는데, 벤담에 의한 처벌의 필요성은 장래 발생할 공동체적 이익을 배제한 현재의 총효용만을 고려에 넣기 때문이다. 즉, 처벌에 투입되는 현재의 비용이 이익을 넘어선다 할지라도 구성원의 재사회화를 통한 장래의 이익이 보다 높게 예상된다면 그러한 비용은 총효용을 감쇄시킨다고 단정할 수 없다. 따라서 벤담식의 효용 비례적인 처벌의 방식을 인정할 수는 없다.

다만, 처벌과 위법행위 간의 균형을 완벽하게 하여야 한다는 기본적인 사상은 수용하여야 할 것이다. 특히 법령의 복잡성만을 늘리게 되는 폐해를 그 자체의 특정한 효과에 의하여 보완할 수 없는 법률들은 삭제되어야 한다는 과감한 주장에는 전적으로 동의하고자 한다.[35] 법령이 단순하고 명료할수록 모든 수범자의 규범의식은 높아질 수 있지만, 현대사회에서는 복잡다기한 모든 현상들을 통제규범하에 놓으려 하는 경향으로 인하여, 법령 자체가 매우 복잡해질 뿐만 아니라 양립 불가능의 위험성을 언제나 내포하고 있다. 따라서 스스로 이러한 위험성을 법률 자체 내에서 규정간 상호보완할 수 없다면 법률 자체의 모호성으로 인하여 규범준수에 아무런 도움이 되지 않는 대신, 오히려 법해석의 자의적 우려에 의하여 법적용이 법창조로 왜곡될 우려까지 제기될 수 있다.

---

35 Jeremy Bentham, 앞의 책, 273~274면. 벤담은 이러한 주장이 몽테스키외에는 자신이 처음이라고 언급하면서, 처음 고안하는 것이 어려울 뿐 이후에 지나쳐 보일 경우 축소시키는 것은 첫 고안보다는 쉽다는 점을 언급한다.

3. 철학의 현실참여와 정의문제

가. 철학의 현실참여로서의 공리

철학적 접근이 공리적 관점에서 출발하게 된다면, 궁극적으로 공동체의 행복추구를 목적으로 하게 된다. 다만, 드러나는 관점상의 차이는 이론이 전개된 시대적 배경을 무시할 수 없기 때문일 것이다. 예컨대 고대 아리스토텔레스는 권리를 갖춘 일반 남성과 그것이 없는 여성 및 노예의 차별이 근본적으로 존재하는 사회적 배경을 전제로 배분적 정의와 평등을 언급할 수밖에 없었을 것이며, 계몽주의 사상하에 중세 계급구조의 몰락과 새로운 정치철학들 속에서 벤담은 오로지 철학적 관점보다는 사회제도 개혁의 수단으로서 공리주의를 제시하였을 뿐이었다. 물론 이후 밀은 이미 시작된 자유민주주의 체제하에서 이제는 다수의 횡포가 초래할 부작용을 우려하여 철저히 개인의 자유를 전제로 한 질적 측면의 공리성을 강조할 수밖에 없었을 것이며, 근대 이후의 정치 및 법철학들 역시 당대의 사회 환경을 고려하지 않은 논쟁들을 외면하였다.

이른바 철학의 현실참여는 현대에 이르러 대부분의 철학사조들이 정치철학을 중심에 두도록 하는 듯한 인상을 심어준다. 그로 인하여 정치철학들이 소득의 창출과 사회적인 부의 재분배가 최대한 공동체 전체의 행복을 추구하는 방향을 모색하고 이를 사회제도 개선의 밑거름이 되도록 경주하였을 것이다. 그로 인하여 이제는 많은 사회 제도들이 그와 같은 철학적 사고를 바탕으로 함으로서 그 근거가 확고해질 수 있게 되었지만, 다른 한편으로는 공리가 낳는 다른 의미의 불평등을 공동체 전체에 선으로서 강요하는 결과를 초래할 우려가 발생하기도 한다.

예컨대, 징병제를 실시하는 대부분의 국가들에 있어서 병역기피는 형사처벌의 대상이다. 따라서 병역을 양심적 거부의 방식으로 드러내는 자가 처벌을 면하기 위해서는 국제적으로 정치적 망명자가 되어야 한다. 정치적 망명을 선택함으로서 자발적으로 한 국가와의 사회계약을 스스로 해지하고자 하였으므로 그는 국가와 국민 간의 계약관계로부터 이탈하게 되고, 병역의무도 해소된다. 한편, 많은 국가들은 국제적으로 매우 권위 있는 대회에서 수상한 자에 대하여는 사회적 기여가 일반인들보다 상대적으로 매우 크므로, 공과의 원칙에 따라서 군대를 면제해 주고, 그에 따라 병역기피는 법률에 의하여 허용되므로 처벌되지 않는다. 그렇다면 후자의 경우에는 상호주의에 따라 어느 범위까지 확대할 것인가의 문제가 발생한다. 예컨대, 그러한 병역면제의 근거를 올림픽과 같은 체육대회로부터 시작하였다면, 권위 있는 문학상의 수상자가 그러한 권리를 주장한다면 이를 수용할 수 있는가?

만일 수용가능하다면, 균형상호성은 이 경우에도 발휘되어야 한다. 즉, 같은 종류의 보답으로 인하여 강화되는 정의감을 고려해야 하기 때문이다. 반면, 군대면제는 군복무기간 동안 전체 사회의 손실의 측면에서 접근한 것이라는 입법목적을 주장할 수 있다. 즉, 체육대회와 같이 신체적 능력을 전제로 하는 경우에는 인간생애주기상 특정한 시기에 가장 최고조의 실력을 발휘할 수 있는데, 그러한 시기가 군복무시기와 중복될 경우 공동체 전체의 효용을 극대화하기 위하여는 그와 같은 자에게 병역의무를 강요하기보다는 대회에 참여시키는 편이 바람직할 것이기 때문이다. 하지만, 신체적 조건과 관련 없는 사회참여는 반드시 병역의무를 면제함으로써 공동체 전체의 행복이 증대된다고 단정할 수 없을 것이라고 반대할 수 있을 것이다.

나. 사회정의와 공리

이처럼 사회정의라는 맥락에서 제도들은 그 사회의 약정된 목적에 대한 기여와 공과의 개념을 무시하고 이루어지기는 어렵다. 공과를 무시하고 평등하게 대우한다는 것이 과연 평등한 것인지에 관하여 숙고해야 하는 이유도 그것이다. 형법을 가장 단순하게 이해한다면 그 역시 공과의 개념으로부터 시작하게 된다. 사회에 해를 가한 자에게는 균형상호성에 따라 그에 적합한 정도의 해악으로서 형벌을 부과하되, 그러한 행위가 사회에 해를 가하지 않는 자에게는 비록 범죄행위를 행하였다고 하더라도 공과에 적합하게 형벌이라는 불이익을 부과하지 않는다. 그런데, 그러한 공과가 보다 확대되어 행위와의 인과성을 벗어나서 전체 공리를 기준으로 하게 된다면 그 자체로서 부정의가 된다.

예컨대, 형법의 영역에도 위와 같은 사례를 적용하여 그러한 자가 설령 범죄행위를 하였다고 하더라도 그가 교도소에서 있는 것보다 국제대회에 참여하여 국가의 국제적 위상을 높이는 것이 전체 공리의 상승에 도움이 된다면, 그에게 복무면제와 같은 형벌면제가 가능할 것인가? 이로부터 사회정의가 하나의 기준으로 만들어져서는 안된다는 점을 단순히 반증하고자 한다. 물론, 벤담이라면 공리적 관점에서 그러한 능력 있는 자들만이 받을 수 있는 특혜가 사회 일반인들에게 주는 상대적 박탈감이나 억울함 등을 전체 공리를 상쇄시키는 요인으로 이해하여 이를 부정하겠지만, 여기에서 언급하고자 하는 바는 모든 영역에 공통되는 단일의 정의란 처음부터 존재하지 않았다는 점이다.

4. 전체의 행복(유용)의 함정

가. 개인의 행복과 사회수준의 행위선택기준의 차이

형법은 개인 차원의 손익계산의 기준이 아니라 사회적 수준의 행위선택의 기준이다. 그런데 본질적으로 전체의 행복차원에서 접근하는 공리는 개인의 선택원칙인 쾌락을 단순하게 사회선택 원칙으로 확대적용해 버리는 문제점이 있다. 그러나 사회의 선택원칙은 개인의 선택원칙의 단순 확장이 아니다. 사회의 선택원리는 개인의 선택원칙의 준거 또는 모범으로서의 역할을 하여야 한다. 개인은 언제나 쉽게 효용을 계산하고 선택할 수 있는 것이 아니기 때문에, 개인 차원의 선택의 갈등상황에서 사회선택원칙이 개인에게 바람직한 또는 보다 효용증대적인 선택을 하도록 기준을 제시하는 역할을 하여야 한다.

예컨대 공리의 기준으로서 한계효용체감의 원칙과 한계효용균등의 법칙들은 일상의 단순한 선택상황에서는 직관적으로 결정하여 행동한 결과와 일치할 것이다. 즉, 개인이 행위선택에서 굳이 그러한 공리의 법칙들을 계산에 넣고 행위를 선택하지 않는다 하더라도 직관적으로 선택한 결과가 그러한 법칙과 일치하여 효용극대화로 이어질 수 있다. 그러나 사회가 다변화될수록 개인에게 주어지는 상황도 보다 복잡하고 더 많은 갈등요인들을 내포하게 된다. 따라서 선택상황은 그저 단순히 양자택일이 아닌 중첩적이고 다층적이기 때문에 이 때 비로소 사회준칙들이 개인에게 합리적인 또는 공리적인 선택기준을 제시할 필요가 있는 것이다. 따라서 개인 수준에서의 선택원리와 사회선택원칙은 서로 상이한 수준의 동일 원리이다. 이를 확장하면 형법 역시 사회적 수준의 행위선택기준으로서의 역할을 부여받는다.

형법 역시 개인의 선택원칙인 행복 또는 유용과 관련하여서 윤리적이고 도덕적인 함의를 내포한 사회선택원칙으로 기능하여야 한다. 의사 비결정 단계에 있는 합리적인 개인이 여러 가능한 행위선택 상황에서 어느 쪽을 선택하여야 할 경우, 그 어느 한쪽이 사회의 결속력을 와해하는 결과를 초래할 가능성이 있을 경우 형법은 개인에게 규범이 요구하는 행위를 선택하게 함으로써, 비록 개인수준에서는 금지행위가 상대적으로 선택을 하지 않은 행위보다 개인적 쾌락을 상승시킬지 몰라도 사회의 총효용 면에서는 금지행위를 회피할 때 사회적 결속력을 높여서 반사적으로 사회전체 행복의 극대화를 제공하게 되는, 그러한 행위선택기준이 되어야 하는 것이다. 따라서 공리주의가 개인의 선택원칙인 쾌락을 단순 확장하여 사회선택원칙으로 이해한다면, 형법의 의사결정규범 또는 행위선택기준으로서의 기능은 왜곡되고 만다.

나. 전체 총효용의 기만성

전체효용의 나누기가 개인 일인당의 평균효용이 아니다. 사회구성원의 효용분포도가 이를 부정한다는 점은 이미 롤즈의 공정으로서의 정의를 통해서 증명된 바 있다.[36] 예컨대 100명의 구성원이 공존하면서 만족도 90에 사회구성원 70명이, 만족도 10에 나머지 구성원인 30명 모두가 있는 집단이 있다고 한다면, 사회전체의 총효용은 660이 될 것이므로 일인당 효용 또는 만족도는 66이 된다. 한편 비교집단에서는 만족도 70에 20명이, 만족도 50에 40명이 그리고 만족도 30에 40명이 있다고 한다면, 총효용은 460이므로 일인당 효용은 46에 불과하다. 양자를 비교할 때 사회총효용은 전자가 더 크고 따라서 개인수준의 효용도 50을 넘는 66에 이르게 된다. 반면 후자는 총효용이 상대적으로 적으므로 개인수준의 효용도 반절이 되지 않는 46에 불과하다. 그러나 전자의 집단은 극단적인 빈익빈 부익부 사회로서 비록 인구의 70%가 만족도 높은 삶을 유지한다고 하더라도 30%의 인구는 절대적 빈곤에 시달리게 된다. 반면 후자는 최저소득층의 생활수준도 만족도 30에 해당하므로 상대적으로 하향밀집형태를 보일지라도 절대적 빈곤은 훨씬 적게 된다. 롤즈가 제2원칙으로서 차등의 원칙을 주장한 바도 총효용의 극대화의 난점을 피하기 위함인 것처럼, 전체 효용의 기만성은 개개

---

36 John Rawls, A Theory of Justice, Yale University Press, 2008 및 존 롤즈/황경식 역, 정의론, 이학사, 2003, 225면 이하.

인에게 귀속될 몫의 격차를 은폐한다.

물론 이는 복지와 경제제도를 결정하는 데 중요한 단서로서 작용하지만, 형법제도와는 별개의 문제일 수 있다. 그러나 형법제도는 단순히 죄를 범한 자에 대한 처벌만을 의미하는 것은 아니다. 이것은 누구를 처벌할 것인가가 아니라 누구를 범죄로부터 보호할 것인가 또는 어떻게 보호할 것인가의 문제를 다룸에 있어서 적용될 수 있다. 최소수혜자의 최대이익은 누구를 보호할 것인가의 형사정책의 문제에서, 가장 취약한 계층의 범죄로부터의 안전을 가장 극대화하는 방향으로 형사관련법들의 방향이 결정되어야 함을 지적해 준다.[37] 형법은 합리적이고 이성적인 인간을 기준으로 규범실천가능성을 결정하지만, 범죄로부터의 보호는 그러한 기준이 적용되지 않는다. 형사법체계가 결속력을 해하는 위험으로부터 사회를 보호하는 역할을 하고자 한다면, 마찬가지로 총효용으로서 사회총체적 안전을 고려하는 것이 아니라, 취약한 계층의 안전을 보다 우위에 두어야 할 것이다.

다. 사회의 변화와 공동체 가치

공리주의는 단순하면서도 어느 영역에도 적용될 수 있는 단일의 논거로 사회적 행복을 추구하는 데 이점이 있지만, 앞서 언급한 바와 같이 개인의 자유와 권리를 심각하게 침해할 여지를 담고 있다. 반면 자유주의 역시 여러 형태로 정의의 문제를 거론하고 개인의 존엄성을 최고의 미덕으로 삼고자 하였지만, 지나치게 이상적이거나 도덕적인 인간상을 전제로 함으로서 현실성을 잃어버리는 경우가 많았다.

최근에는 공동체적 관점에서 정의를 조망하고 사회의 선이 무엇인가를 찾고자 하는 경향들이 두드러졌는데, 이 또한 시대적 흐름을 무시할 수 없다. 근대 유럽이 사회개혁의 수단으로 공리주의를 선호하였지만 그로 인한 개인의 자

37 이와 관련하여 구체적으로, 점점 강화되고 있는 피해자 지향 형법학이 사회적 공리를 극대화할 수 있는지에 관한 논의가 가능하다. 현대의 피해자 지향적 형법관은 국가의 범죄예방 책무를 근거로 하여 출발하거나 복지국가지향적인 국가의 경향을 바탕으로 하기도 한다. 우선 후자가 공리를 중심으로 한 개념이라는 점은 명백하다. 또한 전자 역시 국가의 책무 불이행으로 인한 결과로서의 피해자에 대한 보호의무를 다시 국가에게 환원시킨다는 점에서는 공과를 기준으로 함으로써 역시 공리적 측면이 강하다. 다만, 그와 같은 논의는 초기 공리주의적 관점보다는 현대의 롤즈의 관점 또는 공동체적 선으로서의 관점에 보다 부합할 것이므로, 별도의 논문으로 다루고자 한다.

유권침해를 묵과할 수 없었으며, 이후 자유주의가 자본주의의 폐해를 극대화한 이상 여전히 자유주의만을 주장할 수 없게 된 것도 역시 인간사의 변화와 맥을 같이 한다.[38]

VI 행복은 형법의 목적인가?

공리주의적 관점의 궁극적인 목적은 행복이라는 점에서, 공리주의는 매우 명료하면서도 국가 또는 사회의 어느 영역에서든 수용가능성이 높다. 형법도 예외는 아니어서 공리주의적 관점을 통해 조망한 형법관 또는 형법의 목적은 사회 전체의 행복이다. 그러므로 공리주의적 형법목적은 행복의 행간의 의미를 어떻게 읽고 이해할 것인가의 문제로 귀결된다. 여기에서는 우선 수량화된 행복에 내포된 잠재적 위험성이 소수자에게 어떠한 불행으로 현실화되는지를 보았다. 최대다수의 최대행복을 양적으로 접근한다면 그것은 개인의 안전이나 행복이 될 수 없다. 행복의 총합은 그 사회구성원 개개인을 표현하는 지표가 될 수 없기 때문이다. 따라서 질적인 면에서의 규칙공리주의는 이성적이고 준법의식이 함양된 수범자를 전제로 한 행복을 지향한다. 그러나 여기에서 이상적 수범자를 전제로 한다는 점에서 이상과 현실 사이의 간극이 또 하나의 과제가 된다.

다양한 관점은 다채로운 시각을 통해 보다 시야를 넓혀주는 기능을 한다. 형법에 대하여 법익론을 다소 벗어나 다른 관점으로 접근을 하고자 하는 바도 또한 같은 맥락이다. 오랜 기간 치열한 논증을 거쳐 여전히 형성과 변화를 이어오는 법익론을 부정하고 새로운 주장을 전개하고자 하는 취지가 아니라, 형법이라는 피사체를 또 다른 각도와 관점으로 접근함으로써 보다 이해의 폭을 넓히자는 취지이다. 이미 과거로부터 현재에 이르기까지 형법의 이해 특히 형법의 기능과 목적의 해석이 철학적 사조의 영향으로부터 벗어날 수 없었다면, 다시 죄형법정주의와 현대적 형사사법제도의 근간이 되었던 공리주의의 관점에서 형법을 이해해 보는 것도 그와 같은 점에서 의미가 있다.

38 이러한 역사의 흐름은 공리주의와 자유주의를 거쳐 다시 공동체적 관점을 검토하도록 하는 지점에 온 듯하다.

양적 공리주의가 선천적으로 가지는 위험에도 불구하고, 신중한 공리주의를 통해 추론할 수 있는 형법관 및 형법체계의 이해는 나름의 의미가 있다. 특히 밀은 정의가 행복 달성을 위한 수단에 불과하다고 보지 않고, 정의가 공리의 주요 덕목이라고 보면서 도덕법칙이 중요한 이유는 그것이 인간복지에 직접적으로 결부되었기 때문이라고 보았다. 선호 수뿐만 아니라 선호 정도 내지 선호의 질을 고려하여 선택된 규칙은 일반인들에 대한 행위선택 규범으로서 큰 의미를 가짐을 알 수 있다. 밀이 언급한 바와 같이 형법이 언제나 정의로운 것은 아니다. 법은 부정의할 수 있다. 그러나 형법이 당대의 가치관을 토대로 동태적으로 변화한다는 점에서는 정의와 유사성이 있다. 즉, 형법과 정의는 서로 동일한 개념은 아니지만, 그 방향성과 역동성은 같다. 형법과 정의의 서로 같은 방향성은 형법이 정의를 얼마나 담아낼 수 있겠는가라는 과제를 부여하게 된다.

행복은 양적 의미에서는 형법의 목적이 될 수 없음에도 불구하고, 질적으로 다듬어진 행복은 반드시 복지라는 이름으로 국가의 적극적 개입을 요구하지 않는다는 점을 질적인 또는 신중한 공리주의를 통해 확인함은 매우 중요하다. 부모는 자식에 대한 교육의 의무를 지고, 국가는 이를 불이행하는 부모를 처벌할 수는 있지만, 국가가 직접 부모를 대신해서 교육을 하여서는 안 된다. 이러한 밀의 논리는 국가의 역할을 정확히 짚어준다. 교육을 받을 권리는 개개인의 행복을 추구하기 위한 기초를 세울 중요한 권리이고, 그와 같은 권리보장에 노력하여야 할 부모가 그 의무이행을 해태하는 것에 관하여 국가는 부모로서의 보호의무 불이행이 유기행위인 것으로 보아 국가형벌권을 발동할 수 있다. 그러나 국가가 직접 교육을 한다는 것은 국민에게 획일화된 국가의 이념을 주입하고, 그로 인하여 다양성을 잃고 천편일률적인 인간상을 만들어낼 우려가 있다. 즉, 국가가 국민을 품질 좋은 제품, 그러나 단일 제품만을 찍어내는 공장과 같은 역할로 변질될 위험성을 내포하기 때문에 국가가 직접 교육을 담당해서는 안되는 것이다. 다양성과 관용성이 보장될 때 개인의 개성은 존중되고 자유로운 의식의 발현이 가능해지기 때문에, 국가는 개개인이 다양하고 자유로운 사고와 행동을 할 수 있도록 보장해 주어야 한다. 그것이 행복이다.

형법 역시 마찬가지이다. 국가는 국가형벌권을 통하여 가장 강력한 국가권력을 수범자에게 행사한다. 국가형벌권은 한편으로는 범죄예방을 통해 개인의 자유로운 발현권을 보장해 주는 것처럼 보이지만, 실제로는 개인의 자유권을 침해하는 역할을 수행한다. 따라서 국가는 국가형벌권의 발동에 있어서, 최대한 개인의 다양성과 관용성을 보장하고, 자유로운 사고와 행동을 통한 행복한 생활을 하도록 존중하여야 한다. 국가는 국민을 품질 좋은 제품으로 만들어서도 안 되며, 약간의 불량품이라도 폐기처분해서도 안 된다. 국가는 국민을 찍어내는 공장이 아니며, 국민은 국가가 만들어낸 제품도 아니다. 만일 국가형벌권의 최대한계를 설정하고자 한다면 국민이 누려야 할 행복의 보장을 반드시 고려하여야 한다.

CHAPTER 03 처벌의 목적은 자유의 보장인가?

I 처벌되는 행위는 국가가 정하는가?

1. 입법부의 법제정권

형법을 만들고 집행하는 주체는 국가이지만, 금지규범으로서 처벌되는 행위의 기준까지도 국가가 정하는가? 비록 입법부에 법제정권이 있고, 입법부에서 다수결의 원칙에 따라 형법체계를 설계한다고 하더라도 처벌되는 행위의 한계설정까지도 입법부의 이름으로 국가가 정하는가의 문제는 앞선, 처벌의 목적과도 결부된다. 국가의 역할을 어떻게 이해하는가는 국가철학 또는 정치철학과 결부되어 있어서 마치 형법과는 거리가 멀다고 생각할 수 있지만, 형법이 수단으로 삼는 국가형벌권을 제외하고는 국가의 역할 수행을 제대로 이해할 수 없다. 즉, 국가형벌권의 발동 근거가 되는 형법이 죄형법정주의라는 헌법상의 대원칙에 의하여 법률로 입법화되는 것은 자명하지만, 그 실질적 내용으로서 어떠한 행위가 처벌되는가의 기준을 어디로부터 찾아야 하는가는 형법 그 자체의 성문법으로부터 해답을 구할 수 없다.

벤담은 "입법부가 국민과의 접촉을 많이 하면 할수록 이에 비례하여 좋아지고, 입법의 이익이 국민 공동의 이익과 같으면 같을수록 이에 비례하여 입법부의 의사진행과 집행은 더 이로워진다"[1]고 언급하면서, 공리주의적 정부는 최대다수의 국민이 정부의 행위를 판단할 것을 요한다고 보았다. 이처럼 공리주의적 측면에서도 입법부가 제대로 수행하기 위해서는 국민의 이익과 부합하여야 하며, 이를 위해서는 대국민적 접촉이 보다 많이 요구된다고 한 것 역시 국가의 법체계는 국가 스스로의 이익을 위하여 정립될 수 없음을 의미한다. 그렇다면 벤담은 여기에서 국민의 이익이란 최대다수의 이해를 의미하겠지만, 앞서 살펴본 바와 같이 최대다수가 언제나 정의로울 수는 없다. 또한 사회가 다변화될수록 이해관계는 더욱 복잡해지고 복층의 이해들이 얽히기 때문에 특정 사안마다 최대다수의 의사방향을 확인한다는 것은 거의 불가능에 가깝다.

비록 민주주의 국가에서 입법부는 국민의 의사를 대신하는 '대의'적 기관이기는 하지만, 현재 우리의 입법현실은 무엇이 '대의'인지에 대하여 회의적이기까지 하다. 국민은 국가를 이루는 요소이지만, 국민이기에 앞서 자연스럽게 공동체를 이루어 살아가는 '사람'들에게 입법부는 국가기관의 일부일 뿐, 자신의 의사를 '대의'하는 대변자가 아니다. 형식적으로 또는 이론적으로 이해되는 구조와 우리가 살아가는 현실이 반드시 일치하지는 않기 때문이다. 입법부가 국가기관의 일부인 한, 정치적 색채가 강한 그것이 개개의 '사람'들을 위한 기관이기보다는 자신의 이익을 위한 수단으로서 입법이 이루어질 위험은 언제나 강하게 남아 있다.

2. 형벌 포퓰리즘(Penal Populism)이 초래한 형벌의 비대화

포퓰리즘은 언어 기원적으로는 매우 중립적인 용어이다. 라틴어 '포풀루스(populus)'에서 유래된 말로, 인민이나 대중 또는 민중으로 번역되기 때문에, 포퓰리즘은 대중주의 또는 민중주의로서 민중의 의사를 대변하는 것 정도로 이해할 수 있다. 그러나 그것이 정치적인 용어로 사용되면서, 형벌 포퓰리즘이란 매우 부정적인 의미로 이해된다. 1993년 Sir Anthony Bottoms는 'populist punitiveness'라는 신조어를 만들었는데, 이는 국민의 처벌에 관한 대중적인 입

1 J. Bentham, An Essay on the Political Tactics, The Works of Jeremy Bentham vol. Ⅱ, 1843, 310면.

장이라고 믿는, 정치인들이 자기 고유의 목적을 위해 이용하는 정치적 개념을 전달하고자 생겨났다.[2] 그 이후로, 형벌 포퓰리즘(penal populism)은 형사사법 체계에서 '대중'의 역할에 관하여 발생한 중요한 변화를 설명하기 위하여 연구되어져 왔다. 특히 이는 부정적 의미로서, 정치인들의 정치적인 이해관계에 종속되어 실현되는 형사정책들을 통칭하는 용어로 사용되었다. 역으로 형벌 포퓰리즘을 추구하는 정치인들은 오로지 선거의 승리를 목적으로 형벌정책들을 표방할 뿐, 정의를 실현하거나 범죄율을 낮추려는 것에는 관심을 두지 않는다.[3] 따라서 형벌 포퓰리즘하에서 형벌정책들은 단기의 강력한 인상을 주는 형벌정책들을 양산해 왔으며, 이를 통해 형벌의 진정한 목적은 외면되었다. 나아가 형벌 포퓰리즘은 보다 덜 가치 있다고 여겨지는 구성원들이 정부에 의하여 단순히 잊혀지거나 또는 도외시되어 왔던 점에 대한 각성을 반영하는 용어로 사용되면서, '잊혀진' 자들로서의 범죄피해자와 정부의 관계를 설명하기도 한다.[4]

우리의 사법제도를 돌이켜보면 국민이 정치에 관심을 가질수록, 정치권은 대국민적 인기를 위하여 보다 자극적이고 강한 인상의 정책들을 펼쳐왔다. 특히 국민의 이목을 집중시키는 사건이 발생할수록 그것에 대한 강력한 대처를 형법적으로 풀어내고자 하였으며, 이를 통하여 중형주의 일변화를 양산해 내었다. 그로 인하여 형벌은 이미 인간이 전 생애를 통해 감내할 수 없을 정도의 가중화의 길을 걷고 있으며, 형법이나 형사정책이 가지는 고유의 목적은 도외시된지 오래이다. 예컨대, 국민의 눈과 귀가 쏠리는 성범죄가 발생하면 언론매체들은 보다 자극적인 기사들을 통해 국민들의 이목을 더욱 집중시키고자 하고, 그것이 확대되어 커다란 공감대라고 착각할 만한 분위기를 만들어 낸다. 그 허울만 있는 공감대는 정치권에게는 인기에 야합할 수 있는 좋은 먹잇감이 되고, 그와 관련된 보다 강력하고 자극적인 제도들—성범죄 친고죄 폐지, 징역형의 상한 2배 올리기, 전자발찌 부착, 신상공개제도 확대, 신상공개 방법의 생활밀

---

2 Sir Anthony Bottoms, The politics of sentencing reform. In C. M. Clarkson, R. (Ed.), The philosophy and politics of punishment and sentencing. Oxford: Oxford University Press, 1995, 40면.

3 J. V. Roberts, Penal Populism and Public Opinion, Oxford University Press, 2003, 5면.

4 Tess Bartlett, The Power of Penal Populism: Public Influences on Penal and Sentencing Policy from 1999 to 2008, Victoria University of Wellington, 2009/6, 9면.

착화, 화학적 거세(성충동억제 약물투여가 맞지만 보다 강한 인상을 주는 단어들을 정치권은 찾아야 한다) 등 — 을 대중에게 제공한다. 그리고 이를 접한 국민들은 대중적 불안감을 해소할 출구로서 이를 인식한다.

이와 같은 단순한 순환고리의 반복은 보다 강력한 형법제도들을 강구하게 만든다. 국가권력 중에서도 가장 기본권 침해적 권력이자 가시적 효과가 가장 높은 것이 국가형벌권이기 때문에, 정치권은 다른 사회제도보다 형벌의 강화를 통해 확실한 정치적 효과를 기대하고자 한다. 형벌 본래의 목적이나 기능과는 무관하게 제도가 스스로 비대해지는 것이다. 이처럼 형벌 포퓰리즘 하에서는 비대화되는 형벌을 제어하기 어렵게 된다. 일단 가중된 형벌은 다시 축소되지는 않는 경향이 있기 때문이다. 형벌의 크기는 국가형벌권과 비례한다는 점에서도 그것이 위헌적 요소가 있지 않는 한 축소되는 것을 기대하기는 어렵다.

3. 처벌되는 행위: 기준 찾기의 시작

지금까지 형법은 '피해자 없는 범죄는 있어도 보호법익 없는 범죄는 없다'라는 설명을 통하여, 보호법익이 처벌되는 행위의 기준이라고 인정하여 왔다. 보호법익이 없음에도 불구하고 형법을 통하여 행위의 자유권을 제한한다면 위헌적 법제정에 해당하기 때문에 비범죄화되어야 한다는 부연설명을 통하여, 법익보호기능을 강조하였다. 이 때 법익이란 국가가 법적으로 보호하고자 하는 이익이다. 이것이 국가의 입장에서 보호하고 싶은 이익을 형법을 통하여 국가가 스스로 결정한다는 의미라면, 이제 입법은 국민의 의사를 대의하지 않는다는 점을 고백하여야 할 것이다.

여기에서는 처벌되는 행위의 기준을 정의론으로부터 찾을 수 있을 것인가를 우선 살펴보고자 한다. 물론 공리주의 역시 공리를 정의로 이해하는 정의론의 일부이지만, 앞서 공리주의적 해석의 결과에 관하여는 언급하였으므로 여기에서는 자유주의적 평등주의 또는 의무론적 자유주의에 해당하는 롤즈의 정의 관점에서 형법과 국가형벌권을 이해하고, 그와 같은 정의론으로부터 해답을 얻을 수 있을지 살펴보고자 한다.

Ⅱ 롤즈의 의무론적 자유주의

1. 자유주의적 평등주의 또는 의무론적 자유주의

가. 원초적 합의와 공정

인간의 행복의 가장 본질적인 조건이라고 일컬어지는 자유와 평등은 이율배반적이어서, 자유와 평등을 어떻게 양립 또는 조화시키는가는 끊임없는 철학의 사조를 양산해왔다. 롤즈 역시 자유와 평등을 하나로 통합시키되, 기본적으로는 자유주의적인 사고를 기초로 하되 사회주의적인 분배방식을 부차적으로 도입함으로써 이를 해결하고자 하였다는 점에서 자유주의적 평등주의라고 일컬어진다. 또한 소득과 재산을 자연에 자유롭게 맡기는 사회는 정의롭지 못하고, 자연적으로는 불평등하고 차별당한 이들에게 수혜를 베푸는 사회가 정의롭다는 주장한 점에서, 옳음(정당성)을 먼저 결정하고 그에 따른 좋음(선)의 한계를 설정하였다는 의미에서 의무론적 자유주의라고도 명칭된다.[5]

롤즈의 핵심적인 논지[6]는 정의의 원리들이 전통적 계약이론에서 시사 받은 바 원초적 합의의 대상이라는 데에 있다.[7] 롤즈는 사회구성원들이 공정성이 보장되는 자유롭고 평등한 입장에 있고 합리적인 대화의 수용태세를 지니고 있다면 합의의 가능성이 있다는 점을 바탕으로, 정의의 원리들은 자신의 이익을 추

---

5 Peter de Marneffe, “Liberalism and Perfectionism”, The American Journal of Jurisprudence, Vol. 43, Issue 1, Oxford University Press, 1998/1, 99면.

6 롤즈의 정의론은 600여 쪽에 이르는 방대한 저작으로, 형식적 구성은 3부로 되어 있다. 각각의 구성에 있어서 1부는 원리론으로, 2부는 제도론으로, 그리고 3부는 목적론으로 되어 있다. 이는 롤즈가 자신의 정의론을 통하여 의무론과 목적론을 이상적으로 조화시키려는 의도가 있었음을 알 수 있다.

7 롤즈는 정의의 원리들이 요구되는 상황을 다음과 같이 기술한다. 즉, 사회는 어느 정도 자족적인 사람들의 상호이익을 위한 협동체이기는 하지만 이해관계의 일치뿐만 아니라, 상충이라는 고유한 특성을 갖는다. 혼자만의 노력에 의해서 사는 것보다 사회적 협동을 통하여 보다 나은 생활이 가능하다는 점에서 이해의 일치가 있으며 협동에 의해 생산된 보다 큰 이익의 분배에 있어서 각자는 자신의 목적을 추구하기 위하여 자신의 몫에 무관심하지 않고 보다 큰 몫을 선호한다는 점에서 이해의 상충이 있다. 여기에서 사회적 협동의 이익의 분배를 규제할 사회제도를 선택하고 적절한 배분적 몫에 대한 전체적 합의를 얻어낼 수 있는 일련의 원리들이 요구된다. 이러한 요구사항들이 정의의 역할을 규정하며 이때 요구되는 원리들이 사회적 정의의 원리들이다.

구하는 합리적인 개인들이 최초의 자유롭고 평등한 입장에서 그들 공동체에 관한 기본적인 약정으로서 받아들이게 될 원리들이라고 본다. 즉, 정의의 원리들은 공정한 합의나 약정의 결과로서, 이것이 롤즈의 공정으로서의 정의관을 구성한다.

공정성을 부과하기 위하여 롤즈는 원초적 입장이라는 개념을 도입하는데, 이는 거기에서 합의되는 어떤 원리도 정의로운 것이 되는 공정한 절차를 설정하기 위한 가상적인 계약의 상황으로서, 전통적인 계약이론에서는 자연상태에 해당하게 된다. 여기에서 최초의 계약을 위한 공정한 상황을 설명하기 위해서는 먼저 원초적 입장의 계약 당사자들은 무지의 베일하에 있고 상호 무관심적 합리성을 가진 것으로 가정한다. 그리고 무지의 베일은 사람들을 불화하게 하고 그들의 사회적 자연적 여건을 자신에게 유리하게 하도록 유혹하는 특수한 우연성의 결과들을 무효화시키기 위하여 그것하에 있다고 가정하게 된다. 또한 무지의 베일하의 당사자들은 자신의 성격, 가치관 등 구체적 사실들에 대해서는 전혀 모르지만 정의가 요구되는 사회적 상황과 정의의 원리들을 선택하는데 필요한 일반적 사실들은 알고 있다고 가정된다. 그리고 합리적인 당사자들은 모험적 전략에 따라서 원리를 선택하지 않는 것으로 이해된다. 원초적 입장의 당사자들은 그들의 선택의 구체적 상황에 대해서는 모르기 때문에 의사결정이론의 관점에서 보면 불확실성하의 선택이 되는 것이다. 이러한 상황하에서 정의 원리의 선택은, 최악의 결과가 가장 다행스러운 것을 선택하는 최소극대화(Maximin) 전략에 따르는 것이 가장 합리적이라고 롤즈는 주장한다.[8]

나. 무지의 베일과 최소극대화

무지의 베일에 가려진 원초적 입장의 사람들이 매우 일반적인 정보들에 기초하여 최소극대화 전략에 따르는 행위를 함으로써 택하게 될 두 가지의 정의 원칙은 다음과 같다.[9]

---

8 롤즈의 철학적 견해와 주장들은 매우 방대하며, 그에 대한 다른 학자들의 해석 및 논쟁 역시 매우 광범위하다. 따라서 학자들 간에도 롤즈의 주장을 해석하는 방식 또한 상이하며, 그에 대한 비판들도 서로 내용이 일치하지 않는 면이 있다. 따라서 여기에서는 최대한 원문에 근거하여 중립적인 해설을 따르고자 하며, 그것조차도 형법적 해석에 관련되는 범위로 국한하고자 한다.

9 이하의 내용은 존 롤즈/황경식 역, 정의론, 이학사, 2003에서 발췌하거나 요약한 것이다.

제1원칙 – 각자는 타인들이 누리는 유사한 자유체계와 양립가능한, 평등한 기본적 자유의 가장 포괄적인 전체체계에 대하여 평등한 권리를 가져야 한다.

제2원칙 – 사회경제적 불평등은 다음과 같이 조정되어야 한다. 첫째, 최소 수혜자에게 최대의 이익이 되도록 둘째, 사회경제적 불평등은 공정한 기회균등의 조건하에서 모든 사람들에게 개방된 지위와 직책에 따른 것이어야 한다.

제1원칙에서 모든 사람이 기본적 자유의 가장 포괄적인 체계에 대하여 똑같은 권리를 갖는다는 것은 모든 사람이 기본적 자유를 동일하게 누린다는 의미이며,[10] 또한 각자가 평등하게 누리는 자유체계는 다른 사람의 자유체계와 모순되지 않아야 한다. 제2원칙은 두 부분으로 되어 있는데, 첫 번째는 차등원칙(difference principle), 두 번째는 기회균등의 원칙을 의미한다. 제1원리가 기본적 자유의 분배를 다룬다면 제2원리는 재화와 소득과 같은 기본가치의 분배를 다룬다. 차등의 원칙은 결국 재화나 소득 등의 획득에 있어서의 불평등은 이러한 것들을 가장 적게 획득한 사람들에게 최대의 이익이 될 수 있어야 함을 규정짓는다. 기회균등의 원칙이 의미하는 것은, 지위와 직책에 따라 불평등이 존재하는 것은 허용되지만 지위와 직책을 얻을 수 있는 기회만큼은 모든 사람들에게 똑같이 부여되어야 한다는 것이다. 결과, 롤즈에게 있어서 정의로운 사회란 기본적인 자유가 평등하게 분배되어 있으며, 사회경제적인 불평등은 있지만 그것이 기회균등과 차등원칙이 보장된 상태에서의 불평등인 사회이다.

또한 위의 정의원칙은 롤즈의 분배원리가 비평등주의적 원리이지만 평등지향적인 분배원리임을 보여준다. 롤즈에 의하면 사회란 결국 구성원들의 선을 증진하기 위해서 마련된 협동체제이며 분배될 대상들은 협동적 노력의 산물들이다. 따라서 어느 누구도 자신의 보다 큰 이익을 위하여 타인의 희생을 요구할

다만 그 해석이 모호한 부분은 원저서인 John Rawls, A Theory of Justice, Yale University Press, 2008을 인용하였다.

10 따라서 제1원리는 평등한 자유의 원리라고 부르며, 정치적 참여의 자유, 언론의 자유, 양심의 자유, 인신의 자유, 체포 및 구금으로부터의 자유, 사유재산권과 같은 기본적 자유에 있어서의 평등한 권리를 함축하는 의미를 갖는다.

권리를 갖지 않는다. 그리고 인간의 타고난 재능 또는 능력은 사회적 지위와 마찬가지로 우연적인 것으로서 도덕적 가치를 지니지 못하므로 이는 개인적인 자산이라기보다는 사회공동의 재화로써 간주되어야 한다. 그러므로 공정한 기회균등의 원칙을 강조하면서도 능력에 따른 불평등한 분배는 도덕적으로 정당화될 수 없다고 본다. 오히려 능력과 같은 도덕적 가치가 없는 요소의 자연적인 차이로 인해서 발생한 사회적·경제적 불평등은 최소 수혜자의 이익이 최대가 되도록 이루어지는 분배의 방식을 통해서 수정되어야 한다고 본다. 그는 사람들에게 일하고자 하는 동기를 부여하기 위해서 지위나 직책에 따른 불평등한 분배가 허용되어야 함을 인정하면서도 그러한 분배가 최소 수혜자의 이익을 극대화하지 않는 한 모든 사회적·경제적 가치는 평등하게 분배되어야 한다고 주장하였다.

그러나 롤즈는 제1원리가 제2원리에 우선하다고 함으로써 기본적으로는 자유주의적 입장을 견지한다. 제1원리가 우선하는 이유는 기본적 자유가 효과적으로 발휘될 수 있을 만큼 일정한 정도의 경제적 수준이 유지되는 상황에서는 사람들이 경제적 이득을 위하여 보다 적은 자유를 가지려고 하지 않는다고 보기 때문이다. 즉, 합리적인 인간은 자신의 이익을 가능한 한 증진시키려고 하는데, 경제적 부가 일정한 수준에 도달해 있는 경우에는 이러한 목적달성의 기회가 물질적 부의 증가보다는 자유의 증가에 의해서 더 많이 주어질 수 있다고 보는 것이다. 또한 자존감을 유지하는 것이 그들의 삶에 있어서 중요한 가치를 갖기 때문에 만일 누군가가 타인에 의해서 낮게 평가된다면 자존감을 상실하게 되고 어떠한 인생에 대한 설계도 만족스러운 것이 될 수 없으므로 자존감의 기반이 되는 자유에 대한 동등한 향유를 주장하게 되며, 따라서 다소의 경제적 이득을 위하여 보다 적은 자유를 누리는 선택은 하지 않을 것이기 때문이다. 요약컨대 롤즈는 사상체계의 제1덕목을 진리라고 한다면 정의는 사회제도의 제1덕목으로 보아, 정의를 사회제도와 관련된 문제로 규정하고 정의의 주제를 사회정의라고 하였다.

2. 법체계에 관한 이해

롤즈에 따르면 정의는 사회 제도의 제1덕목으로서 법이나 제도의 정당성을 평가해 주는 기준의 역할을 한다.[11] 정의로운 사회는 시민적 자유를 보장하기 때문에, 시민적 자유에 대한 침해가 설령 전체사회의 복지를 보다 더 증진시키려는 목적에 의한 것이라 할지라도 부당하다. 따라서 그 어떤 정치적 거래나 사회적 이익에 의하더라도, 이미 정의에 의해 보장되고 있는 자유권은 자유권들의 충돌상황이 아닌 한 훼손될 수 없다고 본다. 롤즈의 정치철학을 평등주의적 자유주의 또는 의무론적 자유주의라고 별칭하는 것도 이러한 기본적 사고로부터 출발하기 때문이다.

법체계와 관련하여 롤즈에 의하면, 헌법제정과정 그 자체는 다수결의 원칙이라는 불완전한 절차적 정의에 불과하기 때문에, 정의의 두 원칙은 정의로운 헌법을 만드는 데 바람직한 결과를 낳을 수 있는 독립적인 기준이 된다.[12] 헌법제정에서 가장 우선되는 제1원칙은 헌법이 보장하는 자유권들의 근거가 된다. 입법단계와 관련하여서는 정의의 제2원칙을 거론한다. 제2원칙은 제1원칙을 전제로, 사회적 또는 경제적 정책들이 공정한 기회균등의 조건 아래 최소 수혜자의 장기적인 기대를 극대화하도록 하여야 한다. 정의의 두 원칙과 헌법은 법의 상위의 절차이므로, 입법은 이를 준수하여야 하며, 입법의 단계에서도 법을 제정할 때에는 자신에 대한 특수한 사정은 몰라야 한다. 또한 효율적이고 상호 이익이 되는 사회 협동체를 위해 필요한 정치적이거나 경제적, 사회적 형태들의 차등 및 계층제가 수반된다. 다음으로 법적용단계에서는 무지의 베일이란 남아있어서는 안 되는데, 실제로 법규 체계가 채택된 이후에는 개인의 특징과 상황에 따라 적용되어야 하므로, 개인에 대한 지식에 있어서 어떤 제한도 남아 있지 않아야 하기 때문이다.[13]

---

11 장동익, 토픽맵에 기초한, 철학 고전 텍스트들의 체계적 분석 연구와 디지털 철학 지식지도 구축 롤즈 『정의론』, 철학사상 별책 제5권 제14호, 서울대학교 철학사상연구소, 2005, 20면. 공정으로서의 정의관은 절대적 진리를 추구하는 보편적인 도덕 이론이 아니라, 다원주의 현실 속에서 사회적 통합의 기반을 확립하는 현실적이고 현대적인 과제를 다루는 실천적 정치관이다. 자유주의적 공적 문화를 배경으로 하는 다원주의 사회에서 자유주의가 공적이고 정치적인 영역에 한정될 경우, 자유주의는 논쟁중인 도덕적 견해가 아니라, 가장 포괄적인 견해들 간의 중첩적 합의의 대상이 될 수 있다고 본다. 그리고 합의가 제대로 이루어진다면 자유주의는 다양한 또는 특정한 도덕적 견해들로부터 자유로운 중립의 위치를 갖게 되고, 그 어떤 도덕적 이론들로부터도 지지를 받을 수 있다고 보았다.

12 John Rawls, A Theory of Justice, 271면.

13 John Rawls, A Theory of Justice, 272~273면.

법률과 관련하여 롤즈는 주로 헌법제정과 정의원칙을 관련하여 언급한 이외에, 정치철학답게 그의 이론들은 복지나 경제영역 등의 사회정책에서 주로 논의된다.[14] 다만, 형법 역시 공정으로서의 정의에 부합하여야만 그를 통해 자유를 보호하거나 제한하는 것이 정당화될 것이다. 또한 입법단계에서는 제2원칙이 적용되어야 하는바, 차등의 원칙이 형법체계에 어떠한 방식으로 반영될 수 있는가를 검토해야 할 것이다. 즉, 제1원칙이 헌법적 차원이고 제2원칙이 입법단계라면 형법체계에 구체적으로 영향을 미치는 것은 최소 수혜자에 대한 이익의 극대화여야 한다. 다만, 사회는 구성원들의 좋음을 증진하기 위해 마련된 협동체이고, 분배될 대상들이 협동적 노력의 산물이며, 어느 누구도 자신의 보다 큰 이익을 위하여 타인의 희생을 요구할 권리를 갖지 않는다는 점은 입법체계에도 유효한 듯하다. 또한 능력과 같은 도덕적 가치가 없는 요소의 자연적인 차이로 인해서 발생한 사회적·경제적 불평등은 최소 수혜자의 이익이 최대가 되도록 이루어지는 분배의 방식을 통해서 수정되어야 한다고 보았는데, 그러한 요구들을 반영하는 법률체계 내에서 형법의 위치 역시 동일한 원리들이 적용되어할 것이다.

따라서 사회의 특정 이익집단이나 지배계급에 유리한 형법이어서는 물론 안 되거니와, 경제적으로 우위인 기업이나 소유자들이 행하는, 사회적 협력이나 분배원칙에 반하는 행동들은 형법적으로 규제되어야 한다. 예컨대 경제형법이나 노동관계법들은 최소수혜자에 해당하는 종업원이나 노동자에게 불리한 정황을 조장하는 행위들에 대하여 형법투입의 정당성을 인정받아야 할 것이다. 만일 이러한 부분들을 사적 영역으로 치부하고 형법적 개입을 주춤한다면, 공동의 선에 반하는 결과, 즉 정의롭지 못한 형법으로 평가될 것이다.

---

14 롤즈의 정의론은 이후에 많은 동의와 비판을 받아왔다. 특히 Michael Sandel, Liberalism and the Limits of Justice, Cambridge University Press, 1982(본 저서의 국내 번역본으로는 이양수 역, 정의의 한계, 멜론, 2012)은 오로지 롤즈의 정의론을 분석하고 비판하고 있다.

Ⅲ 롤즈의 정의관과 형법의 이해

1. 부정의한 법에의 준수의무

롤즈에 따르면 정의로운 체제에서 제정된 정의로운 법을 지켜야 할 이유를 설명하는 것은 아무런 어려움이 없다.[15] 그리고 원초적 입장에 있는 자들은 그들이 받아들이는 원칙이 무엇이든지 간에 모든 사람들이 그것을 철저히 준수할 것을 확신한다. 그리하여 그 준수의 결과로 생겨나는 정의의 원칙은 적절한 여건하에서 완전히 정의로운 사회를 규정하는 원리가 된다. 규칙의 철저한 준수 또는 수용이라는 가정을 통하여 롤즈는 이상적인 사회를 상정하고, 그의 정의 원칙들을 정립하였기 때문이다.

다만 현실에서 불복종의 정도는 법의 부정의한 정도에 달려 있다고 본다. 부정의가 생길 수 있는 방법은 두 가지로, 현행 체제가 정의롭다고 대중적으로 받아들여진 기준으로부터 어느 정도 이탈함으로써 부정의가 생길 수 있고, 다른 한편으로는 현행 체제가 사회의 정의관이나 지배계층의 입장에 부합하지만 그들의 입장 자체가 부당하거나 부정의한 경우라고 한다. 그리고 한 사회가 편협한 계급적 이익을 옹호하는 원리에 의해 지배될 때처럼 그 부정의한 정도가 지나칠 때에는 널리 지배하는 관점과 그것으로 인하여 정당화되는 성공 가능한 방식으로 반대하는 것 이외에는 다른 방도가 없다고 한다. 반면, 거의 정의로운 상황하에서는 정의로운 법뿐만 아니라 부정의한 법에의 준수의무도 발생한다고 본다. 즉, 정의로운 제도를 지키고자 하는 인간의 자연적 의무가, 인간으로 하여금 부정의한 법이나 정책이라도 그것이 전자의 정도에 이르지 않을 때에는 그 부정의한 법을 준수하도록 만듦으로서 최소한 불법적인 수단을 통해서 부정의한 법에 반대하지는 못하게 만든다고 보는 것이다. 따라서 거의 정의로운 국가에서 인간은 통상의 정의로운 체제를 지켜야 하는 자연적 의무로 인하여 부정의한 법도 준수해야 할 의무를 가지게 된다는 결론에 이른다. 인간은 사회 체제에 결함이 있다는 것을, 그 체제를 거부하고 따르지 않기 위한 쉬운 논거로 삼

15 이하의 내용은 롤즈, 정의론의 제2부 제도론 제6장 의무와 책무 제53절 부정의한 법을 준수할 의무의 내용을 저자의 이해방식대로 정리한 것이다.

아서는 안 되며, 법규상의 불가피한 허점을 이용해서 개인의 이익을 추구하지 않아야 한다는 시민으로서의 자연적 의무를 가지고 있기 때문이다. 따라서 거의 정의로운 국가에서는 부정의한 법의 부정의가 일정 정도를 넘어서지 않는 한 통상의 준수의무가 발생한다고 귀결짓는다.

2. 부정의한 법에의 준수의무에 관한 비판점

가. 가장 이상적인 사회의 비현실성: 불평등의 감수

롤즈의 무지의 베일은 논리적으로 부정의한 법에의 준수의무로 귀결될 수 밖에 없다. 원초적 입장에 있는 자들은 '인간은 선천적으로 불평등하다'는 것을 인정해야만 한다. 그 불평등이 어디로부터 기원하였는가는 다양한 원인(조건)이 존재할 것이고, 그중에는 부정의한 사회제도와 그것을 가능케 한 법률체계도 한몫 할 것이다. 그러나 그 불평등의 시정은 롤즈에게는 자신의 정의 원칙을 적용하기 위한 발판이 되거나 정의의 목적이 되기도 한다. 또한 불평등에 기초한 무지의 베일에서, 사람들이 원초적 입장 시점에서 그들이 받아들이는 원칙이 무엇이든지 간에 모든 사람들이 그것을 철저히 준수해야만 롤즈 자신의 원칙은 이론적으로 성립 가능해진다.[16]

즉, 사람들이 부정의한 법을 준수하지 않으면, 롤즈는 원초적 입장에 있는 자들의 완전히 정의로운 사회의 규정원리를 도출해내지 못하게 되어 버린다. 그가 '엄격한 준수'라는 가정을 하고 무지의 베일을 사회구성원들에게 덮어씌우기 때문에, 그 무지의 베일이 부정의하다고 생각하는 누군가가 그 조건을 준수하지 않고 거부한다면 그의 정의의 원칙은 애초부터 존립할 수 없고 사라지게 된다.

이러한 점은 롤즈의 이론이 가장 이상적이고 그리하여 거의 정의로운 사회를 가정하면서, 사람들이 모두 자유를 최우선시하는 사고를 가졌다는 믿음하에서 전개되었기 때문이다. 심지어 그에 따르면, 경제적 재화를 위해서 자유를 포기하는 것보다 자유를 우선시 하는 것이 더 낫기 때문에, 모든 사람의 처지가 개선될 수 있다면 불평등을 허용할 수는 있어도 기본적 자유를 포기할 만큼 허

16 롤즈의 원초적 입장에 관한 주장에 대하여는 또 다른 시각에서의 '철학적 인류학(philosophical anthropology)'을 제시하였다고 다소 우회적으로 비판하는 견해도 있다. Edwin Baker, "Sandel on Rawls", University of Pennsylvania Law Review, vol. 133, Pennsylvania university, 1985, 895면

용하지는 않는다. 그러나 이와 같은 이상적인 사회의 이성적이고 자유지상주의적인 구성원들로 이루어진 공동체가 과연 가능할 것인가의 문제를 지적하지 않을 수 없다. 우리는 비이성적인 사회구조와 틀로 인하여 부정의한 현실과 마주하면서, 그러한 부정의를 극복하고 보다 이상적인 사회에 가까운 공동체를 형성하기 위하여 노력하고 있다. 즉, 이상적이지 않은 사회에서 공존하기 때문에 정의를 추구하고 보다 현실적응력 있는 그것의 실현을 추구하는 것이다. 그러나 롤즈의 정의론은 이미 도달해 있는 이상적인 사회를 전제로 그 사회에 작동하는 사회규율 또는 구동원리를 제시하였다는 점에서 과연 현실적으로도 실현가능한 이론인가는 의문의 여지가 남는다.

나. 이유와 결과의 무한순환

부정의한 법을 준수해야 할 의무는 그것이 어느 정도로만 부정의해야만 한다는 조건하에서 준수의무가 부여되는 것이고, 그 한도를 초과한 부정의는 기본적 자유의 부정이기 때문에 원초적 입장에 있어서 정의의 의무내용에 속하는 것일 수가 없으며, 헌법 제정 시에 다수자의 권리들에 대한 합의와도 부합할 수 없다고 롤즈는 주장한다.

그러나 이는 이유와 결과의 무한순환밖에 되지 않는다. 이유는 어떠한 행위의 근거 또는 행위기제이지 그 자체로 행위의 결과일 수 없다. 원초적 입장에서 합의하는 자들은 지나친 부정의에 합의할 리가 없으므로, 합의의 범주 내에는 감내할 수 있는 정도의 부정의만이 존재할 것이고 따라서 그러한 부정의는 준수하여야 한다. 이것이 롤즈의 결론이라면, 이는 가정에서 출발하여 자신이 전제한 가정으로 다시 돌아가는 순환적 설명이 되어버린다.

즉, 원초적 입장에 있는 자들은 너무나 이상적이어서 자신들이 감내할 수 없는 지나친 부정의에는 합의할 리 없고, 그러니까 합의된 사항은 감내할 수 없을 정도의 부정의일 수 없고, 그 결과 합의된 부정의는 준수의무를 발생시킨다는 무한순환이 된다. 이상적인 자들이 생산한 부정의는 스스로 감당해야 할 자연적 의무까지도 자가생산한다는 의미로 이해되기 때문이다. 즉, 감내할 수 있는 부정의는 자기 스스로 준수의무까지도 생산한다. 이것이 부정의한 법에 대한 준수의무의 근거 또는 이유라면 결과가 이유와 동일시되어 버린다.

다. 제도적 결함의 감수의무

부정의한 법에 대한 준수의무가 시민들에게 부여되어 있기 때문에, 롤즈에 의하면 제도가 갖는 결함을 받아들여야 하는 것도 시민의 자연적 의무이다. 그렇지 않으면 서로에 대한 신뢰가 쉽게 깨어지기 때문이다. 자연적 의무란 인간의 자발적인 행위와 상관없이 적용되는 해야 할 무엇이다. 예컨대 불필요한 고통을 야기하지 않을 의무와 타인을 해치거나 상해하여서는 안 된다는 의무가 그것이다. 이러한 자연적 의무 중 첫 번째가 상호협조의무로서 타인을 위해 어떠한 선을 행하여야 할 적극적 의무와 나쁜 일을 행하지 않을 것을 요구하는 소극적 의무이다.[17] 자연적 의무는 제도나 관행과 필연적인 관계를 가지지 않으며, 그 내용도 그와 같은 체제상의 규칙들에 의하여 규정되지도 않는다. 자연적 의무는 사람들 간에 그들의 제도상의 관계에 상관없이 적용되는 특징을 가지는데, 이는 동등한 도덕적 인격으로서 모든 사람들에게 성립되며, 특정 사회체제 내의 상호협력적인 관계에서만 부과되는 것이 아니라 인간이기 때문에 부과되는 그러한 의무라고 한다.

롤즈의 자연적 의무는 하나의 사회공동체 내에 고유한 생활방식과 질서로서 공동체에 속한 개인을 제약하는 통제규율로서의 도덕이나 윤리와는 다른, 인간으로서 공통적으로 가져야 하는 인간성의 일부를 의미하는 듯하다. 그것은 정언명령의 형식이지만, 특정 공동체에 예속되지 않고 보편적 인간으로서의 의무라는 점에서 한 사회에 특유하게 존속하는 윤리나 도덕과는 구별된다. 윤리나 도덕이 특정 사회의 성격을 반영하고 그 구성원들의 가치관을 드러낸다면, 자연적 의무는 인간이기 때문에 당연히 하여야 하는 의무이기 때문이다. 개인적으로는 아마도 롤즈가 이것을 인간으로서 가지는 권리인 '천부인권'에 상응하는 인간으로서 가지는 의무로 이해하는 것은 아닌가 한다.

롤즈는 부정의한 법에의 복종의무는 자연적 의무라고 하였지만, 법은 정언명령이 아닌 특정 정치체계의 산물일 뿐이다. 다른 한편으로 롤즈가 언급하는 법이 보통법(common law)의 일부로서 이상적인 인간으로서 갖추어야 할 덕목이라면 그 법은 부정의할 수 없다. 반대로 부정의한 법이 특정 국가체계를 존립

---

17 롤즈/황경식 역, 정의론, 167~169면.

시키는 실정법이라면 그것은 인간으로서 준수해야 할 자연적 의무가 아니다. 예컨대 타인에게 고통을 주지 않아야 함이 인간으로서 준수해야 할 자연적 의무라면 그것은 일상에서 모든 사람들에게 서로 존중하고 배려하여야 할 예절로서 드러나야 한다. 만일 적극적인 자연적 의무로서 타인에게 상해나 살인을 행하여야 하지 않을 의무가, 형법 제257조의 상해죄나 제250의 살인죄로 조건화된다면 그것은 형법이 사회윤리적 행위가치의 보호기능을 수행함으로 인하여 실정법에 포섭된 것으로 보아야 한다. 즉, 자연적 의무는 실정법적 의무의 토대로서 작용하는 것이며, 자연적 의무로부터 그것이 정의롭든 정의롭지 아니하든 실정법을 준수해야 할 의무까지 도출되는 것은 아니다. 롤즈는 거의 정의로운 사회에서 부정의한 법의 존재를 가정하고 준수의무를 자연적 의무라고 이해하지만, 앞서 언급한 바와 같이 이상적인 사회에서의 법현실과 우리가 존재하는 사회에서의 법현실은 결코 일치하지 않는다.

롤즈는 정언명령과 같은 시민의 자연적 의무로부터 부정의한 법에의 복종의무를 도출하고 있지만, 실정법은 정언명령이 아닌 국가의 강제력을 전제로 한 가설적 명령이다. 또한 롤즈는 그러한 제도가 갖는 결함을 받아들여야 하는 것이 시민의 자연적 의무인 이유로서, 그렇지 않으면 서로에 대한 신뢰가 깨어진다는 점을 들지만 그것으로부터 반드시 부정의한 법이라는 결함 있는 제도에 대한 준수의무가 도출될 수는 없다. 설령 윤리를 기저로 구축된 형법이라 할지라도 부정의한 법을 준수해야 할 의무를 윤리적 정언명령에서 찾을 수는 없다.

3. 시민불복종과 양심적 거부의 허용 여부

가. 시민불복종과 양심적 거부의 롤즈적 정의

롤즈에 의하면 시민불복종(civil disobedience)과 양심적 거부(conscientious refusal)는 구별되는 개념이다. 전자는 롤즈가 전제하는 거의 정의로운 국가 또는 어느 정도 정의로운 국가 내에서 그 체제의 합법성을 인정하고 받아들이는 시민들에게만 발생하는 의무들 간의 상충의 문제라고 본다. 시민불복종이란 법이나 정부의 정책에 변혁을 가져올 목적으로 행해지는 공공적이고 비폭력적이며 양심적이지만 법에 반하는 정치적 행위라고 한다. 부정의한 법에의 준수의무를 강조하는 롤즈에 따르면, 시민불복종 역시 법을 위반하라는 요구를 하지는 않으며, 간접적인 방법으로 자신이 처한 처지를 드러내는 방식으로도 행할 수 있다고 본다. 나아가 법위반이라 하더라도, 법의 바깥 경계선에 있지만 법에 대한 충실성의 한계 내에서 법에 대한 불복종을 나타내는 것이라고 한다.

반면, 양심적 거부란 시민불복종과는 달리 직접적인 법령이나 행정적 명령에 대한 불순종이다. 양심적 거부와 양심적 기피(conscientious evasion)는 구분되어야 하는데, 전자는 거부행위가 직접적으로 국가 또는 기관에 알려지기를 원한다는 점에서 은밀하게 행해지는 기피와 다르다고 한다.

시민불복종과 양심적 거부와의 차이는 우선, 시민불복종이 소수자에 의한 다수자에 대한 정의감의 호소라는 청원임에 반해서 양심적 거부란 공동체의 신념과 관계 없이 명령에 복종하기를 거부하거나 법령에 따르기를 거부하는 행위라고 한다. 또한 전자가 법과 정치체제에 대한 순응적 태도를 전제로 함과 달리 후자는 법이나 정책이 변하리라는 기대를 갖지 않는다고 한다. 셋째, 정의를 기초로 한 정치적 원칙에 바탕을 둔 시민불복종과 달리 양심적 거부는 정치적 원리뿐만 아니라 개인의 종교적 신념 등에 의하여 행하여진다는 점에서 차이가 있다고 본다. 다만, 외형적으로 양자가 쉽게 구분되지 않는 경우가 있음을 인정한다.

그러면서 명백히 형법을 위반하는 양심적 거부와는 달리 시민불복종은 롤즈 자신의 정의론에 의하여 정당화될 수 있음을 주장한다. 즉, 시민불복종의 적절한 대상이 되는 부정의의 종류가 존재할 수 있는데, 그것을 대상으로 한 공동체의 정의감에 호소하는 정치적 행위로 한정되어 정당화된다고 한다. 그러한 부정의의 사례로써, 정의의 제1원칙인 평등한 자유의 원칙에 대한 심각한 위반이나 제2원칙의 두 번째 부분인 공정한 기회 균등의 원칙에 대한 현저한 위배로 국한된다고 본다. 그러면서도 그와 같은 국한은 매우 제한적이어서, 예컨대 세제법이 기본적인 평등한 자유를 침해하거나 박탈하기 위해서 마련된 것이 아닌 한, 그것이 차등의 원칙을 위배하였기 때문에 시민불복종에 의하여 거부되어서는 안 된다고 본다.

나. 정의론적 관점에서의 비판

이러한 설명은 매우 우회적이고, 법에의 준수의무를 저변에 두고 설명한다는 점에서 소극적인 저항권 행사의 방법으로서의 시민불복종과는 거리가 있다.

롤즈는 비폭력적 성향과 합법성의 내에서 시민불복종을 주장하고, 법에 대한 충실성의 경계에 있는 형태의 항의라는 의미에서 조직적인 강력한 저항과는 구별되는 개념이라고 보기 때문이다. 다시 말해 시민불복종은 선량하고 체제에 순응적인 시민에 의한 이유 있는 항변에 불과한 것이다. 이와는 달리 체제가 가지고 있는 대다수가 받아들이는 정의로움에 반대하는 자들은 형벌을 회피하고, 법위반에 대한 결과를 받아들이고자 하지 않기 때문에, 시민불복종은 구별된다고 보는 이유도 여기에 있다. 롤즈에게 시민불복종이란 거의 정의로운 정치 체제 내에서 행해지는 선의 역할에 불과하다.[18] 불복종 행위가 가혹한 보복만을 불러일으킨다거나 사회질서의 혼란만을 초래한다면 이는 어리석고 불합리한 행위에 그칠 수 있기 때문이다.[19]

거의 정의로운 또는 이상적인 국가를 전제로 정의론을 펼치는 롤즈의 입장에서 그러한 정치체제 및 형법을 위반하는 것은 부정의한 행위이다. 따라서 시민불복종 역시 합법의 영역에서만 정당화될 수 있으며, 넘어설 수 없는 한계가 합법과 불법의 경계에 다다른 지점이 되는 것이다. 또한 시민불복종을 불법의 방식으로 행하는 자들에 대하여는 처벌을 감수한 자라고 지칭함으로써, 시민불복종이 범죄에 해당할 경우 그러한 행위가 형법체계 내에서 받아들여질 수 없음을 못 박고 있다. 나아가 롤즈에게 양심적 거부는 형법위반에 해당하므로 허용될 수 없다. 그러나 앞서 언급한 바와 같이 이상적인 국가란 존재할 수 없으며, 사회공동체의 정의감 역시 불변하는 가치가 아니다.

시민불복종이란 저항권과 달리 법 체제 또는 정치체제에 대한 거부이기보다는 상징적이고 의식적인 거부 또는 저항임에는 틀림없다.[20] 시민불복종은 개

---

18 롤즈는 이와 관련하여, "적절하게 잘 통치되고 있는 민주주의 사회의 기본적 제도는 전복적 주장에 의해 그렇게 쉽게 전복될 수 있을 만큼 취약하지도 불안정하지도 않다. 현명한 정치 리더십은 그와 같은 주장을 근본적 변혁이 필요하다는 경고로 들을 것이다"라고 주장한다. John Rawls/장동진 역, 정치적 자유주의(Political Liberalism, 1993) 동명사, 1998, 424면.

19 황경식, 개방사회의 사회윤리, 철학과 현실사, 1995, 532면.

20 저항권이란 국가권력에 의하여 헌법의 기본원리에 대한 중대한 침해가 행하여지고 그 침해가 헌법의 존재 자체를 부인하는 것으로 다른 합법적인 구제수단으로는 목적을 달성할 수 없을 때에 국민이 자기의 권리 자유를 지키기 위하여 실력으로 저항하는 권리이다. 따라서 저항권은 다른 구제방법으로서는 달성될 수 없는 최후의 수단으로서만 이해되어야 한다. 저항권과 헌법과의 관계에 관하여는 홍성방, "헌법과 저항권－저항권실정화에 대한 변론, 헌법학연구 제13권 제3호, 한국헌법학회, 2007, 107면 이하 참조.

별 법률이나 제도에 대한 항의로써 소수뿐만 아니라 다수의 권리와 자유를 관철하기 위하여 행해지기도 하지만, 특정한 도덕적 신념의 정립을 목적으로 하기도 한다. 그 어떤 국가나 사회도 롤즈와 같이 거의 정의롭거나 이상적이지 않기 때문에, 완전히 모든 구성원들의 이해와 사상에 일치하는 정치체제나 국가는 존재할 수 없다. 따라서 다양한 이해관계와 사상의 대립의 역사 속에서, 근대시민사회는 다수의 이해와 합치하는 민주주의 원리와 법치주의 원리에 따른 국가의 성립을 이룩하게 되었다. 그렇지만 근대의 이념 위에 성립된 국가들도 완전히 이상적인 국가일 수는 없기 때문에, 국가의 정책과 법률의 제정 및 이에 따른 제도와 법집행의 정당성에 대한 이의를 제기하고 나아가 집단적 거부행동을 하는 것은 도덕적인 저항으로서 시민불복종에 해당한다. 이러한 시민불복종은 국가의 국민으로서 가지는 권리가 아니라, 공동체의 구성원으로서 행사하는 권리여야 한다. 비록 외관상 합법적인 법률제정과 그에 따른 집행이라 하더라도 도덕적으로 정당하지 못한 국가의 행위에 대한 저항은 실정법에 대한 도전이며, 따라서 국가법체계에 존재하는 권리가 아니라 시민으로서 가지는 권리인 것이다. 물론 도덕적 저항이라는 점에서 저항권과 달리 비폭력적이기는 하지만, 그렇다고 하여 반드시 합법의 테두리 내에서 행하여져야만 시민불복종이 정당성을 가지는 것은 아니다. 그와 같은 도덕적 저항이 비도덕적인 국가행위에 대한 반발로서 정당성이 있다면, 그러한 행위가 합법인지 불법인지를 개별적으로 판단할 필요는 없다고 보여진다. 또한 시민불복종의 수단이 법위반을 수반한다고 하더라도 그것을 범죄라고 해서는 안 될 것이다.

다. 형법 제20조 정당행위 성립 여부

국가의 형법체계가 국가체제의 유지만을 목적으로 한다면 자가 목적적인 정당성만을 추구하는 것이기 때문에 시민불복종의 발동근거가 된다. 따라서 그와 같은 이유로 행사되는 시민불복종은 형법위반을 수반할 수 있으며, 그것을 범죄라고 한다면 시민불복종을 거부하는 결과가 되고 만다. 즉, 시민불복종이 비폭력을 전제로 이해되는 개념이라고 해서, 그것이 반드시 합법의 영역에서만 행사되어야 하는 것은 아니라고 보아야 할 것이다. 중요한 점은 그것이 외형상 구성요건에 해당하는 범죄행위라고 하더라도, 형법 제20조의 정당행위, 즉 사회상규에 위배되지 아니하는 행위로서 적법행위가 될 수 있는 영역이라는 점이다. 사회상규에 위배되지 않는 행위란 '법질서 전체의 정신이나 그 배후에 놓여 있는 사회윤리 내지 사회통념에 비추어 용인될 수 있는 행위'를 의미한다.[21] 구체적 요건으로서는 그 행위의 동기나 목적의 정당성, 행위의 수단이나 방법의 상당성, 보호이익과 침해이익의 법익 균형성, 긴급성 및 그 행위 이외의 다른 수단이나 방법이 없다는 보충성 등의 요건을 갖추어야 함은 물론이다.[22]

정당행위의 요건에 비추어 볼 때, 개별적인 사례에 있어서 시민불복종의 목적이 정의적 관점에서 사회에 수용되고 비록 외관상 범죄행위를 수단으로 하더라도 그 정도가 체계를 전복하거나 위협할 정도가 아니면서 공동체 구성원들이 연대성의 원리에 따라 수인할 수 있는 수준이라면 목적의 정당성과 수단의 상당성은 인정된다고 보아야 한다. 또한 시민불복종으로 보호하고자 하는 소수이거나 때로는 다수의 이익과 시민불복종이 수반하는 불편이나 불이익 간의 비례성이 인정되고 또 긴급한 사항이라면 정당행위의 요건은 충족된다고 보아야 할 것이다. 다만, 그러한 행위 이외의 다른 수단이나 방법이 없다는 보충성의 요건은 보다 완화하여 고려하여야 한다. 왜냐하면 이 때의 시민불복종은 그 자체가 도덕적 저항일 때에만 정당성을 가지기 때문이다.[23]

반면 양심적 거부는 여전히 불법의 영역이면서, 기본적으로 형법 위반을 정당화하는 원리로서 이해되는 것은 아니다. 그러나 양심적 거부가 인간의 본질적 권리로서 개인의 존재 또는 존엄성과 직결되는 것이라면, 국가는 개인에게 합법의 영역 내에서 선택가능성을 부여하여야 하며, 만일 선택가능성 없이 양심에 따른 거부를 범죄라고 해서는 안 된다. 예컨대 양심적 병역의무 거부의 경우, 집총을 하지 않는 방식의 대체복무와 같은 대체가능성이 없이 범죄로 규정한다면 그와 같은 형법은 위헌이다.

---

21 大判 2004. 6. 25, 2003도4934.

22 大判 2003. 9. 26, 2003도3000.

23 정당행위의 성립에 있어서, 목적의 보다 강한 정당화가 보충성의 원칙의 적용 정도를 완화시킬 수 있다고 생각된다. 정당행위에서 보충성이란, 그것이 외형상 범죄의 구성요건 행위이기 때문에 구성요건해당적 행위 이외의 다른 행위에의 우선 선택을 의미하는 것이고, 그 이전 단계의 요건인 목적의 정당성이나 수단의 적합성 등의 요건과 비교할 때에도 보충적인 요건으로 보는 것이, 적어도 시민불복종과 관련하여서는 정의로운 해석이라고 판단되어지기 때문이다.

Ⅳ 기여와 분배에 관한 형법적 측면

1. 기여의 상호성에 관한 형법적 비판점

자유주의란 기본적으로 강제적 정책의 영역에서 어떻게 사는 것이 가장 좋은 것인가에 대한 서로 다른 신념에 대하여 중립적 지위로 남아 있어야 함을 기본으로 하여야 한다.[24] 그러한 점에서 자유주의 철학하의 국가의 역할을 가늠할 수 있다. 아리스토텔레스(Aristole)에 의하면, 상호 교환에 근거한 결사의 경우에는 합동의 끈은 산술적 평등보다는 비례를 고려한 상호성이 정의가 된다. 사회 구성원들을 서로 뭉치게 하는 것은 바로 이 상호 기여이다.[25] 그러나 공평한 몫이 반드시 동등한 몫이 될 필요가 없는 곳에서는 어떤 사람이 이웃의 몫과 비교하여 공평하거나 공평하지 못한 몫을 받을 수도 있다. 특히 분배의 정의가 외부적으로 비교적 산술적으로 고려가능한 경제적 영역에서 벗어나 정치적 또는 법률적 영역으로 확장한다면, 그러한 영역에 대한 기여의 경우에는 공통의 기준을 찾기가 쉽지 않다. 동등한 자들이 동등하지 않은 것을 가질 때 또는 반대의 경우 사회적 불만이나 갈등이 발생하는 이유도 그것이다. 서로 상충하는 요구들을 놓고 판단하여야 할 상황에서 공통의 기준이 없다는 것은 언제나 갈등의 요인이 된다. 기여의 원칙(contribution principle)은 기여한 만큼 돌려받는 의미에서 비교적 명확하고 정당할 수 있지만 시장을 바탕으로 한 영역을 벗어나면 이 역시도 언제나 정의를 구현하는 원리로 작동하기는 어렵다. 다양하고 많은 시민들의 참여에 의한 복잡하고 긴 정치적 과정을 통해서만 공정에 가까운 원리를 마련할 수 있을 것이다.[26] 현대적 의미에서 기여의 원칙을 시장경제 원리로

---

24 Ronald Dworkins, “Liberalism”, in A Matter of Principle, Harvard University Press, 1985, 191~192면.

25 Aristotle, Nicomachean Ethics(Immanuel Bekker 편), Berlin, 1831~1870, 1132~1133면. 그는 도시가 단결하도록 만드는 것은 비례를 고려한 보상으로, 시민들은 악은 악으로 갚으려 하는데, 그렇게 하지 않을 경우 자신이 노예가 된다고 생각하기 때문이며, 선을 선으로 갚으려 하는 이유도 그렇기 않을 경우 상호 기여가 전혀 없을 것이기 때문이라고 한다.

26 David Johnston, a brief History of Justice(정명진 역, 정의의 역사, 부글북스, 2011, 116~117면 참조).

서보다 더욱 넓은 차원에서 해석한다면 아리스토텔레스의 분배적 정의이론을 보다 바람직하게 이해할 수 있을 것이다.

아리스토텔레스는 '우리가 추구하는 것은 단순히 무조건적인 의미의 정의만이 아니다. 정치적 정의, 즉 필요한 것을 충족시킬 목적으로 함께 어울려 사는, 자유롭고 비례적으로 아니면 산술적으로 동등한 시민들의 정의도 추구하는 것'이라고 한다.[27] 물론 그의 정의론은 정치적 공동체에서 권리자로서 역할을 할 수 있는 자들의 실질적 평등을 전제로 하였다는 점에서 비판을 받지만, 정의적 관념은 당대의 사회 환경을 고려하지 않을 때에는 지나치게 관념적이고 형이상학적으로 되어버린다. 따라서 아리스토텔레스가 당대의 정치적 환경을 배경으로 이론적 구상을 하였을 거라는 점에서는 배분적 정의의 본질만을 현대적 의미에서 다시 고찰하고 추구함이 바람직할 것이다. 그러한 의미에서 비례적 상호성은 의미가 있어 보인다. 자유롭고 평등한 구성원들로 이루어진 사회에서 상호기여의 원칙 또는 비례적 상호성은 공동체를 하나의 완전한 실체로 묶어주는 규범들을 뒷받침한다. 마찬가지로 교정적 정의의 개별 행위들은, 그것이 잘못된 자발적/비자발적 거래에 적용되든지 간에 결사의 바탕을 이루는 규범을 강화하고 아울러 정의로운 행위와 정의롭지 않은 행위에 대한 이해를 강화함으로서 조직의 결속력을 키운다. 아리스토텔레스는 영원불변하는 자연법을 기초하지 않았는데, 정치적·법적 문제들을 다루는 데 있어서 그러한 법은 존재하지 않는다고 믿었기 때문이다. 그에 따르면 법의 정당/부당성의 평가에서 상호성이라는 개념이 기준이 될 수 있다고 보았는데, 모든 폴리스의 행복은 상호성의 관계들을 잘 유지하는지에 좌우된다고 보았기 때문이다.[28]

정의의 개념은 법보다는 정치적 의미로 더욱 값진 것으로 보인다. 법이 규정한 행위가 정의가 요구하는 행위와 일치하는 것은 그저 우연일 뿐이라는 말도,[29] 법이란 아무리 훌륭해도 본래 정의를 담는 그릇으로는 불완전하기 마련이기 때문이 아닌가 한다. 처벌 역시 유사한 의미에서 이해될 수 있다. 처벌이 법적 의미보다 정치적 의미를 가질 때, 즉 공동체적 가치라는 정의적 측면에서 조

---

27 Aristotle, 앞의 책, 1134면.

28 David Johnston/정명진 역, 앞의 책, 134~135면.

29 Aristotle, 앞의 책, 1137면.

망될 때에는 구성원들의 상호성을 고려하여야 하며, 절대적으로 정당하거나 옳은 처벌이란 존재할 수 없을 것이다.

2. 분배의 정의와 형벌의 정의

가. 분배 정의와 형벌 정의

롤즈에게 있어서 공정으로서의 정의에서 공정성은 절차의 공정성을 의미하므로, 사회 구성원들이 공정한 절차를 거쳐 일정한 정의 원칙에 합의한다면 그러한 정의 원칙은 정의로운 것이 된다. 따라서 롤즈의 정의론은 분배의 절차적 정의라고 간단히 언급할 수 있다. 롤즈가 형법이나 처벌에 관하여 직접 언급한 바는 없지만, 분배정의에 대한 상대적인 또는 비교적인 설명에 있어서 형벌 정의를 언급하고 있다. 이에 따르면 형벌 정의는 분배정의와 달리 도덕적 공적 개념이 적절할 수 있는데, 합당하게 질서 정연한 사회에서 정의로운 법을 어겨 처벌받는 자들은 잘못을 행한 것인바, 그 이유는 형법의 목적이 기본적인 자연적 의무를 지지하는 것이고 처벌이란 그 목적에 이바지하기 위한 것이기 때문이라고 한다.[30] 단순히 조세 및 책무구도만이 아니라 그러한 구도는 특정 삶의 행실에 가격을 매겨 인간 행동을 상호 이득이 되도록 고안하는데, 형사법이 규정한 범법행위를 저지르지 않는다면 훨씬 더 좋을 것이므로, 정의로운 사회에서 법적 처벌은 오직 범법자에게만 적용된다고 한다. 따라서 분배 정의와 형벌 정의를 서로 역으로 생각하는 것은 완전히 잘못된 것이라고 한다. 요지는 정의로운 법을 어겨 처벌받는 사람들은 통상 잘못을 행하였고, 따라서 마땅히 처벌받을 만하다는 것이며 이것이 분배 정의와 역의 결과는 아니라는 점이다.

이에 대하여 형법이 분배정의를 언급할 때에는 배제되는 제도 이전의 도덕적 개념으로부터 형벌 목적상의 의미를 발견하고 있는데, 그 자체가 모순이라고 지적하기도 한다.[31] 즉, 선행하는 도덕적 토대를 가지는 형벌 정의는 본질적

---

30 John Rawls, A Theory of Justice, 314면 이하.

31 Michael Sandel, Liberalism and the Limits of Justice, Cambridge University Press, 1982(이양수 역, 정의의 한계, 멜론, 2012, 212~216면). 마이클 샌델의 비판점은 근본적으로 롤즈의 무지의 베일로부터 시작된다. 불평들을 제거하기 위해 고안한 이상적인 사회의 조건으로부터 사회정의를 구축하고 이를 실현하기 위한 재의 분배를 언급하고 있지만, 그러한 이상적인 사회는 현실과 괴리감이 너무 크다는 점이다. 우리가 추구해야 할 정의는 현실사회의

으로 연고 없는 자가 덕분에 제도 이전의 도덕적 요구로부터 자유로운 상황하에서 결정되어지는 분배의 정의와는 달라야 한다고 지적한다. 또한 어느 누구는 범죄로 나갈 수밖에 없는 필연적인 환경이나 불운한 가족 및 사회적 여건을 가질 수밖에 없는데, 무지의 베일 아래에서는 그것이 누구인지 알 수 없으므로, 처벌에도 일종의 차등원칙을 채택해야 하는 것은 아닌가? 라고 반문하고 있다. 그럼에도 불구하고 처벌에는 차등의 원칙을 적용하지 않는 것에 대한 반박이라고 보여 진다. 즉, 만일 내가 타인의 창문을 부순다면 롤즈에 따르면 악의적으로 창문을 부수는 행위는 비도덕적이고 제도 이전의 의미에서 나쁜 품성이므로 마땅히 처벌받아야 한다. 확실히 정의로운 형사법 체재를 상정하면 이 처벌 제재를 위반한 사람들은 적절히 다루어야 하고 그 적절함이 바로 형벌이라는 것인바, 그와 같은 의미의 공과는 형벌 구도를 상정하여야만 하는데, 그러한 구도가 어떤 기준에 고안되었는지는 알 수 없다는 점이다. 구도는 무지의 베일을 전제로 한 합의로서의 사회적 제도에 의해서 만들어지는 것이기 때문이다.

이러한 주장이나 반론에서 형법적으로 유의미한 바는, 제도 이전의 도덕적 개념으로부터든 사회적 합의에 의한 제도에 의해서든 강한 도덕적 의미에서 나쁜 행위를 저지르는 성향은 나쁜 품성의 징표이고, 처벌은 이러한 잘못을 저지르는 사람에게 적절히 적용된다는 점이다. 다만 후자는 공정으로서의 정의 자체가 사회제도로 인하여 서로 다른 출발점에 선 자들이 다른 자들보다 유리한 조건으로부터 출발하는 것은 뿌리 깊은 불평등이므로 원초적으로 영으로부터 출발하여 최소 수혜자의 최대 이익을 산출하는 절차적 정의를 주장한다는 점을 반론의 근거로 삼는다. 범죄자가 범죄를 저지를 수밖에 없는 이유도 역시 그러한 불평등한 출발로부터 시작될 수 있는데, 형벌만은 제도 이전의 도덕적 개념으로부터 출발한다는 점 자체가 불평등을 인정하는 것 아닌가라는 것이다. 범죄의 특성 및 기질이라는 임의성에 비추어 볼 때 차등의 원칙이 여기에도 적용되지 않는다면 모순이라는 점을 지적하고 있는 것으로 보인다.

그러나 이러한 논박은 형벌 자체의 정의로움 또는 형법의 목적과 정의론을 결부시키는 것이 아니라, 롤즈의 정의론의 논리성만을 지적하고 있다는 점에서

모든 것들을 감수하고 찾아야 하는데, 롤즈가 정의란 '정의'는 가상의 또는 현실이 아닌 이상사회에서나 가능할 뿐이라고 한다.

형사법의 임무와는 거리가 멀다. 오로지 형벌의 정의가 제도 이전의 도덕적 개념으로부터 나오고, 범죄자가 죄의 대가로서 형벌을 받을 만하다는 직관을 근거로 한다는 점만을 확인할 수 있을 듯하다.

다. 처벌의 목적으로서 자유의 보장

롤즈는 형벌제도의 정당화를 자유의 원칙으로부터 도출하고, 책임원칙은 처벌이 응보나 보복이라는 관념에 기초하지 않으며 자유 그 자체를 위한 것임을 강조한다.[32] 그 이전에 형벌제도가 가지는 불리한 점이란 제도 자체를 시민의 세금에 의하여 유지해야 할 비용 및 시민의 자유를 그르치게 될 가능성에 의해 판단될 자유에 대한 위협이라고 한다. 후자는 오판을 의미하는 듯하다. 이미 제2원칙으로서의 순수한 절차적 정의(pure procedural justice)와 비견되는 완전한 절차적 정의(perfect procedural justice)와 불완전한 절차적 정의(imperfect procedural justice)를 설명하면서 형사절차를 불완전한 절차적 정의의 대표적인 예로 거론하였다.[33] 형사재판에서 가장 바람직한 결과란 범죄자가 소추된 범죄를 범한 경우에만 그에게 유죄판결이 내려지는 것이라고 한다. 그러나 진실공방을 통해 언제나 올바른 결과가 초래되도록 법률규칙들을 정하는 것도 불가능하고, 비록 법집행을 주의 깊게 한다고 하더라도 잘못된 결과에 이를 수 있다고 본다. 그 결과 죄 없는 자가 유죄판결을 받고 반대로 범죄자가 석방될 수도 있는데, 그와 같은 부정의는 인간의 잘못에 기인한 것이 아니라고 한다. 다만 법적인 규칙의 의도를 그르치는 우연한 여건들의 결합에 의한 것이라고 한다. 이처럼 불완전한 절차적 정의는 올바른 결과에 대한 독립적인 기준은 있으나 그것을 보장할 만한 절차가 없다는 것이 특징이라고 한다. 실체적 진실발견과 그

32 롤즈/황경식 역, 정의론, 325~327면.

33 완전한 절차적 정의란 공정한 분할이 동등한 분할을 의미하는 것으로 이해된다. 이것은 공정한 분할이 무엇인가에 대한 독립적 기준이 있으며, 그 기준은 따르게 될 절차와는 상관없이 절차에 선행해서 기준이 정해진다는 점 및 매우 바람직한 결과를 초래할 절차를 고안할 수 있다는 점이 특징이다. 예컨대, 케이크를 나누어 먹을 때 가장 공정한 분할의 기준은 자르는 사람이 가장 마지막에 자신이 먹을 케이크를 고르는 방법이다. 이때 만일 케이크의 크기가 다르면 가장 작은 케이크가 남을 것이므로 자르는 자는 똑같이 나누는 방법을 선택할 것이다. 즉, 케이크를 자르는 기준은 절차에 상관없이 '똑같이 자르기'가 되고, 바람직한 결과를 초래할 절차는 '자른 사람이 가장 나중에 남은 것을 선택하기'이다. 그리고 순수한 절차적 정의란 롤즈의 제2원칙의 분배 방식을 의미한다. 롤즈/황경식 역, 앞의 책, 135~138면 참조.

에 따른 유무죄판결이 정의롭지만, 항상적으로 그와 같은 결과를 도출할 수 있는 절차의 부재 또는 담보할 수 없는 것과 같은 형태를 불완전한 절차적 정의라고 이해하고 있는 듯하다. 즉, 형벌제도의 불리한 점이란 이미 그것이 불완전한 절차적 정의에 해당함으로써, 필연적인 결과인 것이다.

그럼에도 불구하고 다른 조건들이 동일하다면, 합법성의 원칙에 따라 법이 공평하고 규칙적으로 운용될 때에 자유에 대한 위협은 보다 작아짐이 명백하기 때문에 형벌은 필요하다고 본다. 다만, 그것이 행위자의 고의라는 책임원칙에 따를 때, 처벌은 자유 그 자체를 위한 것이라고 주장한다. 이로써 처벌의 목적이 자유의 보장임은 명백해졌다.

그러나 이에 관하여는 몇 가지 점에서 비판이 가능하다. 우선 이러한 설명은 결과적으로 순환논리에 빠지게 된다. 형벌은 자유보장을 위해서 필요하고, 책임을 기초로 하기 때문에 다시 자유를 보장한다고 한다. 이처럼 자유를 중심으로 하여, 처벌의 목적은 자유보장이고 처벌의 근거 역시 자유보장이라고 하기 때문에 목적과 근거를 구분하지 않는다. 둘째, 롤즈의 제1원칙이 누구에게나 평등한 자유의 보장이기 때문에, 처벌의 목적을 자유의 보장이라고 함은 당연한 귀결인 듯하다. 그러나 자유권은 소극적으로 누군가에 의하여 침해당하지 않을 권리를 의미한다. 즉, 정의실현을 통해서 적극적으로 보장되는 것이 아니다. 오히려 롤즈는 제2원칙에 따른 분배법칙을 통해서 적극적으로 정의를 실현하고자 한다. 셋째, 시민의 서로 공평한 자유권간의 충돌이 발생할 경우를 설명할 수 없다. 자유는 모든 시민들에게 평등하게 주어진 인간으로서의 가장 본질적인 권리이다. 따라서 서로 공평한 자유권 간의 충돌이 발생할 경우를 설명하기 어렵지 않을까 한다. 마지막으로, 형벌제도의 비판점과 불완전한 절차적 정의의 문제이다. 불완전한 절차적 정의라고 형사절차를 정의함으로 인하여, 형사절차는 오판을 피할 수 없게 된다. 현실적으로도 오판의 가능성은 우리 형사소송법상 적극적 의미가 아닌 소극적 실체적 진실주의를 취하게 한다. 그런데 절차적 정의의 불완전함이 형벌제도의 목적에 대한 직접적 비판점이 될 수 있는가는 재고의 여지가 있다. 롤즈에게 있어서, 절차적 정의의 불완전함은 판단하는 인간의 몫도 아니고 재판의 전과정과 법률체계 및 관련 사정들에 기초한 우연과 필연의 모든 현상들의 총합이기 때문에, 오히려 인간이 추구하는 정의 관념과는 거리가 멀다.

라. 처벌의 방식

이와 같은 논박과는 별개로, 모든 인간이 정의감과 선의 능력을 가진 도덕적 존재로서 모두 평등하며, 성격과 능력과 같은 우연적 사실에 의해서 평가될 수 없다고 출발함에 의문을 제기하지 않을 수 없을 것 같다. 범죄란 사회제도에 의하여 사회적 합의로 창출되기도 하지만, 동서고금을 막론하고 '나쁜' 행위는 어떠한 방식이나 절차적 정의기준으로 형벌제도가 만들어 졌는가와 무관하게 '나쁜' 행위이고 처벌을 받아 마땅하다. 다만, 제도는 어떻게 처벌할 것인가를 창출하는 것이지 그것이 '나쁜' 행위인지 또는 처벌을 받아야 하는지를 결정하지는 않는다.

따라서 롤즈의 공정으로서의 정의는 그것을 처벌할 것인지를 결정한다기보다는, 어떻게 처벌할 것인지에 대한 합의과정이라고 하여야 할 것이다.[34] 예컨대, 남의 물건을 훔친 자는 범죄이고 처벌하여야 한다는 것은 공정으로서의 정의에 앞서 선재한다. 공정으로서의 정의는 그에게 벌금을 부과할 것인가 징역에 처할 것인가, 벌금을 부과한다면 총액벌금제와 일수벌금제 중에서 어느 제도를 선택할 것인가의 합의의 조건이 된다. 따라서 최소 수혜자에게 최대 이익을 줄 수 있는 제도가 무엇인가를 결정함에 있어서 사회구성원들이 개인의 불평등한 차이를 제거한 채 합의를 도출할 때 일수벌금제를 선택하는 것이 공정으로서의 정의에 부합한다는 결론을 예측할 수 있겠지만, 그가 처벌을 받는가 또는 받지 않는가의 문제는 공정으로서의 정의 이전의 문제이다.

V 공정으로서의 정의와 현실

롤즈의 정의론은 매우 이상적이다. 그는 공정의 원칙에 대한 실존적 가담을 매우 강조하고 있다. 공정의 원칙에 거의 이상적으로 부합하는 인간이라면 정의의 원칙을 결정하는 상황에서 신중할 수밖에 없다. 그 원칙을 일단 수용한

34 이 때문에 롤즈 역시 범죄를 제도 이전의 도덕적 개념으로부터 출발하는 것은 아닌가 한다.

다음, 또는 그 원칙이 사회에 채택이 된 다음에는 한 개인이 불리한 위치이든 유리한 위치이든 그 원칙에 복종해야만 하기 때문에, 개인은 설령 자신이 가장 불리한 또는 운이 나쁜 자에 해당할 경우를 상정하고 더욱 열악한 상황에 놓이지 않도록 정의의 관념을 조정하게 된다. 따라서 그것이 자기에게 불리할 때에도 심지어는 부정의한 법이라도 일단 복종하여야만 한다.

또한 정의도 규칙을 따라야 한다. 롤즈가 주장한 정의는 궁극적으로 최종결과원칙(end-result principle)의 형식으로서, 그와 같은 분배가 정의로운가 여부를 특정 구조적 원칙에 비추어 판단하는 방식이다. 그런데 무지의 베일과 원초적 합의를 선택함으로써, 그러한 분배가 양산된 역사적 과정에 대한 정보를 무시한다. 한 사회나 국가의 경제적 측면과 제도적 형태들은 역사적 산물이며, 불연속적이지 않다.

그런데 어떠한 정의론이든 내포하는 문제이겠지만, 모든 사회현상을 하나 또는 두세 개의 규칙이나 원리로 해결하고자 할 때에는 어느 지점에서인가 모순이 발생할 수밖에 없다. 다양화된 사회적 가치관을 형성하고 관계를 맺는 거대 집단에게, 유일하게 어느 한 소집단에게만 유리할 규칙을 강제하는 것이 언제나 그것에 복종할 것을 기대하기 어렵게 만들기 때문이다. 따라서 인간사회에 작용하는 규칙들이 얼마나 다양하고, 또 적용과정에서 변형이 생길 수 있음을 인정한다면 사회현상을 특정한 규칙에 의하여 천편일률적으로 해석하거나 그러한 규칙을 강제하는 것을 포기하여야 할 것이다. 즉, 아무리 잘 정립된 이론이라 하더라도 그것을 실제 복잡하고 다양한 현실에 적용하고 이해하는 과정이 없다면, 그것은 언어의 조합에 불과하다. 우리가 형법의 이해에 필요로 하는 것은 법수사학만이 아니다. 법수사학이 매우 정치되고 세련된 법에 관한 정리에 도움이 될지언정, 그것이 법 또는 정의의 정수를 담아낼 수는 없다.

다만 남은 것은 현상을 설명할 것인가 아니면 당위를 제시할 것인가의 문제이다. 비록 정의의 문제라 하더라도 그것을 현대의 정치철학과 같이 현상을 설명하고 공통된 규칙을 찾아내는 것으로 이해할 것인지, 더 나아가 그것과 불일치하거나 양립할 수 없는 사회의 영역을 일탈 또는 옳지 않음으로 규정하고 그러한 영역을 개선하기 위한 당위적 지침으로서 제안할 것인가의 문제는 여전히 남아 있다. 즉, 단일의 또는 적지만 다수의 규칙으로 사회현상을 모두 관통하고자 하는 의지를 포기한 다음에도, 그것이 가지는 이상적인 선 또는 옳음을 통하여 그것과 불일치하는 영역에 대한 지침으로서 의미를 가지는 무언가의 역할을 기대할 것인가의 문제이다. 후속하여 논하고자 하는 공동체적 가치로서의 연대성의 원리 또는 사회연대감이란 후자의 의미에서 형법적으로 논의할 가치가 있다.

CHAPTER 04 처벌되는 행위는 국가가 정하지 않는다: 공동체 가치로서의 연대성

I 관점의 전환

1. 자유주의를 넘어서 연대성으로

정의는 올바른 분배만의 문제는 아니다. 올바른 가치 측정의 문제이기도 하다.[1] 자유주의적 평등주의는 권리보장 또는 개인의 권리의 존중을 통하여 공리의 난점을 해결할 수 있는 것처럼 보인다. 그러나 자유주의적 평등주의는 자유에 기초하면서 자유의 충돌도 배분의 문제로 이해하고 있다. 정의로움은 공정한 분배를 통해서 추구된다고 하면서, 정의는 일차적으로는 절차적 정의의 의미이지만 그 어떤 경우에도 자유가 우선되어야 함을 강조한다. 따라서 우선되어야 할 자유들 간의 충돌이 발생하면 이 역시 절차적 정의의 측면에서 해결하여야 하는 것이다.

기본적으로 자유주의는 매우 이상적이다. 롤즈의 전제처럼 '거의 정의로운 사회에 공존하는 거의 이상적인 인간'을 전제로 할 때에만 성취되는 그 정의와 그로 인하여 보장되는 인간의 자유는, 그것이 찾아지는 배경으로서의 사회와

1 Michael Sandel, Justice－What's the right thing to do?, FARRAR, STRAUS AND GIROUX, 2009, 261면.

인간이 모두 정의롭고 이상적이기 때문에 그 내용이 이상적일 수밖에 없다. 즉, 공리주의가 현실을 기초로 하여 현실적인 문제들에 대한 해결책을 제시하고자 하였다면, 롤즈의 자유주의[2]는 가장 이상적인 사회를 배경으로 이상적인 인간들이 모두 자발적이고 순응적으로 자연적 의무를 이행할 것을 가정하고 정의로워지는 해결책을 제시한다. 자유주의적 결론은 결과적으로 이상적인 사회에서는 가능하겠지만, 현실은 그와 같지 않다. 이상적인 사회의 의무순종적인, 심지어 부정의한 법에조차도 거부 없이 절대적으로 복종적인 인간이 구성원인 사회는 현실에서 찾아볼 수 없다. 그러한 점에서 이론적이고 원론적인 차원에서는 자유주의적 발상을 참고할 수는 있겠지만, 그것이 변형되지 않는 한 현실에 그대로 적용할 수는 없을 것이다.

물론 자유주의가 롤즈의 이론으로 대표되지는 않는다. 보다 철저한 자유지상주의자였던 노직에 따르면 최소국가의 성립과 이를 전제로 한 자유란 최초의 소유의 취득과 이전의 정당성이다. 그러나 노직의 이론들은 소유에 있어서 자유라는 자본주의의 정당성을 통해 자유를 개념화하였다는 점에서 여기에서의 논의와는 매우 다르다. 그는 불평등의 인위적 시정을 위한 재분배도 개인의 절대적 자연권의 침해로 규정한다. 오로지 소유(사유재산)의 문제를 기준으로 자유를 언급하고, 어떤 개인이 어떤 재화를 어떤 방법을 통하여 획득했는가의 기준만으로 사유재산의 정당성을 판단해야 하며 그 결과나 원초적인 불평등 같은 것들을 고려해서는 안 된다고 보았다.[3] 더욱이 노직에게 공동체란 아무런 의미가 없을 뿐만 아니라, 오히려 개인의 자연권을 침해하려는 자들의 핑계거리에 불과한 것으로 보았다는 점에서 상당한 차이가 있다.

그러나 여기에서는 공동체적 가치로서의 다양성과 관용성을 존중하는 사회연대를 제시하고자 한다. 다양성과 관용성은 완전한 자유주의가 아닌 민주주의적 색채를 의미한다. 관용성을 통해 최대한 서로 상이한 가치관들의 배제를 최소화하고, 다양성을 통해 소수자의 이익을 존중하여 궁극적으로 연대성을 강화하는 것이 형법의 목적이라고 설정하고자 한다. 다양성과 관용성의 인정과

2 앞서 언급한 바와 같이 롤즈의 철학 자체에 대하여도 자유주의 또는 공동주의인가에 대한 논박이 있다.

3 Robert Nozick, Anarchy, State, and Utopia, Basic Books, 1974, 151~160면(동 책에 대한 설명으로는 장동익, 로버트 노직, 무정부·국가·유토피아, 커뮤니케이션북스, 2017 참조).

존중은 궁극적으로 사회연대감 또는 결속감을 강화하는 기제로 작용하기 때문이기도 하다. 또한 사회연대는 국가차원의 문제가 아니라, 가치관을 공통하는 공동체의 영속을 위한 필요불가결한 요소로서 궁극적으로 형법이 목적하는 바는 국가의 영속이 아닌 고유의 그리고 공통의 가치관을 형성해온 공동체의 영속에 기여하여야 한다는 점을 강조하기 위해서이다. 형법이 국가권력의 일부라 하더라도 형법이 국가의 존립을 위하여 자가 정당성을 확보하고자 한다면, 비대해지고 중형화되는 형법의 위상을 막을 수 없다. 반면 형법의 목적을 사회 연대에서 찾고자 한다면, 그와 같은 사회연대의 의미 내에는 사회구성원 사이에서 연대를 위한 상호 희생과 박애의 정신을 통해 권리제약이라는 불이익을 감내하여야 할 이유를 찾을 수 있고, 이를 통해서 형법이 타인의 권리침해를 모두 범죄화하여야 할 필요가 없음의 근거를 찾아낼 수 있게 된다.

자유주의가 지나치게 이상적인 인간들을 전제로 하여 권리보장을 강조하였다면, 연대성의 원리는 현실적인 인간상을 수용하면서도 권리침해의 허용 한계를 통해 형법의 비대화를 저지할 수 있다. 이하에서는 사회연대의 의미와 그것이 형법의 목적으로서 가질 수 있는 함의에 관하여 살펴보고자 한다.

2. 다양성과 관용성의 수용

다양한 관점은 다채로운 시각을 통해 보다 시야를 넓혀주는 기능을 한다. 형법에 대하여 법익론을 다소 벗어나 다른 관점으로 접근을 하고자 하는 바도 또한 같은 맥락이다. 오랜 기간 치열한 논증을 거쳐 여전히 형성과 변화를 이어오는 법익론을 부정하고 새로운 주장을 전개하고자 하는 취지가 아니라, 형법이라는 피사체를 또 다른 각도와 관점으로 접근함으로써 보다 이해의 폭을 넓히자는 취지이다. 중요한 것은 기존의 시각으로부터 벗어나고자 하는 시도이다. 이미 과거로부터 현재에 이르기까지 형법의 이해 특히 형법의 기능과 목적의 해석이 철학적 사조의 영향으로부터 벗어날 수 없었다면, 다시 제기되기 시작하는 정의론적 관점 특히 공동체주의적 관점에서 조망하는 형법의 역할을 진단해 보고자 하는 시도 자체는 새로울 것이 없다.

여기에서는 다양성과 관용성을 존중하는 공동체 가치로서의 연대감의 존중이 형법의 목적이라고 볼 것임을 전제한다. 다양성과 관용성의 존중은 민주주의 가치를 형법이 보호하여야 한다는 의미도 있지만, 소수의 가치 그리고 약자의 이익을 존중하는 것이 사회연대성의 결속을 강화한다는 점을 형법이 담아야 함을 의미한다. 또한 연대성은 과거와 전통의 존중으로 구축된다는 점에서 우리 사회의 가치가 형법에 반드시 투영되어야 함을, 그리고 형법은 연대성을 구축하고자 이어져온 사회의 가치보다 클 수 없고 그것을 벗어난 다른 목적을 국가적 차원에서 가질 수 없음을 정립하여야 한다.

국가형법은 국가의 것이 아니라 사회의 가치로서 사회의 영속을 위한 연대성의 강화수단일 뿐이다. 형법은 자가 목적도 아니고 정의도 아니다. 수단이 스스로를 목적으로 삼고자 한다면, 그것은 무자비한 칼이 된다. 따라서 수범자는 단지 수범자가 아니다. 수범자는 형법을 권력의 일부로 삼고자 하는 국가를 주시하고 국가형벌권이 사회연대성의 보호를 위한 양보다 커지는 것을 막아야 하는 감시자이며, 형법이 스스로를 목적으로 하고자 함을 경계하고 방지하여야 할 파수꾼이다.

Ⅱ 인간화, 인격적 연대

1. 연대 또는 사회연대의 정의

연대라는 용어는 일상에서도 자주 사용된다. 집단의 결속을 의미하거나 공동체의 상호원조 또는 공동책임을 지칭할 때도 이용되며, 노동자연대나 시민연대처럼 사회활동을 지칭하기도 한다. 또한 종교적으로 연대는 사회평화와 통합을 지향하는 핵심교리가 되기도 한다. 때로는 정치적 통합이나 서로 일치하지 않는 정치적 성향들의 이해관계에 얽힌 단합을 의미하기도 한다. 연대라는 개념은 역사적 발전단계에 따라서도 초기단계에는 가족이나 부족을 지칭하다가 원시국가단계에서는 지역공동체 또는 길드 단위였다가 근대에 이르러서는 국가에 대립되는 사회의 결속을 표현하기 위한 용어로 사용되기도 하였다. 현대 사회에서 연대는 경제적, 정치적, 문화적, 사회적 의미에서 어느 수준에서는 동일하지만 그 구조나 성격, 지향점에 따라서 매우 다양한 의미로 전용되기도 한다.

어원상으로는 로마의 법적인 개념인 'solidum'은 전체를 위한 의무, 공통의 빚이나 책임을 의미하였다. 연대의무는 추상적인 법의 중재 속에서 상호보완적인 집단과 서로 다른 이해관계를 묶는 법적인 개념이었으며,[4] 1765년 프랑스 사전에 신조어로서 solidarité가 '상호 공통의 책임, 이익과 책임의 교감'이라는 의미로 설명되어졌다. 이후 루소는 사회계약론에서 사회를 존재하게 하고, 사회적 유대를 형성하게 하는 것은 각 개인의 상이한 이해관계에 내재하는 공통의 이익이라고 주장하였는데, '우리를 사회체에 결합하는 계약은 그것이 오직 상호적이기 때문에 의무적'이라고 하였다.[5] 특히 프랑스 혁명에서 주창한 인권을 위한 정신으로서의 자유(libertè)와 평등(egalitè) 그리고 박애(fraternitè) 중에서 박애는 계급간 우애 내지 계급 내의 갈등을 벗어난 연합을 지칭하는 것으로, 1793년 프랑스 인권 선언(Déclaration des droits de l'Homme et du citoyen de 1793) 제21조는 '모든 시민은 공적 원조의 권리를 가진다. 사회는 각각의 시민에게 부채가 있고, 따라서 그들을 도울 의무를 가진다. 시민들은 일할 권리를 가지고, 사회는 일할 수 없는 자들을 구호할 의무를 진다'고 명시하였다.[6]

이와 같은 박애는 롤즈의 정의론에서도 나타난다. 롤즈는 제2원칙으로서 차등의 원칙이 가지는 이점이 박애의 원칙에 대한 해석을 제시한다는 점에 있음을 강조하였다.[7] 그에 따르면 박애는 본래 민주주의적 권리로 규정된 것은 아니지만, 공공적 규약 속에서 그리고 복종과 굴종의 방식이 없는 가운데서 명백한 사회적 존경심을 어느 정도 동등하게 갖는 것을 의미한다고 본다. 또한 시민적 우애와 사회적 연대감을 의미한다. 특히 롤즈의 차등의 원칙은 '보다 못한 처지에 있는 타인들에게 이익이 되지 않는 한 보다 큰 이익을 가질 것을 원하지 않는다는 관념'에 부합하며, '처지가 보다 나은 사람들은 보다 불운한 사람들의 이익에 도움이 되는 체제하에서만 보다 큰 이익을 기꺼이 가지려 하기 때문'에 박애정신에 부합한다고 보았다. 다만 민주주의 정치철학하에서는 박애라는 개

4 장승혁, "사회연대원리의 기원과 발전－전통적인 사회이론가들의 사상을 중심으로－", 사회보장법연구 제3권 제2호, 서울대 사회보장법연구회, 2014/12, 55~56면.

5 장자크 루소/이재형 역, 사회계약론, 문예출판사, 2013, 46면.

6 영문으로는 다음과 같다. "every citizen has a right to public help, that society is indebted to each citizen and therefore has the duty to help them. Citizens have there a right to work and society has a duty to provide relief to those who cannot work."

7 롤즈/황경식 역, 정의론, 157면 이하.

념이 현실적으로 기대하기 힘든 정감이나 감정의 유대를 포함하기 때문에, 상대적으로 무시되어 왔다고 보았다.

이하에서는 사회연대의 개념에 관한 그간의 논의들 중에서 시대별로 가장 당대의 사조를 표현하였다고 보여지는 몇 가지 이론들에 관하여 살펴보고, 인간화 또는 인격적 연대의 개념을 정의해 보고자 한다.

2. 사회연대 또는 연대성 논쟁

가. 기계적 연대와 유기적 연대: 뒤르켐(Émile Durkheim)

뒤르켐은 1893년 사회분업론(Division of Labor in Society)에서 분업이 사회질서의 기초라고 보았다. 분업은 단순히 경제적 효용에 그 가치가 한정되는 것이 아니라, 사회적 연대를 만들어 내는 것으로 도덕적인 성격을 띠기 때문이다. 그리고 분업의 증가는 기계적 사회에서 유기적 사회로의 이동 계기가 되며, 사회적 연대도 그에 따라서 변한다. 기계적 연대(mechanical solidarity)는 구성원들의 동일한 가치와 집합의식(collective conscience)이 사회의 통합과 개인의 결속의 기초로 작용하는 형태인 반면, 유기적 연대(organic solidarity)는 전문화된 각각의 개인들이 상호의존성에 기반하여 결속된 형태이다. 뒤르켐은 분업이 진행될수록 집합의식이 약화되고 상호 간의 이질성이 증대하지만, 이것이 사회적 유대 자체를 없애는 것은 아니며 오히려 개인들 간의 상호의존을 증대시킨다고 보았다. 이러한 전문화되고 이질적인 개인 간의 상호의존성의 증대는 집합의식의 대안적 형태로 나타난다. 곧 분업은 집합의식을 약화시키고 개인성을 증대시키는 동시에 유기적 연대를 촉진한다.[8]

기계적 연대란 다음과 같다. 우선 그는 범죄란 확정적인 집합의식 상태에 유해한 행동으로 보면서, 그것이 범죄가 되는 것은 사회가 그러한 행동을 부정하기 때문이라고 한다.[9] 형법은 억압적 규범의 대표적인 예로서, 범죄를 특징짓

---

8 다음은 Émile Durkheim/임희섭 역, 자살론/사회분업론, 삼성출판사, 1990(원본The Division of Labor in Society는 1893년 발간)의 내용 중 제2장 동류성에 의한 기계적 연대와 제3장 분업에 의한 유기적 연대를 요약한 것이다.

9 동일사회의 평균적인 시민들에게 공통된 신념과 감정의 총체는 그 자체의 삶을 갖는 확정적인 체계를 이루는데 그것이 바로 집합의식(collective conscience)이다. 집합의식은 그 기초가 되는 특정한 기관을 가지고 있지는 않지만, 사회 전부분에 확산되어 있으며, 개인이 처하고 있는 특정한 조건과는 관계가 없이 존재한다.

는 것은 바로 처벌인바, 처벌은 정열적인 반응이라는 특징을 가진다. 그 결과 범죄자를 처벌하고도 여전히 그 힘이 남아 있다면, 그 정열을 소진하기 위하여 주변으로 처벌이 기계적으로 확대되어진다. 그러나 오늘날에는 그러한 형벌의 성격이 변화되었고, 사회는 복수하기 위해서가 아닌 자신을 방어하기 위해서 처벌한다. 물론 처벌의 본질은 변화되지 않았지만, 응보의 욕구가 과거보다는 정제되었다고 한다.

다음으로 미개사회에서 대부분의 범죄는 종교나 관습과 같은 공적인 것과 관련되었다. 그러나 오늘날에는 사회가 처벌의 권리를 가지고 있다면 이는 개인들로부터의 위임이며, 사회가 개인의 이익을 더욱 잘 보호하기에 적합하므로 위임받았을 뿐이지, 그것이 사회 자체의 이익은 아니라고 본다. 처벌의 사회적 성격이 적을수록 그 형벌적 성격도 약해지며, 반대로 형벌적 성격이 강할수록 그 사회적 성격은 많아진다. 또한 인간은 개인적 특성과 집합적 특성을 가지는데, 개인의 행동을 결정하는 것이 후자인 경우 이는 집합적 목표를 추구하기 때문이라고 보는바, 후자와 관련한 것이 기계적 연대이다. 범죄란 두 가지 유형으로 하나는 행위자와 집합유형간의 심각한 불일치를 초래하는 경우이고, 또 하나는 그러한 행동이 집합의식을 대표하는 기관을 침해하는 경우이다. 전자든 후자든 범죄가 침해하는 힘과 범죄를 억압하는 힘의 정도는 동등한데, 그것이 바로 가장 기본적인 사회적 동질성의 산물이며, 그러한 동질성에 기초한 사회적 응집을 유지하는 효과를 가지게 된다. 이처럼 사회의 모든 성원에게 공통된 관념과 경향이, 각 성원의 개인적인 관념과 경향보다 더 그 양과 정도에 있어 강한 것일 때에만 강력해질 수 있는 연대가 있다. 이러한 연대가 힘을 발휘할 때에는 우리의 개성은 성격상 사라지게 되며, 우리는 우리 자신이기보다는 집합적인 생명이 된다. 그 응집되어지는 사회적 분자들은 마치 무기체의 분자들처럼 자체의 행동이 없을 때에만 함께 행동할 수 있다. 따라서 이것을 뒤르켐은 기계적 연대라고 지칭한다.

그러나 분업이 만들어내는 유대는 전혀 다르다. 앞에서 말한 형태는 개인들이 서로 유사할 것을 전제로 하지만, 분업에 의한 유대는 개인들이 서로 다를 것을 전제로 한다. 전자는 개인의 성격이 집합적인 성격 속에 흡수되어짐으로써만 가능하다. 그러나 후자는 각 개인이 그 고유한 행동의 영역, 즉 성격을 가지고 있을 때에만 가능하다. 그러므로 집합의식이 규제할 수 없는 특수한 기능들을 위해서는 개인의식의 일부를 남겨두지 않으면 안 된다. 그리고 그 영역이 확장될수록 그 연대로 인한 응집은 강해진다. 사실상 노동이 분화될수록 개인은 사회에 더욱 철저하게 의존하게 되며, 또 다른 한편으로는 노동이 특수화될수록 각 개인의 활동은 더욱 개인적이 되는데, 이것이 유기적 연대이다.

뒤르켐은 양자를 구분하고, 분업을 통한 사회기능의 분화가 기능들 간의 상호의존성을 강화시킴으로써 새로운 형태의 연대를 기반으로 하는 사회적 통합이 이루어지게 된다고 본다. 즉, 개인들 간의 차이가 개인 간의 기능적 상호의존성을 통해서 연대의 강화로 이어지는 것이다.

나. 담론윤리에 기초한 사회적 연대: 하버마스(Jürgen Habermas)

하버마스는 근대의 출현과 함께 생활세계의 물질적 토대가 체계로 분화되어 나감으로써 남게 된 근대의 생활세계에서 재생산이란 문화적 재생산, 사회적 통합, 사회화를 의미하는데, 연대를 이러한 생활세계 재생산의 과정으로 이해한다. 즉, 사회적 통합은 구성원들의 행위가 정당한 규제를 통해 조정됨으로써 사회적 연대가 확실히 형성되는 상태를 의미하고, 이 상태에서는 어떠한 새로운 상황이 발생할지라도 기존에 축적된 정당한 질서에 의하여 조정이 이루어진다고 보았다.[10] 그에 따르면, 의사소통적이론적 관점으로부터 이웃의 복지에 대한 염려와 일반복지에 대한 관심과의 상관관계가 도출되는데, 집단의 정체성은 호혜적 인정의 온전한 관계들을 통해 재생산되기 때문에 개인적 평등대우에 대한 보완점이 유대성이 된다고 한다.[11]

동 원리는 모든 사람들이 그들의 공동적 생활연관의 불가침성에 대한 동일한 방식으로 관심을 가지고 있어야 하므로 서로 간 책임을 져야 하는데, 이로부터 상호보완관계에 있는 의무론적으로 파악되는 정의와 유대성이 도출되며, 모든 자율적 도덕이 이 두 과제를 동시에 해결하여야 한다고 본다. 개인의 평등한 권리와 자유는 그들이 속해 있는 공동체와 이웃의 복지 없이는 보호될 수 없다는 점에서 정의와 유대성의 상호관계가 이해되는 것이다. 즉, 도덕은 개인들에

10 Jürgen Habermas, Theorie des Kommunikativen Handels. Bd. Ⅱ, Shurkamp, 1981, 208면.

11 Jürgen Habermas/이진우 역, 담론윤리의 해명(Erläuterungen zur Diskursethik, 1991), 문예출판사, 1997, 87면 이하.

게 그들이 속해 있는 공동체의 구성원으로서의 유대성을 요청함으로써 호혜적 인정의 상호주관적 관계들을 보호하게 된다. 정의는 개인의 평등한 자유와 연관되고 유대성은 상호주관적으로 공유된 생활형식을 통해 밀접한 관계를 맺고 있는 동료들의 복지 및 생활형식 자체의 불가침성의 보호와 연관되기 때문이다.[12]

또한 전근대적 또는 전통적인 사회에서 동료관계는 충성관계였지만, 탈관습적으로 파악되는 정의는 담론적 의사형성의 이념의 관점에서 유대성이 변형되어서 정의와 연관된다고 본다. 이로서 담론윤리가 의사소통적 행위를 근거로 유대성과 관련을 맺게 된다. 담론들은 자신들의 실용주의적 특성들을 토대로 한 이상적 의사형성, 즉 모든 사람을 타인과 미리 결합시키는 사회적 연대를 깨뜨리지 않고서도 모든 개인의 이해관계가 작용할 수 있는 방식의 의사형성을 가능케 하는 것이다. 그러나 이와 같은 담론윤리적 연대에 관하여는, 이해관계가 대립하는 집단 간의 갈등 상황 속에서 동일 집단 내에서의 상호인정은 가능하겠지만 갈등관계에 놓인 상대 집단과의 상호인정이 기대가능한가의 문제가 제기되기도 한다.[13]

다. 능동적 연대: 울리히 벡(Ulrich Beck)

성찰적 근대화라는 개념으로부터 출발하여 현대사회를 위험사회로 정의한 울리히 벡에 의하면, 성찰적 근대화란 한 시대 전체, 즉 산업사회 시대의 창조적 자기파괴가능성을 의미한다. 정통근대화가 산업적인 사회형태들로 전통적인 사회형태들을 우선 이탈시킨 후에 다시 자리매김하는 것에 반하여, 다른 근대성으로 산업적인 사회형태들을 우선 해체한 다음에 재구성하는 것이라는 점에서 차이가 있다고 한다.[14] 즉, 진보가 자기파괴로 전환될 수 있고 한 종류의 근대화가 다른 근대화의 기반을 약화시키고 변화시키는 새로운 단계가 바로 성찰적 근대화 단계이며, 위험사회의 표상이다.

이 시점에서는 필요의 유대에서 불안에 의해 동기화된 유대로 변하기 시작한다. 계급사회는 그 발전동학에서 평등의 이상과 관련을 맺지만 위험사회의

---

12 Jürgen Habermas/이진우 역, 앞의 책, 88~89면.

13 강수택, "근대, 탈근대, 사회적 연대", 한국사회학 第38권 第5호, 한국사회학회, 2004/10, 14면.

14 Anthony Giddens · Ulrich Beck · Scott Lash/임현준 · 정일준 역, 성찰적 근대화(Reflexive Modernization, Stanford University Press, 1994), 한울, 1998, 22~23면.

기초이자 원동력인 규범은 안전이다. 평등이 안전으로, 불평등이 불안전으로 대체되는 것이다. 평등의 유토피아가 사회변화의 실질적이고 적극적인 목표로서 부를 포함한다면, 위험사회의 유토피아는 소극적이고 방어적인 성격을 가지는데, 기본적으로 사람들은 좋은 것을 획득하는 것에 더 이상 관심을 가지지 않으며, 그보다는 최악의 것을 예방하는데 관심을 가진다.[15] 두려움, 위험사회가 주는 두려움과 불안의 공동성이 필요의 공동성을 대체하고, 위험사회의 유형은 불안에서 비롯된 유대가 생겨나고 정치적 힘이 되는 사회적 시기인 것이다. 따라서 위험사회는 불안 공동체이다.

또한 현대사회는 개인화와 지구화가 두드러지는데, 사회적 형태와 속박의 제거라는 해방의 차원, 전통적인 안전의 상실이라는 점에서 탈주술화의 차원, 새로운 유형의 사회적 속박이라는 점에서 통제 또는 재통합의 차원이라는 3중의 개인주의화가 양산된다고 본다.[16] 이와 같은 개인화의 급속한 진행은 기존의 기계적 연대가 더 이상 허용되지 않는 사회임을 명백히 하며, 강제성이 아닌 개인성과 다양성 및 회의주의정신의 인정으로부터 연대가 출발되어야 함을 암시한다. 이를 능동적 연대라고 한다.

그리고 가족단위에서는 기계적 또는 집단적 연대가 강하게 작용하고, 취업노동의 경우에는 그 자체가 자유롭게 방출된 개인이 시장을 매개로 조직되기 때문에 개인들 사이의 연대가 어렵기 때문에 초국가적 정치공동체에서 보다 큰 능동적 연대 가능성이 있다고 보았다.[17] 또한 초국가적 시민운동의 문화적 신뢰성이 소비사회의 사장에는 결여되어 있다는 점에서, 소비사회의 이러한 조건이 정치적 참여활동을 만남으로써 오히려 시민운동 및 연대형성의 성공적인 계기가 된다고 본다. 즉, 과거의 기계적인 또는 강제적인 연대가 현대사회의 위험성으로 인하여 해체되고 개인화됨으로써 오히려 초국가적 정치공동체의 결성을 가능하게 할 뿐만 아니라, 문화적 신뢰성의 결여로 형성된 소비사회가 오히려 능동적 연대를 가능케 한다고 보는 것이다.

---

15 Ulrich Beck/홍성태 역, 위험사회－새로운 근대(성)을 향하여(Risikogeshellschaft－Auf dem Weg in eine ander Moderne, Suhrkamp, 1986), 새물결, 2006, 97~98면.

16 Ulrich Beck/홍성태 역, 앞의 책, 211면.

17 Ulrich Beck/홍윤기 역, 아름답고 새로운 노동세계(Schöne neue Arbeitswelt, Suhrkamp Verlag, 1999), 생각의 나무, 1999, 276면.

라. 유동하는 사회의 탈관용적 연대: 바우만(Zygmunt Bauman)

현대사회의 특징으로서의 불확실성을 유동성(liquid)으로 해석하는 바우만은 견고했던(solid) 국면이 점차 유동하는 국면으로 바뀌었다는 전체하에 출발한다. 유동적 단계란 그동안의 "사회적 형식들(개인의 선택을 제한하는 구조, 판에 박힌 행동들의 반복, 즉 적절한 행위의 패턴을 보장하는 제도들)이 해체되고 그 형식들을 주조하는 데 걸리는 시간보다 더 빨리 유동하기 때문에 이 형식이 더 이상 그 형태를 유지할 수 없게 된 상황"을 의미한다. 경제 질서가 인간의 행복과 존엄성을 확보하는 수단이어야 한다고 주장한 바우만은 사회학을 넘어서 다양한 학문분야에 유동성(또는 액체)이라는 특징으로 접근하였고, 신자유주의적 경제질서에 대응해서 정치공동체의 복원과 집합적 연대의 중요성을 강조하고 그 수단으로서 사회권을 제안하였다. 그에 따르면, 사회권은 정치권을 '현실적인' 존재로 자리 잡고 계속 작동하게 하는 데 불가결한 것이다.[18]

근대사회에서 연대는 프랑스혁명에서 나타난 박애와 같은 의미의 관용을 의미하였지만, 바우만에게 있어서 연대는 대안적 가치로서 관용과는 달리 적극적인 관심과 책임성이라는 사회적 지향성을 가지고 있다. 연대란 자신의 차이가 아닌 타인의 차이를 위한 투쟁에 참여한다는 것으로, 관용을 쓰러뜨린 힘 있는 자의 강요는 연대를 통해 물리쳐질 수 있다는 점에서, 관용이 연대로 전환됨은 타인을 향한 도덕의 완성일 뿐만 아니라 자신의 생존조건이기도 하다고 본다.[19] 연대와 관용은 상호 필요조건으로서, 타인의 차이에 대한 관용이 없는 한 연대는 가능하지 않기 때문에 관용도 연대의 조건이 된다. 바우만이 현대사회를 보는 시각은 기본적으로 울리히 벡이나 앤소니 기든스와 유사하게 위험사회적 관점이다. 따라서 안전과 확실성에 대하여 공동체적인 보장을 받을 권리와 여기에 상응하는 의무가 모든 개인에게 있다는 인식을 기초로 하여, 박애정신을 보임으로써 연대적인 윤리공동체가 형성될 수 있다고 보았다. 이처럼 바우만의 연대개념은 차이와 불일치에 대한 관용을 전제로 하면서도, 후기에는 유동적 근대성과 지구화의 과정이 공동체 자체와 그 내부의 인간의 삶의 형태들에 어떤 영향을 끼치고 있는지를 적확하게 분석함과 동시에, 이주자, 난민, 불법

---

18 Zygmunt Bauman/정일준 역, 부수적 피해－지구화시대의 사회 불평등, 민음사, 2013, 24면.
19 이와 같은 내용들은 강수택, 앞의 논문, 18~19면을 요약하여 인용하는 것이다.

체류자 등을 모두 지구화의 쓰레기들(the waste of globalization)이라고 명명하면서,[20] 연대에 관하여 회의적이고 비관적인 견해를 제시하고 있다.

후기 연구에서 바우만은 개인의 자율성을 강조하였던 자유주의에서 나아가, 액체 근대에서 공동체주의가 다시 주목을 받는 것은 자유와 안정이라는 필수불가결한 인간적 가치들 중에서 안정과는 동떨어진 방향으로 급격하게 변화하는 현대적 추세에 대한 반응이라고 보는바, 개인들은 불확실한 세계에서 확실하고 영속적인 소속집단을 찾기 때문에 공동체주의가 부상한다고 보았다.[21] 이는 자기 방어적인 것이며, 공동체 외부에서 내부로의 진입은 위험과 의심과 항시적 감시를 통해 강하게 통제되어 있으며, 이민자들이나 국외자들에 대한 강한 거부의 형식으로 드러나기도 한다. 현대의 공동체주의는 인간의 자유를 넓히고 깊게 하면 인간 전체의 안정의 합이 늘어날 수 있고, 자유와 안정의 상호 공존 및 성장이 가능하다는 점을 거부한다. 따라서 이러한 가능성을 무시하고 구성된 공동체는 집단적 행동을 이끌어내기보다는 고독을 영구화하는 데 기여한다고 본다.

3. 다원적 정의론의 함의

가. 공동체주의의 배경: 샌델(Michael Sandel)과 맥킨타이어(Alasdair McIntyre)

롤즈의 정의론이 경제적 불평등과 관련한 분배적 문제의 해결을 통해 정의 관념을 정립하였지만, 앞서 언급한 바와 같이 거의 정의로운 사회에 속한 이상적인 인간을 전제로 하였다는 점에서 현실적 적용가능성에 관한 회의적 비판은 공동체주의적인 이론들을 등장시켰다. 즉, 현실적인 상황을 배경으로 할 때에는 이상주의적 자유론을 받아들일 수 없고, 반대로 타인과의 상호관계 속에서 개인의 정체성을 찾고자 하는 시도들이 이어진 것이다. 이는 상황적 자아(situated self) 또는 연고 있는 자아(unencumbered self) 개념으로 접근한 샌델이나 서사적 자아(narrative self)를 주장한 맥킨타이어와 같은 실천적 대안들을 논쟁으로 끌어들였다.

20 Zygmunt Bauman, Wasted Lives: Modernity and its Outcasts, Polity Press, 2004, 58면.

21 Zygmunt Bauman/이일수 역, 액체 근대(Liquid Modernity), 강, 2009, 5 공동체의 내용을 요약한 것이다.

우선 샌델은 초월적 자아를 거부하고, 우리가 눈으로 확인할 수 있는 자아를 정치적 주체로 자리매김하고자 노력하였으며, 인간의 사회적 본성을 전제로[22] 타인과의 상호 승인 속에서 개인은 자아 정체성을 형성할 수 있다고 보았다. 즉, 다양한 사회관계 속에서 인간은 인격의 한 부분이 형성되는데 이것이 상황적 자아이며, 상황에 지배받지 않는 독립된 존재로서의 인간은 상정할 수 없다고 하였다. 따라서 일정한 공동체 속에서 개인이 부담하여야 할 의무를 지고 다른 한편으로는 개인의 독립성을 존중받는 구성적 공동체(constitive community) 내에서 개인은 연고 있는 자아로서 공동체와 관계를 가지는 것이다.

나아가 맥킨타이어는 인간은 우연적 특징으로 이루어지는 것이 아니라, 가족이나 도시, 민족과 같은 다양한 공동체 속에서, 다양하게 규정된 상황과의 상호결합에 의하여 구성된다고 본다.[23] 맥킨타이어는 현대 사회가 극단적 도덕적 상대주의에 빠지게 된 이유를, 근대 도덕철학이 전제하는 사회적 맥락에서 분리된 추상적 자아와 보편적 도덕법칙에서 찾는다. 근대의 계몽주의가 도덕성을 계산적 합리성과 같은 것으로 전락시킴으로써, 도덕이 인간본성의 실현이 아닌 개인의 결단인 것으로 이해한 것이 문제라고 진단하였다. 따라서 인간의 행위를 이해하기 위해서는 형이상학적 목적론이 아닌 역사와 전통에 의해서 형성되고 이해되는 서사적 자아로서 인간을 규정한다. 그는 실천 내재적인 선, 인간 삶의 통일성, 그리고 살아있는 전통의 유지라는 세 가지 측면에서 덕 윤리를 조망하고, 개인적 삶의 차원에서 삶의 목적을 끊임없는 자기 발견으로 이해하거나, 사회적·역사적 차원에서 실천과 전통을 갈등의 연속적인 사건으로 파악할 때에 있어서도 갈등을 덕의 발휘와 습득의 주요한 원천으로 수용하고 있다.

이처럼 공동체주의는 보편적인 도덕원칙과 추상적인 객관적 관점 및 전사회적인 개인의 비판적 자율성의 존재를 부정하면서, 자유주의적 개인주의의 폐해를 보완하고 공동체의 통합을 달성하여 사회적 안정을 유지할 것을 제안한다. 즉 독립적이고 이상적인 개인을 전제하기보다는 공동선의 실현이나 인간적인

---

22 Michael Sandel/이양수 역, 정의의 한계(Liberalism and the Limits of Justice, Cambridge University Press, 1982), 멜론, 2012, 83면.

23 Alasdair McIntyre, After Virtue: A Study in Moral Theory에 관한 내용은 이원봉, "맥킨 타이어와 칸트의 덕: 인간선의 실천으로서의 덕", 사회와 철학 제14호, 사회와철학연구회, 2007/10, 171면 이하 참조.

덕을 중시하면서, 공동체의 역사 및 전통과 불가분의 연관성을 가지는 개인의 정체성을 더 중시하는 것이다. 이처럼 공동체주의가 더불어 살아가는 인간을 전제로 함으로서, 다원화된 사회에서 다원적인 의미의 정의론이나 평등에 관한 주장들을 펴는 것은 논리적으로 당연한 귀결이다. 따라서 공동체주의를 주장하는 한, 문화적 특수성과 차이를 고려하지 않은 정의를 주장할 수 없고, 모든 세계에 공통된 보편타당한 무엇을 추구하는 것은 현실성을 결여하였다는 비판을 면할 수 없다.

나. 다원적 정의론 또는 복합적 평등론: 왈쩌(Michael Walzer)

공동체주의를 주장하는 견해 중에서도 왈쩌는 자유주의를 전적으로 거부하지 않는다.[24] 그는 자유주의의 전통적 이념인 자유와 평등이 사회적 가치들의 공유된 이해에 근거한 공동체주의 정의론을 통해서 진정으로 실현될 수 있다고 주장함으로써 자유주의적 요소들을 수용한다. 그에 따르면 진정한 공동체는 정의의 원칙에 의해 규제될 필요가 없다는 샌델의 주장과는 달리 정의와 공동체는 양립가능하고 또 상호보완적이라고 보면서, '사회정의 없이는 공동체도 없고, 공동선도 없다'고 한다.[25] 이것이 왈쩌의 정의론을 다원적으로 만드는 이유이다. 즉, 공동체의 역사적 특수성과 사회적 가치의 의미에 대한 공동체의 공유된 이해를 근거로 한다는 점에서는 공동체주의적이지만, 자유주의의 전통적인 이념인 자유와 평등을 적극적으로 실현하고자 하였다. 따라서 다원화된 사회에서의 분배는 가치의 사회적 의미에 따라 상대적으로 정의 여부가 결정된다는 의미에서 다원화된 정의를 이해하고자 한다.

그에 따르면 정의란 사회적 재화(財貨)의 독점을 막고 보다 평등한 방식으로 분배하는 데 있는 것이 아니다. 왈쩌는 특정한 사회적 재화가 지배적 역할을 수행함으로써 이를 통해서 다른 여타의 사회적 재화를 획득하게 만드는 것, 예컨대 돈이라는 재화가 있으면 다른 사회적 재화인 권력이나 명예나 학벌도 얻을 수 있는 것이 정의롭지 않은 것으로 본다. 즉, 재화의 불평등 분배가 문제가 아니라, 지배적 재화의 등장에 따른 지배와 예속의 관계가 문제이기 때문에, 평

24 박정순, "공동체주의적 사회비판의 가능성: 마이클 왈쩌의 논의를 중심으로", 범한철학 제30호, 범한철학회, 2003/9, 215면.

25 박정순, 앞의 논문, 215면.

등사회란 불평등이 없는 사회가 아니라 사회적 지배와 예속이 없는 사회이다.

어떤 특정한 사회적 재화도 지배적 가치를 갖지 못할 때 사회적 지배는 철폐되게 된다. 따라서 평등 역시, 모든 구성원이 똑같이 분배하여 가질 때 이루어지는 것이 아니라, 사회적 재화 중에서 그 어떤 것도 다른 재화에 비해서 지배적 가치를 갖지 않을 때 가능해진다. 즉, 개개의 사회적 재화가 불평등하게 분배되는 것은 문제가 되지 않으며, 이들 재화들이 서로 독립적인 가치를 지닌다면 다양한 사회적 재화를 통해 각기 다른 사회적 지위를 갖는 구성원들의 공존이 가능하게 되며, 그 어떤 사람도 하나의 지위를 이용하여 지배적 지위를 차지할 수 없다는 점에서, 국지적인 불평등이 존재하더라도 사회적 지배가 사라짐으로 인하여 전체적으로 다원적 평등이 가능해지는 것이다. 다시 말해, 사람들은 자기의 가치에 따라서 선택을 하고 자신이 추구하는 사회적 가치를 결정하여 자신의 자율적 삶을 추구할 수 있다면 그것은 평등한 사회인 것이다. 이는 다양한 가치의 공존이 가능하고, 다양한 재화들 간의 가치가 평등하기 때문에, 어느 하나가 더 큰 우위를 점하는 결과 다른 가치들을 잠식하지 않을 때에만 가능할 것이다. 그러므로 다원적 정의와 다원적 평등이라는 용어로서 이를 설명할 수 있다.

즉, 지배적 가치라는 것이 사라지면 모든 사회적 가치들은 그 고유한 분배 영역을 구성하게 되고, 그 분배 영역에서는 오직 특정한 기준과 제도들만이 적절하게 된다. 그 결과 다양한 사회적 가치에 내재된 분배의 원칙들은 자율성을 가지게 되고, 가치의 다원성이 다원적 정의로 이해되는 것이다. 그런데 어떠한 재화가 어떠한 사회적 가치를 가지는 가는 소속된 구성원들 및 공동체의 특수성을 배제하고는 설명될 수 없고, 따라서 재화의 가치는 사회적 맥락으로부터 벗어날 수 없다. 사회적 맥락 위에 놓여 있는 재화의 분배는 '그' 사회의 독특한 가치를 떠나서는 이루어질 수 없는 것이다. 그것이 사회적 맥락의 중요성이며, 다원화된 가치공동체에서의 다원화된 평등의 토대가 된다. 이러한 점에서 왈쩌는 '모든 분배는 해당 가치의 사회적 의미에 따라 정의로울 수도 있고, 그렇지 못할 수도 있다. 이것이 정당화의 원칙이며, 또한 비판적 원칙'[26]이라고 한다.

---

26 Michael Walzer/정원섭 외 역, 정의와 다원적 평등(Spheres of justice: a defense of pluralism and equality, Basic books, 1984), 철학과 현실사, 1999, 39면.

다. 상호부조의 원칙과 국가의 역할

다원화된 사회에서 각각의 공동체가 가지는 고유한 특수성은 공동체에의 구성원으로서의 승인과 배제를 위한 기준으로도 작용하게 된다. 그런데 공동체들마다 서로 다른 이와 같은 기준들을 모두 인정하게 되면 공동체에 포함되지 않거나 특정 공동체의 폭압적인 전제가 존재할 경우 및 공동체구성원에 의한 비구성원에 대한 무관심이나 폭력의 역현상의 초래를 우려하지 않을 수 없다. 따라서 다원적 평등은 공동체 구성원과 비구성원 간의 불평등과 불의를 극복하기 위하여 공동체 승인 또는 배제에의 자의성을 완화시키고 정의로운 승인기준을 이끌어 내기 위한 장치가 선결되어야 한다. 이것이 상호부조의 원칙과 정치적 정의개념이다.

이로써 왈쩌는 공동체적 특수성과 도덕원리 사이에 적절한 균형을 유지하고자 하면서, 상호부조의 원칙은 공동체의 구성원 정책에 있어서 고려되어야 할 원칙일 뿐, 정책 자체를 획일적으로 규정하여 공동체에 대한 구성원들의 자치를 훼손할 수는 없다고 본다. 그러나 공동체의 규모가 거대화될수록 구속력이 없는 규범으로서의 상호부조 원칙이 자발적으로 관철될 것을 기대하기는 어려울 것이다. 현대사회의 공동체들은 다원화될수록 다층적이고 규모적으로도 다양하기 때문에, 정의로운 승인기준을 이끌어 내기 위한 장치가 정의롭게 기준화될 것을 기대하기 어렵다면 그의 다원적 정의 역시 현실을 기초로 하여 정립되었지만, 현실성 여부에 대하여는 의심을 거두기 어려워진다. 또한 규모의 면에서 다원적인 다수의 공동체들의 복층적 성립에 있어서 규모가 사회적 재의 가치에 영향을 미치지 않을 수 없고, 거대규모의 가치가 소규모 공동체의 가치를 잠식할 우려를 배제할 수 없을 것이다. 그로 인하여 소규모 공동체의 해체를 유발하게 된다면, 결과적으로 거대규모 공동체에 의한 또 다른 의미의 소외와 보이지 않는 억압의 우려는 남아있게 될 것이다.

또한 왈쩌는 시민사회를 유지하고 연대성을 활성화하기 위해서는 국가가 화폐와 권력의 지배로부터 시민사회를 보호하기 위하여 적극적으로 개입하여야 한다고 본다. 그러나 가장 큰 권력의 지배자인 국가에게 그보다 작은 공동체의 권력의 지배로부터 시민사회의 보호에 적극적으로 개입할 것을 기대할 수 있겠는가는 의문이다. 반대로 국가의 권력적 지배를 배제하는 방법으로 개인의 자율성을 보장하고 집단연대 사이의 불일치를 극복할 수 있는 방안을 강구하여야 하는 것은 아닌가 한다. 즉, 국가의 적극적 개입이 제도적 또는 공적 강제력의 투입의 형태로 드러난다면, 그것이 자율성에 대한 억압으로 나타날 것이다. 물론 법률이나 제도를 통해 독점적 시장의 규제와 같은 방식으로 시민들을 보호할 수는 있겠지만, 장기적인 안목에서는 자율적으로 독점적 시장규제가 가능한 사회와 가치를 형성하기보다 국가권력에 의존한다면 다원화된 가치의 존중과는 거리가 멀어질 것이다. 국가가 제도나 법을 통해 획일화된 가치를 개인에게 강제할 가능성을 배제한다고 하더라도, 다원화된 가치의 존중을 위해서는 국가는 조정자로서의 소극적이고 보완적인 역할에 그쳐야 할 것이다. 물론, 공동체주의가 자유주의의 대립구도를 유지한다면 자유주의가 주장하는 소극적인 국가와 반대되는 국가의 역할을 상정하는 것이 이론적으로 부합할 수 있을 것 같지만, 반드시 그래야 하는 것은 아니다. 즉, 자유주의와 공동체주의의 대립구도에 의하여 논리적으로 국가의 역할이 각각의 이론에서 반드시 반대로 결정되어질 필요는 없다.

4. 인격적 연대와 처벌되는 행위의 결정

가. 공동체 가치로서의 연대성의 함의

롤즈의 연대성은 차등의 원칙을 수용하는 모든 공동체 구성원의 태도를 통하여 박애정신으로 나타난다. 즉, 보다 유리한 출발점에서 생기는 이점을 가진 자들이 그것을 공동체 내의 타인과 나눔으로써 박애의 이름으로 '연대성'이 찾아지는 것이다. 롤즈도 박애에 관하여 언급한 바와 같이 그러한 연대성은 타인에 대한 관용으로부터 나온다. 즉 연대성이 좋은 삶에 대한 공동체 구성원들의 의사소통적 합의가 아닌, 타인에 대한 의무적 관용으로부터 도출되기 때문에, 상호 공유되는 합의라는 것은 전제되지 않고 의무론적 자유주의와 동일하게 의무론적 연대성만이 남게 된다.

이에 반해 다원적 정의론은 공동체 구성원들의 가치가 사회적 맥락에서 결정되어지고, 역사적이고 경험적 토대로부터 실질적 연대성 개념이 완성된다. 가치의 공유된 사회적 의미기준과 그러한 기준에 따른 분배적 영역들의 자율성을 추구하는 복합평등론을 주장함으로써, 자율성이 합의된 연대를 가능하게 하는 것이다. 공동체주의에서 개인을 상황적 자아(situated self) 또는 연고 있는 자아(unencumbered self)나 서사적 자아(narrative self) 등으로 표현하는 것도, 역사적이고 사회적인 맥락을 벗어난 자아의 설정에 대한 강한 반대이기도 하다. 공동체주의가 주장하는 국가의 역할이 자유주의적 입장보다 강하고 적극적이지만, 다원적 정의론은 자유주의로부터 완전히 벗어나지 않았다는 점에서 추론할 수 있는 국가의 역할은 보다 완화될 수 있다고 보여진다. 그럼에도 불구하고 국가의 적극적 개입의 가능성을 열어 둠으로써 전제주의화의 우려는 여전히 남아 있다.

그런데 양자 모두 연대성의 중요성을 포착하고 현대사회에서 연대성이 얼마나 중요한 가치개념인지에 관하여 집중하고 있다는 것은 매우 의미 있는 것이라고 보여진다. 즉, 연대성을 도출하는 전제나 그 내용이 이론적으로 상이할 수는 있어도, 연대성 그 자체가 공동체적 가치로서 개인에게 얼마나 중요한 것인가라는 점에 관하여는 그 어떤 이론도 동일한 합의점에 도달하고 있다.[27]

연대성은 현대사회의 독특한 특징도 아니고 현대사회에서 생성된 것도 아니다. 인간의 역사이며 인간본성이기도 하다. 인류의 역사가 시작되는 순간부터 연대성은 인간의 생존으로부터 국가의 존립까지 모두를 관통하는 구성원들 간의 유대감이자 통합의 토대이다. 또한 그로부터 동일한 연대감을 가지는 공동체 내의 규범의 형성과 개인들의 규범에의 지지를 가능하게 하여 왔다. 가치의 공통은 그들이 만들어낸 생활양식으로서의 규범에 대한 준수를 자발적으로 이끌어 내었고, 도덕적 실천을 자율적으로 형성되도록 한 것이다.

나. 인격적 연대의 함의

자유주의가 기본적으로 어느 누구의 자유가 타인의 그것보다 우위를 점할 수 없다는 평등원칙으로부터 출발한다면, 공동체주의는 어느 하나의 사회적 재(財)가 다른 사회적 재(財)보다 가치적 우선할 수 없다는 평등원칙으로부터 출발한다. 공동체주의의 이상은 다원적 가치의 인정을 통하여 개인의 인격을 반

27 남현주, "시민사회와 사회정의의 맥락에서 본 연대성의 위기와 그 극복–뒤르껭, 하버마스, 롤즈 그리고 왈쩌의 입장을 중심으로–", 사회보장연구 제27권 제4호, 한국사회보장학회, 2011/11, 159~160면도 이와 같은 취지이다.

영한다. 어느 하나의 사회적 재(財)가 가치적으로 다른 재에 우선할 수 없다는 원칙을 통하여 개개인의 인격은 공평하게 다루어져야 하며, 연대성은 기계적 연대가 아닌 인격적 연대가 되어야 한다.

인격적 연대란 연대를 단순한 상호협력의 이해 수준이나 의무론적 개념에서 벗어나, 개인의 존중과 사회이익이 공존할 수 있는 도덕적이고 규범적인 관점에서 접근하는 개념으로 이해하고자 한다. 앞선 연대성 원리들은 대체로 근대 사회에서 탈근대 또는 후기 근대로의 이행에서 나타난 정치적·경제적으로 급변하는 사회현상들 — 예컨대, 위험사회, 냉전사회, 자본주의와 공산주의의 대립, 제도화된 폭력 등 — 에 대한 탐구를 기초로 하였거나 롤즈처럼 경험적 토대 없이 '원초적 상태'라는 이상화된 사회적 협력을 추구하는 형태로 이해되었다. 반면 규범적·도덕적 차원의 연대는 현실을 떠나서는 그 실효성을 찾을 수 없으며, 그렇다고 현실의 현상에 관하여 당위성을 배제한 채 묘사하는 용어로 국한되는 것이 아니다. 또한 다원주의적 정의론이 시장점유, 폭력이나 권력과 같은 어느 하나의 사회적 재(財)가 우위를 점하여 기타의 가치를 잠식하는 것을 국가가 독점규제나 강제된 분배 등의 형태로 적극적으로 개입할 것을 요구함에 따라서 전제주의적 국가 또는 강력한 통제국가의 위험성을 내포하는 것을 경계하고자 한다. 다원주의적 정의론 역시 다원화된 가치를 인정하고 불평등을 허용하고 있고 지배, 독점과 전제를 구분하면서 복합적 평등이 전제에 반대하는 것이라고는 하지만, 결과적으로 국가의 적극적 개입을 요청한다는 점에서는 모순점을 드러내기 때문이다.

따라서 다양성과 관용성을 주장함으로서 사회적 재(財) 역시도 그 가치에 있어서 언제나 공평할 수 없으며, 그와 같은 가치의 불평등 역시 관용성을 통해 허용되는 것으로 보고자 한다. 또한 다원주의적 정의론은 각 영역별로 내재하는 고유한 작동 원리를 존중하지 않는다면 전제정치가 된다고 보면서, 각 영역별로 복합적 평등의 영역을 주장하고 그 영역에 고유한 내재적 원리를 존중할 때 개인의 타인에 대한 지배가 불가능하게 된다고 본다. 그러나 가장 보편적인 공동체인 국가의 구성원으로서의 자격을 강조한다면, 공동체주의 전체는 다른 전체주의를 양산할 우려가 있다는 점에서 비판을 받는다.[28] 그런데 다양성과 관

28 김정오 "공동체주의와 법에 대한 연구", 법철학연구 제3권 제1호, 한국법철학회, 2000, 87면.

용성을 사회적 가치로 보아, 국가차원이 아닌 사회공동체 차원으로만 국한하여 논의를 한다면 전체주의화의 우려는 사전에 차단된다. 여기에서 공동체주의 대신에 인격적 연대라는 개념을 언급한 이유도 여기에 있다. 공동체의 다양성 및 복층적 존재가능성 중에서도 규모의 면에서 거대한 국가를 배제하기 위해서이다. 전형적으로 연대성이란 사회공동체의 결속을 의미하기 때문에 국가차원의 개념이 아니다. 즉 개개인의 인격에 기인한 연대성을 가장 중요한 가치로 이해할 때, 그와 같은 연대성은 국가연대가 아닌 사회공동체 내의 연대를 의미하게 되므로 국가의 구성원으로서의 자격의 강화라는 비판으로부터 자유로울 수 있다. 따라서 인격적 연대라 함은 다양성과 관용성을 통해 사회구성원들의 개개의 인격을 존중하면서 공동체의 가치로서의 결속력의 강화를 추구하는 연대이다.

다. 처벌되는 행위의 결정과 규범에의 자발적 준수의지

연대성은 인간본성이다. 그리고 여기에서 연대성을 강조하거나 연대성의 개념을 정의하고자 하는 이유는 앞서 언급한 규범에의 자발적 준수에 있다. 이것은 처벌되는 행위를 국가가 정하는가 아니면 그것은 사회의 가치적 맥락 속에서 결정되는가의 문제이다. 그리고 처벌되는 행위는 연대감을 공통으로 하는 사회구성원들의 사회적 재(財)의 한 형태이고, 비록 외관상으로는 형법이라는 국가체계의 형식을 갖추었지만, 그 실질은 사회적 맥락에서 찾아져야 한다. 사회의 형성과정에서 그리고 정치공동체의 맥락에서 발생하는[29] 구성원들 간의 상호지지로 형성된 가치의 총합을 형법은 담아내야 하며, 그것으로부터 벗어난 영역은 사회통합을 위한 규범적 구속력을 가지지 못한다고 보아야 한다.

규범적 구속력은 구성원들의 자발적 수용으로부터 자연발생되는 것이므로, 형법 역시 구성원들의 가치를 담음으로써 자발적 규범에의 준수의지를 내포하여야 하며 국가에 의한 인위적 강제로 형성되어서는 안 된다. 국가는 또는 국가법체계로서의 형법은 공동체의 연대감으로 형성된 가치를 담아내는 그릇일 뿐, 내용을 결정하여서는 안 된다. 연대성은 구성원들의 역사적 맥락에서 그것을 결속시키기 위한 가치들을 형성하고, 연대성은 그들 간의 역동적이고 실천적인 행위양식이므로 그러한 연대성을 강화하는 형태로 결정되어지는 규범들은 그

29 이러한 표현은 남현주, 앞의 논문, 160면에서 인용한 것이다.

준수의지와 준수력이 매우 강하지만, 반대로 그렇지 않은 행위들은 공동체 내에서 금기시 되거나 비난의 대상이 되어 버린다. 즉, 규범력의 견지가 강화되는 행위양식들은 연대성을 강화하는 기제가 되고, 따라서 가치 있는 행위로서 공동체에서 존중된다. 그러나 연대성 또는 사회결속력을 저해하는 행위들은 공동체의 가치에 반하는 결과 규범적 구속력이란 전혀 찾아볼 수 없고 오히려 반가치적 판단의 대상이 됨으로써 금지되어야 한다. 따라서 형법 역시 그와 같이 사회결속력을 저해하는 요소들을 처벌되는 행위의 기준으로 삼아야 한다.

형법은 그릇일 뿐이다. 형법 속에 담긴 가치는 국가가 결정할 수 없고, 오로지 그것을 수범자로서 수용하여야 할 공동체가 결정하여야 한다. 그럴 때에만, 처벌되는 행위에 대한 수범자들의 규범에의 자발적 준수의지를 이끌어 낼 수 있다. 국가는 인위적이고 강제적인 단위이다. 국가의 이합집산은 힘의 다툼을 통해 언제든지 발생할 수 있으며, 현재에도 세계 많은 지역에서 국가의 통합과 분리가 일어나고 있다. 그러나 가치를 공통으로 하는 어느 한 공동체가 어느 이름의 정치체제로서의 국가에 속하든, 그 구성원들의 규범적 구속력과 도덕적 실천성은 국가가 결정할 수 없다. 이를 결정하는 유대감 또는 결속력의 내용은 공동체 고유의 것이기 때문이다. 공동체가 가지는 가치와 그것을 결정하는 사회적 맥락은 인위적으로 결정될 수 있는 성질의 것이 아니고, 오로지 공동체의 역사적인 의식의 총합이다. 형법이 제대로 기능할 것인가는 처벌되는 행위를 정함에 있어서 공동체의 역사적 의식의 총합을 얼마나 투영하고 담아낼 것인가에 의해서 결정되고 또한 결정되어야 한다. 우리는 법체계상 추상적 규범통제 기능을 가진 헌법이 위헌심사를 통하여 그와 같은 역할을 한다고 하지만, 그 실질은 바로 공동체의 연대성 속에서 찾아져야 하는 것이다.

라. 인격적 연대와 형법의 축소경향

형법은 가치의 산물이어야 하고, 가치는 하나의 공동체가 다른 공동체와 구별되는 특수성이라면, 그것은 사회적 의미연관 속에서 해당 공동체의 특성 자체가 규정되기 때문이다. 따라서 공동체 내에 정착된 분배질서를 바꾸려면 그 공동체에 내재되어 있는 사회적 의미연관을 바꾸어야 한다. 형법을 사회적 가치의 산물이라고 한다면, 형법의 형식은 국가의 것이라도 그 실질은 사회적 재의 일부이며 사회적 산물이다. 사회적 맥락, 그 공동체적 가치를 배제하고 형법을 설계하거나 해석할 수 없다. 그러나 사회는 다원적이며, 우리 개개인은 다양한 개인적 정체성을 가진다.

다원적 사회에서 형법은 한 특정 재화가 지배하는 사회적 영역의 가치만 반영하거나 충족시켜서는 안 되며, 다양한 공동체의 다원적인 가치와 양립할 수 있어야 한다. 따라서 이에 관한 충족은 궁극적으로 형법 영역의 축소를 통해서만 가능하다. 즉, 다원적 사회의 공통된 가치만을 형법에 반영하여야 하고, 다수의 공동체들의 가치가 서로 양립할 수 없는 영역에서는 형법은 그 어느 한 편에 서서 다른 공동체들의 가치를 배척하여서는 안 된다. 그렇다고 하여 반대로 다수의 공동체들의 양립할 수 없는 가치들을 모두 형법의 영역으로 끌어들이게 된다면, 형법내재적 모순을 스스로 부담하여야 한다. 따라서 그와 같은 양립할 수 없는 가치들을 형법에서 배제한다는 의미는, 형법을 수범해야 하는 다양한 공동체들의 존재가 많으면 많을수록 형법의 영역으로 포섭되는 것들이 축소될 수밖에 없는 것이다.

그 결과 인격적 연대가 형법이 추구하여야 할 목적이라고 할 때, 형법은 축소의 경향을 가질 수밖에 없다. 또한 국가기능의 보호 또는 유지를 위한 형법의 역할은 사라지게 된다. 그것은 사회적 맥락에서 이해되는 영역이 아닐 뿐만 아니라, 형법 스스로 자기의 존립에 기여함을 목적으로 한다면 형법의 비대화를 막을 수 없다. 따라서 국가기능과 관련한 부분은 행정적 제재의 영역이어야 한다. 이와 같이 형법의 영역이 되어야 할 부분들을, 형법의 목적으로서의 인격적 연대와 결부하게 된다면 형법의 축소화 경향을 도출할 수 있고, 앞선 전체주의화의 우려는 불식될 수 있다.

III 형법의 목적: 공동체 가치로서의 연대성

1. 정의이념으로서 연대성의 원리

사회정의의 핵심은 어느 사회의 제도와 계약을 총체적으로 평가할 이상적인 기준을 마련하는 것은 아니다. 사회가 다르면 추구하는 가치가 다르며, 추구하는 가치가 같은 사회라도 전 영역을 관통할 하나의 가치를 가지고 모든 제도와 체계를 구축할 수는 없다. 모든 영역에 공통되는 단일의 사회정의란 처음부터 존재하지 않는다. 보다 중요한 것은 정의론이란 인간 활동의 산물을 설명하는 것이라는 점이다. 만일 사회적 산물이라면 어떠한 재와 부 및 제도를 가지는가는 정의론에 영향을 미칠 수밖에 없다. 이 점에서 롤즈의 공과의 원칙 역시 사회적 부가 사회적 산물이라는 점을 간과하였다. 정의론은 자연법칙이나 물리학과 같은 자연과학과는 다르다. 선제하는 것을 경험적으로 예측하고 관찰해 나가는 것도 아니며, 인간 사회 또는 인간 그 자체와 별도로 존재하는 것도 아니다. 우리가 정의를 추구함은 우리의 속성과 특징을 발견해 나가고 보다 이상적인 체계를 구축하고자 하는 것이지만, 무엇이 '이상적'인지는 여전히 동태적이며 변화하는 개념이 된다. 그 이상이란 사회의 무수한 재들 간의 상호작용의 산물이자, 보다 견고하고 정의로운 '연대의 원리'를 구축하는 것이다.

연대성의 원리에 대한 많은 논의에도 불구하고,[30] 공통적으로는 사회통합을 위한 상호의존의 개념이라고 할 수 있다. 상호의존은 인간의 생존을 위한 필요조건이었고, 상호의존은 사회연대성이라는 형태로 공적으로 구축되어 왔다. 연대성은 사회에 다양한 형태로 기여하게 되는데, 경제적 측면에서는 사회연대원리를 통하여 급부를 필요로 하는 자에게 사회가 가지는 재의 재분배를 통해 궁핍을 충족하게 함으로써, 재의 재분배는 사회적 결속을 보다 강화하는 작용을 한다. 즉, 연대성의 원리를 사회통합 또는 사회 결속을 위한 이론적 도구로 이해하게 된다면, 연대의 가장 본질적인 개념으로서의 상호부조가 한편으로는 부조를 요하는 자에게는 충족을, 부조를 행하는 사회구성원들에게는 사회적 재통합의 의미를 부여하게 된다. 또한 정치적 측면에서는 이익뿐만 아니라 불이익의 감수를 통한 사회결속으로 이해된다. 이 때의 불이익은 다양성과 관용성의 허용으로 표현된다. 다양성과 관용성을 가지는 사회일수록 소수의 이익을

30 사회연대의 다양한 개념적 접근 및 분류에 대하여는 장승혁, "사회연대원리의 기원과 발전 -전통적인 사회이론가들의 사상을 중심으로-", 사회보장법연구 제3권 제2호, 서울대학교 사회보장법 연구회, 2014, 51면 이하 참조. 이에 따르면 연대라는 개념 자체의 어원은 라틴계로서, 민사법내의 공동책임, 로마의 법적인 개념으로서의 'solidum'은 전체를 위한 의무, 공동의 책임 또는 공통의 빚, 연대채무의 의미였다고 한다.

보호하는바, 소수의 보호는 다수의 불이익으로 환원되겠지만 이 때의 불이익은 다수에게 분산됨으로 인하여 한 개인에게 귀속되는 불이익의 몫을 최소화하게 되므로, 개개인에게 불이익 감수를 사회적으로 강제하는 것이 연대성을 해치지 않는 한도에서 가능해진다.

연대성의 관점에서는 순수하게 개인 차원의 이익에 관하여는 국가가 개입할 필요가 없다. 사회정의적 측면에서 사회연대성을 해하는 행위가 기준이 되어야 하며, 관용성과 다양성이라는 민주주의 관념을 토대로 소수자의 이익을 보호하는 방향으로 결정되어야 한다. 또한 연대성이 공동체적 가치를 지향하더라도, 개인적 차원의 이익이 공동체적 가치보호에 직·간접적으로 결부되어 있는 한 형법의 보호임무는 발동한다.

2. 법익론과의 차이점

가. 법익의 실체 또는 의미

법실증주의자였던 빈딩(K. Binding)이 법익의 개념을 제시하였을 때, 빈딩 역시 법공동체를 중심으로 법익을 이해하고자 하였다. 그는 법익이란 "그 자체를 법이라고 할 수 없지만, 입법자의 시각에서 법공동체가 건전하게 생활하는 데 있어서 필수적인 조건의 총합이다. 입법자의 관점에서 볼 때, 법공동체들은 그와 같은 조건의 총체들이 완전히 유지되는데 관심을 가지며, 그러므로 그러한 조건의 총합이 침해되거나 위태화되는 것을 방지하고자 규범을 정하는 것이 입법자의 입장에서 가치 있는" 것으로 이해하였다.[31] 그리고 규범의 침해가 핵심이고 법익이란 규범침해의 근거를 구체적으로 보완하는 기능을 수행한다고 보았다.[32] 그리고 그 전제로서, 규범과 형법률을 구분하였다. 형법률은 입법자에 의하여 정해진 것이지만, 규범이란 사회생활에서 자연스럽게 발생하는 것이

---

31 K. Binding, Die Nomen and ihre Übertretung, Eine Untersuchung über die rechtmässige Handlung und die Arten des Delikts, Bd. I, 2. Aufl., Leipzig 1890, 353면(빈딩의 법익론에 관하여는 신동일, Binding의 규범이론, 고려대학교 법학박사논문, 1997; 신동일, "규범과 형법률-칼 빈딩의 이론을 중심으로", 형사법연구 제12권, 한국형사법학회, 1999, 196면 이하; 양천수, "19세기 독일 형법학에서 전개된 법익개념", 법사학연구 제38호, 한국법사학회, 2008, 91~94면을 참조하였다).

32 양천수, 앞의 논문, 91면.

라고 한다. 즉 금지와 요구는 어느 누가 만든 것이 아니라 사회에서 자연스럽게 발생해서 사회의 구성원들의 이해에 자리 잡은 구성물이고, 사회체계적으로 볼 때 규범을 최종적으로 확인하여 실질적인 힘을 부여하는 것은 입법이라고 보았다.[33] 따라서 형법은 모든 규범을 담아낼 수 없고, 형법에 규범을 담을 것인가는 입법자의 시각에 의해서 결정되는 것이라고 이해한다. 그 때 입법자가 규범을 형법에 담을 것인가의 가치기준이 바로 법익인 것이다. 즉, 규범이란 사회적 필요의 산물이고, 규범의 역할은 인간의 자의의 제한이다. 그러한 규범은 사회의 산물이기 때문에, 국가가 정할 수 있는 것이 아니다. 모든 규범을 형법률로 만들 수 없을 때, 규범 중에서 입법자들이 고려할 수 있는 대상이 법공동체의 가치로서의 법익이 된다.

법익론을 처음 제시한 빈딩의 입장에서 법익은 규범들이 구체화된 것이다. 빈딩은 이러한 법익목록을 개인적인 법익으로 보지 않고 모두 사회적이고 공적인 법익으로만 파악한다. 왜냐하면 법익이 되기 위해서는 개인적인 차원을 넘어서서 공동체에 이익이 될 만하고 그만한 가치가 있어야 하기 때문이다. "이러한 財(Gut)들은 모두 사회적인 가치를 가진다. 이 재들을 침해하지 말라는 것(Unverletztheit)은 … 모두 현존하는 공동체적 성질에서 비롯된다. 그렇기 때문에 사회적으로 보호할 가치를 가진다. 여기서 개인적인(individualistisch) 고려를 한다든지 사회와 국가와 절연된 개인적인 재(財)를 인정하려고 하는 것처럼 잘못된 것은 없다. 법익침해에 대한 제재효과는 개인적인 범위를 훨씬 초과한다. 법익은 공법학의 대상이 되는 것이지 사법학의 대상이 아니다."[34]

물론 앞서 언급한 바와 같이 법익의 개념은 변한다. 법익론은 사회변화와 가치관의 흐름에 따라서 그 내용과 함의가 동태적일 수밖에 없다. 빈딩 이후 법익론을 주장한 학자들에 따라서는 인간의 생활이익이라든가 인격적 법익이라든가 기능적 법익까지 다양한 각도에서 법익론에 접근하였다. 그러나 대체로 공통적인 점은 형법이 법익을 창설하는 것이 아니라, 보호가 필요한 법익을 발견

33 신동일, 앞의 논문, 201~202면. 그에 따르면 '금지와 요구의 실질적인 형성의 기준은 일상생활의 필요성이며, 이 필요성을 입법을 통해서 얼마나 보장될 수 있느냐의 문제는 실질적으로 규범을 얼마나 입법자들이 고려할 수 있느냐에 달려 있다'고 한다.

34 Karl Binding, Normen Ⅰ, 2. Aufl., 338면 이하(이 문장은 신동일 앞의 논문, 204면을 가감 없이 그대로 인용한 것이다).

해 낸다고 이해하는 듯하다.[35]

이처럼 법익론의 전개를 이해할 때 공통점은 두 가지로 요약되는 듯하다. 첫째, 형법과 법익의 구분이다. 우선 형법은 법공동체의 이익을 중심으로 하여, 이익을 해하는 행위들에 대한 제재로 이해된다. 법공동체 이전에 사회의 유지를 위하여 필요한 이익들을 공유하는 집합체로서 형법 이전에 이미 형성된 사회가치관을 중심으로 이해되며, 국가에 의한 인위적인 형법을 통해 비로소 법공동체로서 묶이는 것으로 이해된다. 철저한 법실증주의자였던 빈딩에게는 물론이겠거니와, 그 이후의 이론들에 의해서도 대체로 사회의 규범과 국가의 형법은 분리된 것이며, 국가의 형법이 지켜야 할 것은 그 자체로서의 법의 순수성이 아니라 사회의 규범인 것이다. 둘째, 법익개념은 동태적이다. 사회의 변화는 법익의 변화를 초래한다. 이를 통해서 법익론의 발전은 규범의 변화를 의미하는 것이 아니라, 규범에 대한 입법자 또는 이론가들의 관점의 변화를 반영하는 것은 아닌가 한다.

나. 법익과 연대성의 관점의 차이

지금까지 법익론들은 무엇이 사회적 유해성이고 무엇이 그러한 사회적 유해성을 드러내는 행위인가를 밝히고자 시도하였다. 법공동체에 해악이 되는 행위들을 선별하기 위한 기준으로서 법익의 개념을 제시하고 법익을 해하는 행위들이 일상생활과 구별되어 전형적이고 유형적인 불법을 드러낸다고 보았다.[36] 물론 그 법익의 실체에 대하여는 여전히 논란이 있지만, 사회적으로 유해한 행위들을 금지함으로써 법익을 보호하겠다는 윤곽 그 자체는 변함이 없었다. 따라서 법익의 실체가 변하면 범죄가 변화한다. 사회적 유해성이라는 실질적 위법 개념이 변하는가에 대하여는 관점에 따라 결론을 달리하겠지만, 실질적 위

35 리스트는 사회적 유해성으로서 반사회성이라 함은 입법자가 입법을 할 때 형성되는 가치판단과는 무관하다고 보았다. 양천수, 앞의 논문, 98면 참조.

36 하지만 도덕은 개념필연적으로 자유의 행위이고 법으로 강제될 수 없는바 국민의 윤리문제에 국가가 개입하고 계몽하고자 하는 태도는 바람직하다고 할 수 없다. 이러한 관점에서 볼 때 국민의 사회윤리적 심정가치를 보호하는 것이 형법의 근본적인 역할이 될 수 없다. 따라서 민주적이고 자유적인 헌법질서로부터 나오는 형법의 역할은 단지 법공동체로부터 보호할 가치가 있는 것으로 승인된 법익으로서 인간의 공동생활을 위하여 필요불가결하면서도, 형벌 이외의 방법으로는 유효하게 보호할 수 없는 법익의 보호에만 국한된다. Johannes Wessels, AT, 18. Aufl., 1988, 2면.

법의 개념이 변화하기보다는 그것을 평가하는 법적 합의가 변화함에 따라서 범죄행위에 대한 법적 평가가 달라졌다고 봄이 그럴 듯하다. 따라서 한 국가 또는 사회의 실정법인 형법이 변화하게 된다. 무엇을 실정법화하는가의 기준은 대체로 사회적 유해성이겠지만, 사회적 유해성을 드러내는 행위들이 무엇인가는 법적 합의의 변화에 따라 선택기준이 달라지는 것이다. 결론적으로 그것이 무엇이든 법익론은 법익을 침해하는 행위를 금지함으로써 반사적으로 법익을 보호하겠다는 반전의 이익을 추구한다. 실정법 이전에는 원래 고유의 사회적 가치로서 존재하고 이상적인 형태로 남아 있지만, 일단 입법이 되면 그것을 해하려는 행위들로 인하여 법익의 가치손상을 초래하기 때문에 행위를 금지한다. 따라서 이익 보호가 중심이 아니라 행위금지가 중심이 된다.

그렇지만 공동체적 가치로서 정의론적 시각에서는 보호가 중심이다. 연대성의 원리란 한 시대 또는 한 개인의 문제가 아니다. 전통적으로 그리고 지속적으로 사회를 결속시키고 공과를 떠나서 사회의 영속을 위한 바탕으로 존재하는 연대성의 보호를 목적으로 하여서 그러한 연대성을 약화시키는 행위들을 금지하고자 한다. 이러한 시각에는 연대성을 유지하기 위하여 필요한 사회적 재들, 예컨대 공과를 포함한 공정한 분배뿐만 아니라 사회적 결속과 유지를 위하여 필요한 사회적 재의 총합으로서 행복을 감쇄시키는 행위들에 대한 제재로 이해하게 될 것이다.

현실을 떠난 순수한 또는 지고지순한 형법은 존재할 수 없다. 형법은 인간과 사회의 진화속도와 일치하면서 결속과 병행하여야 하며, 진화속도보다 느리거나 빨라서도 안 된다. 만일 느리게 된다면 현실을 통제할 수 없는 사문화된 법이 되며, 빠르면 범죄예방을 위해 인간을 수단으로만 전락시키는 결과를 초래한다. 진화속도의 불일치는 결과적으로 법만능주의로 전락하게 된다. 연대성의 관점에서 형법을 보게 된다면 순수하게 개인의 자유권을 보호하거나 인격적 법익을 중심으로만 이해하는 형법규정을 거부하게 되고, 반대로 전적으로 국가적 법익만을 중심으로 하거나 사회적 유해성을 중심으로 하는 형법 역시 멀리하게 된다. 또한 국가를 전적으로 형벌 발동권 보유자 지위만이 아니라 형법 준수의무 수범자로서의 지위를 가진다고 논쟁할 수 있는 근거를 마련해 준다. 연대성은 국가관점이 아닌 사회공동체의 관점이므로, 형법도 사회 차원에서 이해되는 것이다. 즉, 국가의 형법으로서의 지위가 아니라 사회규범의 일부로서의 실체를 확인하고 사회규범이 사회결속의 근원으로 작용할 수 있도록 하는 수단적 지위를 형법에 부여하고자 한다. 빈딩은 법익개념을 창설하였지만, 그것이 공동체적 가치를 우위에 두었다는 점에서 힘을 발휘하는 듯하다. 국가가 선택할 수 있는 최대한 또는 국가형벌권의 최대치는 규범의 최대치를 뛰어넘을 수 없고, 사회의 가치인 규범 아래에 종속된다. 따라서 연대성의 관점은 인위적인 법공동체가 아니라 자연적인 사회공동체를 기준으로 하여, 사회공동체 및 공동체적 가치 유지를 위하여 법에게 (보호)수단적 기능을 부여하는 것이라고 이해하고자 한다.

Ⅳ 공동체 가치로서 연대성의 기능

1. 국가형벌권에 대한 시각의 전환

연대성은 공동체의 가치이다. 공동체의 존립과 공동체가 역사적 맥락에서 가지는 가치의 존중이며, 구성원들의 공동가치가 가지는 지향점 또는 방향성을 의미한다. 따라서 연대성은 국가가 설정하는 법익의 범위를 결정하는 데 있어서 주요한 기준이다. 국가형벌권의 윤리적 근거로서 공동책임은 많은 지지를 받아왔다. 공동책임사상은 인간의 사회적 연대성에 그 존재론적인 근거를 두고 있다. 인간의 사회적 연대사상은 인간은 원칙적으로 고립된 하나의 개체가 아니라 타인과 더불어 살아야 할 존재로 파악한다. 개인의 삶은 사회적 연대에 의하여 유지되며, 삶의 가치, 사회적 가치는 다른 인간과의 관계에서 규정된다. 따라서 모든 인간은 다른 인간과 함께 연대적 주체이지 대상이 아니며, 이러한 사회관계를 형성하는 원리를 연대의 원리라고 한다.

이는 사회적 통일성이 형성되는 특수한 방식으로서 공동체를 지배하기 위한 원리로 나타나는데, 구성원 각자가 공동체의 지속적인 가치실현을 위하여 공동의 책임을 지게 되고, 이 경우 공동체 내의 구성원 각자에게는 사회공동체를 유지하기 위한 연대책임이 나타나게 된다. 그리고 이러한 연대성으로부터 실천윤리적인 공동책임의 요구가 나온다. 여기에서 개인의 공동책임이란 개인이 사회구성원 전체에 대하여 책임을 진다는 의미가 아니라 사회구성원 각자가 자기의 개별책임을 통하여 전체에 대해서도 일정한 정도의 사회적 책임을 부담한다는 의미이다. 공동책임을 형벌의 기초로 삼을 때 범죄행위자는 자기책임의 한도 내에서 공동사회에 대한 사회적 책임을 부담해야 한다는 결론을 도출할 수 있다. 또한 각자가 자기의 죄 값으로 부담해야 할 사회적 책임이 바로 형벌로 드러난다.

반면 공동책임사상은 법공동체도 그와 유기적인 관련하에 있는 구성원으로서의 현실적 범죄자의 범행에 대하여 공동죄책은 부담해야 한다는 의미를 담게 된다.[37] 처벌받는 자가 그 처벌과정을 통하여 법공동체에 대해 사회적인 책임을 부담해야 한다면, 그 구성원을 처벌하는 국가도 처벌을 받는 자에 대하여 연대적 공동책임을 져야 한다는 것이다. 이는 범죄인은 어느 정도 극단적인 한계상황에서 범행을 행한 것으로서, 범행에 대해 범죄를 둘러싸고 있는 사회적 주위환경도 경험적으로 그 값을 정하기는 어렵지만 어느 정도는 책임을 부담하고 있다는 점만은 부인할 수 없기 때문이다. 국가는 범죄인이라고 해서 사회로부터 완전히 격리시키고 단절시켜야 할 아무런 권한도 갖지 못한다. 오히려 국가는 범죄인에 대하여 사회적인 연대성을 높이고 견고히 해야 할 의무를 부담한다. 국가가 실천적 의무를 부담하는 인간의 존엄성은 바로 이러한 인간의 인격성과 연대성으로부터 도출되는 법가치이기 때문이다.

이와 같이 본다면 국가형벌은 범죄에 대한 단순한 응보나 사회로부터 범인을 추방하는 것이 아니라 범죄인과의 사이에 단절된 연대성의 회복을 지향하는 것이다. 사회연대성에 근거를 둔 공동책임사상으로부터 출발한다면, 일반예방은 소극적 의미의 위하에 그치는 것이 아니라 일반인의 법의식 속에 법질서의 안정을 내면화시켜주는 적극적 의미로 이해될 수 있다. 뿐만 아니라 특별예방 역시 범죄인에 대한 공동체의 극단적인 단절이나 무해화가 아닌 법공동체에서 범인의 인격적인 주체성 획득을 위한 과정으로 이해함이 가능할 것이다.

---

37 김일수, 법·인간·인권: 법의 인간화를 위한 변론, 박영사, 1996, 359면.

2. 형사입법의 실천적 기준: 역사적 맥락의 공동체

일반적으로 목적과 수단의 관계로 이해되는 비례의 원칙은 일정한 목적을 실현하기 위하여 투입되는 공권력이 목적달성에 비례해야 함을 의미한다. 이러한 의미에서 비례의 원칙의 내용으로서의 적합성의 원칙, 필요성의 원칙, 과잉금지의 원칙은 형사입법의 영역에서도 준수되어야 한다. 형사입법영역에서 목적은 중요하고 본질적인 법익의 보호이며, 수단은 행위규범과 이에 상응하는 법정형이다.

자기책임성의 원리의 경우 형법자체의 한계로 기능함으로써 과도한 형벌권의 행사를 막는 방어막의 기능을 담당하고 있다.[38] 보충성의 원리(ultima ratio)는 형법 외의 다른 수단을 우선적으로 강구하게 함으로써 형법의 적용 자체를 절대적 필요성을 충족하지 않는 한 차선으로서만 고려하게끔 제한한다.[39] 이들은 형법이 또는 형벌권이 무제한하게 적용되어서는 안 되고 그 자체로 한계를 인정하고 그 한계 내에서 신중하고도 조심스럽게 운용되어야 함을 분명히 제시하고 있다. 물론 이들 원칙은 형법의 내재적 한계로서 기능하기 때문에 형법의 근거로서의 기능과는 구별해야 한다. 그렇지만 형법에서 비례성원칙의 필요성과 정당성은 이와 같은 형법의 한계로서의 기능에서도 이끌어낼 수 있다.

형법이 가지고 있는 내재적인 한계를 분명히 확인하고 인식하는 것은 형법이 본연의 임무와 기능을 소화하기에 충분한 담보가 된다. 이와 같은 형법의 자기제한을 위한 모색의 연장선에 비례성이 있다.[40] 그리고 비례성와 원칙과 결부하여 그 하부기준으로 균형성도 고려되어야 한다. 형사입법의 영역에서 균형성원칙의 본질적인 고려대상은 형법적인 제재의 종류와 범위가 법익보호를 목적으로 하는 행위규범과 일정한 비례관계가 있는가의 문제로 나타난다. 이러한 의미에서 균형성의 원칙은 책임원칙과 직접적으로 연관된다. 일반적으로 법익은 그 중요성의 정도에 따라 경중을 통해 서열을 정립할 수 있게 되는데, 이 경

---

38 Claus Roxin, “Sinn und Grenzen staatlicher Strafe”, Strafrechtliche Grundlagenprobleme, 1973, 17면. 한편, 책임과 형벌의 관계구도와 대비하여 책임 대신 비례성을 넣었을 때의 관계도 검토를 요하는 문제이다.

39 Claus Roxin, AT, Bd. Ⅰ, 3. Aufl., §2 Rn. 28. 이 점에서 최소한의 수단을 강조하는 보충성의 요구가 비례성과 어떤 관계에 있는지는 논의의 여지가 있다.

40 이용식, “형법에 대한 헌법적 통제”, 한국형사법학회 동계학술자료집, 2005/12, 4면 참조.

우 균형성의 원칙이란 법정형의 종류와 범위는 법익의 서열과 상응하는 것으로 나타난다. 그리고 적어도 공동체 가치는 비례성 판단의 실질적 기준이 된다. 법익의 중요성의 정도 또는 경중 역시 공동체 가치와의 관련성을 통해서 실질적으로 서열을 위치지울 수 있으며, 그 때에 비로소 균형성의 원칙은 그 실질을 가지게 된다.

헌법재판소의 입장에 따르면 법정형의 종류와 범위를 정함에 있어서 고려해야 할 가장 중요한 것은 당해 범죄의 보호법익과 죄질임을 인정하면서도 보호법익과 죄질이 서로 다른 둘 또는 그 이상의 범죄를 동일선상에 놓고 그중 어느 한 범죄의 법정형을 기준으로 하여 단순한 평면적 비교로써 다른 범죄의 법정형의 과중 여부를 판단해서는 안 된다고 본다.[41] 어떤 범죄를 어떻게 처벌할 것인가 하는 문제, 즉 법정형의 종류와 범위의 선택은 그 범죄의 죄질과 보호법익에 대한 고려뿐만 아니라 우리의 역사와 문화, 입법당시의 시대적 상황, 국민일반의 가치관 내지 법감정 그리고 범죄예방을 위한 형사정책적 측면 등 여러 가지 요소를 종합적으로 고려하여 입법자가 결정할 사항으로서 광범위한 입법재량 내지 형성의 자유가 인정되어야 할 분야이므로, 균형성이 인정되지 않는 헌법위반이라고 쉽게 판단할 수 없기 때문이다.[42] 여기에서 입법이 국가의 기능유지나 범죄예방의 형사정책적 측면뿐만 아니라 우리의 역사와 문화를 고려해야 한다는 것은 그러한 가치들이 역사적 맥락 속에서 결정되어야 한다는 의미이며, 비록 국민일반의 가치관이라는 표현을 사용하였지만, 연대성의 원리의 측면에서는 사회공동체의 가치로 대체하여 해석해도 무방하다.

예컨대 헌법재판소 다수의견은 성매매처벌규정에 관하여 합헌판단을 내리면서, "자신의 성뿐만 아니라 타인의 성을 고귀한 것으로 여기고 이를 수단화하지 않는 것은 모든 인간의 존엄과 평등이 전제된 공동체의 발전을 위한 기본전제가 되는 가치관이므로, 사회 전반의 건전한 성풍속과 성도덕이라는 공익적 가치는 개인의 성적 자기결정권 등 기본권 제한의 정도에 비해 결코 작다고 볼 수 없다"고 보았다.[43] 이것은 국가입장에서 성매매처벌을 국가경제질서의 음지

41 憲裁決 1999. 5. 27, 96헌바16; 憲裁決 2001. 10. 25, 2000헌바5; 憲裁決 2001. 11. 29, 2001헌가16.

42 憲裁決 2001. 3. 21, 99헌바72, 2000헌바12(병합).

43 憲裁決 2016. 3. 31, 2013헌가2.

화라든가 성산업의 왜곡과 같은 국가적 차원이 아니라, 성의 존중에 관한 상호주의 및 공동체 발전의 측면에서 접근하였다는 점에서 어느 정도 의의를 가진다. 성매매 처벌의 타당성 여부는 별론으로 하고, 그 논거로서 공동체적 가치로서 접근하고 있으며, 구성원들 상호간의 가치의 상호존중의 측면을 언급하였다는 점에서 의미가 있는 것이다. 뿐만 아니라 동 결정의 전부위헌의견은 “건전한 성풍속 및 성도덕이라는 개념 자체가 추상적·관념적이고, 내밀한 성생활의 영역에 국가가 개입하여 형벌의 대상으로 삼는 것은 입법자가 특정한 도덕관을 확인하고 강제하는 것”이라고 근거를 설시하였는데, 그 행간에는 국가가 형법을 무기로 사회구성원을 교육할 수 없고, 특정한 가치관을 국가가 강제할 수 없다는 의미가 내포되어 있다. 이와 같이 헌법재판소의 다수의견이든 소수의견이든 또는 합헌의견이든 위헌의견이든 간에 공동체의 가치를 기준으로 한다는 점, 국가가 사회구성원을 국가의 가치로 교육하거나 강제할 수 없다는 점 등을 내세운 점은 사회공동체의 가치로서의 연대성이 이미 직간접적으로 형사입법의 실천적 기준이 되고 있음을 발견할 수 있는 부분이다.

3. 처벌의 한계점으로서의 역할: 형벌책임(양형)의 크기 결정

가. 형벌책임의 범위에 관한 이론들

형벌책임으로서의 양형 책임주의를 근거로 한다고 하여도, 개별행위에서의 책임 또는 책임의 정도에 따른 양형의 범위는 여전히 모호하다. 이에 관하여는 지금까지 여러 이론들이 발전되어 왔다.

(1) 책임범위이론(Schuldrahmentheorie)

판단여지이론 또는 책임범위이론은 적용가능한 법정형의 범위 내에서 개별사건과 연관된 책임범위가 발견되며, 이 범위 내에서 모든 형벌의 크기는 책임에 적합하다고 본다. 어떤 형벌이 책임에 적합한 것인가는 정확히 규정될 수는 없지만, 이미 책임에 적합한 형벌(die schon Schuldangemessene Strafe)을 통하여 그 하한이, 그리고 아직 책임에 적합한 형벌(die noch Schuldangemessene Strafe)을 통하여 그 상한이 제한되는 하나의 폭으로 존재한다고 한다.[44]

---

44 BGHSt 7,28ff.

이에 따르면 양형책임과 적정한 형벌이라는 관점에서 책임의 범위가 결정되어지고, 이 책임의 범위 내에서 법관은 일차적으로 특별예방을, 이차적으로는 일반예방을 고려하여 형을 결정하여야 한다.[45] 그리고 이러한 방법에 의하여 책임에도 상응하고 아울러 예방목적도 고려하는 양형을 시도하고자 한다. 이 이론에 따르면 예방의 목적이 책임의 범위 내에서만 고려되어야 하므로 예방을 목적으로 한 형벌양의 초과나 미달은 허용될 수 없다.

이는 일반예방과 특별예방의 형벌목적을 고려할 수 있는 근거를 제공하였다는 점 및 일반예방과 특별예방 사이에 존재하는 이율배반적인 모순을 법적용자의 재량적 판단에 의하여 해소할 수 있다는 점에서 의의를 가진다.[46] 그러나 구체적인 행위에 대하여 고정된 객관적 크기로서의 일정한 정당한 형벌이 존재하지 않음과 마찬가지로 상한과 하한으로서의 정당한 형벌의 고정된 한계가치도 존재하지 않는다는 점에서 또 다른 보정이 없이는 양형에 적절하고 현실적인 기준을 제공하지는 못한다는 비판이 제기된다.[47] 또한 책임형벌의 구체화에 앞서 예방적 목적을 고려하기 시작하면서 책임형벌의 구체화과정을 설명하지 못하고, 책임과 예방과의 관계 또한 불분명해지며 예방에 필요한 형벌의 정도 역시 정형화할 수 없다는 점에서도 의문이 제기된다.[48]

(2) 유일형이론(Punktstrafetheorie)

책임은 언제나 하나의 고정되고 정해진 크기이기 때문에 책임에 상응하는 정당한 형벌도 언제나 하나뿐이라고 보는 견해이다.[49] 하나의 특정한 범행에 대해 적정한 형벌이 수개 존재한다는 사실은 책임에 적합한 형벌의 관점에서는 인정할 수 없다는 것을 전제로 한다. 따라서 정당한 형벌이란 상한과 하한 사이에 부침하는 그 무엇이 아니라 오히려 존재하는 그 무엇이며, 다만 그 책임에 상응하는 형벌을 찾는 과정에서 인간의 인식능력의 불완전성 내지 법관의 불확

45 Eduard Dreher/Herbert Tröndle, Strafgesetzbuch und nebengesetze, C.H. Beck, 1995, §46 Rn. 10.

46 Hans-Jürgen Bruns, Alte Grundfragen und neue Entwicklungstendenzen im modernen Strafzumessungsrecht, 1974, 739면(김일수, 형법학원론, 박영사, 1992, 1178면 재인용)

47 신치재, "양형의 기준", 형사법학의 과제와 전망, 1993, 555면.

48 방희선, 합리적인 양형통제방안 연구, 서울대학교 박사학위논문, 2001, 29면.

49 Arthur Kaufmann, Das Schuldprinzip, Eine strafrechtlich-rechtsphilosophische Untersuchung, Carl Winter, 1961, 66면.

실성 때문에 산술적으로 정확히 확인할 수 없을 뿐이라고 본다. 이처럼 정확히 확인할 수 없을 뿐이지 실제로 존재하는 형벌량이 있기 때문에 형벌확정의 기준으로써 책임 이외에 어떤 다른 관점을 개입시켜서는 안 된다고 본다.

그러나 설령 책임에 적합한 형벌이 실제로 존재한다고 하더라도 이를 정확히 찾아내는 것이 불가능한 이상 책임에 적합한 형벌이란 허구에 불과한 것이라는 비판이 제기된다.[50] 만일 그러한 형벌량이 실제 존재한다 하더라도 양형을 정할 때에는 이를 기초로 책임에 부합하는 양형을 하는 것이 아니라, 반대로 양형에서 책임의 크기를 정하고 그 책임을 응보로 환원하게 되는 결과를 초래한다. 실제로 책임에 적합한 형벌이 하나의 점으로 존재한다고 하더라도 이를 측정하고 추론할 수 있는 어떠한 방법도 제시할 수 없다면 공허한 이론에 불과할 것이다.

(3) 위가이론(Stellenwerttheorie)

양형의 단계를 분리하고, 각 단계별로 서로 다른 형벌이념을 배치하고자 하는 이론으로, 형량결정과 같은 협의의 양형은 책임에 비례하여 결정하고, 형벌의 종류를 선택하거나 형의 유예 여부를 결정하는 광의의 양형은 예방적 관점에서 결정하고자 한다.[51] 여기에서 책임은 형벌의 구성적 원칙이자 정당한 형량을 측정해 주는 기본원칙이기 때문에 책임은 양형에서 지배적인 관점으로 특징지워 진다고 본다. 이 이론에서 책임과 예방이 분리는 책임형벌과 예방형벌의 불분명한 혼합을 회피하기 위한 것으로써, 만일 양자가 혼합될 경우 책임에 적합한 형벌을 확정하기 어렵고 특별예방에 필요한 형벌의 정도와 기간을 정확히 산정할 수도 없기 때문이라고 한다. 그래서 책임에 따른 형량을 먼저 결정한 후 위험성이라는 기준을 통하여 형벌의 종류와 형의 유예 여부의 선택을 결정하고자 한다.

---

50 Herbert Tröndle · Thomas Fischer · Otto Schwarz · Eduard Dreher, Strafgesetzbuch und nebengesetze, Auflage 51., C.H.Beck, 2003, §46 Rn. 11.

51 Heinrich Henkel, Die "richtige" Strafe, Mohr Siebeck, 1969, 33면은 유일형이론이나 책임범위이론과는 달리 책임은 그것이 유일점 형태이든 수개의 형태이든 미리 주어져 있는 어떤 고정된 크기가 아니며, 책임범위이론처럼 책임범주 내의 형벌들 사이에서 무수히 존재하는 것도 아닌, 형사과정의 중간단계에서 오직 법관 자신의 결정에 따라 확정되어야 한다는 점을 근거로 한다.

그러나 책임 역시 형의 종류를 선택하고 정도를 결정하는 때에도 중요한 역할을 하기 때문에 책임관념과 예방관념을 양형의 상이한 단계에서 고려하는 것은 오늘날의 형사정책적 사상과 일치하지 않는다는 비판이 제기된다.[52] 또한 전체 형사사법이 유기적·동적·발전적 성격을 지니고 규범과 절차 및 집행의 각 관정과 단계가 서로 밀접하게 연결되어 있다는 점을 간과하였다.[53]

(4) 특별예방형 위가이론(Spezialpräventiv modifizierte Stellenwerttheorie)

협의의 양형에 있어서 책임을 상한선으로 하고 법질서의 방위라는 적극적 일반예방목적을 하한선으로 한 뒤 특별예방에 그 안에서 구체적으로 형을 양정할 경우 특별예방목적의 우위를 주장하는 견해이다.[54] 책임의 정도는 양형의 대체적인 윤곽을 결정하게 되고 이 윤곽을 더욱 세밀하게 교정하고 정확한 형벌의 정도를 결정하는 것은 예방적 고려로부터 비롯된다고 본다. 이러한 관점에서 책임의 정도에 상응하는 형벌은 원칙적으로 일반예방목적에 의하여 고려되지만 구체적인 경우 책임형벌의 부과가 범죄행위자에 대한 탈사회적 효과를 가져올 것이라는 점이 충분히 인식될 때에는 절박한 특별예방적 이유로부터 법질서의 방위에 필요불가결한 하한선까지 형벌이 내려갈 수 있다고 주장한다.[55]

책임범위이론이 형벌의 제한과 동시에 근거가 되므로 책임의 상한선 및 하한선이 모두 예방적 고려에 대한 한계가 되는 반면, 특별예방형 위가이론에서는 책임에 의하여 형벌의 상한선이 결정되고 예방목적에 의하여 책임의 하한선이 내려갈 수 있다고 본다는 점에서 명백한 차이를 드러낸다. 또한 책임범위이론에서 형벌의 목적은 특별예방과 일반예방사이에 우위가 없지만, 특별예방형 위가이론에서는 특별예방목적이 일반예방보다 우위에 있다는 점이 드러난다. 책임의 상한선에 의하여 일반예방 목적은 충분히 달성될 수 있으므로 책임의 범위에서 일반예방목적이 고려될 필요는 없으며, 오로지 특별예방적 고려에 의

52 김일수, "형법상 책임과 예방과의 관계", 법학논집 제22권, 고려대학교 법학연구원, 1984/12, 236면.

53 한영수, "책임과 예방", 한국형법학의 새로운 지평, 心溫김일수교수화갑기념논문집, 2006, 95면은 그러한 예로 재사회화는 특별예방목적이 형집행 단계에 이르러서야 비로소 고려되어야만 하는 것은 아니라고 본다.

54 Roxin의 주장으로 자세한 내용은 김일수, 형법총론, 754면 이하 참조.

55 김일수, 형법총론, 755면.

하여 책임의 하한선을 이탈하는 상황에서 한계선이 정해지기 때문이다.

(5) 사회적 형성행위이론(Theorie der sozialen Gestaltung)

사회적 형성행위이론은 구체적인 행위에 대하여 법관이 발견해야 하는 유일하고 공정한 형벌이 존재하는 것이 아니라 양형은 법관에 의한 사회적 형성행위의 결과라고 인식한다. 이에 의하면 법관은 법정형의 범위 안에서 법질서의 가치기준에 대한 확신에 따라 책임에 적합한 형벌을 결정해야 한다고 한다. 양형의 출발점은 책임에 적합한 한 점의 형태이지만 그 기초와 법사회에 의하여 대표될 수 있는 연관이 인정되는 형벌인 때에는 일반예방과 특별예방이 목적에 의하여 형의 종류뿐만 아니라 형의 양도 변경될 수 있다고 본다. 그러나 사회적 형성행위이론에 대하여는 그것이 양형과정을 경험적·심리적으로 기술하기는 하지만 양형을 위한 명확한 기준을 제시하지 못한다는 비판이 있다. 양형을 판사가 행하는 자의적 재량행위로 보거나 판사의 개성에 따른 주관적인 행위로 인식하는 것은 일정한 목적을 지니고 현실을 변화시켜 나가는 양형의 고유한 기능을 간과하였다는 점이 비판의 주된 내용이다.[56]

나. 사회적 형성행위이론과 연대성의 원리

형벌양의 결정에 관한 이론들 중에서 사회적 형성행위이론은 법관의 양형결정 역시 사회적 형성행위의 결과로 본다. 따라서 법관은 당해 법이 적용되어야 할 법사회의 가치와의 연관성을 발견하여야 하며, 연대성으로서의 사회적 결속력 또는 공동체적 가치가 바로 그 기준이 될 수 있을 것이다. 동 이론을 비판하는 견해들은 양형과정을 경험적이고 심리적으로 기술함으로써 법관의 자의적 재량행위로 변질시킬 우려를 제기하고 있다. 그러나 양형행위가 가치있고 확인할 수 있는 적합한 기준을 통해 사회적 형성행위로서 만들어질 수 있다면 그러한 비판에 대한 명백한 해결이 될 것이다. 그리고 공동체 가치로서의 연대성은 '사회적 형성'의 가치기준이 될 수 있다.

법관이 결정하여야 할 형벌량은 단순히 범죄행위에 대한 대가가 아니다. 형벌의 양은 범죄행위로 인하여 공동체 내에서 다른 구성원들의 연대감을 깨뜨

56 조준현, "양형책임에 관한 양형이론의 형사정책적 의의", 한국형사학의 새로운 지평, 心溫 김일수교수회갑기념논문집, 2006, 294면.

리고 그 결속력을 와해하거나 저해하였다는 비난의 양만큼에 비례하는 하한이 결정되어야 하고, 비록 수범자라 하더라도 다시 복귀할 사회공동체와의 연대성의 회복 또는 연대성을 영구히 박탈할 정도가 아니어야 한다는 점을 상한으로 하여 양형범위가 결정되어야 한다. 전통적인 범죄이론들은 이 영역을 응보와 예방으로 결정하고자 하였지만, 다양성과 관용성을 근저로 하는 공동체주의적 입장에서는 오로지 행위에 대한 응보나 재범에의 예방이 아닌 연대성의 파괴 또는 회복이 양형책임의 기준이 될 것이다. 국가는 형벌을 통하여 범죄자의 공동체와의 결속을 와해하거나 저지해서는 안 된다. 이미 스스로 범죄행위를 통하여 공동체와의 결속을 와해한 자에게 이중의 결속와해를 목적으로 하는 형벌이 가해질 수는 없다. 양형, 즉 형벌양의 최대한은 범죄자와 공동체의 결속을 최소한도로 회복하는데 필요한 만큼이어야 하며, 반대로 결속을 완전하게 하는 고도의 수준을 요구해서도 안 된다.

4. 법해석의 구체적 기준: 연대성에 기초한 언어 해석

공동체 가치로서의 연대성은 처벌의 범위를 설정하거나 국가가 처벌되는 행위를 정함에 있어서 기준이 되어야 하지만, 그 자체가 범죄성립단계의 어느 요소를 대체하는 기능을 할 것을 기대하기는 어렵다. 일반적으로 범죄성립을 3단계로 구성할 경우 요구되는 구성요건해당성, 위법성 및 책임의 어느 요소가 공동체가치(연대성)로 변형되거나 대체될 것을 요구할 수 없다는 의미이다. 다만 구성요건해당성에 있어서 각 구성요건요소의 설정을 한계지우는 작용을 한다거나 위법성에 있어서 법질서 전체의 정신이라는 그 추상적인 범위를 구체화한다거나 책임에서 개인책임의 원칙이 아닌 형벌로서의 형벌책임의 양을 한정하는 역할을 할 수 있지만, 각각의 요건이 대체되어지는 것은 아니다.

형법 자체가 규범해석의 문제를 언제나 수반하는바, 공동체 가치로서의 연대성은 각각의 단계에서 구체적인 해석 기준으로서의 역할을 한다. 형법도 무형의 사상이나 이념을 유형화한 것으로써 그 사회의 언어적 함의 또는 언어적 해석을 요구하는 규범이다. 특히 다른 언어작용과는 달리 그 해석으로 인하여 국가형벌권이라는 강제성을 동원하는 역할을 하므로 해석작용은 그 어떤 영역보다 중요하다. 형법은 그것이 적용되는 사회 및 당대의 생활사실과 이념을 사용된 언어 하나하나에 담고 있으며, 특히 오늘날처럼 기술적 구성요건보다도 규범적 구성요건요소의 영역이 확장됨에 따라서 해석 작용은 그 어떤 시대보다 중요해졌다.

형법은 외형상 언어의 조합이다. 물론 법해석은 해석자의 주관이나 자의에 좌우되지 않아야 한다는 규범적 요청이 따르고, 객관적인 해석의 사명이 해석자의 임무가 된다. 그러나 해석자의 해석이 구체적으로 어떠하여야 하는가에 관하여는 문리적 해석, 논리적 해석, 주관적 해석 및 객관적 해석, 역사적 해석, 목적론적 해석 등 다양한 해석방법이 있지만, 그 구체적인 기준을 명확히 드러내지는 않는다.

법의 해석이 언어적 의미의 문리적 해석을 요구한다고 할 때, 그 문리적 해석이라 함은 언어 규칙에 의한 기계적인 해석이 아니다. 그것은 사회생활 사실에 부합하는 언어 해석이어야 하는바, 언어해석은 공동체가 가지는 가치를 반영하는 해석일 수밖에 없다. 또한 법의 해석이 주관적 해석으로서 입법자의 입법목적을 고려하여야 한다고 할 때, 입법자의 의사가 법제정시에 명문으로 또는 법의 목적 규정에 명확하게 제시되어 있지 않는 한, 입법자의 의사 역시 그 사회의 가치관 및 생활세계의 양상을 떠나서 추론할 수 없다. 따라서 그와 같은 입법자의 의사를 확인함에 있어서도 공동체 가치로서의 연대성은 하나의 기준이 된다. 또한 일단 제정된 법은 법해석의 객관성이 필요한바, 법의 구체적 목적과 기능을 고려한 해석이 요구되는데, 사회적 필요를 해석하는 기준이 된다. 만일 법해석이 입법 당시 이미 결정된 이익교량을 원용하는 합리화 작업이라고 극단적으로 이해한다고 하더라도 공동체 가치로서 연대성은 이익교량의 기준으로 작용하는 것이다.

이처럼 해석의 기준을 구체적으로 제시하고 해석의 내용으로 역할을 함으로서, 공동체 가치로서 연대성은 비록 국가가 제정한 법일지언정 내용을 사회적 가치로 충전하도록 강제한다. 이를 통하여 국가형벌권의 발동 근거가 되는 형법이 사회의 가치를 담아내고 반영하여야 하는 의무를 구체화하게 된다.

5. 범죄성립구조의 변형(대체) 여부

앞서 언급한 바와 같이 공동체 가치로서의 연대성이 가치의 측면에서 기능을 한다고 해서, 범죄성립구조 자체를 변형시키거나 대체할 것까지 요구할 수는 없다. 일반적으로 우리가 이해하는 범죄성립 성립구조는 특별한 사정이 없는 한 여전히 유효하며, 다만 앞서 언급한 바와 같이 연대성은 해석 작용의 기준으로서 영향을 미치는 것으로 이해하여야 할 것이다.

구성요건해당성을 입법화할 때 연대성은 어느 행위가 연대성을 침해하는가의 기준으로 작용하거나 해석의 지침을 제공하는 기능을 할 수 있다. 그러나 그것이 구성요건해당성의 각 요소들인 객관적 요소나 주관적 구성요건인 고의를 대체할 수는 없다고 보아야 한다. 연대성은 입법단계에서 어느 행위가 공동체의 가치를 침해하거나 위협하는가에 관한 기준으로서 역할을 한다. 앞서 언급한 바와 같이 구성요건행위 결정의 기준으로서 작용하는 것이지, 구성요건요소 자체를 변형시키거나 대체하는 것은 아니다. 청소년의 성보호에 관한 법률 제2조 제3호 및 제8조 제1항에서 '청소년이용음란물'에는 실제인물인 청소년이 등장하여야 하고 만화와 같이 실제 청소년이 아닌 그림에 불과한 경우에는 청소년을 이용하여 음란물을 제작하였다고 볼 수 없는가의 문제를 예로 들 수 있다.[57] 이 때, 청소년이용음란물이라는 구성요건요소의 해석을 연대의 결속을 기초로 해석한

---

57 청소년의 성보호에 관한 법률(2000. 2. 3. 법률 제6261호로 제정된 것) 제2조(정의) 이 법에서 사용하는 용어의 정의는 다음과 같다. 3."청소년이용음란물"이라 함은 청소년이 등장하여 제2호 각목의 1에 해당하는 행위를 하거나, 청소년의 수치심을 야기시키는 신체의 전부 또는 일부 등을 노골적으로 노출하여 음란한 내용을 표현한 것으로서, 필름·비디오물·게임물 또는 컴퓨터 기타 통신매체를 통한 영상 등의 형태로 된 것을 말한다.

憲裁決 2002. 4. 25, 2001헌가27은 이와 관련하여 합헌 결정을 하였다. 그 이유에 대하여는 '법률의 입법경과와 입법목적, 같은 법률의 다른 규정들과의 체계조화적 해석, 관계부처의 법률해석, 다른 처벌법규와의 법정형 비교 등을 고려하여 목적론적으로 해석할 때 제2조 제3호 및 제8조 제1항의 '청소년이용음란물'에는 실제인물인 청소년이 등장하여야 한다고 보아야 함이 명백하고, 따라서 법률적용단계에서 다의적으로 해석될 우려가 없이 건전한 법관의 양식이나 조리에 따른 보충적인 해석에 의하여 그 의미가 구체화되어 해결될 수 있는 이상 죄형법정주의에 있어서의 명확성의 원칙을 위반하였다고 볼 수 없다.' 고 판시하였다. 그리고 만일 그렇게 해석하게 되면 청소년에게 수치심 또는 성적 충동을 불러일으킬 가능성이 있는 표현물, 예컨대 의학서적이나 예술품 등까지도 모두 이 사건 법률의 규제대상인 '청소년이용음란물'에 포함되어 같은 법률 제8조 제1항의 중벌에 처해지게 되는 결과를 낳게 될 뿐 아니라, 일반 형법상의 음란물 관련 처벌법규나 청소년보호법 등과 달리 별도의 새로운 특별법으로 이 사건 법률이 제정된 점에 비추어 보면, 실제인물이 아닌 청소년(예컨대, 본건에 있어서와 같은 만화의 주인공)이 등장하는 표현물은 형법 제243조의 음화반포등 죄, 같은 법 제244조의 음화제조등 죄 또는 청소년보호법 제6장 벌칙 부분에 규정된 청소년유해매체물 관련 죄 등의 규율대상이 된다고 할 것이라는 점을 논거로 삼고 있다.

다면, 그와 같은 그림의 사용이 사회 전체 또는 구성원들에게 실제 인물을 사용하는 것과 동일한 인상을 심어주는가, 그리하여 사회 전체가 결속하여 보호하여야 할 청소년의 건전한 성장을 저해하는가의 문제로 접근하여야 한다. 즉, 그것이 음란물을 구매 또는 접하는 자의 성적 욕구를 충족시키는가 또는 성적 왜곡의 정도가 심한가의 문제가 아니다. 물론 그러한 그림으로 인하여 청소년을 성적 욕구의 충족 대상으로 삼을 위험성 및 그와 같은 위험성으로 인하여 청소년의 성적 자기결정권과 건전한 성장·발육권에 대한 위험성이 간접적으로 고려되어질 수 있을지도 모른다. 그러나 그러한 위험성을 제거하기 위하여 형법이 전방위적으로 나서야 한다면, 형법의 예방임무를 앞세워 지나치게 국가형벌권이 확대될 우려 역시 공동체가 감내하여야 할 또 다른 위험이 되고 만다. 뿐만 아니라 그와 같이 청소년 그림만으로도 처벌하고자 한다면, 구성원들의 성적인 취향에서 드러나는 다양성을 무시하는 결과이기도 하다. 연대성이란 다양성과 관용성을 전제로 할 때에만 규범에의 자발적 준수로 이어진다.

범죄의 두 번째 단계로 위법성을 요구한다는 점 및 위법성은 법질서 전체의 정신에 반한다는 평가라는 점에서는 전통적인 범죄이론과 같다. 다만, 법질서 전체의 정신의 해석이 국가법체계인지 아니면 사회공동체의 가치인지의 문제가 제기된다. 전통적인 범죄이론이 법질서 전체의 정신을 국가법체계의 수준에서 이해하였다면, 사회적 차원의 연대성은 사회공동체의 다원적인 정의 측면에서 접근할 것이다. 공동체적 가치에 반하는 정신을 위법성이라고 이해한다면, 위법성은 국가법체계보다는 축소된 해석이 가능할 것이다. 국가가 가지는 법체계가 다루는 영역은 지나치게 넓고, 그것을 모두 아우르는 위법성이란 지나치게 추상적이다. 따라서 위법성이 어떠한 행위의 반가치판단을 함에 있어서 아무런 작용을 하지 못하게 되는 결과를 초래할 수 있다. 그러나 이것을 공동체적 가치로 환원하게 된다면, 위법성의 개념은 보다 구체화되고 사회밀착적인 해석작용을 할 수 있다. 공동체의 사회적 결속력으로서 연대를 위법성의 실질로 파악할 수 있게 되기 때문이다.

범죄성립의 마지막 단계로서 책임 역시 그것이 연대책임이나 공동체책임으로 대체되어질 수 없다. 일반적으로 책임이 없으면 형벌도 없다는 원칙은 국가에 의한 형벌권행사에 대하여 행위자의 책임을 요구함으로써, 국가의 형벌권을 효율적으로 제한하는 동시에 국가로부터 국민의 자유를 보호하고자 하는 형법의 일반원칙이다.[58] 이러한 원칙은 실정헌법이나 형법전에 명문규정이 부재하더라도 인간의 존엄과 가치의 보호에 관한 헌법 제10조 및 법치국가의 원리에서 도출된다.[59] 구체적으로 책임주의는 '책임 없이 행위한 자는 벌하지 않는다'는 원칙과 '형벌의 정도와 양은 책임의 정도와 분량에 따른다'는 두 가지 원칙으로 구분된다. 전자는 구성요건에 해당하는 위법한 행위도 책임이 없으면 범죄가 되지 않는다는 범죄성립요건으로서의 책임을 의미하며, 후자는 책임이 형을 가하는 부분뿐만 아니라 처벌영역에 있어서도 행위자가 자기의 책임에 따라 행한 것보다 결코 무거워서는 안 된다는 비례성을 의미한다. 이때 공동체적 가치들은 전자의 의미에 개입하거나 이를 제한할 수 없다. 오로지 행위자의 책임에 비례하는 형벌량을 결정함에 있어서 공동체적 가치의 손상이 비례성 판단에 개입한다고 보아야 한다. 그렇지 않을 경우, 공동체적 가치 자체가 책임의 내용을 변질시키거나 또는 국가가 적극적으로 개입할 단초를 마련함으로써 전제주의적 해석으로 흐를 위험성을 드러내게 된다. 따라서 책임의 내용이나 본질은 변함이 없되, 책임에 비례하는 형벌량의 결정에 있어서 공동체적 가치가 비례성의 실질적 기준이 될 수 있다고 보아야 한다. 그러나 이러한 책임주의가 범죄의 주체를 기업이나 국가로 확대하는데 있어서 장애물이 될 수는 없다. 책임을 요구하고 행위에 비례하는 책임을 부과하여야 한다는 점은 변함이 없지만, 책임의 귀속자가 어떠한 방식으로 '주체'로서 확인되고, 또 책임내용을 구성하는지는 별개의 문제이다.

6. 처벌되는 행위의 축소

가. 처벌되는 행위의 기준으로서 연대성의 약화

왈쩌에 따르면 시민사회는 "강제되지 않은 인간들의 결사체가 활동하는 공간이요 공동체를 충족시키는 가족, 신념, 이해 및 이데올로기를 위해 형성된 네트워크의 집합체"[60]이다. 시민에게 복종을 가르치는 시장제국주의는 시민성을

58 차용석, "책임주의", 고시연구 1984/9, 13면.

59 차용석, 앞의 논문, 14면.

60 Michael Walzer, "The Idea of Civil Society", in: E. Dionne(ed), Community Works: The

파괴하여 시민사회를 위기로 몰아가고, 개인의 책임을 강조함으로써 시민들의 연대성을 와해시킨다.[61] 반면 시민사회는 인간본성의 실현결과이다. 인간본성으로서의 사회성이 발현되어 형성된 공적 영역으로서, 구성원들은 공적 의무와 권리를 자율적으로 행사한다. 따라서 시민사회 안에서 시민은 자발적이고 자율적인 다양한 결사체를 형성하고, 공동체 구성원들과의 신뢰를 통해 공동의 이익을 대변한다. 자발적 박애가 사회적 연대성으로 발현되는 것이다.

국가의 법률체계로서의 형법은 그것이 보호하는 법익의 영역이 사적이든 공적이든, 특수하든 보편적이든 관계없이 개인 또는 공동체의 가치에 대한 침해(위태화)인 경우와 국가의 구성물 또는 기관에 대한 침해(위태화)인 경우로 구분될 수 있다. 인위적 공동체로서 국가적 체계통합은 강제성이 본질이지만, 사회공동체는 역사적 맥락에서 이해되는 자발성을 통해 공동체에 이익이 되는 행위와 그렇지 않은 행위를 구분하는 능력을 가진다. 따라서 사회공동체는 제재를 받아야 하는 행위, 즉 처벌되는 행위를 결정할 능력을 가지고 있다. 이와 같은 능력을 가진 공동체는 스스로 처벌되는 행위를 결정할 수 있어야 하고, 그 처벌의 범주는 공동체 결속력의 약화 또는 해체와 직결된다.

이처럼 연대성의 강화 또는 영속을 위한 행위와 그렇지 않은 행위의 구분은 처벌되는 행위의 판단기준으로 작용할 수 있고, 형법의 축소에 직접적인 영향을 미칠 수 있어야 한다. 공동체 가치로서의 연대성은 처벌되는 행위를 축소하는 기능을 하는 것이다. 즉, 그것이 개인적인 이익이라 할지라도 연대성 또는 공동체 결속력에 직·간접적으로 영향을 미치는 행위는 사적 자치 또는 자력구제의 영역을 넘어서서 형법상 범죄가 되어야 한다. 반대로 그것이 국가체계의 존립이나 기관형성의 무력화와 관계된 것이라면 행정제재의 영역을 넘어서서 형법상 범죄를 구성하여서는 안 된다.

예컨대 특정한 이익이나 가치가 형법적인 수단에 의하여 보호되어야 하는지에 관한 정당성의 문제에 있어서, 형법의 보호대상이 모호해지는 현상은 전통적으로 범죄로 보았던 개인적 법익에서는 그다지 문제되지 않지만, 현대사회

Revival of Civil Society in America, Brookings Institution Press, 1991, 123~124면(남현주, 앞의 논문, 144면 재인용).

61 남현주, 앞의 논문, 144면.

에서 특별법으로 다루는 많은 경우는 법익의 추상성이 법익개념 자체에 의문을 가지게 하는 것은 어쩌면 당연한 결과일지도 모른다. 이 때문에 개인적 법익 이외 보편적 법익의 경우 언제나 형법이 보호수단으로써 강구되어야 하는 것은 아니고 특별한 제한을 할 필요가 있다.

나. 살인죄와 통화위조죄의 예

살인죄는 개인의 생명이라는 가치의 침해인 동시에 구성원을 공동체로부터 영구히 배제함으로써 공동체의 결속력을 약화하는 침해이다. 따라서 살인죄의 보호법익이 개인의 생명권이라 하더라도 그것은 동시에 공동체적 가치의 보호가 된다. 한편 통화위조죄가 통화를 공동의 사회재로 사용하는 공동체의 경제질서를 교란하고 시장경제에 불이익을 미치는 행위에 대한 처벌이라는 점에서 공동체의 가치와 결부되기 때문에 사회적 법익의 영역이라고 해석되는 한 통화위조죄는 공동체의 결속력 강화와 직결된다. 그러나 그것이 국가통화체계의 교란이라는 국가적 법익의 영역이라고 간주될 때에는 바람직한 해석이 아니다.

양자의 차이는 '목적'에서 드러난다. 형법이 통화위조죄를 목적범으로 만드는 이유를 설명함에 있어서, 또는 목적의 필요 여부를 이해함에 있어서 명확한 차이가 드러난다. 처벌의 목적이 국가통화체계의 교란이라면 위조통화의 존재는 행사할 목적과 관계없이 그 존재 자체로서 국가통화체계에 반하는 물질이 생성된 것이다. 따라서 목적범으로 구성할 필요가 없다. 위조행위 자체는 국가적 법익에 대한 추상적 위해를 표상하기 때문에 행사할 목적 없이도 처벌되어야 한다. 반면에 이를 사회공동체가 공유하는 교환가치의 통일성과 안정성이라는 면에서 접근하면, 위조통화의 존재보다는 그것을 경제질서에 사용하고자 하는 목적에 불법성의 표상 또는 핵심이 존재한다. 따라서 초과주관적 구성요건으로서 '목적'을 요구하여 범죄성립의 범위를 제한하는 이유를 바로 여기에서 찾을 수 있다.

다. 국가기능과 관련한 행정제재

예를 들어, 환경형법의 경우에는 환경관련 형법규정은 환경 자체를 보호하는 것이 아니라 공동체의 구성원인 인간의 생명과 건강에 대해 간접적으로 공격하는 행위들을 금지하는 구성요건 체계를 기준으로 정비해야 할 것이지, 환경 그 자체처럼 모호하고 광범위한 이익을 위해서 규정될 필요가 없다.[62]

물론 행정제재와 형법상 형벌의 대상이 되는 행위에 관하여는 많은 구분기준이 있다. 일반적으로 행정법규는 그것이 추구하는 행정목적과 의무이행확보를 위한 제재수단 사이에 상관성을 가지면서 사회적 행정수요의 변화에 따라 가변성을 가지고, 사회적 인식에 따라서 행정법규에 의한 의무부과의 정당성을 달리 한다.[63] 그리고 행정상 의무이행 확보수단으로서 행정질서벌과 행정형벌을 구분하고 있는바, 전자는 행정상 의무를 부과한 행정청이 그 이행을 자력으로 과벌하는 수단이지만 후자는 형법의 일종으로, 과거에는 위반행위의 성질에 착안하여 구별하였지만 최근에는 위반된 법규의 중요성에 근거한 입법재량에 따라 구별하기도 한다.[64] 또한 행정형벌은 공익과 사회질서유지를 위한 목적에서 당해 법률에 규정된 금지사항을 위반한 자를 벌하는 것이라는 점에서 공익보호, 행정질서유지, 이해관계 조절과 같은 기술적인 배경에서 규율된다.[65] 뿐만 아니라 양자의 차이로서 행정형벌은 개인적 내지 사회적 법익을 보호하는데 그 목적을 두고 있는 반면, 행정질서벌은 행정의사에 위반하는 행위만으로 과벌하는 형식적 요소를 중시한다고 주장하면서, 전자는 행위자의 주관적 인식과 책임성을 강조하는 반면, 후자는 객관적 행정질서의 위반 여부를 가벌성을 판단하는 주된 요소로 보고 있다고 구분하기도 한다.[66]

물론 행정법규들이 행정절차적 또는 형식적 의무위반은 질서벌로 규제하되, 사회적 유해성을 내포함으로서 법익에 대한 위태화를 초래할 경우에는 행

---

62 Olaf Hohmann, Das Rechtsgut der Umweltdelikt, 1991, 299면 이하(안동준, "법익론의 생성, 발전과 변환", 법학논총 제28권 제1호, 전남대학교 법학연구소, 2008/6, 400면 재인용).

63 김재호/김해룡, "행정질서벌의 법적 쟁점", 토지공법연구 제78집, 한국토지공법학회, 2017, 171면; 박정훈, "협의의 행정벌과 광의의 행정벌", 서울대 법학 제41권제4호, 서울대학교 법학연구소, 2001, 292면; 최환용, 행정형벌 정비방안 연구, 한국법제연구원, 2015/9, 87면.

64 憲裁決 1997. 4. 24. 95헌마90. "행정법규에 있어서 행정질서의 유지를 위하여 행정벌을 과하는 경우 입법자는 그 입법목적의 달성을 위하여 행정형벌이나 행정질서벌을 선택하여 과할 수 있고, 그 입법목적이나 입법당시의 실정등을 종합 고려하여 어느 하나를 결정하는 것이다."

65 최봉석, "행정제재와 형벌의 관계에 관한 소고", 법제연구 제40호, 한국법제연구원, 2011, 273면 이하.

66 B. Joachim, Karlsruher Kommentar zum Gesetz über Ordnungswidrigkeiten, 3. Aufl., 2006, Einleitung Rn. 6(김재호/김해룡, 앞의 논문, 173면 재인용).

정형벌을 부과한다고 형식적으로 구분할 수는 있다. 그러나 그러한 구분이 현실적으로 모든 행정법규에 합치하는 것은 아니다. 또한 행정형벌이 개인적 또는 사회적 법익을 보호하는 데 그 목적을 두고 있다고 하더라도, 형벌을 담고 있는 개별 조항의 세세한 보호법익을 떠나서 행정형벌을 담고 있는 행정법규가 행정목적과 이를 달성하기 위한 의무이행요구라는 기능적 법률이라는 점으로부터 형벌로서의 가치 여부를 확인해야 한다. 즉, 현행 행정형벌이 목적하는 법익보호는 행정목적의 일부이지, 그것으로부터 분리된 독자적 형법목적이 있는 것은 아니다. 그러나 행정목적의 영역에 해당하는 한, 형벌은 부과될 수 없고 여전히 행정제재의 영역으로 남아야 할 것이다.

7. 처벌되는 행위자의 확장

처벌되는 행위가 공동체 가치로서의 연대성과 연관되어 축소될 수 있다면, 반대로 처벌되는 행위자의 의미 또는 폭은 확장되어야 한다. 그것은 개인의 영역을 넘어서서 법인과 국가에 대한 처벌가능성과 직결된다. 기업을 포함한 법인이 행하는 사회적 역할은 현대사회에서 개인의 영역보다 넓을 뿐만 아니라, 그 행위의 결과가 사회적 결속력에 미치는 영향은 막대하다. 여기에서 법인이란 법적으로 승인된 법인을 포함하여 보다 넓은 의미로서 자연발생적이지 않은 인위적 또는 강제집단을 의미한다. 대표적인 법인이 기업이다.

기업을 포함한 법인이 보유하는 사회적 재(財)의 규모는 한 개인의 그것보다 훨씬 크고 강하다. 다원적 정의의 측면에서 어느 하나의 재가 다른 사회적 재를 지배하지 못하는 것, 각각의 사회적 재의 가치가 공평하게 같고 지배적인 사회적 재의 존재를 부정하는 것이 옳은 것이라면, 기업 또는 법인이 가지는 사회적 재가 개인이 가진 사회적 재의 영역을 잠식해서는 안 된다. 그러나 법인이 사회에 미치는 영향과 사회적 역할 및 책임을 고려할 때, 법인 역시 공동체 가치로서의 연대성을 해하는 작용을 하거나 법인이 가지는 사회적 재를 이용하여 다른 사회적 재를 지배하고자 한다면 처벌의 대상이 되어야 한다. 그 때의 행위들이 공동체에 미치는 무가치는 개인의 행위에 의한 그것과 다를 바 없으므로 처벌되는 행위자가 법인으로 확장되는 것이다.[67] 그리고 이를 위반한 법인은 그

67 이에 대한 구체적 논의는 다음의 제2편에서 다루기로 한다.

구성원인 행위자와 별개로 처벌의 대상이 되어야 하고, 직접 형벌을 부과 받아야 한다. 현행법의 양벌규정은 법인에게 벌금의 부과만을 강제하지만, 사회와의 유기적 관계를 단절시키거나 정지시키거나 법인의 해체를 통해서 영구히 사라지게 할 수도 있다. 또한 새로이 만들어진 법인이 범죄로 인하여 해체된 법인과 동일성이 인정된다면, 그 법인격 자체도 성립이 부인되거나 거절되어야 한다.

국가도 예외가 아니다. 우리가 수범자라고 지칭할 때에는 국가가 입법화한 형법을 수용하고 준수해야 할 의무자로서 개인인 국민을 의미한다. 그러나 시민사회의 가치로서 공동체의 결속력(연대)의 존중과 보호가 형법의 임무 또는 목적이라고 하면, 시민사회의 구성원을 해하는 행위는 사회의 구성원 개인뿐만 아니라, 법인을 비롯하여 가장 거대한 인위적 집단인 국가도 행할 수 있다. 물론 현행법상 국가는 법인이 아니다. 현행법상 지방자치단체들은 법인으로 구성되어 있지만, 국가는 단순히 지방자치단체들의 총합이거나 지방자체단체의 대표격인 거대집단이 아니기 때문이다. 국가가 처벌되는 행위자로 인정되기 위해서는 다소 까다로운 논증작업이 필요하다.68 여기에서는 법의 양면적 속성을 근거로 법은 수범자뿐만 아니라 국가에게도 준수의무가 있음을 언급하고, 준수해야 할 법에 당연히 형법도 포함된다는 점을 논증하고자 한다. 물론 국가가 형법을 준수하여야 한다는 의무의 부여는 특별한 논증작업을 통해서 가능하겠지만, 문제는 이를 위반한 국가를 어떻게 처벌할 것인가이다. 법인과 같이 사회와의 유기적 관계를 단절시키거나 정지시키는 처벌이 불가능할 것이기 때문이다. 그러나 범죄를 범할 수 있다면, 그것을 어떻게 처벌할 것인가는 예방관념을 배제하면 기술적인 문제이다. 후에 언급하겠지만, 현행 처벌의 도구인 형벌의 종류들 역시 그것의 정당성은 여전히 의문시 된다. 따라서 국가에게 어떠한 형벌을 부과할 것인가는 국가를 처벌되는 행위자의 범주에 포함시킨 후, 차후에 논의해도 충분할 것이다.

---

68 이에 대한 구체적 논의는 다음의 제3편에서 다루기로 한다.

V 형법의 목적으로서 연대성의 작용

1. 사회적 유해성 기준에 의한 과도한 자유권 침해: 도덕의 법제화

가. 다수가 가진 도덕관념의 강요

극단적이고 철저한 자유주의를 취하지 않는다 하더라도 국가에 의한 과도한 개입은 그것이 비록 개인의 소유권과 자유권을 위한 목적이라 하더라도 바람직하지 않다. 특히 국가형벌권은 국가의 개인 생활에의 일방적 개입을 '법적 권리 보호'라는 이름으로 정당화하는 경향이 있다. 형법이 비록 입법권자에 의한 개인들의 법적 의식의 총합이라고 하더라도, 그것은 추상적인 '입법권'의 정당화논거일 뿐 실제로 제정되어 개인생활에 적용되는 법들을 정당화할 수 없다. 국가형벌권은 국가권력의 가장 강력한 표현이며, 개인의 기본권을 침해하는 직접적 무기이다. 따라서 국가형벌권이 '보호'라는 명목하에 개인을 향하는 것은 본질의 은폐이다. 국가형벌권은 다만 개인을 침해하는 국가의 힘일 뿐이며, 기발생한 범죄로부터 어떤 개인도 보호할 수 없다.

뿐만 아니라 법익을 보호의 목적 또는 대상으로 하는 법익론들은 대체로 사회적 유해성을 실질적 위법으로 이해하고, 사회적 유해성을 기준으로 하여 금지규범화 여부를 결정한다고 본다. 그러나 사회적 유해성은 지나치게 도덕을 법제화하는 경향을 가질 위험성이 있거나 그러한 경향을 가진다. 사회적 유해성은 사회에 해악을 가할 우려가 있다는 이유로 모든 추상적인 사회적 또는 국가적 법익을 위해하는 행위들의 금지를 정당화한다. 법이라는 강압적 힘을 이용해 미덕을 권장하거나 다수의 도덕적 신념을 법적으로 승인함과 동시에 국가권력 행사의 확대 근거로 악용한다. 도덕 모두가 법은 아니기 때문에 사회적 유해성을 기준으로 도덕의 범죄화 또는 비범죄화를 결정한다고 하지만, 사회적 유해성을 적극적 의미로 사용하고자 한다면, 다수에 의하여 수용되는 도덕적 신념이기만 하면 제한 없이 전체 법공동체에 강요하는 결과를 초래한다.

나. 성매매의 예

성인 간의 성매매의 경우 이를 금지하는 이유는 사회적으로 바람직하고 깨

끗한 성의식을 해하는 사회적 유해성이라고 할 것이다. 헌법재판소 역시 "외관상 강요되지 않은 자발적인 성매매행위도 인간의 성을 상품화함으로써 성판매자의 인격적 자율성을 침해할 수 있고, 성매매산업이 번창하는 것은 자금과 노동력의 정상적인 흐름을 왜곡하여 산업구조를 기형화시키는 점에서 사회적으로 매우 유해한 것이다. 성매매는 그 자체로 폭력적, 착취적 성격을 가진 것으로 경제적 대가를 매개로 하여 경제적 약자인 성판매자의 신체와 인격을 지배하는 형태를 띠므로 대등한 당사자 사이의 자유로운 거래 행위로 볼 수 없고, 인간의 성을 상품화하여 성범죄가 발생하기 쉬운 환경을 만드는 등 사회 전반의 성풍속과 성도덕을 허물어뜨린다"[69]고 본다. 뿐만 아니라 자신의 성뿐만 아니라 타인의 성을 고귀한 것으로 여기고 이를 수단화하지 않는 것은 모든 인간의 존엄과 평등이 전제된 공동체의 발전을 위한 기본전제가 되는 가치관이라는 점을 부연한다.

그러나 서로 합의하에 행하는 성인 간의 대가없는 성행위는 사회적으로 유해하지 않고, 대가를 주고 받는 성행위만이 사회적으로 유해한가를 비교한다면, 경제적 이득이라는 측면에서는 전자가 보다 불합리할 것 같지만 여전히 법은 전자의 사회적 무해성을 주장하고 있다. 물론 이러한 비난을 피하기 위하여 불특정인을 상대로 한다는 조건을 부가하여 그것으로부터 사회적 유해성을 찾고자 한다. 그러나 회원제 등을 통하여 은밀하게 행하여지거나 소위 부부교환 등의 행위 등을 통하여 이루어지는 무상의 성행위들은 불특정인이 아니기 때문에 덜 비도덕적인가 또는 사회적으로 무해한가를 판단할 수 있겠는가 반문해야 할 것이다.

즉, 국가의 규제가 필요한 부분은 유상으로 성행위를 하였다는 것도 아니고 불특정인을 상대로 하였다는 것도 아니다. 굳이 사회적 유해성을 찾으려면 개인의 자유권을 침해하는 그 어떠한 요소가 있는가여야 한다. 예컨대, 당사자의 합의에 의하여 성매매가 이루어졌다고 하더라도, 포주에 의해 경제적으로

---

69 憲裁決 2016. 3. 31, 2013헌가2는 사회 전반의 건전한 성풍속과 성도덕이라는 공익적 가치는 개인의 성적 자기결정권 등 기본권 제한의 정도에 비해 결코 작다고 볼 수 없다고 한다. 따라서 개인의 성행위 그 자체는 사생활의 내밀영역에 속하고 개인의 성적 자기결정권의 보호대상에 속한다고 할지라도, 그것이 외부에 표출되어 사회의 건전한 성풍속을 해칠 때에는 법률의 규제를 받아야 함을 강조한다.

갈취를 당하는 구조 속에서 이루어졌다면, 이것은 성매매여성의 자유로운 경제 형성권을 침해하는 요소가 발견되기 때문에 국가에 의한 통제가 가능할 것이다. 그러나 이 때에는 성매매가 사회적 유해성을 가지는 행위이기 때문이 아니라 근로관계의 일부와 같이 개인의 정당한 경제권 형성을 침해하는 소규모의 기업 구조 또는 포악한 사용자-힘이 없는 종업원 관계이기 때문에 그러한 경제적 고용구조에 대한 제재로서 받아들여져야 한다.

그럼에도 불구하고 형법에 작용하는 사회적 유해성이라는 기준은 형법이라는 국가의 강압적 권력을 이용해 미덕을 권장하거나 다수의 도덕적 신념을 표현하는 것일 뿐이다. 이러한 법에 의한 다수의 신념의 강요는 양적 공리주의를 취하지 않는 한 정당화되기 어렵다. 특히 다양성과 관용성을 전제로 하는 공동체적 가치로서의 연대라는 시각에서 본다면 다수에 의한 소수 강압을 공동체 전체에게 묵인하도록 함으로써 오히려 사회결속력을 저해하는 형법으로 인식될 것이다. 더욱이 국가가 개인의 자발적 성생활 영역에 도덕의 잣대를 들고 개입하여 형벌의 대상으로 삼는 것은 국가의 특정 신념이나 도덕관을 개인에게 강제하거나 교육하는 결과가 되고 만다. 그러나 앞서 언급한 바와 같이 국가는 그와 같은 도덕적 가치의 강제나 교육을 할 수도 없고 해서도 안 된다.

2. 개인의 이익에 관한 결정권(보호권) 존중과 연대성

가. 개인의 존중과 연대성

사회구성원으로서 개인은 스스로 어떠한 것이 이익인지 판단할 수 있어야 한다. 그런데 법익관점에서의 형법의 접근은 개인의 이익 여부 결정에 지나치게 간섭하는 면이 있다. "오직 계약을 집행하고 사람들을 무력과 절도와 사기에서 보호하는 기능을 수행하는 최소국가만이 정당화될 수 있다. 거기서 더 나아가면, 어떤 일도 강요받지 말아야 하는 개인의 권리를 침해하게 되고, 그런 국가는 정당화될 수 없다"70라는 표현은 극단적이지만 최소권력의 국가를 요구한다. 이와 유사하게 사회적 결속력은 국가권력의 크기와 비례하거나 일치하지

70 Robert Nozick, Anachy, State, and Utopia, Basic books, 1974, 9면(Michael Sandel/이창신 역, 정의란 무엇인가(Justice: What's the right thing to do?, 2009), 김영사, 2010, 92면 재인용). 노직의 이러한 언급은 소유권의 합법성 및 분배방식의 문제를 해결하기 위한 것이지만, 어쨌거나 결론은 국가개입의 최대한 배제이다.

않는다. 따라서 연대성을 위해서 국가권력이 강대해질 필요는 없다.

국가형벌권의 발동 근거가 되는 형법은 개인이 스스로 자신에게 이익이 될 것을 결정하도록 하는 것이 아니라, 법익이라고 실정법화되어 있으면 개인에게 이익이 되는 것으로 간주한다. 무엇이 이익이 되는가 여부는 개인이 결정하여야 할 선택권을 가져야 하고, 국가가 형법으로 규정하였다고 하여서 법적으로 보호되는 '이익'이 비로소 되는 것이 아니다. 따라서 이익은 존재하지 않는 것이 아니라, 어떠한 형태로든 존재하는 것이 형법으로 보호할 가치가 있는가, 이익이 공동체의 선으로서 존중되어야 할 필요가 있는가의 문제로만 이해되어야 한다. 즉, 형법이 사회의 결속력을 지탱하는 수단으로 작용한다면, 결속력을 해하지 않는 한 개인의 이익을 보호할 것인가 포기할 것인가는 개인의 사적 자치의 문제 또는 자기보호권 행사의 문제일 뿐이다.

나. 낙태죄의 예

낙태죄가 형법에 존치하는 이상, 낙태죄에서 법익으로서의 태아의 생명권이나 모체의 안전권은 국가가 결정한 법적 이익이다. 반대로 형법에서 축출되어 비범죄화된다고 해서 태아의 생명권이나 모체의 안전권이 개인에게 이익이 아닌 것은 아니다. 다만 그것을 개인 스스로 보호할 것인가의 선택권이 국가로부터 완전히 탈피하여 개인차원으로 환원되었을 뿐이다. 형법에 포섭함으로서 법적으로 개인에게 이익임을 강제하고 이를 해하는 행위를 범죄로 처벌하게 된다면, 개인의 결정권을 과도하게 침해하는 결과가 될 것이다. 물론 낙태죄가 폐지된다고 하더라도 태아의 생명침해나 모체의 안전침해는 낙태행위의 불이익으로 남는다. 낙태죄가 폐지된다고 그것이 사회적으로 전혀 무해한 행위가 되는 것은 아니다. 다만, 낙태행위가 공동체적 가치로서 존중되어야 하는가, 그것이 사회의 연대성을 존속하기에 필수요소인가의 문제를 중심으로 접근하는 것이다.

사회의 연대성이 낙태로 인한 태아의 생명이라는 이익보다는 여성의 자기결정권이라는 개인의 이익의 자기보호권의 존중으로 인하여 더욱 강화되거나 유지될 수 있다면, 형법의 선택은 낙태를 사회윤리적인 비난으로 남겨두어야 한다. 태아의 생명권이 개인의 이익의 측면으로 고려된다면, 이익으로 볼 것인가 여부는 전적으로 충돌하는 두 이익의 귀속자인 개인이 결정하여야 하기 때문에 개인의 자기보호권 또는 선택권을 존중하여야 한다. 따라서 범죄가 될 수 없다. 반대로 이것이 개인에게 귀속한 이익의 상충의 문제가 아니라고 주장한다면, 다시 말해 태아의 생명권은 태아의 것이지 임부인 여성에게 귀속되지 않는다고 한다면 국가는 형법을 무기로 하여 태아의 생명권의 귀속자가 국가임을 선언한 결과가 된다. 즉, 국익의 측면에서, 예컨대 국가의 성립요건으로서 국민, 주권, 영토의 한 요소인 장래의 국민으로서 태아의 생명권을 이해된다면 그것은 국가에 귀속되는 전유물로 전락하고 만다. 이것은 사회결속력과는 전혀 무관한 문제일 뿐만 아니라 국가권력의 남용이므로 적절한 형법의 선택이 아니다.

다. 선택권 또는 결정권의 개인 귀속

개인의 이익결정권 또는 자기보호권의 문제는 다양성과 관용성이라는 공동체적 가치와 결부되어 있다. 다양성과 관용성을 추구하는 사회일수록 소수자의 이익 또는 최소 수혜자의 이익을 보호하고자 하는데, 이를 위해서 형법은 극히 개인적인 결단의 영역에서는 물러서는 것이 바람직하고 또한 그러하여야 한다. 따라서 타인에게 손상을 가하여 사회적 결속력을 해하는 행위가 아닌 한 개인적 성향이나 이익판단에 따른 행위에 형법이 개입하는 것은 바람직하지 않다.

예컨대, 앞선 성매매도 이러한 측면에서 다시 언급될 수 있다. 개인의 성적 취향이 불특정인을 선호한다면 그것이 타인에게 손상을 가하는가를 결정하여야 하는데, 대가를 주는 상호관계가 누구에게 손상을 가하는가, 그리하여 누군가 불이익의 감수가 용인할 수 없을 정도여서 그로 인하여 궁극적으로 사회에의 연대감을 상실케 하는가의 문제로 접근할 수 있다. 물론 사회적 성풍속을 해함으로서 사회구성원들의 연대감을 해할 우려가 있다고 주장할 수 있겠지만, 국가가 지정한 그러한 추상적이고 모호한 '법익'을 우선시하여 구체적인 개인의 결정권을 침해하는 것은 과도한 국가의 개입이다.

3. 사회의 변화와 공동체 가치

정의론은 공리주의, 자유주의 그리고 공동체주의로 구분된다고 봄이 일반적이다. 이 중 공리주의는 단순하면서도 어느 영역에도 적용될 수 있는 단일의 논거로 사회적 행복을 추구하는데 이점이 있지만, 개인의 자유와 권리를 심각하게 침해할 여지를 담고 있다. 자유주의 역시 여러 형태로 정의의 문제를 거론하고 개인의 존엄성을 최고의 미덕으로 삼고자 하였지만, 지나치게 이상적이거나 도덕적인 인간상을 전제로 함으로서 현실성을 잃어버리는 경우가 많았다.

최근에는 공동체적 관점에서 정의를 조망하고 사회의 선이 무엇인가를 찾고자 하는 경향들이 두드러졌는데, 이 또한 시대적 흐름을 무시할 수 없다. 근대 유럽이 사회개혁의 수단으로 공리주의를 선호하였지만 그로 인한 개인의 자유권침해를 묵과할 수 없었으며, 이후 자유주의가 자본주의의 폐해를 극대화한 이상 여전히 자유주의만을 주장할 수 없게 된 것도 역시 인간사의 변화와 맥을 같이 한다. 이러한 역사의 흐름은 공리주의와 자유주의를 거쳐 다시 공동체적 관점을 검토하도록 하는 지점에 온 듯하다.

롤즈의 의무론적 자유주의에 대한 비판을 전제로 한 최근의 정의론들은 구체적인 공동체적 가치를 중심에 두고 현실에 적용할 수 있는 정의를 추구하고자 한다. 자유주의가 지나치게 이상적인 사회를 예정하거나 거의 결함 없는 도덕적 인간을 앞세운 것에 대한 반작용일 수 있다. 어느 이유에서든 공동체적 가치로서의 정의관은 현 시대의 흐름과 사회변화를 충분히 고민하고 반영하면서 윤곽을 잡아가고 있다는 점에서 현재 이 시점에서 우리에게 적용될 형법에 반영할 충분한 가치가 있다. 형법이 시대적 가치 반영의 의무를 지고 있다면, 사회의 변화와 그로 인한 가치관의 무게중심 이동은 형법의 태도를 변화시키는 원동력이 되어야 하기 때문이다.

4. 연대성의 원리를 통한 가치회복: 도덕과 전통의 변화 수용

인간의 생물학적 본성에 내재되어 있는 윤리적 전제들은 사회의 지속여부에 의존하여 고유의 도덕체계로서 유지된다. 물론 오래된 관습이 언제나 윤리적으로 옳은 것은 아니다. 할례와 같이 비도덕적이고 인권침해적인 관습들이 한 사회의 전통으로서 남아있기도 하지만, 그것 역시 인류애적인 측면보다 협소한 시각, 즉 그러한 관습을 유지하는 좁은 사회의 시각에서는 관습을 유지할 공공의 이익이 남아있다고 주장할 것이다. 이처럼 관습 중에서 공공의 선에 도움이 되지 않거나 반하는 것들 또는 한 시대에는 사회의 선에 공헌하였지만 더 이상 그러하지 못한 것들은 오늘날 대체로 폐습이 되기도 한다.

즉, 사회를 존속시키고 연대성을 강화하는 경향을 지닌 관습은 유지되어 사회규범으로 구축되어 가지만, 반대의 영향을 미치는 관습들은 전통으로 존속되지 않고 사라지게 된다.[71] 이처럼 관습이나 전통 역시 동적인 개념이지만, 개개의 관습이나 전통들의 존속 여부의 중심에는 항상적으로 사회연대가 존재해왔다. 이러한 점은 연대성이 고금을 막론하고 한 사회의 보호되어야 할 공동체적 가치로서 명맥을 유지하여 왔음을 보여준다. 따라서 공동체적 가치로서 연대성을 중심으로 이해할 때에는 도덕과 전통의 변화를 현대 형법이 수용할 수 있는 여력을 가지게 된다.

특히 우리 형법은 근대 격동기를 거쳐 역사적으로 이어져 왔던 도덕과 전통의 맥을 끊어버리고 현대적 의미의 형법, 보다 정확하게는 대륙법의 모방을 행위기준으로 채택하였다.[72] 물론 현대 사회의 병폐가 국가마다 비슷한 양상을 띠기 때문에 행위규제법으로서 형법도 유사성을 띨 수는 있다. 그러나 그러한 유사성은 개별 조문에서 드러날 수는 있어도, 그러한 병폐가 형법 체계의 근본틀을 변화시키지는 않는다. 우리 사회의 영속성은 단절된 바 없고, 여전히 우리들은 과거로부터 이어지는 관습과 사회적 결속 안에 갇혀 있다. 그럼에도 불구하고, 형법은 이를 반영하지 않은 채 서구적 형태로 갖추어져 있음으로 인하여 발생하는 괴리는 반대로 우리사회의 가치관에 혼란을 유발하게 된다. 관습과 전통을 구시대 잔재로 인식함으로서 전통적으로 이어져왔던 사회적 가치관을 도외시하였지만, 새로 받아들인 것은 새로운 가치관이 아니라 형식적인 틀로서의 서구적인 형법이었기 때문이다.

가치관이 어느 사회에서 다른 사회로 스며드는 것은, 물리력에 의한 정복을 제외하고는 오랜 시간이 필요하다. 그 결과 형법은 수용하였으되 가치관까지는 수용할 시간적 여유가 없었던 것이다. 최근에 발생하는 반인륜적인 범죄들은 전통적으로 존중되어 왔던 가치와 관습의 공백을 여과 없이 반영한다.[73]

71 Peter Singer, The Expanding Circle: Ethics, Evolution, and Moral Progress, 1981(김성한 역, 사회생물학과 윤리, 연암서가, 2012, 261면).

72 물론 형법이 제정되기 전의 의용 형법이 존재하였고, 제정형법에 영향을 미쳤다고 하더라도 의용 형법 역시 일본의 법역사를 그대로 반영하고 있기 때문에 대륙법의 모방이라는 비판을 면할 수 없다.

73 우리는 날마다 부모로서의 양육의무라는 윤리적 가치를 생활 속에서 자연스럽게 습득하지 못한 어린 부모들의 영아유기, 아동학대, 유아살해와 교육자로서 덕목을 배우지 못한 교사

이와 같은 사회적 현상으로부터의 복원은 연대감의 강화 또는 회복이 하나의 단서이다. 물론 그러한 이유로 형법이 연대성을 목적으로 해야 한다는 것은 아니다. 다만, 과거와 현재를 이어주는 맥으로서의 연대성은 건전한 사회의 영속을 위한 토대가 된다는 점에서도 형법적 의미를 가진다.

5. 인간본성으로서의 연대성

인간본성의 정의부터 실제로 그것이 존재하는가는 여전히 논란의 대상이다.[74] 그러나 이제는 최소한 인간본성은 개개인의 인격을 지칭하는 것이 아니라, 인간의 행동을 조건화하는 다양한 영향력에 대응하면서 지속적으로 축적되어 온 생물학적 특성으로 이해하고자 함이 한 축인 듯하다. 즉, 일반적으로 동서고금을 막론하고 인간의 행동이 균일하고 그 원리와 작용이 항구적인 것으로 인정되고, 동일한 동기는 항상 동일한 행동을 산출하며, 그 결과 인간 행동의 본질적이고 보편적인 원리들이라는 것이다. 그리고 도덕 또는 법률이 생물학적 원리를 많이 반영하면 반영할수록 더욱 강한 효력을 발휘하게 된다는 점과 보다 확실한 규범준수의지와 이행을 확보할 수 있다는 점은 굳이 다른 논거를 필요로 하지 않을 것이다. 이처럼 도덕과 이를 저변으로 형성되어야 할 형법체계 역시 인간에게 내재하는 생물학적 본성에 의존할 때, 규범의 수용과 존속은 수월해 질 수 있다.[75] 반대로 인간 본성의 명백한 특징에 반하는 규범들은 규범으로서 오래 존속할 수 없을 것이다.

국가의 기원은 혈연관계가 없는 집단의 강제적 통제로부터 출발한다. 반면 사회적 결속은 인간본성의 일부로서, 인간은 소규모의 집단성으로부터 출발하여 생존과 번식을 위한 결속을 본성으로 내재하여 왔다. 인간의 본성은 소규모 집단, 특히 혈연적 이타성 또는 집단 이타성으로 묶여질 수 있는 단위에 초점이 맞추어진다.[76] 다만 인구의 급증로 인하여 집단교차적인 대규모 사회가 더 나은

들의 학생구타 및 반대로 공경을 배우지 못한 연소자들의 어른에 대한 폭력행사, 이성을 소유물로 전락시키는 관계에서의 폭력과 살인 등에 익숙하다. 이러한 범죄들은 비윤리 그 자체이며, 우리 사회가 가져야 할 윤리와 전통의 부재라는 병리현상이 범죄로 귀결된 것들이다.

74 인간본성의 개념과 유무에 관한 내용은 Roger Trigg/김성한 역, 인간본성과 사회생물학－사회생물학의 철학적 측면을 논하다(The Shaping of Man, 1982), 궁리, 2007, 61면 이하 참조).

75 Francisco J. Ayala, The Biological Roots of Morality, Biol. & Philos., 2, 1987, 237면.

76 Paul R. Ehrlich/전방욱 역, 인간의 본성(들)－인간의 본성을 만드는 것은 유전자인가, 문화

기술을 가질 수 있었고, 보다 나은 생산기술에 의한 잉여생산을 통한 잉여노동력이 보다 넓은 영토 확장을 위한 무력으로 전환될 수 있었으며, 보다 소규모의 '자율적인 사회'들은 점차 소멸하는 역사를 거치게 되었다. 그러나 인간의 역사에서 이처럼 인위적이고 강제적인 국가형태가 출현한 것은 단지 최근의 사건일 뿐이며, 자율적 사회차원의 연대성은 여전히 인간본성으로서 사회의 영속성을 보장하기 위한 조건으로 남아 있다. 따라서 연대성은 가장 본성적이고 원초적인 형태의 인간의 생존과 존속을 위한 조건이다. 그러한 연대성을 전제로 할 때 사회의 영속성이 보장되고 사회적 가치 또는 합의로서의 규범이 도출되는데, 그러한 규범들 역시 사회의 영속성을 지탱하는 데 긍정적인 방향으로 성립될 것이다. 따라서 형법이 사회의 규범을 그 토대로 하여 국가적 보호의 문제를 결정하고자 한다면, 사회 규범의 근저에는 여전히 연대성이 자리 잡고 있음을 간과해서는 안 될 것이다.

6. 시장지배와 처벌의 불공평성의 해소

가. 시장원리의 합리성에서 연대의 도덕성으로의 전환

현대 사회에 가장 두르러진 성향 가운데 하나는 시장과 시장친화적인 사고가, 시장원리와는 현저히 다른 기준의 지배를 받던 전통적인 삶의 영역까지 파고든다는 점이다. 일단 시장원리가 개입하면 그것은 '합리성'에만 의존하기 때문에 옳음과는 거리가 멀어질 수밖에 없다. 범죄자의 처벌과 형법의 범위도 마찬가지이다. 처벌되는 행위의 결정에 '도덕성'이 아닌 '합리성'이 개입되면, 비윤리성이나 비도덕성의 정도가 감내할 수 없는 영역이라도, 자유의지를 가진 인간이 합리적인 이익과 불이익의 판단에 의하여 선택 가능한 방향에로 처벌되는 행위 여부가 결정되어지는 경향을 가질 수밖에 없다.

예컨대, 특허로 등록되지는 않았지만 한 지역의 구성원 대부분이 잘 알고

인가?(HUMAN NATURES: Genes, Cultures, and the Human Prospect, 2001), 이마고, 2008, 290면은 "이들 중간적인 수준의 사회구조를 일종의 유전적 편향으로 설명하자면 이 호모 사피엔스가 몇 백만이나 몇 십억 명이 아니라 기껏해야 몇 백이나 몇 천 명이라는 단위에서 생활하도록 되어 있는 기본적으로 여전히 소집단 동물이었다는 점을 알려 준다. 이것은 오랫동안 수렵-채취인으로 살았던 우리들의 역사에서 배울 수 있는 가장 중요한 교훈"이라고 설명한다.

있는 특정한 문양의 식기구가 있고, 인기가 있다고 하자. 이러한 구성원들의 소비 성향을 알게 된 타인이 보다 잘 그려지고 정교한 유사 문양을 이번에는 의류에 적용하여 판매하였다면 그의 선택은 합리적이고 윤리적으로 문제가 없는가? 나아가 동일한 식기구에 그와 같은 유사 문양을 적용하여 판매하였다면, 특허나 상표를 등록하지 않은 상품이기 때문에 법규상 하자가 없으므로 그와 같은 행위는 이익을 보다 많이 창출하기 위한 합리적 선택이라고 할 수 있다. 그런데 그와 같은 '합리성'이 기망행위에 해당하지는 않는가? 유사 문양이기 때문에 동일한 제조자의 제품이라고 신뢰하고 구매한 구성원들에게 기망행위를 하였다고 하려면, 그러한 행위가 '비윤리적'임을 전제로 하여야 한다.

더 나아가 장기매매의 경우를 생각해보자. 금전적으로 궁핍한 자가 두 개씩 가지고 있는 콩팥이나 안구 등을 타인에게 판매하고자 광고를 낸다면, 시장원리로서는 개인의 합리적 판단에 따른 이익과 불이익의 계산에 의한 선택행위이다. 또한 상대방은 생존에 필요한 신체의 일부를 얻게 되었으므로 한 생명을 살린 셈이 된다. 합리적으로는 장기매매행위가 양자 모두에게 이익이 되는 행위임을 부인할 수 없다. 하지만 윤리적인 측면에서는 어떠한가? 왜 국가는 시장원리에 따라 서로에게 이익이 되는 합리적 거래행위를 국가의 법으로 금지하는가? 만일, 이와 같은 장기를 거래목적이 아닌 인류애적 마음에 기인하여 자발적으로 기증하다면 그것은 왜 가능한가? 국가는 왜 유상의 거래는 금지하면서 무상의 기증은 허용하는가? 이것은 앞선 성매매의 경우와도 유사하다. 국가는 왜 유상의 성매매는 금지하면서 무상의 성적 행위는 관여하지 않는가?

시장의 개입은 처벌되는 행위의 선택기준을 변경시킬 수 있는 힘이 있다. 우리가 때로는 그것을 '로비' 또는 '이익중재'라고도 부르기도 하는데, 이익집단이 입법에 개입하는 것은 당연하지만, 그것이 형법의 영역이라면 이익집단의 시장지배력이 윤리성까지도 지배하는 결과를 초래하게 되기도 한다. 그러한 결과는 궁극적으로 금전이라는 하나의 재화가 다른 모든 영역을 지배하게 되므로 다원적 공동체적 가치에 반한다. 반대로 사회결속력을 중심으로 형법을 이해하게 된다면, 그것이 비록 합리적 행위라 하더라도 공동체의 가치에 반한다면 비도덕적 행위로서 비난의 대상이 되어야 한다.

전통적인 형법은 개인을 '이성적이고 합리적인 인간'으로 설정하고, 그와 같은 인간이 처벌의 불이익과 금지행위의 이익 간의 비교형량을 통해서 범죄에로의 결정을 한다고 상정한다. 그러나 시장지배력이 큰 사회일수록 개인은 공동체적 가치보다는 시장의 합리성에 현혹될 우려가 있고 또 전적으로 합리성만으로 행위판단의 기준으로 삼게 된다면, 하나의 사회적 재가 다른 사회적 재의 가치를 잠식해버리는 결과를 초래한다. 따라서 공동체적 가치로서 연대성을 우위에 두게 된다면, 합리성을 대체하는 도덕성으로 형법의 행위기준을 삼을 수 있게 된다. 또한 처벌의 영역 역시 시장지배적 합리성보다는 공동체적 가치로서의 결속력의 문제로 결정됨으로써, 도덕성의 회복을 꾀할 수 있게 된다.

나. 빈부격차와 처벌의 불평등의 해소: 복지정책과 형법정책의 통합

빈부격차가 지나치게 되면, 민주시민에게 요구되는 연대의식은 약화될 수밖에 없다. 빈부격차는 상대적 박탈감을 유발하고 구성원들에게 빈부격차가 처벌의 공평성에도 영향을 미친다는 인식을 심어주게 된다. 즉, 처벌의 공평성이 담보되지 않는 것도 연대의식의 약화로 이어질 수 있다. 빈부격차뿐만 아니라 규범위반에 대한 이익과 불이익의 격차도 그와 같이 연대성의 강화에 악영향을 미치게 된다.

처벌의 불평등은 형법적용의 불평등이며, 처우의 불평등의 문제이다. 형사법 영역에서 발생하는 불평등이 수범자 및 범죄자 모두에게 미치는 결과와 그것을 시정할 제도에 초점을 맞추게 된다면, 중형주의 주장만으로는 불가능해진다. 따라서 불평등의 해소를 위한 정책적 방안들을 모색하고자 할 것이고, 그것이 공동체의 연대성 강화의 결과를 양산할 것이다. 즉, 공동체의 연대강화는 규범준수의지가 높은 선량한 일반시민 만의 강화를 의미하는 것이 아니다. 연대성의 강화는 일반인과 범죄자 간의 연대강화 및 결속력의 강화도 포함한다. 이를 위해서는 처벌의 불공평성이 해소되어야 하고, 특히 빈부격차로 인한 처벌의 불공정이 우선 시정되어야 한다. 이 점에서 복지정책은 단순히 삶의 질의 향상에 그치는 것이 아니라, 규범준수의식에도 영향을 미치게 된다. 올바른 복지정책을 통하여 빈부격차가 해소될수록 처벌의 공평성에 대한 기대의식도 높아지게 된다.

범죄를 개인적 또는 인격적 특성의 발현으로 보기보다는 사회구조적 요인들에서 찾고자 하는 노력들은 지속적으로 시도되어 왔다.[77] 특히 절대적 빈곤이 낮아지고 오히려 상대적 박탈감이 사회병리현상들을 야기하는 현대사회에서 경제적 불평등과 범죄의 관련성에 관한 논의들은 다양한 각도에서 이루어져 왔다. 특히 우리나라에서도 이와 같은 연구들이 다루어졌는데, 이에 따르면 교통범죄를 제외한 총범죄와 경제적 불평등은 관련성이 있음이 통계적으로 확인되었다. 또한 경제적 불평등과 범죄의 상관성은 범죄의 유형별로 다르게 나타났지만, 재산범죄 중에서도 절도와의 관련성이 가장 높았다고 한다.[78]

어떠한 사회적 조건들이 규범위반 혹은 범죄를 유발할 수 있음이 밝혀진다면, 그러한 조건들의 개선을 통해 규범위반 혹은 범죄 발생을 감소시켜야 한다.[79] 빈부격차가 단지 복지정책의 문제, 즉 사회적 형평성 제고를 위한 분배적 수준이나 경제적 생활수준향상이라는 사회정책 차원에서 다루어져서는 안 되고, 중요한 형법정책의 문제로 이해되어야 하는 이유이기도 하다. 복지정책은 국가차원에서는 소득의 재분배 문제이겠지만, 사회차원에서는 공동체 구성원들 간의 자발적 박애의 문제이기도 하다. 그리고 복지정책을 통한 불평등의 해소가 처벌의 불공평성에 대한 의심의 문제들을 해결하고, 나아가 범죄발생의 편차까지도 축소시키는 효과를 가진다면 그 자체가 공동체 가치로서의 연대성의 회복으로 귀결된다.

7. 수범자의 연대권과 국가의 형벌권과의 대립

연대성은 과거와 전통의 존중으로 구축된다는 점에서, 우리 사회의 가치가 형법에 반드시 투영되어야 한다. 그리고 형법은 연대성을 구축하고자 이어져온

---

77 경제적 번영과 물질적 풍요로움 속에서 도시 내 지역과 집단별로 사회경제적 수준에 큰 격차가 발생하기 시작하였고, 이 과정에서 열악하고 궁핍한 환경에 놓인 도시의 특정 지역 또는 집단에 범죄가 집중되는 현상에 관한 연구는 Robert Merton, "Social Structure and Anomie". American Sociological Review, 3, 1938, 672~682면; Clifford Shaw · Henry McKay. Juvenile Delinquency and Urban Areas. Chicago, IL : University of Chicago Press, 1931 및 1942 등 이미 미국의 경제대공황 이후 극복기의 미국사회현상을 중심으로 이루어져 왔다.

78 최낙범 · 금현섭 · 오윤이, "소득불평등과 범죄 간의 관계에 대한 탐색: 광역지방자치단체를 중심으로", 행정논총 제53권 제2호, 서울대학교 한국행정연구소, 2015/6, 123~151면의 연구 결과 참조.

79 A. E. Liska · S. F. Messner/장상희 역, 일탈과 범죄사회학(Perspectives on Crime and Deviance. Prentice Hall. 1999), 경문사, 2001, 35면.

사회의 가치보다 클 수 없고 그것을 벗어난 다른 목적을 국가적 차원에서 가질 수 없다. 국가형법은 국가의 것이 아니라 사회의 가치로서 사회의 영속을 위한 연대성의 강화수단일 뿐이다. 형법은 목적도 아니고 정의도 아니다. 수단이 스스로를 목적으로 삼고자 한다면, 그것은 무자비한 칼이 된다.

따라서 수범자는 단지 수범자가 아니다. 사회연대성의 관점에서 형법의 목적을 이해할 때, 국가의 입장에서 수범자라고 불리는 사회구성원들은 단지 법을 준수해야할 의무자에 국한되지 않는다. 수범자는 형법을 권력의 일부로 삼고자 하는 국가를 주시하고 국가형벌권이 사회연대성의 보호를 위한 양보다 커지는 것을 막아야 하는 감시자이며, 형법이 스스로를 목적으로 하고자 함을 경계하고 방지하여야 할 파수꾼이다.

특히 국가권력이 폭력범죄를 자행하여 사회의 가치를 훼손하고 연대감을 저하시킴에도 불구하고, 국가가 형법을 이용하여 그것을 개인의 범죄로 돌리고 국가폭력을 은폐하고자 한다면, 사회구성원들은 더 이상 수범자로서 머물러서는 안 되며 스스로 사회연대성의 보호를 포기한 형법과 국가형벌권에 맞서는 대립구도를 가져야 한다. 형법의 목적이 다양성과 관용성을 존중하는 방향으로 구축되는 사회 연대성의 보호이고, 형법이 그러한 기능을 충분히 수행한다면 좋은 형법이다. 그러나 국가권력이 사회연대성의 근저에 놓인 사회의 가치를 훼손하거나 사회구성원을 이용하여 권력을 남용한다면 그것을 통한 연대성의 와해를 저지하기 위해서, 수범자는 국가 형법의 수범자가 아니라 사회 연대성의 수호자가 되어야 한다.

8. 회복적 사법과 사회적 결속

회복적 사법의 기원 및 활성화는 원주민사회의 고질적인 악습의 해결로부터 출발한다. 캐나다 및 미국,[80] 뉴질랜드와 호주 등은 서구사회에 의한 정복 이후 피폐화된 원주민들의 범죄들에 대하여 공식적인 형사사법체계를 발동하지 않는 대신, 원주민사회에 독자적인 사법권을 허용하였다. 원주민사회는 고유의 집단적 해결방법을 가지고 있었으며, 그것의 서구적 발전이 회복적 사법이론과

80 Nancy Bonvillain, "Gender relations in Mative North America", American Indian Culture and Research Journal Vol. 13, No. 2, 1989, 1~28면.

절차들을 발전시켜 왔다. 캐나다의 Peacemaking제도[81]라든가 뉴질랜드의 Family Group Conference[82] 등이 대표적이다. 이들은 절차상으로도 원주민 고유의 종교적 의식과 풍습을 존중하고 이를 통해 공동체의식을 강조하면서 공동체의 구성원으로서 개인의 화합을 도출하고자 하였다. 그러한 과정에서 피해자와 범죄자, 그리고 가족뿐만 아니라 사회공동체의 참여는 매우 자연스러운 현상이었으며, 치유 역시 개인뿐만 아니라 집단의식의 회복을 지향하였다. 따라서 공동체는 당연히 이해관계인이었으며, 공동체의 범위 역시 명약관화하였다. 이와 같은 의미에서 공동체적 결속은 범죄의 해결방법이었으며, 여전히 형사사법제도에로의 편입가능성이 남아 있음을 주시하여야 한다.

그러나 서구사회로 진입한 회복적 사법은 범죄 또는 분쟁이 피해자의 "자산(conflict as property)"이라는 점을 강조한다. 서구사회 회복적 사법의 사상적 배경은 지극히 자본주의적이며, 지속가능한 자산을 국가사법체계 및 법조계가 당사자로부터 약탈하여 그들의 부를 축적하는데 이용했음을 이론적 바탕으로 한다.[83] 즉, 자본주의적 산업발달이 몰개인화와 계급(또는 계층)의 양극화를 초래하였으며,[84] 그 결과 범죄피해는 보이지 않는 영역으로 은폐되거나, 보이더라도 국가권력의 발동을 통한 국가의 이익창출이나 여기에 개입하는 법조계의 이익으로 환원될 뿐 피해자나 범죄자가 그로부터 회복되거나 통합되지 못하고 있음을 강조한다. 그러나 회복적 사법은 그 이론전개 과정에서 역설적이게도 범죄를 "개인의 자산"이며, 이익을 환원 받아야 한다고 강조함으로써 자본주의적 해결을 시도한다. 즉, 자본주의를 원인으로 지적하면서 그 결과로서 자본주의적

---

81 Rashmi Goel, "No Women at the Centre: The Use of Canadian Sentencing Circle in Domestic Violence Cases". Wisconsin Women's Law Journal Vol. 15, 2000, 293~334면; Donna Coker, "Restorative Justice, Navajo Peacemaking and Domestic violence", theoretical Criminology, SAGE Pub., 2006, 155면 이하 참조.

82 Allen MacRae/Howard Jehr, Family Group Conferences, New Zealand Style, Good Books, 2004. 뉴질랜드의 경우 교통범죄나 마약범죄와 같이 특별한 피해자를 지정하기 어려운 경우에는 지역사회를 피해자로, 경찰을 지역사회의 대표자로 간주하여 절차를 진행하기도 한다. 같은 책 34면 참조.

83 Nils Christie, "Conflict as Property", The British Journal of Criminology, Vol.17, No.1, Oxford journals, 1977/1, 4~14면 참조.

84 Vennard, J., "Justice and Recompense for Victims of Crime", New Society, No. 36, 1976, 378~380면.

정신적·물질적 부의 축적을 추구하는 셈이다.

따라서 공동체적 결속의 의미를, 회복적 사법이 추구하는 바의 한계를 넘어서 사회공동체 전체를 의미한다고 할 때에 비로소 회복적 사법의 진정한 의미가 실현된다고 할 수 있다. 즉, 피해자의 자산인 분쟁을 국가가 형사사법제도를 통해 독점함으로써 그로부터 이익을 취해 온 것이 현대사회의 특징인 점은 명백하다. 그렇게 교묘하게 약탈당한 분쟁을 개인에게 환원시킨 후에, 회복적 사법이 추구해야 하는 바는 자본주의적 해결이 아닌, 연대성의 강화를 통한 분쟁의 해결이어야 한다는 점이다. 이로부터 제도의 인간화가 이루어질 수 있다. 결과적으로 행해져야 할 바는 연대의 끈 속에 놓여 있는 개인이 범죄를 통해서 일종의 자산으로서 타인과의 관계가 형성되었다면, 그것의 해결을 공동체 전체의 자산으로서 이해하고 해결해 나아갈 수 있도록 제도적 뒷받침이 가능하여야 한다. 그것을 통해서 회복적 사법은 이론적인 이상이 아닌, 현실적인 제도로서 구축될 수 있다.

특히 재산침해나 알코올 등 약물중독, 폭력행위와 같이 가장 보편적으로 발생하는 범죄들은 개인 간의 화해를 통해서 해결될 가능성이 높을 뿐만 아니라, 지역사회의 동참을 통한 해결이 이루어질 때 개인의 재범예방의 효과는 극대화 될 것이다. 가장 보편적인 예가 약물중독치료의 예이다. 지역사회동참을 통한 약물중독치료는 미국, 영국, 프랑스 등 각국에서 지역적 특수성 및 사회적 인식을 배려하여 운영되고 있으며, 재발율에 직접 영향을 미친다고 한다.[85]

약물중독이라는 범죄적 특수성이 지역사회의 적극적 개입을 유인하는 요인이라고도 할 수 있겠지만, 기타의 범죄들 역시 제도적 개혁을 통해 처벌보다 우선하는 공동체의 적극적 개입과 자발적 참여를 유도할 수 있다. 예컨대, 학교폭력사건에 있어서, 형사사법제도와 기관들이 개입하기 전에 학교에서 우선적이고 자발적으로 가해자와 피해자 간의 화해와 가해자의 참회를 이끌어 내도록 하는 다양한 제도들이 시도되고 있는 것 역시 유사한 맥락이다. 이처럼 특정 연령 또는 특정 범죄를 대상으로 행해지는 제도들이 인간화를 우선적 목적으로 하고 있다면, 그 본질을 형사사법 전역에 일관성 있게 담보하는 방안을 모색하는 것이, 어렵지만 불가능하지는 않다는 점에 주목하여야 할 것이다.

---

85 각국의 지역참여적 개발모형 사례들은 차진경 외 11인, 연구보고서 지역사회를 기반으로 한 중독 치료·재활 모형 개발, 한국음주문화연구센터, 2011 참조.

2

PART

처벌되는 행위자들 1 :
기업(법인)

CHAPTER 01 개인의 처벌: 경영판단의 원칙

I 기업 내 개인의 범죄와 경영판단의 원칙

앞서 연대성의 원리가 처벌의 목적으로서 처벌의 대상이 되는 자의 범위를 확대시킬 수 있음을 살펴보았다. 따라서 국가나 기업 역시 처벌의 대상이 될 수 있음을 이제 논증하여야 한다. 우선 그와 같은 논증에 앞서 기업 내 개인 범죄의 처벌가능성 및 처벌의 목적에 관하여 살펴보고자 한다. 현대사회에서 기업은 개인의 총합이 아닌 또 다른 유기체와 같은 활동을 한다. 하지만 기업에 대한 처벌가능성을 타진한다고 해서 소속된 개인에게 면죄부를 주는 것은 결코 아니다. 특히 기업 내 개인의 경영상의 활동이 오로지 기업의 이윤창출을 위한 목적이라고 해서 적법한 경영활동이라고 판단되어서는 안 된다. 경영활동의 영역도 사회활동의 일부인 점에서는 철저하게 법논리적으로 논증되어야 하고, 그와 같은 영역이 목적을 위한 수단으로서 합법화될 수 없다. 여기에서는 우선 기업처벌을 살펴보기 전에, 개인인 수범자의 경영활동에 대한 처벌가능성을 형법논리적으로 확인하고자 한다. 이는 기업의 처벌로 인하여 개인의 처벌이 잠식되거나 배제될 수 없음을 의미한다.

IMF 이후 지난 이십여 년 간 우리 사회에서 기업의 역할과 기업내부자의 책임에 관한 인식에는 많은 변화들이 있어왔다. 당시 회사경영의 투명성, 경영진의 책임 강화 및 기업집단지배구조의 변혁 등이 주된 논의의 핵심이었으며, 이는 상법의 개정 및 특별법의 신설로 이어지기도 하였다. 특히 기업내부자 또는 경영진의 책임과 관련하여 자본시장의 활성화를 위한 면책요건의 완화와 기업구조의 혁신과 기업의 사회적 책임을 정립하기 위한 책임의 강화라는 양립할 수 없는 두 과제가 팽팽히 대립되면서, 경영판단의 원칙의 도입 여부가 마치 이사를 포함한 경영진의 사활을 결정하는 열쇠처럼 인식되어 왔다.

이러한 논쟁들은 입법적인 결단에까지 영향을 미치게 되었는바, 이미 2013년 발의된 상법 일부개정안[1]은 경영판단의 원칙을 상법에 전면적으로 도입할 것을 제안하고 있다. 그 제안이유를 살펴보면 다음과 같다. 즉, 기업인의 경영활동과 관련하여 책임추궁에 있어 독일 주식법 제93조에서 성문화되었고, 미국 판례법으로 인정되고 있는 '경영판단의 원칙'(business judgment rule)에 대하여, 우리나라 학계에서는 이 원칙의 도입에 대한 주장이 계속적으로 제기되어 왔으며, 하급심 및 대법원에서도 이미 판례를 통해 '경영판단의 원칙'을 인정하고 있는 실정이라고 한다. 그러나 규정의 미비로 인해 법적 판단을 함에 있어 한계가 있는 것이 사실이며, 따라서 이사가 충분한 정보를 바탕으로 어떠한 이해관계를 갖지 않고, 상당한 주의를 다하여 회사에 최선의 이익이 된다고 선의로 믿고 경영상의 결정을 내렸을 경우에는 비록 회사에 손해를 끼쳤다고 하더라도 의무의 위반으로 보지 않도록 명확하게 규정함으로써, 기업인들이 기업의 목적인 이윤창출을 극대화하기 위한 활동에 매진할 수 있도록 하고자 함을 목적으로 한다. 본 발의안은 현재 국회에 상정중이며 곧 원안대로 의결될 것으로 보인다.

그리고 이와 더불어 경영판단의 원칙을 형법에 도입하여 배임죄 성부의 판단기준으로 삼을 것인가의 논의 역시 지난하게 지속되었다.[2] 경영판단의 원칙

---

1 의안번호 4246, 이명수 의원 발의, 2013. 3. 25. 제382조 제2항에 단서를 다음과 같이 신설한다. '다만, 이사가 충분한 정보를 바탕으로 어떠한 이해관계를 갖지 않고, 상당한 주의를 다하여 회사에 최선의 이익이 된다고 선의로 믿고 경영상의 결정을 내렸을 경우에는 비록 회사에 손해를 끼쳤다고 하더라도 의무의 위반으로 보지 않는다.'
http://likms.assembly.go.kr/bill/jsp/BillDetail.jsp?bill_id=PRC_H1V3U0L3P2A5G1O5W3H2H5L9E2C9I0 참조.

2 경영판단의 원칙과 형법 간의 관계에 관한 그간의 연구들을 살펴보면 다음과 같다. 강동범, "이사의 경영판단과 업무상 배임", 법학논집 제14권 제3호, 이화여자대학교 법학연구

이 상법상 확립된 이론이 아님에도 불구하고 실질적으로 손해배상 판단의 기준이 되어 왔다는 점에서, 경영판단의 원칙을 형법상 신임관계를 기초로 하는 재산범죄에도 적용하여야 한다는 입장에서는, 경영판단의 원칙이 범죄성립을 부정하는 주된 논거로 작용하여야 한다고 본다. 그런데 이에 대한 찬반의 논거들은 동일한 출발점에 서 있지 않다는 점에서, 결론에 이를 수 없는 팽팽한 평행선을 달리고 있음을 부인할 수 없다. 도입찬성론은 정책적 측면에서 자본시장의 확대와 경제활성화를 목적으로 하고 있는 반면, 반대론은 형법이론적 측면에서 구성요건 해석의 문제로 접근하고 있다는 점에서 양 견해는 출발점을 달리하고 있는 것이다. 즉, 찬성론은 행위중심의 범죄성립요건의 해석문제가 아닌 결과중심적인 목적론적 의도에서 출발하여 현실적인 손해 여부에 대하여 판단을 하고 있다. 그리하여 궁극적으로 손해가 발생하지 않았다면 개별행위의 신임관계 위배 여부를 판단하지 않거나, 설령 손해가 발생하였더라도 모험거래의 본질에 부합하는 판단이었을 경우 경영판단의 원칙으로서 면책하고자 한다. 그

소, 2010; 강동욱, "이상 등의 경영행위에 대한 배임죄의 성립범위-객관적 구성요건의 해석을 중심으로-", 한양법학 제24권 제1호, 한양법학회, 2013/2; 곽병선, "경영판단의 원칙과 업무상배임죄", 법학연구 제56호, 한국법학회, 2014/12; 김준호, "형법상 경영판단의 원칙 도입론에 관한 비판적 검토", 법조 제636호, 법조협회, 2009; 박성민, "배임죄에 있어 경영판단의 원칙 도입여부에 대한 검토", 비교형사법연구 제16권 제1호, 한국비교형사법학회, 2014; 이경렬, "경영판단의 과오와 업무상배임죄 성부", 법조 제603호, 법조협회, 2006; 이규훈, "업무상 배임죄와 경영판단", 형사판례연구 제13권, 한국형사판례연구회, 2005; 이상돈, "경영실패와 경영진의 형사책임", 법조 제560호, 법조협회, 2003; 이상돈, "형법상 경영판단의 원칙의 지평확대", 고려법학 제74호, 고려대학교 법학연구원, 2014; 이용식, "차입매수(LBO)에 대한 형사책임-대법원의 배임죄 판단에 대한 검토-", 이화여자대학교 법학논집 제14권 제3호, 이화여자대학교 법학연구소, 2010/3; 이정민, "경영판단원칙과 업무상 배임죄", 형사정책연구 제18권 제4호, 한국형사정책연구원, 2007; 이창섭, "경영판단의 원칙의 형법상 의미", 법학연구 제23권 제1호, 경상대학교 법학연구소, 2015; 임정호, "형법상 배임죄에 있어서 경영판단원칙에 대한 재검토-형법 규정과 신인의무의 간극-", 법학연구 제23권 제2호, 연세대학교 법학연구원, 2013; 장성원, "경영판단행위에 대한 배임죄 적용", 법과 정책연구 제15집 제3호, 한국법정책학회, 2013/9; 조국, "기업범죄 통제에 있어서 형법의 역할과 한계 - 업무상 배임죄 배제론에 대한 응답-", 형사법연구 제19권 제3호, 한국형사법학회, 2007; 조기영, "배임죄의 제한해석과 경영판단의 원칙", 형사법연구 제19권 제1호, 한국형사법학회, 2007; 정영태, "업무상 배임죄와 경영판단의 원칙-대법원 2011.10.27. 선고 2005도14464 판결-", 판례연구 제25집, 부산판례연구회, 2014; 최성진, "경영 판단의 원칙과 배임죄에 대한 고찰", 상장협연구 제69호, 한국상장회사협의회, 2014; 한석훈, "형사책임에 대한 경영판단원칙의 적용", 성균관법학 제22권 제2호, 성균관대학교 법학연구소, 2010 등.

리고 이를 통하여 궁극적으로 어떠한 형태든 이윤의 창출이 가능한 구조를 설계하고, 위험을 수반하는 거래의 본질을 존중하는 해석을 하고자 하는 것이다.[3]

그러나 경영판단의 원칙을 형법에 도입할 것인가의 문제는 오로지 정책적 목적만을 고려하여 해결할 수 있는 문제가 아니다. 형법이 가지는 고유한 기능과 본질을 바탕으로 이해되어야 하며, 이는 상법이라는 민사적 영역의 이론들이 형법에 투영됨에 있어서 한계지점은 어디인가, 즉 민사법과 형사법의 해석의 통일성 또는 독자성의 문제까지도 거론되어질 수 있다. 더 나아가 규범해석의 불명확성을 해소하기 위하여 필요한 이론적 바탕이 무엇인가의 문제까지도 제기하게 되기도 한다.

여기에서는 법정책적인 접근과 법이론적인 접근을 통하여 경영판단의 원칙이 배임죄의 성립논의에 직접 적용될 수 없음을 밝히고자 한다. 우선 정책적인 접근으로는 경영판단의 원칙의 의미 및 사회적 발전구도와의 관계 속에서 우리 현실에 부합하지 않는 원칙이라는 점을 논증하고자 한다. 그리고 형법이론적 접근으로는 형법상 배임죄 구성요건 해석에서 경영판단의 원칙이 직접 원용될 수 없다는 점을 확인하고자 한다. 다만 적용부정론을 취하더라도, 지금까지 제시되었던 논의들과는 최대한 중복을 배제하도록 노력하고자 한다.

Ⅱ 경영판단의 원칙의 해석적 함의

1. 경영판단의 원칙과 이사의 의무 — 신임관계의 기초

경영판단의 원칙(business judgement rule)이란 회사의 이사가 충분한 정보에 근거하여, 이해관계 없이 경영판단이 필요한 상황에서 적절하다고 합리적으로 신뢰할 정도의 정보를 수집하여, 이를 통해 회사에 최선의 이익이 된다는 판

3 이러한 목적적인 접근은 국회 상정 논의 중에서도 다분히 보여지고 있다. 국회사무처, 제337회 법제사법위원회 법안심사 제1소위원회 회의록, 2015/10/20, 16~19면을 살펴보면, 위의 상법개정법률안을 포함한 다수의 상법 개정안에 대하여 법논리적인 접근을 하는 것이 아니라 경기침체에 의한 기업활동의 위축을 해소할 수 있는가의 문제로 접근하고 있으며, 소액의 투자자를 보호하기보다는 외국자본으로부터의 기업의 보호를 목적으로 하고 있음을 알 수 있다.

단하에 행한 결정에 대하여는 비록 손해가 발생한다고 하더라도 면책하는 원리이다.

미국에 있어서 경영판단의 원칙은 19세기 중반 경부터 소유와 경영이 분리되면서, 전문적인 경영인인 이사가 회사에 손해를 가한 때 이에 대한 주주의 손해배상청구소송에서 이사의 책임을 제한하는 법리로서, 그리고 주주가 이사의 행위 취소 또는 유지를 구하는 소송을 할 경우 이를 제한하는 법리로서 보통법에 의하여 발달하였다.[4] 이와 관련하여 경영판단의 원칙도 두 가지로 나누기도 하는데, 전자에 해당하는 이사의 개인적인 손해배상책임을 면책시키는 원칙을 'business judgement rule'로, 후자의 이사의 경영에 관한 의사결정의 중단이나 무효화를 저지시키는 원칙을 'business judgement doctrine'로 칭한다.[5]

이러한 경영판단의 원칙은 일반적으로 네 가지 요건으로 소개된다.[6] 첫째, 경영상 판단에 따른 의사결정이 있어야 한다. 이사가 일정한 행위를 한 경우 그것이 경영판단에 해당하는가 여부는 사실문제에 속한다. 경영상의 결정은 작위행위가 일반적이며, 이사가 그 직무를 방치하거나 감시의무 위반과 같이 의무불이행의 부작위가 의식적으로 이루어진 경우를 제외하고는 동 원칙이 적용되지 않는다.[7] 둘째, 이해관계가 없어야 한다. 이사가 거래의 당사자이거나 거래당사자와 일정한 경제적 이해관계가 있다면 회사와 이익충돌이 발생하게 된다. 다만 단순히 개인적 이해관계를 가지고 있다는 사실만으로 동 원칙의 적용이

4 경영판단원칙에 대한 미국 판례의 변천에 관하여는 김광록, "미국의 최근 판례를 통해 본 경영판단의 원칙", 법학연구 제32호, 한국법학회, 2008/11, 243면 이하; 오성근, "경영판단의 적용기준의 법리에 관한 검토", 기업법연구 제20권 제1호, 한국기업법학회, 2006/3, 24면 이하; 이준호, "상법상 주식회사 이사의 신인의무-경영판단의 원칙의 적용을 중심으로-", 법학논총 제35권 제1호, 전남대학교 법학연구소, 2015/4, 83면 이하; 주기종, "미국판례상 경영판단의 원칙의 수용 논의", 미국헌법연구 제18권 제2호, 미국헌법학회, 2007/9, 154면 이하 참조.

5 최병규, "경영판단원칙과 그의 수용방안-최근 독일의 입법 내용을 중심으로-", 기업법연구 제19권 제2호, 한국기업법학회, 2005/6, 110면.

6 이러한 요건은 미국법률협회(American Law Institute: ALI)의 회사지배의 원칙: 분석과 권고(Principles of Corporate Governance: Analysis and Recommendations) §4.01(c)에 기초하였다. 동 조항은 명문으로 (1) 이사 또는 임원이 경영판단을 한 사항에 대하여 이해관계가 없을 것, (2) 그 이사 또는 임원이 경영판단을 한 사항에 관하여 당시 상황에서 적절하다고 합리적으로 신뢰할 수 있는 정보를 수집하고 인지하였을 것, (3) 그 이사 또는 임원의 경영판단이 회사에 최선의 이익이 된다고 합리적으로 신뢰하였을 것을 요구한다.

7 Aronson v. Lewis, 473 A.2d 805, 813(Del. 813).

부정되지는 않으며, 개인적 이해관계가 자기거래와 동일시될 정도로 중요하여 주주들에게 손해를 가할 합리적인 가능성(reasonable probability)이 있는 경우에만 동 원칙이 부정된다.[8] 셋째, 상당한 주의로서 합리적인 정보에 의한 판단이어야 한다. 일반적으로는 중과실여부의 판단기준으로 작용하는바, 정보수집의 절차에 주목한다. 특히 해당 경영판단의 중요성, 정보를 얻기 위하여 이용할 수 있었던 시간, 정보를 얻기 위하여 지출한 비용, 정보를 조사하고 제출하는 자에 대한 이사의 신뢰도 등이 주요 판단근거로 작용한다.[9] 넷째, 회사의 최선의 이익이 된다는 합리적인 신뢰(rationally believe)를 바탕으로 하여야 한다. 즉, 이사는 경영상의 판단을 함에 있어서 자신의 결정이 회사에 최선의 이익이 된다는 신뢰를 바탕으로 행위하여야 한다. 이러한 결정에 있어서의 성실성(in good faith)은 객관적인 합리성을 의미하는 것이 아니라 주관적인 정직성(in an honest manner)을 의미한다.[10]

이러한 경영판단의 원칙은 이사가 회사의 이익을 위하여 충실하게 임무를 수행할 것을 전제로 하는바, 일반적으로 이사의 신인의무(fiduciary duty)는 충실의무(duty of loyalty)와 주의의무(duty of care)로 구분되어 진다.[11] 충실의무는 이사의 이해상충적인 입장에 선 행위의 금지, 이사가 직무를 수행함에 당하여 직무상의 지위, 지식, 기회 등에서 생한 이익을 자기 또는 제3자가 취하도록 하는 행위의 금지, 이사의 자기거래 금지, 회사기회의 유용금지, 내부자거래금지 등의 형태로 나타난다. 또한 주의의무란 이사가 동등한 지위에 있는 자에게 요구되는 정도의 주의를 다하여야 하는 의무를 의미한다. 즉, 충실의무와 주의의무를 포함한 신인의무는 형법상 배임죄의 본질로서 '배신성'을 판단하는 근거 또는 지표로 작용하게 된다.

---

8 Cinerama, Inc. v. Technicor, Inc., 17 Del. J. Corp. L. 551, 573(Del.Ch. 1991).

9 Smith v. Van Gorkom, 488 A.2d 858, reh'g denied, 488 A.2d 858 (Del. 1985)

10 Aronson v. Lewis, 473 A.2d 805, 813(Del. 813).

11 이사의 신인의무에 관한 자세한 내용에 관하여는 이준호, 앞의 논문, 81면 이하 참조. 동 논문에서는 충실의무와 주의의무 이외에 성실의무가 독립적인 신인의무의 한 내용인가에 대한 판례의 태도를 자세히 분석하고 있다. 판례에서 나타나는 성실의무란 이사가 상당한 근면성과 성실성을 가지고 업무를 수행하여야 하는바, 성실성(good faith)의 직접적 개념보다는 불성실(bad faith)에 관한 분석을 통하여 발전하였다고 한다.

2. 경영판단의 원칙의 적용원리

가. 이론의 배경—사법심사의 배제 또는 불가침의 영역

자본시장의 확대와 발전은 보다 전문화된 경영인에 의한 기업경영의 필요성을 필요불가결하게 요구하게 되었고, 이에 따라 소유와 경영의 분리라는 자연스러운 전철을 밟아 왔음은 주지의 사실이다. 또한 복잡하고 고도의 전문적 영역에서의 이사의 경영결정의 적절성에 대하여 상대적으로 전문성이 덜한 법원이 사법심사를 하는 것은 위험할 수 있으며,[12] 더욱이 이사의 경영판단의 적부를 사후적으로 심사하여 과실유무를 판단하는 일이 쉽지 않을 뿐만 아니라 그러한 사후 심사를 통하여 의사결정의 적절성을 공정하게 평가할 수 있는지 여부 역시 회의적이었다.[13]

경영판단의 원칙은 이러한 기업구조와 이사의 책임에 대한 사법심사의 필요성 여부로부터 출발하여, 회사의 정당한 목적을 성실하고 정직하게 추구하는 과정에서 생긴 결과에 대하여 이사의 행위에 관한 사법심사를 제한하는 법리이다. 즉, 경영판단의 원칙을 적용한다는 의미는 법원의 판단으로 이사의 판단을 대신하지 않는다는 사고가 밑바탕에 자리하고 있는 것이다.[14] 더 나아가 법원의 판단에 의한 개입을, 이사에게 손해배상책임을 과하기 위하여 내부적 경영에 법원이 '간섭'하거나 '이사의 판단에 갈음하여 스스로 판단'하는 것으로 인식하며, 따라서 이를 저지하기 위한 원리로 이해하기도 한다.[15]

미국의 판례 역시 사법심사 배제의 입장을 고수하는바, Casey v. Woodruff 판결에서 '업무집행의 과정에서 이사가 합리적이고 성실한 판단하에 행한 결정임을 전제로 하여 경영상 결정문제에는 개입하지 않을 것임'[16]을 명백히 하였

---

12 Joy v. North, 692 F.29 886(2d Cir.1982.

13 권재열, "경영판단의 원칙의 도입여부를 다시 논함", 상사법연구 제19권 제2호, 한국상사법학회, 2000, 501면; 주기종, 앞의 논문, 144면.

14 김택주, "경영판단의 원칙의 적용요건", 기업법연구 제20권 제1호, 한국기업법학회, 2006/3, 44면은 그 이유로서 '법원은 경영상의 판단에 대한 적부를 심사할 충분한 능력을 가지고 있지 않기 때문에 자기의 판단으로 이사의 판단을 대신하지 않는다는 사고'를 소개하고 있다.

15 Harry G. Henn & Jone R. Alexander, Law of Corporation(4th ed.), West, 1983, 661면(김택주, 앞의 논문, 45면 재인용).

16 Casey v. Woodruff, 49 N.Y.S.2d 625, 643 (N.Y. 1944) ("When courts say that they will not

다. 동 판결에서는 또한 그러한 이사의 결정과 행동은 "그것과 다르게 행동할 수 있었다고 법원이 판단하거나 그것으로 인하여 발생한 손해 또는 지출에 대하여 이사에게 책임을 부담시키는 것은 법원의 기능이 아니다"라고 판시하였다.

물론 그간 이사가 경영판단의 원칙의 보호를 '즐겨왔다(have always enjoyed)'는 점에서 비판적인 시각을 보이고 있는 견해도 없지 않다.[17] 이에 따르면 주의의무의 정의조차도 명백하게 정립되지 않은 상태에서 면책의 기회만 부여하게 됨을 우려하고 있다. 또한 상당한 주의를 위하여 충분한 조사가 이루어지면 족하고, 반대로 충분한 정보를 획득하지 아니한 과실로 인하여 경영판단의 원칙에 의한 보호가 불가능하다는 점[18]에 대하여도, 충분한 정보의 획득이라는 절차만 준수되어지면 오로지 그것만으로 사법심사가 배제되어서는 안된다는 점에서 비판한다.[19]

나. 해석적 함의—경영판단의 원칙을 통한 면책과 주주의 이익

경영판단의 원칙은 본질적으로, 경영판단에 대한 법원의 관여를 배제하려는 원칙으로서 "정직한 실수는 비난하지 않는다"는 원리로 이해된다.[20] 예컨대 자기거래 또는 기타 개인적인 이해관계가 관련되어 있지 않는 이상 회사의 업무수행 과정에서 이루어진 경영상의 결정에 대하여, 그러한 결정이 회사로부터 부여받은 권한 내에서 이루어지고, 성실하고 충실하며 주의 깊게 이루어졌다면, 이사의 신인의무위반으로 해석하지 않고 결과적으로 귀책으로부터 보호된다는

---

interfere in matters of business judgment, it is presupposed that judgment－reasonable diligence－has in fact been exercised.").

17 Krishnan Ohitter, "The Corporate Director's Standard of Care : Past, Present, and Future", Delaware Journal of Corporate Law, vol. 10, 1985, 505면.

18 Smith v. Van Gorkom, 488 A.2d 858, reh'g denied, 488 A.2d 858 (Del. 1985)

19 동 견해는 Trans Union 판결의 분석을 기초로 하여, 동 판결에서 무엇이 충분한 조사인가는 그것 자체가 경영상의 결정의 문제이며, 보편적인 규칙이나 정의가 존재하는 것은 아니라고 본 점을 비판의 토대로 한다. Smith v. Van Gorkom 판결이란, Trans Union 회사의 이사들이 주당 55달러의 합병교부금을 지급하는 조건으로 합병을 승인하는 결의를 행한 것에 대한 주주의 취소소송이 제기된 사안이다. 동 사안에서 델라웨어주대법원은 이사회가 William Van Gorkom이 조사한 보고서에 근거하여 결정하면서, 그러한 가격이 산정된 이유를 묻지 않았고, 이사회가 제안된 가격의 가치를 적절하게 조사하지 못하였으며, 결정에 필요한 충분한 평가를 위한 필요한 정보를 입수하지 않은 상태에서 합병안을 승인하였다는 점에서 경영판단의 원칙이 적용되지 않는다고 보았다.

20 박명서, "경영판단의 원칙", 기업법연구 제17집, 한국기업법학회, 2004, 27면.

점이 핵심이다.[21]

미국의 회사법은 이사의 책임이 문제되는 경우, 금전적인 이해상충이 없었다는 점을 전제로 이사는 판단시점의 상황에 비추어 합리적으로 필요하다고 생각되는 정보를 입수할 의무를 충실히 이행하였는가의 문제로 접근한다. 본질적으로 이익 여부에 대한 판단을 하여야 하는 상거래 속성상, 과실로 인하여 발생한 이사의 책임부담을 완화시키고, 이사가 성실히(in good faith) 행동하여, 최소한 절차상의 주의의무를 준수한 경우에는 사업을 영위하면서 발생한 손해의 책임을 부담하지 않는다는 확신을 경영판단의 원칙을 통해 확립할 때에, 이는 궁극적으로 주주에게 경제적 이익이 되기 때문이다.[22]

급변하는 경제적 환경 속에서 이루어지는 전문경영인의 판단은 위험이 수반될 수밖에 없고, 그러한 위험이 현실화되었다고 하여 사후적으로 위험초래 여부에 따라 책임을 부과할 경우 경영상의 효율을 해할 수 있다는 점에서, 일정한 요건 하에 경영판단으로 인한 이사의 주의의무를 완화하고자 하는 것이다.[23] 그리고 주의의무 면책의 확신을 이사에게 사전에 부여함으로써, 적극적이고 때로는 공격적인 경영을 통한 이윤창출을 목적하여, 결과적으로 주주의 이익확대를 유도하고자 한다.

3. 적용 구조—과실에 대한 손해배상의 기준과 주의의무 판단

과실(negligence)이란 합리적이고 신중한 자(reasonably prudent person)가 동일한 상황 하에서 선택하여 행위할 것으로 판단되는 정도의 주의를 이행하지 않음을 의미한다.[24] 경영판단의 원칙은 이사의 주의의무 위반, 즉 과실행위에 대한 적용원리이다. 따라서 고의의 임무위배행위에는 당연히 적용되지 않으며, 주의의무 위반의 과실행위에 의한 손해발생에 대한 면책사유이다. 다만, 어느 정도의 과실까지 이사가 면책되는지 여부, 즉 단순과실(simple Negligence)까지

---

21 Joel Seligman, Corporations: case and materials, Aspen Publishers, 1995/6, 167면.

22 오성근, "경영판단원칙의 적용기준의 법리에 관한 검토", 기업법연구 제20권 제1호, 한국기업법학회, 2005/3, 18면.

23 강희갑, "경영판단의 원칙에 관한 미국법의 최근 동향", 상사법연구 제15권 제2호,

24 Cupp, Richard L., Jr.·Danielle Polage. "The Rhetoric of Strict Products Liability Versus Negligence: An Empirical Analysis." New York University Law Review 77, 2002/10.

도 이사가 손해배상의 책임을 져야 하는지 아니면 경영판단의 원칙을 통해 면책되는지는 법률상 명백한 규정은 없다. 다만, 관련 법규의 개정흐름을 통해서 이를 확인할 수는 있을 것으로 보인다. 그러나 실제 적용에 있어서 미국의 법원들은 경영판단의 원칙을 폭넓게 인정하여 예외적인 경우를 제외하고는 주의의무 위반을 이유로 손해배상책임을 용이하게 인정하지 않는 경향을 보여 왔다.[25]

가장 대표적인 관련법규는 모범사업회사법(Model business corporation act)이다. 미국법률가협회(American Bar Association. Committee on Corporate Laws)가 1950년 각 주의 회사법 제·개정시 참고하도록 제정하였고 2005년 개정된 동법은, §8.30(a)에서 이사의 행위기준(Standards of conduct for directors)을 규정하고 있는바, '이사가 (1) 성실히 (2) 회사에 최선의 이익이 된다는 합리적인 신뢰의 방식으로 행한'[26] 행위에 대하여는 책임을 면하도록 경영판단원칙을 명문화하고 있다.

다만, 1998년 개정된 이후에 유지되는 수식어 없는 자(person)라는 표현 대신, 그 이전의 법은 추가적으로 '통상의 신중한 자(an ordinarily prudent person)가 유사한 상황에서 기울이는 정도의 주의'를 요구하였다. 그러나 1998년 이후로 §8.30(b)는 그러한 표현을 생략하고 있다.[27] 그 이유는, 그동안 법원들이 '통상의 신중한 자(an ordinarily prudent person)'라는 공식적인 표현을 이사의 법적 책임에 대한 단순 과실(simple Negligence)을 성립시키는 것으로 해석하여 왔고, 이에 대하여 그러한 법적 문구가 경영판단의 원칙에 대하여 불충분하다는 인상을 심어준다고 법개정위원회가 우려를 표명하여 왔다는 점에서 찾을 수 있다.[28] 그 결과 위원회는 '통상의 신중한 자(an ordinarily prudent person)'라는 표현을 삭제함으로서 주의의무 규정을 객관적인 기준에서 보다 주관적인 기준으로 대

---

25 Sonderquist · Sommer · Chew · Smiddy, Corporations and other business organizations, michie, 1997, 459면(최병규, 앞의 논문, 111면 각주 12) 재인용).

26 Each member of the board of directors, when discharging the duties of a director, shall act: (1) in good faith, and (2) in a manner the director reasonably believes to be in the best interests of the corporation.

27 with the care that a person in a like position would reasonably believe appropriate under similar circumstances.

28 R. Franklin Balotti & Joseph Hinsey IV, Director Care, Conduct and Liability: The Model Business Corporation Act Solution, 56 BUS. LAW. 35, 2000, 48면.

체하고자 의도한 것이다.[29]

이는 주의의무 개념을 지나치게 공격적으로 적용할 경우 능력 있는 경영자의 운영을 저지할 우려가 있다는 지적을 반영한 것이기도 하다. 트랜스 유니온(Trans Union) 판결이 대표적인바, 그와 같은 우려를 불식시키기 위하여 경영판단 원칙의 요소로서의 상당한 주의를 단순 과실(simple Negligence)보다는 완화된 중과실(gross Negligence)의 개념으로 파악하고 있기 때문이다. 또한 동 판결은 충분한 정보를 얻어 경영상의 판단을 하는 것이 주의의무의 본질이며, 중대한 과실(gross Negligence)은 이사회가 도달한 경영판단이 충분한 정보를 얻어 이루어졌는지 여부를 결정하기 위한 적절한 기준이 된다고 보았다.[30]

다만 합리적인 신뢰를 해석함에 있어서는 성격상 주관적 기준과 객관적 기준 모두를 요한다고 본다. 첫 번째 심사단계로서 주관적으로는 이사가 성실하게, 그리고 실제로 객관적 분석에 따르면 다른 이사들이 내렸을 결론과는 다른 결단에 이르지 않았다면 합리적인 신뢰라고 판단할 수 있다. 또한 두 번째 심사단계로서, 이사가 결정의 단서들을 조사하고 결론에 이르는 광범위한 재량에 의한 결정이 특별히 합리적이어야 하는바, 이는 이사의 신뢰가 객관적인 조사사항들을 포함하고 있어야 인정될 수 있다.

4. 절차적 주의의무

모범사업회사법상 경영판단의 원칙은 법원에게 과실의 내용심사를 요구하지 않고, 오로지 이사의 의무를 절차적 주의의무로 이해하고 있는 듯하다. 회사법은 일관되게 회사의 손실에 대한 이사의 책임의 근거를, 이사가 합리적으로 필요하다고 여기는 정보에 대한 입수노력을 성실하게 이행하였는지 여부에 의하여 좌우되는 것으로 본다. 즉, 법원은 과실여부를 이사의 판단내용 및 이로 인한 손해의 정도를 통하여 산정하고자 하지 않으며, 이사가 판단에 필요한 충분한 객관적인 정보를 수집하는 절차를 거쳤는지 여부만을 심사하고, 그러한 절차가 판단과정에 확인되면 과실이 없는 것으로 이해한다. 그 결과 경영판단

---

29 John F. Olson & Aaron K. Briggs, "THE MODEL BUSINESS CORPORATION ACT AND CORPORATE GOVERNANCE: AN ENABLING STATUTE MOVES TOWARD NORMATIVE STANDARDS", Law and Contemporary Problems, Vol. 74:31, 2011/winter, 35~36면.

30 동일한 해석을 제시한 판결로는 Aronson v. Lewis, 473 A. 2d 805, 812(Del. 1984).

의 원칙은 절차적 주의의무 규정이며, 주의의무의 본질적 내용을 구성하지 않는다.

또한 경영판단의 원칙을 적용하여 면책되는 범위를, 모범사업회사법의 개정을 통하여 명백히 중과실을 제외한 영역으로 확대하고 있다. 그 결과 적용범위에 있어서, 절차상 단순과실이 확인되어도 경영판단의 원칙을 적용하는데 하자가 발생하지 않으며, 이사는 보다 광범위한 재량권을 책임귀속 없이 행사할 수 있게 된다. 이러한 개정은 그간의 법원의 태도를 적극적으로 반영한 것이며, 그 결과 경영판단의 원칙의 적용범위는 보다 확대되었다고 평가할 수 있다.

법원은 그동안 이사가 성실히 회사의 이익을 추구하고 정직한 판단을 내렸다면, 가상적(객관적)으로 상정(또는 비교)되는 합리적이고 신중한(사려 깊은) 자(reasonably prudent person)라면 당해 이사와 동일한 상황에 직면할 경우에 어떠한 행동을 취할 것인가라고 판단되는 것과 비교하였다. 그러나 법개정을 통하여 이러한 소위 합리적인 평균인과의 비교조차도 삭제하였고, 이사의 주관적인 판단을 더욱 존중하고자 하였다. 그리고 이러한 판단은 사후적 판단도 아니며 통시적 책임귀속도 아니다. 즉, 이사가 행위 당시 객관적으로 존재하는 필요한 정보를 수집하는데 충실하였는가 여부만을 판단하여 경영판단의 원칙을 통한 면책여부를 결정하게 되는바, 사후의 실제 손해발생 여부 또는 손해의 범위는 경영판단의 원칙 적용이 필요한 사안인지 판단하는 데 있어서 단서 또는 근거가 될 뿐, 동 원칙 적용의 기준으로는 작용하지 않는 것으로 보인다.

Ⅲ 법정책적 논의: 경영에의 형법 개입

1. 구조적 측면에서의 부정합

가. 미국의 기업지배구조 발전

미국의 경우 이미 1930년대 경영자 자본주의(managerial capitalism)가 구축되었다. 이는 자본주의적 기업이미지로서, 회사의 주인인 주주가 실제 경영과 관련한 의사결정을 전담하는 경영자를 전적으로 통제하는 것이 불가능한 현대 자본주의 기업의 전형이다.[31] 따라서 경영자는 엄격한 법률의 적용을 받는 법준수책임을 부여받고, 법의 지배하에 있음으로써 주주에 의한 경영통제가 아닌 법적 통제가 이루어졌다. 그리고 1950년대에 들어서는 주식회사의 경영은 실제 회사의 설립자 외의 전문경영인에 의하여 이루어지는 기업지배구조가 안정적으로 확립되었다.

1970년대의 경우, 기업의 사회적 책임이 모든 기업에게 동등한 정도 또는 의미로 받아들여지는 것이 아니라, 기업의 성과, 사회적 반응, 공적 책임 등에 따라서 특정인에게는 법적 책임인 것이 타인에게는 윤리적 책임이 될 수 있다고 보았다. 또한 경제발전위원회(CED: Committee for Economic Development)는 기업의 경제적 측면보다는 사회적 책임을 강조함으로써, 생산이라는 기본적 기능의 수행도 이를 통한 국가 평균 생활수준의 향상과 유지에 기여할 수 있어야 하고, 공적이고 전문화된 경영에 집중하여 국가생산력을 최대화하여야 하며, 사회적 책임과 수행을 기업구조 설계에 고려하여야 할 것을 강조하였다.[32] 특히 1970년대 이후 기관투자자의 증가는 기업지배구조의 향상을 이끌었으며, 1990년대에 들어서서는 주주를 보호하는 경영풍조가 확대되었고, 경영층과 주주간 이해관계의 연동성 강화를 위한 주가연동정책들이 받아들여지게 되었다.[33]

1990년대 이후에는 법적 개입의 일관성을 강조하였으며, 법에 의한 규제는 시장이 시민과 소비자를 보호하는 규정을 준수하지 않을 때에만 정당화된다고 보았다. 특히 규제당국은 임의적으로 행위하여서는 아니 되며, 이러한 원칙이 보증되어야 함을 강조하였다.[34] 또한 입법은 기업단속기관들의 행위의 취약점을 개선하는 방향으로 이루어져야 한다고 보았다. 입법과 행정은 규제의 일관성을 유지하면서, 보건, 환경, 국가보안 및 세계화를 고려하는 방향으로 중심축

---

31 배규한/한준/김우식 외, 변화하는 사회환경, 기업의 대응, 지식마당, 2002, 128면 참조.

32 CED(Committee for Economic Development), SOCIAL RESPONSIBILITIES OF BUSINESS CORPORATIONS, 1971/6, 9면 이하.
https://www.ced.org/pdf/Social_Responsibilities_of_Business_Corporations.pdf

33 성태균, "해외 주요국의 기업지배구조", 주식 통권 제434호, 증권거래소, 2004/10, 7면.

34 특히 중소기업의 경우 규제자의 독단적인 행동에 매우 취약함을 강조하고 있다. Murray L. Weidenbaum, "The Marlin Toy Case," Business, Government, and the Public, 4 ed., ed. Murray L. Weidenbaum, Englewood Cliffs, N.J.: Prentice-Hall, 1990, 393~399면; U.S. Comptroller General, Banning of Two Toys and Certain Aerosol Spray Adhesives , Washington, D.C.: U.S. General Accounting Office.

을 잡고 있으며 실증적 통계와 연구를 바탕으로 한 규제를 목적하고 있다.[35]

이러한 미국의 기업지배구조의 변천을 관통하는 기본적인 회사의 지배구조를 정형화하면, 회사의 소유자라고 할 수 있는 주주가 이사를 선출하고, 회사의 중요한 사항에 대하여 의결한다. 주주는 회사의 소유자임에도 불구하고 경영에는 직접 참여하지 않는다. 회사의 권한을 행사하는 주체는 이사회(Board of Directors)로서, 이사회의 감독하에 회사의 경영이 이루어진다. 그리고 임원은 이사회의 위임을 받아 회사의 일상적 경영을 담당한다.[36] 뿐만 아니라 다른 나라에 비해 이사회에서 최고 경영진의 의사에 반하여 최고 경영진을 교체하는 빈도가 높고, 사외 이사들만으로 구성된 감사위원회에서 독립적인 외부감사 기관을 선정하며, 사외 이사들만으로 구성된 경영진 보상위원회에서 경영진에 대한 보상 방식을 결정하는 것이 특징이다.[37]

나. 구조적 부정합—수평적 차용의 위험성

한국적 현실을 살펴보면, 기업에 대한 국가규제 또는 입법은 미국의 1930년대 수준인 경영자자본주의를 구축하고 있는 현황이며, 이러한 차이는 법적 개입이나 입법방향에 있어서도 수평적 차용의 위험성을 제기하게 된다. 즉, 지난 80여 년 동안 미국의 기업에 대한 규제의 변화들은 그간의 준법적 기업활동의 구축을 전제로 하여 경영윤리와 기업의 사회적 책임을 논하면서 규제의 적정선과 일관성을 논하는 단계에 이르렀지만, 우리나라의 현실은 그렇지 않다는 점이다. 특히 우리 기업의 현실을 기업집단지배구조라 칭함은 여전히 경영자자본주의조차도 성숙하지 못하였음을 일갈하게 된다.[38] 영미식의 단일기업모델에서의 지배구조는 대리인 문제의 시각에서 접근하게 된다.[39] 그러나 한국식의

---

35 CED, MODERNIZING GOVERNMENT REGULATION: THE NEED FOR ACTION, 1998/1, 26면 이하.

36 이세인, "미국기업지배구조의 시대적 변천", 법학논총 제30권 제2호, 전남대학교 법학연구소, 2010/8, 200면.

37 미국식 기업경영의 특색에 관한 자세한 논의는 이경묵/이지환, "한국 기업의 지배구조", 노사관계연구 제14권, 서울대학교 노사관계연구소, 2003/12, 65면 이하 참조.

38 한국사회에서 기업집단지배구조에 관한 자세한 내용은 배규한/한준/김우식 외, 앞의 책, 130~164면 참조.

39 영국의 동일성이론이나 미국의 대위책임설 역시 경영자를 대리인으로 간주하였을 때에 적절한 설명이 가능하다.

기업집단지배구조인 피라미드식이나 상호지분보유형식은 내부적으로도 지배주주 외의 주주에 대한 위험성이 현저히 크다는 점에서, OECD 가이드라인에도 그 위험성을 근거로 규정된 공개원칙이 적용되어야 할 낮은 수준이다.[40]

이러한 양자의 역사적 배경의 간극은 경영판단의 원칙의 수평도입이 근본적으로 제기할 문제점들을 간접적으로 제시한다. 물론 상법상으로도 도입찬반론이 여전히 팽팽히 대립되어 있으나, 최근 입법적으로 해결하려는 노력이 가시화되고 있다는 점도 앞서 언급하였다. 그러나 경영판단의 원칙이 경험적으로 우리 사회구조에의 정합성이 확인되지 않은 상태에서 이를 형법상으로도 원용한다는 것은 무리가 아닐 수 없다.

앞서 미국법상 경영판단의 원칙은 사법심사를 통한 면책이 아니라, 사법심사를 원천적으로 배제하고자 하는 취지를 가지고 있다는 점을 확인하였다. 또한 그 면책의 사유는 내용심사가 아닌 절차적 하자의 문제만으로 한정해석된다는 점도 언급하였다. 사적자치의 원칙하에 당사자 간의 의사를 우선으로 하는 사법 영역에서의 경영판단의 원칙의 적용은, 원칙적으로 사법심사의 대상이 아니고 당사자 간의 의사의 불일치가 발생할 경우에만 예외적으로 사법의 영역으로 포섭하는 원리를 가지는 사적영역에서는 가능하다. 예컨대 당사자인 이사와 주주 간의 의사의 불일치가 원고의 손해배상 소송으로 가시화되고, 이러한 불일치가 발생할 경우에만 예외적으로 경영판단의 원칙을 통하여 사법심사를 배제할 것인가 여부를 결정하게 되는 것이다. 그러나 형법은 사실관계에 관한 사법심사를 원칙으로 하며, 사법심사로부터 배제되는 이른바 '법으로부터 자유로운 영역'을 원칙으로 할 수 없다는 점에서, 사적자치의 영역에서 도입논의가 이루어지는 원칙을 형법의 영역에서 여과 없이 수용할 수 없다고 보아야 한다.

2. 이른바 '사실상 하나의 사업자'와 법해석의 문제

한국 기업의 지배 구조에 관한 논의의 궁극적인 핵심은 '총수'로 대표되는 재벌 소유 경영자의 전횡에 따른 여타 이해 관계자(소액 주주·채권자·종업원 등)

---

40 OECD Ad Hoc Task Force on Corporate Governance, OECD Principles of Corporate Governance, 2013.
http://www.oecd.org/daf/ca/corporategovernanceprinciples/31557724.pdf 참조.

의 이익 침해 여부로 집약된다고 해도 과언이 아니다.[41] 그동안 재벌은 한국 경제 성장에 절대적인 역할을 수행해 왔고, 그 독특한 구조와 행태가 한국적 기업집단지배구조를 형성해 온 것이다. 그리고 외환위기의 원인으로 작용하기도 하였던 이러한 지배구조를 개선하기 위한 법·정책적 노력들은 사전규제방식이 아닌 여전히 사후규제방식에 불과하기는 하지만, 이제 기업집단지배구조에 대하여 독립적 규제방식까지 이끌게 되었다.[42] 이러한 정책적 흐름들은 미국식 기업구조가 세계시장 형성에 지배적인 영향을 미치고 있음을 고려한 것으로 보인다.

한편 이러한 흐름과는 달리, '사실상 하나의 사업자' 개념을 도입하여 같은 그룹에 속하는 회사들 사이에 재무적 지원행위에 대하여도 경영판단 원칙을 적용하여, 개별회사에 대하여 배임죄가 성립되는 경우라 할지라도 범죄성립을 부인하여야 한다고 주장하기도 한다.[43] 기업집단은 단일 회사들에 비해 한 회사가 재무적 위기에 처해 있을 때 그룹 내 회사들 사이의 상호 지원을 통해 그 위기를 훨씬 쉽게 극복할 수 있고, 계열사는 재정위기를 극복하고 오래 버틸 수 있다는 것이 논거이다.[44] 계열사에 대한 지원이 지주회사에게 단기적으로 손해가 될 수 있더라도, 중장기적으로는 이익이 될 수 있다면 이를 허용해야 한다는 것이다.

생각건대, 이와 같은 구상은 몇 가지 논거에서 부정되어야 한다. 첫째, 경영판단의 원칙상 자기거래가 아닐 것이라는 요건에 위반된다. 실질적으로는 자기거래라 하더라도 기업집단과 계열사 간의 거래일 경우에는 비록 개별 주주들

---

41 이경묵/이지환, 앞의 논문, 77면 이하.

42 2007년 개설된 대규모기업집단 정보공개시스템 OPNI는 출자총액제한제도 등 사전규제를 축소하는 대신 사후규제 및 시장감시기능을 강화하는 방향으로 대규모기업집단시책을 추진하기로 함에 따라 시장감시기반 확충방안의 구축된 시스템이다. 여기에서 공개되는 정보는 기업집단지배구조를 가지는 대규모기업집단에 관한 것으로 상호출자제한기업집단, 채무보증제한기업집단 및 지주회사의 소속회사 등 각 기업에서 제출한 소속 회사현황, 주주현황, 출자현황, 채무보증현황, 지주회사현황 등의 각종 현황 자료이다. http://groupopni.ftc.go.kr/

43 이상돈, "형법상 경영판단원칙의 지평확대", 고려법학 제74호, 고려대학교 법학연구원, 2014/9, 260면 이하.

44 예컨대 위기에 처한 계열사가 신주를 발행하고, 모기업이 신주를 매수하는 형태, 또는 재무구조가 취약해진 계열사에 대하여 모기업이 현물출자 방식으로 자산을 양도하고 신주를 받는 형태 등이 이에 속한다.

에게 손해의 위험성이 있는 결정이라 하더라도 궁극적으로 사실상 하나의 사업자간의 내부거래로 이해하여야 하기 때문이다. 이는 경영판단의 원칙이 발달한 미국의 기업구조가 전혀 예정하지 않는 한국적 기업구조에 대한 옹호적인 사고가, 경영판단의 원칙의 적용요건과 양립할 수 없는 영역까지도 사법배제의 영역으로 확대하도록 해석한 결과가 된다. 사실상 하나의 사업자라는 명칭을 통하여 행하는, 경영과 재무상 독립된 계열사들과의 실질적인 자기거래는 경영판단의 원칙의 적용 요건에 해당하지 않는다는 점을 명확히 하여야 할 것이다.

둘째, 경영판단의 원칙상, 회사의 최선의 이익이 된다는 합리적인 신뢰(rationally believe)를 바탕으로 하여야 한다는 요건에 위반된다. 이사는 경영상의 판단을 함에 있어서 자신의 결정이 회사에 최선의 이익이 된다는 신뢰를 바탕으로 행위하여야 한다. 그런데 여기에서 회사란 이사가 소속된 개별 회사를 의미하고, 최선의 이익이란 개별회사의 주주들에게 당해 결정이 수반하는 이익을 지칭한다. 위의 주장에 따르면 기업집단을 예정한 사실상 하나의 사업자는 주주들의 최선의 이익을 위하여 결정하는 것이 아니라, 기업집단 스스로의 이익, 좁게는 결정자의 최선의 이익을 위한 결정을 하게 된다. 이는 신인의무를 구성하는 충실의무에도 위반된다고 보아야 한다.

셋째, '사실상 하나의 사업자'란 기업집단지배구조의 또 다른 명칭에 불과하다. 한국적 기업구조의 가장 큰 치부이기도 한 기업간 경제적 독립성의 결여 영역을 오히려 치외법권으로 인정하여 민사법적 손해배상뿐만 아니라 형사법적 범죄성립까지지도 부정하고자 함은 매우 위험하기까지 한 구상으로 비춰진다. 이에 따르면 전형적인 배임죄의 사례가 되는 반대급부 없는 담보제공형 LBO도 실질적인 계열사가 되는 과정이기 때문에 범죄성립이 부정되어야 한다.[45] 또한

45 大判 2006. 11. 9, 2004도7027 참조. 이에 따르면 기업인수에 필요한 자금을 마련하기 위하여 그 인수자가 금융기관으로부터 대출을 받고 나중에 피인수회사의 자산을 담보로 제공하는 방식{이른바 LBO(Leveraged Buyout) 방식}을 사용하는 경우, 피인수회사로서는 주채무가 변제되지 아니할 경우에는 담보로 제공되는 자산을 잃게 되는 위험을 부담하게 되므로 인수자만을 위한 담보제공이 무제한 허용된다고 볼 수 없고, 인수자가 피인수회사의 위와 같은 담보제공으로 인한 위험 부담에 상응하는 대가를 지급하는 등의 반대급부를 제공하는 경우에 한하여 허용될 수 있다. 만일 인수자가 피인수회사에 아무런 반대급부를 제공하지 않고 임의로 피인수회사의 재산을 담보로 제공하게 하였다면, 인수자 또는 제3자에게 담보 가치에 상응한 재산상 이익을 취득하게 하고 피인수회사에게 그 재산상 손해를 가하였다고 보아야 한다. 또한 부도로 인하여 회사정리절차가 진행 중인 주식회사의 경우

모회사가 현물투자 형식으로 도산위기의 계열사 발행 신주를 모두 인수함으로써 모회사 개별 주주들에게 손해를 발생시킨 행위에 대하여도 배임죄는 무력화된다.

넷째, 그룹차원의 경영판단이 단기적으로 손해가 되더라도, 중·장기적으로 이익이 될 가능성이 있다면 배임죄가 성립되지 않는다는 논리를 통하여 근시안적인 태도를 버리고 거시적인 안목의 경영인을 보호해야 한다는 논리는[46] 법적용의 형평성을 깨뜨리는 해석방법이다. 경영판단의 원칙 도입 여부의 논의와는 별개로 상법을 포함한 기업경영에 적용되는 법규들은 모든 형태의 기업에 공평하게 적용되어야 하며, 특정 구조의 기업을 위한 편파적인 해석이 되어서는 안된다.[47] 또한 형법상의 범죄성립 여부는 개별행위 책임이며, 신임관계 위배 여부는 행위만으로 평가되어야 한다. 뿐만 아니라 이익이 될 가능성이라는 동기 또는 목적은 고의가 아니다.[48] 그럼에도 불구하고 중·장기적으로 이익이 될 가능성을 기업가의 주관적인 안목을 통해 '통시적'으로 판단할 것을 요구하는 것은 실질적으로는 객관적 판단 또는 사법적 판단의 포기를 의미한다.

3. 형법의 의한 해소가능성: 형법의 최후수단성의 이해

기업의 자생구조는 본질적으로 경영판단의 목적으로서 기업의 확대 또는 성장에 있으며, 그것이 사회적 해악이 아닌 한 비윤리적이거나 비도덕적이라고 해서 처벌의 대상으로 보아서는 안된다는 점이 형법적 개입 저지의 핵심이다. 이를 강조하는 경우, 기업경영에 대한 형법의 우위성은 인정될 수 없다고 본다.[49] 그

에도 그 회사의 주주나 채권자들의 잠재적 이익은 여전히 보호되어야 하므로, 피인수회사가 회사정리절차를 밟고 있는 기업이라고 하더라도 동일한 결론에 이르러야 한다. 동 판결에 대한 자세한 분석은 이용식, 앞의 논문, 90면 이하 참조.

46 이상돈, 앞의 논문, 261면.

47 손영화, "미국법상의 경영판단원칙과 그 도입 여부에 관한 일고찰", 상사법연구 제18권 제2호, 한국상사법학회, 1999, 322면 이하에 따르면, 미국 역시 의사나 공인회계사 등 다른 전문적 직업인의 경우와는 달리 이사에게만 경영판단의 원칙을 인정하여 면책하는 것은 문제가 있다고 지적된다고 한다.

48 그럼에도 불구하고 거시적인 경영인을 범죄자로 만들지 않기 위하여 형법적용의 일반원칙에 반하는 해석을 허용하는 것은, 재벌기업의 보호라는 불공정성에 힘입어 재벌기업의 문어발식 확장을 묵인하고 오히려 조장할 우려가 있다는 점에서 정책적으로도 타당하지 않다.

49 이상돈, 경영과 형법, 법문사, 2011, 11면 이하.

결과 경영실패의 책임귀속은 법의 윤리에 대한 중립성 요청을 외면하고, 법을 윤리의 실천도구로 종속시키는 결과만을 초래한다고 본다. 또한 기업내부자 처벌에 이용되는 배임죄나 횡령죄는 신임관계에 위배되는 신뢰성 배반을 처벌내용으로 삼기 때문에 포괄적 구성요건적 성격을 가지게 되며 명확성의 원칙에 반할 우려가 있다는 점을 지적한다.[50 51] 오히려 경영의 영역이란 본질적으로 위험이 지배하며, 행위시점에서의 위험거래는 언제나 불명확성을 제거할 수 없다는 점에서 사후판단으로 개입되는 형법적 판단과는 별개의 문제라고 지적하거나, 불명확한 인과관계를 통한 형법적 개입의 타당성에 의문을 제기하기도 한다.

그러나 형법적 개입에 관한 이러한 비판들 역시 고도의 정책적 의도를 배경으로 한 목적의식적 주장이며, 언제나 논리적으로 순응될 수는 없다. 법은 윤리의 규범화에 대한 자기성찰적 기준을 가지고 있어야 한다. 특히 특정 법률이 지향하는 바가 일반인에 대한 규범통제가 아닌 특별한 영역을 대상으로 할 때에는, 그 특정 영역의 고유성을 고려한 규범설정이 반드시 필요할 뿐, 규범통제에 있어 치외법권을 인정하는 것은 아니다. 따라서 기업관련 행위를 일반형법으로 규제함은 일정한 한계를 드러낼 수 있지만, 반대로 형법적 개입을 부정하는 근거가 될 수는 없다.

다만 형법이라는 사회통제수단을 최후에 최소로 투입하여야 한다는 요청은, 기타의 통제수단으로는 보호될 수 없는 법익의 보호를 위해서만 정당성이 인정됨은 물론이다. 그러나 최후수단의 필요성, 즉 다른 수단에 의한 효과적 법익보호의 미비의 근거로서, 경영책임자의 의사결정은 직접 이해당사자인 주주뿐만 아니라 투자자, 금융권의 예금자 등 그 피해가 직·간접적으로 매우 광범위하다는 점, 기업집단지배구조하에서는 소유와 경영의 실질적 미분리의 문제가 발생한다는 점, 경영책임자의 민사상 책임만으로는 규제의 위하력이 충분하지 않다는 점, 기업 내부의 충분한 통제장치의 미비, 행정기관의 제재의 미흡

---

50 이상돈, 앞의 책, 18면; 허일태, "배임죄의 행위주체와 손해의 개념", 비교형사법연구 제6권 제2호, 한국비교형사법학회, 2004, 137면.

51 그 밖에도 민사의 형사사건화, 엄격한 증명을 통하여 실질적 업무지시자의 인과성을 입증하기 어렵다는 점, 경제활동 자체의 위축의 우려 등과 같은 현실적인 문제점을 제기하기도 한다. 송옥렬, "이사의 민사책임과 형사책임의 판단기준", 상사판례연구 제6권, 한국상사판례학회, 2006, 92면 이하 참조.

등은 형법외적 법익보호수단의 불충분성을 반영한다. 그리고 형법이 개입해서는 안 된다는 항변을 쉽게 수긍하기 어렵게 하는 현실적 근거로서 작용한다.[52] 기업관련 활동들은 단순히 개인 대 개인의 문제가 아니라 기업경영자 대 사회, 또는 기업집단 대 사회의 문제로 위험범위가 이미 확장되어 있기 때문이다.

4. 법정책과 법해석의 관계 — 경영 판단과 법적 판단의 이해

경영 판단과 법적 판단의 관계에 대한 이해는 법정책과 법해석의 관계로 집약될 수 있다. 법정책에서 정책이란 공적 목적의 결정자가 목표와 가치에 따라 지향하여야 할 방향을 제시함을 의미하며 실용적인 공적 정책의 수행을 위한 입법을 의미한다고 볼 수 있다. 즉, 법은 정책실현을 위한 수단으로서의 의미로 이해된다.[53] 한편 법해석은 성문법전의 해석만을 의미하는 것이 아니라, 법의 적용 또는 법관의 법적 판단을 지칭하기도 한다. 어느 정도의 경영판단이 합법적인가를 결정하는 것은 법정책의 문제이고, 법해석은 이러한 정책적 목적을 존중해야 함은 일정한 범위 내에서는 옳은 명제이다.

그러한 의미에서 법은 정책실현의 수단으로 이용되기도 한다.[54] 정책의 실현을 목적으로 법은 개인에게 필요한 특정한 행위를 촉구하거나 억제하기 위하여 넓은 의미의 강제력을 부과하는 경우가 있다. 이러한 강제력은 불이익 또는 이익의 부과 형태로 이루어진다. 따라서 동일한 목적의 경제정책의 실현을 위해, 국가는 법을 통하여 포지티브 방식으로 이익을 부과하거나 네거티브 방식으로 불이익을 줄 수 있다. 그런데 그 과정에서는 목적과 수단적 관점에서의 사고와 정의적 관점에서의 법적 사고 사이에 괴리가 발생하게 된다. 이는 효율성의 최대화라는 정책목표를 달성하기 위하여 이에 종속되는 하위 규범들을 제정하거나 기 존재하는 관련 규범의 법해석이 이루어질 것인가, 아니면 법해석의 형평과 정의적 관점을 여전히 유지할 것인가의 문제가 되기도 한다.

---

52 설민수, "상장회사 경영진의 경영상 행위에 대한 형사적 규율의 원인, 그 한계 및 대안의 모색: 배임죄의 확장과 퇴조에 중점을 두고", 저스티스 통권 제127호, 한국법학원, 2011, 312면; 최성진, 앞의 논문, 284면.

53 김성필, "법정책학의 개념과 학문적 영역", 법과정책연구 창간호, 한국법정책학회, 2001, 2면 이하는 법과 정책 중 법률적 관점, 즉 법현상이나 또는 정책의 결정과정 중에서 어느 것을 더 중요시 할 것인가는 관점의 차이일 뿐이라고 본다.

54 이호용, "법해석과 법정책의 관계", 저스티스 통권 제145호, 한국법학원, 2014/12, 228면.

기업의 자율경영과 자본시장의 활성화를 정책적 목적으로 하여, 법제도를 활용하는 경우 역시 마찬가지의 문제가 발생한다. 더 나아가 효율성의 달성을 정책목표로 하는 것이 모든 법영역에 옳은가 역시 의문이다.[55] 뿐만 아니라 전통적인 법해석이 추구하는 정의나 형평의 요청보다 효율성 최대화의 정책이 우선되어야 한다는 점은 쉽게 확증될 수 없다. 경영판단과 법적 판단은 이러한 의미에서 전혀 양립할 수 없는 괴리된 영역이 아니라, 상호 해석에 있어서 추구하는 방향에 따라 서로 의존적인 관계로 이해하여야 할 것이다. 이러한 의미 내에서는 경영판단과 법적 판단은 서로 단절되어 있기 때문에 경영판단에 법적 개입이 이루어져서는 안된다는 논리가 쉽게 수긍될 수 없을 것이다.

Ⅳ 형법이론적 접근: 배임죄 성립의 요건들

1. 경영판단의 원칙 적용론에 대한 법리적 비판

가. 배임죄 적용은 통시적 책임귀속인가?

형법개입이 통시적 책임귀속이라는 비판에 관하여는 다음과 같은 반론이 가능하다.[56] 형법상의 고의는 행위당시를 기준으로 판단되며, 특정한 경영행위와 그 후 시간적으로 후속되는 경영상태의 악화를 통시적으로 관점화할 때 비로소 범죄성립 여부를 논하게 되는 것은 아니다. 즉, 특정의 비윤리적 행위가 실제 경영악화나 사회적 악영향을 미쳤는가의 귀책을 사후 결과에만 귀속하여 해석하고자 하지 않는다. 그러한 행위 자체에 내재한 고유의 불법성은 행위시점에서 드러나며, 이에 대한 법적 판단이 사후판단일 뿐이다. 법적 비난요소는 여전히 규범에 반하는 방향으로의 심적 태도형성이라는 행위반가치에서 드러나며, 행위시점에서 이미 가벌적 영역으로의 이행 여부를 판단하여야 한다.

즉, 법적 비난의 초점은 경영판단에 있어서 의사결정 그 자체에 있다. 뿐만 아니라, 인과성과 객관적 귀속 여부는 시간적으로 후속되는 결과 여부에 관한

55 이효용, 앞의 논문, 236면.
56 통시적 책임귀속에 대한 설명은 이상돈, 앞의 책, 8면 참조.

통시적 판단일 수밖에 없다. 이는 인과성 판단을 요구하지 않는 거동범 또는 위험범적 영역 이외의 미수범처벌규정이 없는 결과범 또는 침해범에서 많은 경우에 법적 책임귀속 판단의 방식으로 나타난다.

나. 윤리적 측면에 대한 법적 개입인가?

비윤리성에 대한 법의 처벌이라는 비판에 대하여는 형법은 좁은 의미의 도덕규범 위에 서 있다는 점, 형법적 비난의 근저에는 사회윤리적 행위가치가 놓여있다는 점에 주목해야 할 것이다. 또한 기업영역에서 윤리적 귀속은 보편화된 준법경영의 확립을 전제로 하여 이행되어야 할 고도의 윤리경영단계에서 논할 문제이다. 기업과 관련한 영역에서 윤리란, 보편화된 개인윤리로서 기 확립되어 있는 것이 아니라 경제질서의 확립과정에서 사회소통과 기능분담을 통하여 형성되고 구축되는, 즉 우리 사회에서는 여전히 현재진행형인 미완의 문제이기 때문이다.

그러나 가장 강력한 통제장치로서의 형법은 다시 기업내부자처벌과 기업처벌에 있어서 이론적인 한계에 부딪친다. 최근까지 많은 연구들은 기업내부자처벌과 기업처벌을 구분하지 않고, 형법상 배임죄 규정과 특별법상 양벌규정의 적용가능성을 이론적으로 타진하는 작업을 하여 왔다. 그럼에도 불구하고 명쾌하게 이를 해소할 수 없었던 근저에는 전통적인 개인형법을 기업관련 행위들에 적용하는 것이 가능하겠는가의 물음이 바탕하고 있다. 개인형법의 영역에서 존중되어야 할 자유의지와 개인책임의 문제가 기업관련 범죄에 있어서는 구조적 특수성으로 인하여 난관에 부딪히기도 하기 때문이다.

요약컨대, 첫째, 소위 윤리경영은 준법단계 이후에 이행되어야 할 경영행태이며, 기업활동에서 윤리성은 고도의 준법성을 기초로만 구축된다. 따라서 윤리적 측면에 대한 법적 개입이 아니라, 법적 개입을 통한 준법단계의 구축을 전제로 하여 윤리적 경영으로의 이행이 가능해진다는 점에서 윤리적 측면에 대한 법적 개입이라고 단정할 수 없다. 둘째, 기업활동은 기업내부자와 기업의 활동 및 범죄성립문제를 구분하여 접근하여야 할 것이다. 전자의 기업내부자에 대한 범죄성립 여부는 여전히 전통적인 개인형법의 범주이지만, 후자의 기업처벌은 개인형법의 영역으로 포섭될 수 없다. 따라서 기업의 의사형성구조, 형성된 의사에 의한 사회활동방식, 기업의 사회적 역할 등을 고려하여 기업이 행위주체로서 설정될 수 있는 새로운 기업형법의 체계를 구축하여 접근해야 할 영역이다. 이는 형법관의 기능적 분화가능성의 문제로 귀결될 것이며, 기업내부자 처벌과 기업 그 자체의 처벌을 혼동하여서는 아니 될 것이다.

다. 포괄적 구성요건에 의한 처벌인가?

(1) 배임죄 구성요건의 특징

배임죄는 구성요건 해석에 있어서 세 가지 면에서의 추상성으로 인하여, 법해석의 불명확성이라는 위험을 내포하고 있는 것으로 보인다. 첫째, 배신성의 기초가 되는 신임관계의 발생근거에 대한 형법외적 해석으로 인한 추상성, 둘째, 신임관계가 인정되더라도 어느 범위까지 임무위배, 즉 배임행위라고 할 것인가라는, 위배대상이 되는 임무의 범위에 대한 추상성, 그리고 마지막으로 현실적 손해가 아닌 손해발생의 직접적 위험을 요구한다는 점에 기인하는 추상성이 그것이다.

배임죄가 포괄적 구성요건이라고 비판하는 견해들 역시 이러한 불명확성에 기인한 개념정의의 모호성 또는 추상성을 근거로 하는 듯하다. 배임죄 구성요건의 이러한 불명확성을 역사적 배경을 중심으로 설명하는 견해에 따르면[57] 배임죄에 대한 배신설의 관점을 시대적 배경과 관련하여 볼 때 사법상의 채무불이행도 포섭시킬 정도의 불명확한 배임죄 구성요건을 탄생시켰다고 설명한다. 즉, 독일의 1933년의 입법에서는 당벌적이고 배신적인 재산침해행위들을 가능한 한 빠짐없이 포함시키기 위해 의도적으로 광범위한 구성요건을 제정하게

---

57 신동운, "횡령죄와 배임죄의 관계", 한국형사법학의 새로운 지평, 유일당오선주교수화갑기념논문집, 2000, 315면 이하; 이석배, "횡령죄와 배임죄의 관계", 동아법학 제46호, 동아대학교 법학연구소, 2010/2, 369면; 이정원, "배임죄의 구조와 문제점", 법학연구 제34집, 전북대학교 법학연구소, 2011/3, 126면 이하 참조. 1953년의 우리나라의 제정 형법은 당시 일본 내에서 준비하고 일본개정형법가안(각칙 1940년 3월) 제442조 제2항을 그대로 도입하여 제40장 '횡령과 배임의 죄'의 제355조 제2항에 현행법과 동일한 내용의 배임죄 규정을 두게 되었다. 당시 제정형법의 배임죄 규정에 대해서는 '구법시대의 모든 입법적 불비를 정리하여 이를 체계적으로 확립한 것'으로 평가하였다. 그러나 정작 일본개정형법가안을 준비한 일본에서는 이를 채택하지 않았고, 현재까지도 사기죄의 죄 장에 규정된 종래의 배임죄 구조를 유지하고 있다. 따라서 독일 형법과 일본 형법의 배임죄는 동일한 구조를 유지하고 있는 데 반하여, 형법의 배임죄는 이들과 다른 새로운 독자적인 구조와 형식을 갖게 되었다.

되었고, 그것이 여과 없이 그대로 우리나라 제정형법에 반영된 결과라고 한다.[58] 한편, 판례가 포괄적이라는 용어를 사용함에 있어서는 '전체적' 또는 '개개의 관계에 대한 개별판단을 하지 않는 전반적'이라는 의미로 이해하는 듯하다.[59]

이러한 배임죄의 특징을 포착하여 볼 때, 구성요건 해석의 면에서 규범적 구성요건으로만 충전되어 있고, 그러한 규범적 구성요건의 해석에 있어서 한계설정에 필요한 장치들이 형법 내에서 찾아지기 어렵다는 점이 배임죄를 포괄적 구성요건이라고 비난하게 되는 원인인 듯하다. 물론 견해의 차이는 존재하나, 대체로 규범적 구성요건의 해석에서는, 형법외적 법영역에서의 평가의 차용이 필요하거나 사회적·윤리적·문화적·경제적인 측면에서의 평가를 요구하거나 또는 법관에 의한 평가를 통해 충족 여부가 결정되어진다.[60] 특히 배임죄의 구성요건은 이러한 세 가지 측면의 형법 외적 평가가 모두 요구된다는 점에서 규범적 구성요건의 전형적인 특색을 드러내고 있다.

(2) 포괄적 구성요건과 구성요건의 포괄적 해석

규범적 구성요건의 해석의 어려움이, 범죄성립요건의 해석을 포기하게 하거나 포괄적으로 만들어버리는 것은 아니다. 규범적 구성요건은 형법에 있어서 예외적이거나 우연한 현상이 아니다. 그리고 형법이 추구하는 법익보호에 부합하도록 하면서, 그 근저에는 사회윤리적 행위가치를 놓고 법해석을 하여야 함이 해석자의 임무이다. 어떠한 법이 추구하는 목적을 달성하기 위한 수단으로

58 이정원, 앞의 논문, 126면에 따르면, 특히 이러한 광범위한 배임죄 구성요건은 뒤이은 나치사고의 영향으로 일반적인 호응을 얻게 되었고, 다양한 배신유형들이 광의로 해석되었다고 한다.

59 大判 1997. 12. 26, 97도2609. '… 공무원의 직무와 금원의 수수가 전체적으로 대가관계에 있으면 뇌물수수죄가 성립하고, 특별히 청탁의 유무, 개개의 직무행위의 대가적 관계를 고려할 필요가 없으며, 또한 그 직무행위가 특정된 것일 필요도 없다 할 것이고, 한편 뇌물죄에 있어서 직무에는 공무원이 법령상 관장하는 직무 그 자체뿐만 아니라 그 직무와 밀접한 관계가 있는 행위 또는 관례상이나 사실상 소관하는 직무행위도 포함된다 할 것이므로, 국회의원이 그 직무권한의 행사로서의 의정활동과 전체적·포괄적으로 대가관계가 있는 금원을 교부받았다면 그 금원의 수수가 어느 직무행위와 대가관계에 있는 것인지 특정할 수 없다고 하더라도 이는 국회의원의 직무에 관련된 것으로 보아야 하고….'

60 규범적 구성요건에 관한 자세한 내용은 류전철, "규범적 구성요건에 관한 소고", 형사법연구 제10호, 한국형사법학회, 1999, 23면 이하 참조. 다만 동 견해에 따르면 기술적 구성요건과 규범적 구성요건의 구별을 거부하고, 다만 해석에 소요되는 양적 차이의 문제일 뿐이라고 결론짓는다.

서 행위규범에 대한 해석론을 제시하는 것은 법해석의 당연한 이치이다. 배임죄가 그러한 금지규범을 통해 달성하고자 하는 목적은 항상적이지만, 사회적·문화적·경제적 제반 현상들의 변화에 따라서 그 해석내용에 있어서 충돌이나 다의적 해석의 문제가 발생하는 것은 예외적인 법현상이 아니라는 점이다.

배임죄는 여전히 임무위배를 통하여 본인에게 손해를 가함과 동시에 이익을 취하는 행위에 대한 비난이 핵심이고, 임무발생의 근거와 임무의 범위 및 손해발생의 위험 또는 실제 손해발생 여부는 여전히 규범적 해석의 대상일 뿐이다. 경영판단의 영역이 이와 같은 배임죄의 요소를 충족하는 영역인가 여부는 개별 행위에 따라 어떠한 경영행위인지, 그러한 경영행위가 추구하였던 결정이 임무위배에 해당하는지를 중심으로 판단하여야 하는 것이지, 그와 분리되어 배임죄가 포괄적 구성요건이기 때문에 경영행위에는 배임죄를 적용할 수 없다고 결론짓는 것은 논리정연한 귀결이 아니다. 오히려 개별행위 단위의 평가를 무시하고, 경영판단 영역 전체에 대하여는 형법상 배임죄를 적용할 수 없다고 보는 시각이, 구성요건에 관한 '포괄적 해석'이기 때문에 지양되어야 한다. 경영상 판단이라는 영역 자체가 매우 광범위하고 추상적임에도 불구하고, 그 개별행위를 구분함 없이 영역을 지정하여 배임죄 성부를 논함은 그 자체가 구성요건의 포괄적 해석이 되기 때문이다.

2. 배임죄 구성요건의 해석

가. 객관적 구성요건

(1) 구성요건적 임무위배행위

배임죄에 있어서 '임무에 위배하는 행위'라 함은 처리하는 사무의 내용, 성질 등에 비추어 법령의 규정, 계약의 내용 또는 신의칙상 당연히 하여야 할 것으로 기대되는 행위를 하지 않거나 당연히 하지 않아야 할 것으로 기대되는 행위를 함으로써 본인과의 신임관계를 저버리는 일체의 행위를 포함한다.[61]

특히 경영행위라고 포괄적으로 지칭하는 영역은, 거래 현실에서 그 구체적인 태양이 매우 다양하다. 그리고 그러한 행위들을 특별법으로 다루지 않는 한,

61 大判 2013. 12. 26, 2013도7360; 大判 2013. 9. 27, 2013도6835; 大判 2012. 9. 13, 2012도3840; 大判 2011. 10. 27, 2009도14464 등.

일률적으로 배임죄가 성립한다거나 성립하지 아니한다고 단정할 수 없고, 배임죄의 성립 여부는 그러한 행위가 배임죄의 구성요건에 해당하는지 여부에 따라 개별적으로 판단되어야 한다.[62] 이러한 해석을 하는 한 실패한 경영행위 전반에 배임죄를 적용하는 것은 아니다. 또한 배임죄는 재산범죄이지, 경영판단이라는 개인의 일반적 행위의 자유를 제한하는 범죄가 아니다. 재산범죄의 특성상 인과관계의 문제로서 임무에 위배되는 행위를 통하여 위임자에게 손해(또는 손해의 직접적 위험성)를 가함과 동시에 이를 통하여 이익의 취득으로 나아갈 때에만 비로소 형법이 관여하는 것이다.

다만 일반적인 위임사무의 경우와는 달리 경영상의 자율성을 보장하기 위하여는 '중대한 의무침해'가 인정되는 경우로 한정할 필요성이 제기된다고 보는 견해가 있다.[63] 그러나 의무침해의 중대성은 또 다른 자의적 판단의 우려를 제기할 뿐이며, 법해석에 다시 정책적 목적이 다분히 개입될 여지를 남겨두게 된다. 따라서 경영상 결정행위에 의한 의무침해 여부는 존부의 문제로 보아야 할 것이며, 그것이 중대한 의무침해인가는 양형의 문제로 다루어야 할 것이다. 물론 의무침해만 존재하면 구성요건행위가 충족된다고 해석하면, 배임죄의 성립범위가 지나치게 넓어진다는 비판이 제기될 것이지만, 여기에서의 의무는 결정자가 회사 또는 주주에게 선임되면서 일반적으로 부여된 의무가 아니라, 특정결정행위권으로부터 수반되는 특정의무라는 점에서 일반의무 전반의 위반이 배임행위라고 볼 것은 아니다. 즉, 특정한 결정권의 행사로부터 부여되는 특정한 의무라고 한정할 때에는 임무위배행위 역시 특정될 수 있다는 점에서 포괄적인 배임행위를 인정하는 결과를 초래하지 않는다.

경영상의 판단에 따른 행위들은 특히 위임자에게 득실이 되는지 여부가 불투명한 거래가 일반적인바, 이에 대하여는 두 가지 면에서 접근 가능할 것으로 보인다. 우선 경영판단자의 행위에 대한 위임자의 동의가능성의 문제가 거론된

62 이는 차입매수(LBO)가 배임죄에 해당하는지 여부를 설시하면서 우리 대법원이 사용하는 문맥이다. 大判 2013. 6. 13, 2011도524; 大判 2010. 4. 15, 2009도6634 등.

63 강동욱, 앞의 논문, 7면은 따라서 의심스러운 때에는 관련자들에게 재량과 판단의 여지를 넓게 인정하고, 재산보호의무 위반은 엄격한 요건을 설정하고 그것이 충족될 때에만 비로소 인정되어야 한다고 본다. 그리고 이는 독일 연방대법원의 태도라고 한다(발터 페론/안동준 역, "배임죄구성요건의 문제점과 전망", 법학논총 제30집 제1호, 전남대학교 법학연구소, 2010, 47면).

다.[64] 배임죄의 불법의 근거는 위임자의 이익보호에 있으므로, 만일 위임자의 동의가능성이 있다면 위임자의 이익을 보호하거나 또는 위임자가 이익보호를 스스로 포기한 것이므로 배임죄의 구성요건은 탈락된다. 다음으로 절차적으로 법이 요구하는 경영판단에서의 절차를 준수하였는가의 문제이다. 앞서 경영판단의 원칙은 결정을 위하여 필요한 충분한 정보를 수집하였는가를 요건으로 하였는바, 비록 경영판단의 원칙이 과실행위에 적용되는 원리라 할지라도 그러한 요건은 고의행위로서 배임행위인가 여부를 판단하는 간접적 척도는 될 수 있을 것이다.

(2) 판단시점과 판단대상

앞서 언급한 임무위배 행위를 통하여 사후적으로 또는 장래의 시점까지 고려하여 위임자에게 손해가 발생하였는가 여부를 판단하지 않는다. 손해발생 여부는 행위 당시를 기준으로 판단하고, 그로 인한 이익의 취득 역시 행위의 속성을 통하여 판단되어야 할 것이며, 반대로 손해의 발생이나 이익의 취득이 후속 또는 수반되지 않았다면 미수범 성립의 문제만 남을 뿐이다. 즉, 손해발생과 이익취득 여부는 별개의 현상이나 또 다른 행위의 결과가 아니라 당해 경영판단상의 결정행위에 내포되어 있는 성질이며, 사후적으로 그것이 현실화되었는가 여부는 인과관계의 존부 문제이며, 기수 및 미수 여부를 결정하는 것으로 보아야 한다. 행위와 손해 발생 및 이익취득은 모두 인과성이 인정되어야 함은 물론이다.

배임죄의 이러한 객관적 구성요건은 일반적인 해석방법을 통하여 그 의미가 결정되고, 경영상의 판단 또는 판단행위가 여기에 해당할 것인가는, 요구되는 구성요건을 충족하였는가 여부로 해결되어야 한다. 그리고 그 판단시점은 비록 형법이 통제규범이라는 점에서는 사후적 판단일 수밖에 없지만, 그 판단대상은 행위 시점에서의 행위 방향의 설정이다. 통제규범이라는 점에서는 사후적 판단이지만, 형법은 행위규범으로서의 기능도 가지기 때문에, 사후적 규범통제로서의 역할을 넘어서 사전적 행위규범으로서의 기능도 경영판단 영역에서 작용한다고 보기도 한다.[65] 즉, 형법은 사전적 경영판단에 대하여 행위지침으로

64 이용식, 앞의 논문, 94면 이하는 위임자의 실질적 동의가능성은 구성요건을 조각하는 양해의 문제가 된다고 본다.

65 김준호, 앞의 논문, 148~149면.

서 보호영역 내에 있는 행위의 한계를 설정하고 사후적으로 그 범위 내의 행위인지 여부를 판단하는 것이다.

나. 주관적 구성요건—고의

배임죄가 성립하기 위하여는 주관적 요건으로서 임무에 위배되는 행위를 한다는 인식 이외에도 그로 인하여 자기 또는 제3자의 이익을 취득하고 본인에게 손해를 가한다는 점에 관한 의사 내지 인식을 필요로 한다. 따라서 본인의 이익을 위하여 문제가 된 행위를 하였다고 주장하면서 배임죄의 범의를 부인하는 경우에는 사물의 성질상 배임죄의 주관적 요소로 되는 사실(고의, 동기 등의 내심적 사실)은 고의와 상당한 관련성이 있는 간접사실을 증명하는 방법에 의하여 입증할 수밖에 없고, 피고인이 본인의 이익을 위한다는 의사도 가지고 있었다 하더라도 위와 같은 간접사실에 의하여 본인이 이익을 위한다는 의사는 부수적일 뿐이고 이득 또는 가해의 의사가 주된 것임이 판명되면 배임죄의 고의가 있었다고 봄이 판례의 태도이다.[66]

이른바 경영상의 판단과 관련하여 기업의 경영자에게 배임의 고의가 있었는지 여부를 판단함에 있어서도 일반적인 업무상 배임죄에 있어서 고의의 입증방법과 마찬가지의 법리가 적용되어야 한다. 다만 기업 경영에 내재된 속성을 고려하여, 문제된 경영상의 판단에 이르게 된 경위와 동기, 판단대상인 사업의 내용, 기업이 처한 경제적 상황, 손실발생의 개연성과 이익획득의 개연성 등 제반 사정에 비추어 자기 또는 제3자가 재산상 이익을 취득한다는 인식과 본인에게 손해를 가한다는 인식하의 의도적 행위임이 인정되는 경우에 한하여 배임죄의 고의를 인정하는 엄격한 해석기준은 유지되어야 한다는 것이 최근의 판례의 태도이다.[67] 그리고, 그러한 인식이 없는데 단순히 본인에게 손해가 발생하였다는 결과만으로 책임을 묻거나 주의의무를 소홀히 한 과실이 있다는 이유로 책임을 물을 수는 없다.[68]

이처럼 판례는 배임죄의 고의 및 경영상의 판단에 의한 행위가 배임행위로서의 고의를 가지고 있는가 여부에 관하여, 입증의 문제로 접근하고 있다. 즉,

---

66 大判 1998. 2. 10, 97도2919; 大判 1988. 11. 22. 선고 88도1523 등.

67 大判 2013. 12. 26, 2013도7360; 大判 2011. 7. 28, 2010도7546.

68 大判 2004. 7. 22, 2002도4229.

고의의 내용은 객관적 구성요건 해당사실을 향하는 심적 태도이기 때문에 배임죄의 고의내용이 무엇인가는 문제되지 않는다. 오히려 고의의 유무를 입증하기 위하여 사물의 성질상 고의와 상당한 관련성이 있는 간접사실들인가 여부를 판단하는 것이 보다 중요한 문제이다.

문제는 판례가 경영행위에 있어서 고의와 상당한 관련성이 있는 간접사실인가의 판단에 '경영상의 판단과 관련하여…'라고 표현한 점을 마치 경영판단원칙의 도입을 시도한 것으로 오해하는 시각인 듯하다.[69] 자주 언급되는 판례의 요지를 그대로 인용하면 다음과 같다.[70] "일반적으로 (1) 업무상배임죄의 고의는 업무상 타인의 사무를 처리하는 자가 본인에게 재산상의 손해를 가한다는 의사와 자기 또는 제3자의 재산상의 이득의 의사가 임무에 위배된다는 인식과 결합하여 성립되는 것이며, (2) 이와 같은 업무상배임죄의 주관적 요소로 되는 사실은 피고인이 본인의 이익을 위하여 문제가 된 행위를 하였다고 주장하면서 범의를 부인하고 있는 경우에는 사물의 성질상 고의와 상당한 관련성이 있는 간접사실을 증명하는 방법에 의하여 입증할 수밖에 없고, (3) 무엇이 상당한 관련성이 있는 간접사실에 해당할 것인가는 정상적인 경험칙에 바탕을 두고 치밀한 관찰력이나 분석력에 의하여 사실의 연결상태를 합리적으로 판단하는 방법에 의하여야 할 것이고, (4) 기업의 경영에는 원천적으로 위험이 내재하여 있어서 경영자가 아무런 개인적인 이익을 취할 의도 없이 선의에 기하여 가능한 범위 내에서 수집된 정보를 바탕으로 기업의 이익에 합치된다는 믿음을 가지고 신중하게 결정을 내렸다 하더라도 그 예측이 빗나가 기업에 손해가 발생하는 경우가 있을 수 있으므로 경영상의 판단과 관련하여 기업의 경영자에게 배임의 고의가 있었는지 여부를 판단함에 있어서는 기업 경영에 있어 경영상 판단의 특성이 고려되어야 한다."[71] 동 판결의 문맥을 순서대로 이해하면 (1) 배임죄의

69 구회근, "업무상 배임죄와 경영판단원칙 – 대법원판례를 중심으로", 법조 제590호, 법조협회, 2005, 55면; 이상돈, 앞의 책, 70면; 이정민, 앞의 논문, 160면.

70 이하에서 괄호의 순서는 판례의 문맥이 지칭하는 바를 나누기 위하여 편의상 부가한 것이다.

71 大判 2004. 10. 28, 2002도3131. 유사한 판례로서 "경영상의 판단과 관련하여 기업의 경영자에게 배임의 고의가 있었는지 여부를 판단함에 있어서도 일반적인 업무상배임죄에 있어서 고의의 입증 방법과 마찬가지의 법리가 적용되어야 함은 물론이지만, 기업의 경영에는 원천적으로 위험이 내재하여 있어서 경영자가 아무런 개인적인 이익을 취할 의도 없이 선의에 기하여 가능한 범위 내에서 수집된 정보를 바탕으로 기업의 이익에 합치된다는 믿음을

고의의 내용으로서 객관적 구성요건요소에 대한 인식과 의사, (2) 고의를 부인할 경우 고의 입증방법으로서 간접사실의 이용, 이는 일반적으로 배임죄를 포함한 거의 모든 범죄의 범의의 입증에 대하여 판례가 취하는 태도이다. (3) 간접사실로서의 상당한 관련성 판단방법,72 (4) 경영상 판단과 관련한 배임의 고의 유무의 결정에 있어서 필요한 간접사실 및 상당한 관련성 판단방법의 특수성이 그것이다.

즉, 판례는 '원천적으로 위험이 내재하여 있어서 경영자가 아무런 개인적인 이익을 취할 의도 없이 선의에 기하여 가능한 범위 내에서 수집된 정보를 바탕으로 기업의 이익에 합치된다는 믿음을 가지고 신중하게 결정을 내렸다 하더라도 그 예측이 빗나가 기업에 손해가 발생하는 경우가 있을 수 있으므로' 경영판단의 원칙을 적용하여서 고의를 부정해야 한다고 한 바 없다. 다만, 고의 유무의 입증에 필요한 간접사실 및 사실 해석에 있어서 그러한 경우에는 고의범으로서 요구되는 고의가 인정될 가능성이 낮아질 뿐이다. 즉, 손해가 발생하였다고 언제나 배임의 고의에 의한 행위라고 보아서는 안된다는 점을 지적하였을 뿐이다. 또한 경영판단 영역에서의 특수성을 고려하여 고의 판단에 참작하라는 것이지, 경영판단의 원칙을 직접 적용하여 형법상 배임죄 성립을 원천적으로

가지고 신중하게 결정을 내렸다 하더라도 그 예측이 빗나가 기업에 손해가 발생하는 경우가 있을 수 있는바, 이러한 경우에까지 고의에 관한 해석기준을 완화하여 업무상배임죄의 형사책임을 묻고자 한다면 이는 죄형법정주의의 원칙에 위배되는 것임은 물론이고 정책적인 차원에서 볼 때에도 영업이익의 원천인 기업가 정신을 위축시키는 결과를 낳게 되어 당해 기업뿐만 아니라 사회적으로도 큰 손실이 될 것이므로, 현행 형법상의 배임죄가 위태범이라는 법리를 부인할 수 없다 할지라도, 문제된 경영상의 판단에 이르게 된 경위와 동기, 판단대상인 사업의 내용, 기업이 처한 경제적 상황, 손실발생의 개연성과 이익획득의 개연성 등 제반 사정에 비추어 자기 또는 제3자가 재산상 이익을 취득한다는 인식과 본인에게 손해를 가한다는 인식(미필적 인식을 포함)하의 의도적 행위임이 인정되는 경우에 한하여 배임죄의 고의를 인정하는 엄격한 해석기준은 유지되어야 할 것이고, 그러한 인식이 없는데 단순히 본인에게 손해가 발생하였다는 결과만으로 책임을 묻거나 주의의무를 소홀히 한 과실이 있다는 이유로 책임을 물을 수는 없다." 大判 2004. 7. 22, 2002도4229.

72 "고의는 내심적 사실이므로 피고인이 이를 부정하는 경우에는 사물의 성질상 고의와 상당한 관련성이 있는 간접사실을 증명하는 방법에 의하여 입증할 수밖에 없고, 이때 무엇이 상당한 관련성이 있는 간접사실에 해당할 것인지는 정상적인 경험칙에 바탕을 두고 치밀한 관찰력이나 분석력에 의하여 사실의 연결상태를 합리적으로 판단하는 외에 다른 방법이 없다고 할 것이다." 大判 2012. 6. 28, 2012도2628; 大判 2010. 7. 15, 2008도9066; 大判 2004. 3. 26, 2003도7878 등.

봉쇄한다는 의미가 아니다. 판례는 대체로 고의 판단이 엄격한 증명의 대상임을 부정하지는 않지만, 내심의 심리 또는 인식상태를 직접사실로 증명함이 용이하지 않다는 점을 고려하여 간접사실을 통해서 고의를 확인할 수 있다고 본다. 그리고 경영상 판단의 경우에는 비록 손해가 발생하였다고 하더라도 기업의 이익에 합치된다는 신뢰하여 신중하게 결정한 경우도 있을 수 있으므로, 그러한 정황이 있었는가를 간접사실로 보아 고의의 유무를 판단함에 고려하고자 하는 태도라고 이해하여야 할 것이다.

3. 과실범과 고의범의 구별

경영판단의 원칙을 앞서 언급하면서, 동 원칙이 주의의무위반 여부의 기준을 제시할 뿐만 아니라 미국의 개정법 및 판례들은 당해 주의의무가 '절차적' 주의의무이자 절차상의 '중과실'에 대하여 적용 예외를 두는 원칙임을 강조하였다. 즉, 경영판단의 원칙은 고의범이 아닌 과실범에 대한 적용원리이다. 미국의 판례들은 중대한 과실의 경우에만 경영판단의 원칙이 적용되지 않는다고 판시할 뿐만 아니라, 고의행위는 처음부터 동 원칙의 대상이 아님을 명백히 밝히고 있다.

그런데 형법상 배임죄는 고의범만이 규정되어 있으며, 임무위배행위는 고의에 의한 의식적 행위여야 한다는 점에서 과실범에 대한 원리를 고의범 적용 여부의 기준으로 삼을 수 없다. 판례 역시 배임행위에 관한 인식이 없는데 단순히 본인에게 손해가 발생하였다는 결과만으로 책임을 묻거나 주의의무를 소홀히 한 과실이 있다는 이유로는 책임을 물을 수 없다고 본다.[73]

물론 절차적 주의의무의 범위로서 신중하고 합리적으로 결정에 필요한 충분한 정보를 수집하고 조사하였는가라는 절차적 요건들이 고의범에서도 배임행위가 있었는가 여부를 입증함에 있어서 간접사실로서 유효할 수 있다.[74] 그러나

73 大判 2012. 8. 30, 2011도15052; 大判 2004. 7. 22, 2002도4229 등.

74 한편 곽병선, 앞의 논문, 30면; 김준호, 앞의 논문, 151면은 미국의 경우에도 손해발생의 주장을 위해서는 원고가 통상의 증명정도를 넘어선 합리적 의심의 여지가 없는 증거를 제출하여야 하는바, 우리 형사소송법 제307조 제2항 역시 범죄사실의 인정은 합리적인 의심이 없는 정도의 증명에 이르러야 함을 규정하고 있다는 점에서 경영판단의 항변이 검사의 증명책임에 영향을 미치지도 않고 피고인에게 유리하게 되는 실익도 존재하지 않는다는 점에서 특별한 입증책임의 의미도 없다고 본다.

궁극적으로 과실범 판단기준, 그중에서도 고의와 가장 거리가 먼 중과실 여부의 기준이 고의범 판단의 기준으로 대체될 수 없음은 자명하다.

V 법해석의 한계와 연대성의 원리

법을 통하여 특정한 정책적 목적을 추구할 때에는 법해석 또는 법정책 측면에서 접근할 수 있다. 경영판단의 원칙을 도입하고자 하는 특정한 정책적 목적, 즉 기업활동의 위축을 저지하여 시장경제의 활성화를 유도하고자 하는 시도는 경제적인 측면에서 바람직할 수도 있고 그렇지 아니할 수도 있다. 여기에서는 그러한 정책적 목적의 정당성을 언급하고자 하는 것이 아니라, 그 목적을 위한 수단으로서 경영판단 원칙의 형법적 의미 부여의 문제를 다루고자 하였다. 만일 그러한 목적을 달성하기 위하여 법의 작용을 원용하고자 할 때에는 기존의 법해석의 문제로 접근할 수도 있고, 입법적 결단을 통하여 요구되는 법을 제정할 수도 있을 것이다.

배임죄는 형법 외적 신임관계를 기초로 하여 그 임무에 위배하여 위임자에게 재산상의 손해를 가하는 행위를 금지함으로서, 기업경영에 있어서 회사 또는 주주에게 손해를 가하거나 가할 직접적 위험성이 있는 불법적인 경영판단행위를 규제하는 데 기여를 해 왔다. 그러나 경영판단 원칙의 도입을 통하여 경영상 결정에 보다 많은 면책을 부여함으로써 법정책적 목적을 달성하고자 한다고 하더라도, 기존의 법해석의 한계를 넘어서는 해석을 특정 목적을 위해 허용하는 것은 형평상 타당하지 않다. 그러한 목적 달성을 위한 입법의 시도는 별론으로 하고, 이미 존재하고 있는 형법상 배임죄의 구성요건 범위를 뛰어넘는 자유로운 영역을, 해석을 통하여 인정하고자 함은 법해석자의 권한과 임무를 벗어나게 된다.

물론 현재 상법 개정(제382조 제2항 단서)을 통하여 미국법상 경영판단의 원칙과 동일한 내용을 신설하고자 하는 움직임이 분주하다. 그러나 설령 상법상 경영판단의 원칙이 도입된다고 하더라도, 사적자치의 원칙이 지배하는 사법영역에서의 원리를 형법상 여과 없이 수용할 수는 없다. 경영판단의 원칙의 발전 과정과 그 함의를 살펴보면, 절차적 주의의무 위반 여부를 기준으로 중과실에 한하여 사법심사의 영역에서 배제하고자 의도함을 알 수 있다. 그러한 원칙이 형법에서 용인할 수 있는 규범적 해석범위를 넘어서는 한, 해석을 통하여 해결될 수 없는 지점은 입법의 영역으로 그 임무를 넘겨야 할 것이다.

여기에서는 경영판단 원칙의 전개와 사법심사를 배제하고자 하는 당해 원리의 본질적 함의를 전제로 하여, 그것이 정책적으로 그리고 이론적으로 형법 해석에 적용함이 타당한지 살펴보았다. 물론 이와 같은 논거 외에도 민법과 형법의 해석상의 문제들, 예컨대 법률해석의 한계, 형법상 위법성 판단과 민사불법과의 관계, 형사법의 독자성과 민사법과의 법질서 통일성의 원칙, 법해석의 불명확성의 문제 등 매우 다양한 관점에서 경영판단 원칙과 형법상 배임죄의 문제가 다루어져야 할 것이다. 여기에서는 그중 매우 좁은 시각에서 접근하였지만, 민사법 영역의 원리들을 그 어떤 이유에서든 형사법 해석에 도입하고자 할 때에는 이와 같은 다양한 시각에서의 정합성을 반드시 고려하여야 할 것이다.

또한 연대성의 측면에서 볼 때, 개인의 행위가 사회에 미치는 영향을 고려하지 않을 수 없다. 회사를 비롯한 법인의 사회적 역할은 법인의 독자적 활동에 의한 영역도 있지만, 소속된 개인의 결정이 회사의 사회적 기능에 직접적으로 영향을 미치는 영역도 필연적으로 존재한다. 그리고 이때의 개인의 행위는 그 자체가 사회적 결속을 와해하는 작용을 할 수 있다. 그럼에도 불구하고 광범위하고 추상적인 경영판단의 원칙을 근거로 하여, 개인에게 면책사유를 부과하는 것이 타당한지 재고하여야 한다. 개인의 그와 같은 면책이 사회공동체 전체에게 부여하는 상실감은 소위 '유전무죄(有錢無罪)'라는 씁쓸한 표현으로 대변된다. 특히 우리나라의 독특한 기업문화가 후에 설명하는 바와 같이 기업집단지배구조를 이룸으로써, 기업집단에 대한 공동체 전체의 부정적 인식은 과히 형사적 문제를 넘어서고 있는 것이 실정이다. 따라서 처벌이 필요한 영역과 그렇지 않은 영역을 명확히 구분하고, 처벌이 필요한 영역에 대하여 경영이라든가 모험이라는 표현을 통해 불법의 영역인 듯한 인상을 부여해서는 안 될 것이다.

CHAPTER

02 법인의 처벌: 기업범죄

I 현대판 리바이어던

국가의 존립이 기업 경제활동에 의하여 좌우되는 우리 시대의 모습에서, 개인의 사멸이 국가존립에 위협을 주지는 않지만 기업의 사활은 국가의 존립과 국제적 위상에 직접적인 영향을 미친다는 보편적인 인식을 어렵지 않게 확인할 수 있다. 특히, 기업경제활동영역에 있어서 국가의존도가 높았던 한국적 현실은, 기업의 탄생과 성장이 자본주의경제질서를 확립해 나아가는 전통을 확인할 수 있는 영미법계의 역사와는 분명한 차이가 존재한다. 한국사회의 경우, 기업은 자력으로 성장하기보다는 국가의 지원에 의존하였고, 기업의 소유와 경영이 분리되어 있지 않으며,[1] 정경유착[2]이라는 부정적 이미지를 통하여 발전하여 왔을 뿐만 아니라, 과도한 경쟁적 경영과 탈법적 경영관행이 경제성장에 기여한

1 배규한/한준/김우식 외, 변화하는 사회환경, 기업의 대응, 지식마당, 2002, 60면.

2 예컨대 1997년 IMF 구제금융요청의 경우 기업이 연쇄적으로 도산함으로서 외환보유고가 급감하였음을 직접적인 원인으로 언급된다. 이 과정에서 정경유착을 통해 한보와 기아자동차에 불법적인 은행대출을 용인하였지만, 두 업체의 부도로 각각 5조원과 10조원의 부실 채권이 발생했고 이것이 국가신인도 하락에 큰 영향을 미쳤다는 점은, 기업의 존립이 국가존립에 직접적인 영향을 미칠 수 있다는 선례라고 평가될 수 있을 것이다.

다는 이유로 묵과되거나 조장되어 왔으며, 이에 대한 법적 개입은 여전히 소극적이었다는 점을 부인할 수 없다.

개발주의는 경제성장을 지배적인 논리와 가치로 설정하는바, 50여 년 만에 이룩한 한국사회의 모습은 불균형 성장, 불균등 발전, 고압의 정부주도 성장, 시민사회의 피폐화라는 특징을 지닌 파행적 근대화의 모습을 띠고 있다. 한국사회를 이와 같이 표현하는 주된 이유는 단기간 동안의 급속한 경제위주 성장으로 지극히 짧은 기간 동안 완전히 산업사회로 이행되었을 뿐만 아니라, 산업구조의 이행이 급속도로 이루어져서 전통적 위험과 근대적 위험이 혼화되어 도처에 은신하고 있기 때문일 것이다. 특히, 급속성장으로 인한 그동안의 산업발전에의 윤리성 저하는 경제성장 논리에 묻혀 표면위로 부상할 수 없었음은 주지의 사실이다. 따라서 서구에서 200년이 넘게 진행되어 온 전통적 근대화가 경제적인 수준에서의 지속적인 성장 및 산업화, 정치적인 수준에서의 참여의 확대 및 민주화, 사회적인 수준에서의 합리적인 가치체계의 도입 및 확산이라는 조건을 충족하는 근대화임에 반해, 우리의 근대화는 대단히 일탈적일 수밖에 없다.

이러한 우리 사회의 이면에는 급진적 경제성장, 또는 경제를 피라미드의 정점으로 하는 사회발전의 현상이 중심에 놓여 있고 다시, 그러한 경제성장 속에는 윤리경영의 부재와 법적 개입의 극엄격성, 경영내부자의 판단에 대한 관대화 등의 비윤리적 행태들이 마치 저항불가한 현대판 리바이어던처럼 존재하고 있다. 이러한 현상들은 다시 위험사회의 논의들과도 간접적으로 맥락을 같이 하게 되는바, 기업이윤창출의 극대화가 그로 인한 위험들을 사회에 공평하게 분배하게 함으로써 이익귀속자와 불이익의 귀속자를 분리하는 사회적 갈등들을 초래하게 하기도 한다. 또한 자유시장 경제논리를 앞세워 법적 개입을 저지함으로서, 마치 법의 개입은 자유시장질서를 깨뜨리고 자율적 경영판단에 의한 자유경쟁을 저해하는 듯 한 인상을 심어주기도 한다.

특히 형사법적 개입에 있어서는, 기업내부자의 경영판단에 의한 행위들을 소위 포괄적 구성요건을 적용해 규제함으로써 죄형법정주의에 반한다거나 기업의 활동은 행위능력과 책임능력의 결여로 인하여 형사법적 개입영역이 아니라는 주장을 전개함으로써 형법적 개입을 사전에 차단하고자 논리를 전개하여 왔다. 그러나 이와 같은 주장들에 대하여는 형법학 내에서도 이론적인 토대 위에서 이를 다시 부정하고자 하는 노력 역시 꾸준히 경주되어 왔음은 주지의 사실이다. 여기에서는 후자의 입장에서 기업관련범죄의 형사법적 개입을 위한 몇 가지 근본적인 물음을 제기하고자 한다. 이와 관련하여 가장 본질적인 물음은 왜 형법은 기업내부자와 기업의 처벌을 목적하는가이다. 기업이 시장경제질서의 참여자로서 기관의사형성을 통하여 독립된 주체로서 활동을 함에 있어서 주가조작이라든가 분식회계, 부실대출, 시가 이하의 전환사채 발행 등의 행위를 하는 것이 오로지 기업이윤창출을 위한 목적이자 기업의 본질인바 이를 형법이 처벌하고자 하는 이유가 무엇인가의 문제이다. 다음으로 처벌을 원한다면 다시 기업내부자와 기업 자체에 대한 형법개입을 구분하여 살펴보아야 할 것이다. 우선 기업경영에 있어서 개인의 책임범위는 어디까지인가? 사회적 유해성을 불법이라고 명함에 있어서 한계지점은 어디인가? 즉, 경영에 있어서 윤리적 책임과 법적 책임의 연결고리를 어떻게 이해하여야 할 것인가의 문제이다. 셋째, 기업에 대한 처벌에 있어서 전통적인 형법이론상의 행위능력, 불법성, 책임의 개념이 기업에게도 그대로 투영될 수 있는가? 한편 왜 반드시 기업의 처벌을 전통적인 개인형법의 도그마틱 내에 가두어야 하는가? 기업의 사회적 역할을 예정하지 않았던 개인형법이론의 영역과 양립가능한, 기업에 대한 새로운 독자적 형법영역을 설정하고 그 구조를 설계하는 것은 불가능한가? 전통적인 형법이론상의 범죄의 단계에 상응하는 또 다른 형법관을 통하여 기업형법상의 행위성, 불법성 및 고유의 자기책임의 개념을 구축하는 것은 형법에 대한 도전인가 하는 문제이다.

따라서 왜 형법은 기업관련활동의 처벌을 목적하는가를 한국적 기업현실에서 찾아보고, 경영행위에 대한 형법투입의 정당성을 논하고자 한다, 그리고 기업관련범죄의 처벌에 있어서 전통적인 형법이론에 의한 접근방식과 그 한계들을 살펴보고 또 다른 시도의 필요성을 제기하고자 한다. 또한 이를 극복하기 위한 방안으로 기업관련범죄에서의 보호법익이 무엇인지와 그 보호목적을 달성하기 위한 형법의 기능적인 한계가 있는지를 살펴보고 기업에 대한 형법개입에 있어서는 개인형법 영역을 지배하는 자유주의적 형법관과 구별되는 독자적인 기업형법 영역을 구축하고 기능주의적 형법관에 의한 이해가 가능한가를 진단하여야 할 것이다. 그리고 이를 토대로 기업의 행위성과 인격성, 그리고 형벌근거적 책임의 해석문제를 살펴봄으로써 독자적 기업형법의 설계가 가능한지 여부를 가늠한다면, 기업에게 처벌되는 행위자의 지위를 부여할 수 있는지 결론지을 수 있을 것이다.

이러한 논의는 기업의 처벌이 연대성의 강화와 어떠한 연관이 있는지를 보여 줄 것이다. 앞서 연대성의 원리에 따라 수범자의 범위는 기업과 같은 법인에게도 확장될 수 있음을 언급하였는바, 공동체 가치로서의 연대성이 기업처벌의 근거가 될 수 있음을 확인하여야 할 것이다. 특히 기존의 자유주의적 형법관이 수범자의 범위를 한정하였다면, 이제 사회공동체라는 개념을 중심으로 하여 사회공동체와 유기적으로 행위하는 자와 해악을 가는 자로서의 법인의 역할을 기초로 하여 기업의 처벌가능성을 논하여야 할 것이다.

II 형법정책: 형법은 왜 기업내부자와 기업의 처벌을 목적하는가?

1. 한국적 현실과 위험분배의 평등화, 그리고 법익의 전향

가. 한국적 관주도 경제발전의 특수성

한국의 자본주의 역사과정은 시대의 변천을 통한 자연스러운 진화수순을 밟은 국가들과는 달리, 자립경제 달성이라는 목적하에 국가가 주도권을 가지고 강력하고 강제적인 경제개발계획을 단기에 이루었으며, 이른바 국가자본주의 또는 계획적 자본주의라 불리운다.[3] 국가주도적 경제개발은 특정 산업 또는 기업에 대한 국가투자의 형태로 이루어지면서, 대내적으로는 가족주의적 경영방식으로, 대외적으로는 정부의존형 성장으로 그 형태를 구축하여 왔다.[4]

그간의 경과를 살펴보면, 1945년 이후부터 근대적 형태의 소규모 기업들이 형성되기 시작하였고, 정부주도로 5개년 경제개발정책이 이루어짐에 따라 기업의 고도성장이 가능해졌다. 특히 정부주도형, 수출지향형의 경제성장에 주력하였는데, 가장 주목할 만한 제3차계획이 시행된 1970년대에는 수출증대에 의한

3 신유근, 한국의 경제, 박영사, 1992, 88면.
4 윤대혁, 글로벌시대의 윤리경영, 무역경영사, 2005, 97면.

국제수지 개선, 기업집단 중심의 경제성장, 중화학공업 확충, 금융모체와 종합상사제도 활용 등을 통해, 오늘날의 재벌기업들이 크게 성장할 수 있었다.[5] 이러한 급속한 전개의 내적 취약점은 1997년 IMF를 통해 여실히 드러났으며, 대규모 공적 자금이 투입됨으로 인하여, 다시 정부에 의한 기업관리의 측면이 두각되었고 다른 한편으로 대중적, 사회적인 관심을 통해 경영의 윤리적 측면이 성장할 수 있는 계기가 되었다. 어찌 보면, 우리 헌법 제119조가 자유시장 경제질서[6]를 표방하면서도 제2항에서 국가는 경제성장과 안정, 경제민주화 등을 위하여 경제에 관한 규제와 조정을 할 수 있다고 함으로써, 계획경제에 대한 국가개입을 헌법의 영역으로 명시하였다는 점에서도 우리 경제현상의 특성을 설명할 수 있을 것이다.

이처럼 한국적 현실은 관주도와 재벌기업 성장 간의 상관성으로 설명할 수 있으며, 경제개획에 있어서도 양적인 성장에도 불구하고 경제력이 일부계층에 편중되어 소득분배의 불평등은 심화되었으며, 대외지향적 불균형 개발로 인해 건전한 시장경제의 기능이 위축됨으로써 자원이 효율적으로 배분되지 못하는 결점도 노정하였다. 특히 관주도의 특정기업성장은 경영자 자본주의 형성을 저해하는 요인이 되었고, 급속한 경제성장에 비하여 소득분배와 생활의 질에 대한 관심이 매우 저조하였다는 점에서 급속성장에 의한 위해요소들을 사회전반이 부담하는 결과를 초래하였다.

나. 위험형법적 요소와 법익의 전향점

한국적인 국가주도 경제성장은 국민재원의 특정 기업에 대한 편중을, 그로 인한 위험의 부담은 다시 모든 국민들에게 평등하게 분배되는 비전형적인 양상을 드러낸다. 특히 1997년 이후 투입된 공적 자금은 이러한 면을 여실히 드러내는 바,[7]

---

5 신유근, 앞의 책, 22~25면.

6 장동익, 롤즈 정의론(해제), 서울대학교 철학사상연구소, 2005, 366면을 인용하면, 자유시장 경제질서란 "시장이 진정으로 경쟁적인 경우에는 기업들은 가격 전쟁이나 시장세를 잡기 위한 다른 경쟁에 가담하지 않는다. 민주적으로 도달된 정치적 결정에 부합해서 정부는 전체적인 투자량, 이윤율, 통화량 등 그의 통제 속에 있는 어떤 요소들을 조정함으로써 경제 풍토를 규제하게 된다. 전체적인 직접적 계획을 할 필요성은 없다. 개개의 가계들이나 기업들은 경제의 일반적 조건에 의거해서 독립적으로 그들의 결정을 자유로이 할 수 있다."

7 금융위원회는 올해 1분기 말 기준 공적자금회수율이 65.3%를 기록했다고 11일 발표하였다. 이는 지난해 말 기준 회수율 대비 0.1%포인트 늘어난 수치로, 1분기에 한화생명주식

이익의 편중과 불이익의 공평한 배분 사이의 궁극적인 불이익의 귀속자는 사회 전반이 되는 모순이 초래됨을 부정할 수 없다. 물론 공적자금의 투입이 특정 기업에 한정되었다는 점은 이를 보편적인 현상으로 설명할 수 없는 부분이 있지만, 공적자금이라는 특수성을 배제하더라도 한국사회의 경제성장에 있어서 관주도적인 개입과 경제성장을 위한 방대한 혜택들은 이들 기업성장의 이익과 불이익귀속의 불일치를 외면할 수 없게 한다.

이는 위험형법의 전개와 맥락을 같이하는바, 이익의 편중과 불이익의 공평한 분배는 이미 그러한 영역이 개인적 영역을 벗어나 사회적 영역으로, 사회적 법익을 추구하도록 전향하였음을 의미하기도 한다. 기업은 사적 경제주체로서의 역할을 넘어서서, 사회적 책임을 부과 받은 주체로서의 역할이 기대되고, 그에 대한 응답으로서 형법 역시 이를 개인적 법익이 아니라 사회적 법익의 영역으로 간주해야 하는 상황임을 의미한다. 또한 공적 자금이 기업활동에 투입되어 왔다는 점은 더 이상 형법의 최후수단성 강조만을 통해 기업을 사경제주체로서 일반사인인 개인과 동등하게 평가하고, 형법의 영향력 축소만을 내세울 수 없는 근거로 작용하게 된다. 뿐만 아니라 민사제재가 피해복구에 상응하지 않는 현실에서 형사제재의 우회 또는 축소만을 바람직한 방향이라고 단정할 수 없다. 그렇다면 보다 중요한 점은 형법투입의 정당성과 적정선을 찾아내는 과제일 것이다.

매각대금 1,334억원, 한화생명 주식 배당금 387억원, 케이알앤씨 대출금 회수 1,089억원, 부실채권정리기금 잔여재산 반환 3억원 등 총 2,814억원의 공적자금이 회수되었다. 이로써 공적자금은 1997년 11월부터 지난 3월까지 총 168조7,000억원이 지원됐으며, 지난 3월말 현재 110조2,000억원(65.3%) 회수된 것으로 집계되었는바, 공적자금 회수율은 지난해 말 65.2%보다 0.1%포인트 높아졌다고 한다.

http://www.fsc.go.kr/info/ntc_news_view.jsp?bbsid=BBS0030&page=2&sch1=&sword=&r_url=&menu=7210100&no=30404 금융위원회 2015/5/11일자 보도자료 참조. IMF 이후 투입된 공적자금의 재원은 공적자금Ⅰ(1997~2002년 투입)은 예금보험기금채권상환기금(예금보험공사), 부실채권정리기금(자산관리공사), 공공자금관리기금(정부), 국유재산, 한국은행 금융기관 출자금, 공공차관이며, 공적자금Ⅱ(2009~2011년 투입)는 자산관리공사의 구조조정기금이다.

그리고 이러한 공적자금의 회수는 원리금상환만을 의미하여 그동안의 이율회수는 원천적으로 배제되어 있다.

2. 기업경영에 있어서 외국법제의 수평적 차용의 위험성

다음은 한국과 미국기업의 시대적 발전과정의 비교이다.[8]

	미국기업의 발전과 기업윤리		한국기업의 발전과 기업윤리	
	주요 배경	기업윤리	주요 배경	기업윤리
1950년대 이전	경영자 자본주의	직접적 이익의 원칙 (direct benefit rule) 엄격한 법률적용	근대적 형태의 기업 형성기	잠재적 잠복기
1950~60년대	회사법의 기업자선 인정	집합적 이익의 원칙 (collective interest rule)[9] 사회·경제적 복지개념	기업집단 지배구조[10]	소극적
1970년대	주주이익 對 이해관계자 이익논쟁 경제발전위원회(CED) 보고서	개발된 자기 이익 (enlightened self-interest) 대중의 동의를 바탕으로 한 기업활동[11]	기업집단 지배구조 확대 정부주도 경제성장정책을 통한 재벌기업의 성장	소극적
1980년대	시장경쟁 심화	이윤추구와 양립가능한 사회적 책임 구축	재벌기업 중심의 시장확대	적극적 태동기
1990년대 이후	정부규제의 현대화	기업시민정신	경영자 자본주의	기업의 사회적 책임과 윤리성 대두

8 표는 배규한/한준/김우식 외, 앞의 책, 53~60면 및 윤대혁, 앞의 책, 97~100면의 내용을 주된 토대로 하여 구성한 것이다.

9 당시는 기업의 역할에 관한 논쟁이 치열했던 시점으로 Bowen, H.R., Social Responsibilities of the Businessman, 1953, 6면은 기업인은 사회의 목표와 가치에 부합하는 정책들과 의사결정을 존중할 의무가 있음을 강조한 반면, Friedman, M., Capitalism and Freedom, 1962, 13면 이하는 기업은 사회적 환원보다는 주주에게 보다 많은 경제적 이익을 귀속시켜줄 이윤추구활동에 전념해야 함을 주장하였다. 이는 사회적 관심에 소요되는 비용을 이윤추구에 집중해야 할 것을 의미한다.

10 기업집단지배구조(business group governance)란 한국적 특색으로, 경제를 대표하는 대부분의 기업들이 소위 '재벌'이라고 불리우는 가족내 기업집단의 형태를 취한다는 점에서, 단순한 기업지배구조와 다르다는 점을 부각키기 위한 용어이다. 배규한/한준/김우식 외, 앞의 책, 127면 참조.

11 Johnson, H.L., Business in Contemporary Society: Framework and Issues, 1971, 70면은 이른바 관습적 지혜(conventional wisdom)라는 용어를 사용하여, 기업의 경영자는 이윤을 추

미국의 경우[12] 이미 1930년대 경영자 자본주의(managerial capitalism)가 구축되었다. 이는 자본주의적 기업이미지로서, 회사의 주인인 주주가 실제 경영과 관련한 의사결정을 전담하는 경영자를 전적으로 통제하는 것이 불가능한 현대 자본주의 기업의 전형이다.[13] 따라서 경영자는 엄격한 법률의 적용을 받는 법준수책임을 부여받고, 법의 지배하에 있음으로써 주주에 의한 경영통제가 아닌 법적 통제가 이루어졌다. 이후 1950~60년대에 이르러서는 기업의 역할에 관한 치열한 논쟁이 이루어졌는바, 기업의 역할이 전적으로 이윤창출인가 사회적 책임수행도 수반되는가가 핵심이었다.

1970년대의 경우, 기업의 사회적 책임이 모든 기업에게 동등한 정도 또는 의미로 받아들여지는 것이 아니라, 기업의 성과, 사회적 반응, 공적 책임 등에 따라서 특정인에게는 법적 책임인 것이 타인에게는 윤리적 책임이 될 수 있다고 보았다. 따라서 경제적 이윤창출, 법률준수, 윤리적 책임, 자선적 책임 4가지를 기업현황에 따라 평가하여야 하고, 기업 활동이 대중의 동의를 바탕으로 수행되어야 하며, 이윤추구는 전적으로 기업의 이익만이 아닌 기업종업원, 지역사회, 국가이익의 개념을 포함하여 고려되어야 함을 의미하였다. 또한 경제발전위원회(CED: Committee for Economic Development)는 기업의 경제적 측면보다는 사회적 책임을 강조함으로서, 생산이라는 기본적 기능의 수행도 이를 통한 국가 평균 생활수준의 향상과 유지에 기여할 수 있어야 하고, 공적이고 전문화된 경영에 집중하여 국가생산력을 최대화하여야 하며, 사회적 책임과 수행을 기업구조 설계에 고려하여야 할 것을 강조하였다.[14]

1990년대 이후에는 법적 개입의 일관성을 강조하였으며, 법에 의한 규제는 시장이 시민과 소비자를 보호하는 규정을 준수하지 않을 때에만 정당화된다고 보았다. 특히 규제당국은 임의적으로 행위하여서는 아니되며, 이러한 원칙이 보

구함에 있어서 주주이익만이 아니라 종업원, 판매원, 종속기업, 지역사회, 국가 이익을 모두 균형감각 있게 고려해야 함을 주장하였다.

12 미국 경영의 근현대사는 앞선 177면에서 간략히 설명하였으나, 논의의 전개상 다소 중복됨이 불가피함을 양해바란다.

13 배규한/한준/김우식 외, 앞의 책, 128면 참조.

14 CED(Committee for Economic Development), SOCIAL RESPONSIBILITIES OF BUSINESS CORPORATIONS, 1971/6, 9면 이하.
https://www.ced.org/pdf/Social_Responsibilities_of_Business_Corporations.pdf

증되어야 함을 강조하였다.[15] 또한 입법은 기업단속기관들의 행위의 취약점을 개선하는 방향으로 이루어져야 한다고 보았다. 입법과 행정은 규제의 일관성을 유지하면서, 보건, 환경, 국가보안 및 세계화를 고려하는 방향으로 중심축을 잡고 있으며 실증적 통계와 연구를 바탕으로 한 규제를 목적하고 있다.[16]

반면 우리나라의 경우, 기업에 대한 국가규제 또는 입법은 미국의 1930년대 수준인 경영자자본주의를 구축하고 있는 현황이며, 이러한 차이는 법적 개입이나 입법방향에 있어서도 수평적 차용의 위험성을 제기하게 된다. 즉, 지난 80여년 동안 미국의 기업에 대한 규제의 변화들은 그간의 준법적 기업활동의 구축을 전제로 하여 경영윤리와 기업의 사회적 책임을 논하면서 규제의 적정선과 일관성을 논하는 단계에 이르렀지만, 우리나라의 현실은 그렇지 않다는 점이다. 특히 우리 기업의 현실을 기업집단지배구조[17]라 칭함은 여전히 경영자 자본주의조차도 성숙하지 못하였음을 일갈하게 된다.[18] 영미식의 단일기업모델에서의 지배구조는 대리인 문제의 시각에서 접근하게 된다.[19] 그러나 한국식의 기업집단지배구조인 피라미드식이나 상호지분보유형식은 내부적으로도 지배주주 외의 주주에 대한 위험성이 현저히 크다는 점에서, OECD 가이드라인에도 그 위험성을 근거로 규정된 공개원칙이 적용되어야 할 낮은 수준이다.[20]

---

15 특히 중소기업의 경우 규제자의 독단적인 행동에 매우 취약함을 강조하고 있다. Murray L. Weidenbaum, "The Marlin Toy Case," Business, Government, and the Public, 4 ed., ed. Murray L. Weidenbaum, Englewood Cliffs, N.J.: Prentice-Hall, 1990, 393~399면; U.S. Comptroller General, Banning of Two Toys and Certain Aerosol Spray Adhesives, Washington, D.C.: U.S. General Accounting Office.

16 CED, MODERNIZING GOVERNMENT REGULATION: THE NEED FOR ACTION, 1998/1, 26면 이하.

17 2015/5/24. 영국 Economist지는 삼성의 현 모습을 왕위계승, <u>the colossus is in the midst of a dynastic succession</u>이라고 표현하고 있다.
http://www.economist.com/news/business/21651823-he-gradually-takes-reins-south-korean-conglomerate-lee-jae-yong-will-have-even?fsrc=rss%7Cbus 참조.

18 한국사회에서 기업집단지배구조에 관한 자세한 내용은 배규한/한준/김우식 외, 앞의 책, 130~164면 참조.

19 영국의 동일성이론이나 미국의 대위책임설 역시 경영자를 대리인으로 간주하였을 때에 적절한 설명이 가능하다.

20 OECD Ad Hoc Task Force on Corporate Governance, OECD Principles of Corporate Governance, 2013.
http://www.oecd.org/daf/ca/corporategovernanceprinciples/31557724.pdf 참조.

이러한 점은 경영윤리를 통한 자율적 경영이라는 주장의 허상을 드러낸다. 자율적 시장경제는 준법단계를 거쳐 경영윤리와 기업의 사회적 책임에 대한 성숙단계를 통해 윤리적 경영이 고착화된 단계에서 논할 수 있는 모습이며, 현 우리 시대의 모습에 어울리는 옷은 아니라는 점에서 단계적 성숙을 통한 자율시장경제질서의 구축이 우선되어야 한다. 법적 개입은 반드시 형법적 처벌을 의미하는 것은 아니지만, 기업의 윤리적 경영에 결함이 있는 단계에서는 기업내부자의 처벌이 불가피할 수 있으며, 특히 우리나라와 같이 기업집단지배구조하에서는 기업내부자의 처벌에도 불구하고 대체되는 경영진이 다시 기업집단내부자라는 점에서 처벌의 확실성이 불법적 기업활동의 억제에 있어 예방효과가 없다고 단정할 수 없다.

3. 경영판단에 의한 경영행위와 형법적 개입의 상관성

가. 법적 개입과 윤리적 단계로의 이행

기업윤리 또는 경영윤리는 윤리라는 표현을 사용함에도 불구하고 일반적인 윤리개념과는 달리 매우 동태적인 개념이다. 또한 경제규모와 성장정도에 따라서 기업에게 사회가 기대하는 윤리기준은 보다 높아질 수 있다.[21] 일반적으로 경영윤리란 '주주, 근로자, 타 기업, 소비자 등 이해관계자집단과 긴밀한 관계가 있는 기업의 의사결정과 그 과정 및 결과에 있어서 정·부당 또는 선악의 문제'이다.[22] 여기에서 주목하여야 할 바는, 경영윤리가 기업활동의 지배적 요소가 되는 단계는 법에 의한 강제를 통하여 준법경영이 확립된 이후라는 점이다. 즉, 경영윤리란 기업이 부담해야 하는 도덕책 책임 또는 도덕적 행위를 위한 최소한의 기준 또는 책임체계[23]이지만, 개인윤리와는 달리 법적 통제를 통한 준법의식의 고착화가 기업윤리체계를 형성하게 되는 반전의 형태이다. 뿐만 아니라, 윤리나 도덕에 있어 아무리 그 보편성과 객관성을 지향한다고 하더라도 주관성과 모호성을 완전히 제거할 수는 없다. 일반적인 윤리개념보다도 상대적으로

---

21 윤대혁, 앞의 책, 40면.

22 Baumhart, R.C., An Honest Profit: What Business Say about Ethics in Business, 1968,

23 Thomas Donaldson/유장선 역, 기업윤리(Corporation and Morality, 1982), 법문사, 1990, 247면.

보다 동태적인 기업윤리는 더욱 그러하다. 이는 윤리개념에 있어서 법적 개입의 지점을 귀납적으로 밝혀주기도 한다. 결국 가능한 실천적 방안은 윤리 경영을 법제도적인 시스템을 통하여 객관화함으로써 주관성·자의성과 모호성을 최소화하고, 그러한 절차 내에서 관련자들의 공감을 최대한으로 도출해야 할 것이다. 기업 윤리 체계 구축에 있어 자발적 선의지의 확립은 그 이후의 문제이다.

나. 기업의 책임과 준법지원인제도의 예

일반적으로 기업의 책임단계를 경제적 책임, 법적 책임, 윤리적 책임, 박애주의적(자선적) 책임의 단계로의 이행으로 이해할 때,[24] 법적 책임단계는 고도의 윤리적 책임단계에 선행한다. 또한 윤리경영의 발달단계를 무도덕단계, 준법단계, 대응단계, 윤리관 태동단계, 윤리적 선진단계로 분류할 때[25] 우리의 현실은 무도덕단계에서 준법단계로의 이행,[26] 또는 준법단계에서 대응단계로의 이행[27] 과정에 있다고 한다. 기업활동 영역에서 윤리적 단계는 준법단계 이후의 영역으로, 외적 강제를 통한 고도의 수동적 준법적 활동양태가 확립된 이후 자발적인 의지에 의한 능동적 운영단계이다.

경영판단원칙은 윤리적 경영단계에 도입된 원칙이지만, 우리 사회의 현실은 그렇지 못하다. 예컨대, 준법지원인제도는 소극적으로 법준수 여부를 감시하고 위반 여부를 조사하는 데 국한된 것이 아니라 적극적으로 내부윤리강령 및 법규준수와 관련된 업무절차규정을 제정하고 위법행위방지를 위한 감시와 통제 및 교육의 실시 등을 통한 법규준수 전반에 걸친 사전적 예방제도이다.[28] 기업의 사전통제이자 내부통제시스템으로 도입한(물론, 많은 왜곡된 이해관계가 맞물

---

24 Archie B. Carroll, "The pyramid of Corporate Social Responsibility: Toward the Moral Management of Organizational Stakeholders," Business Horizons, Vol 34, No. 4, 1991(김민희/백석훈, 개도국에서 기업의 사회적 책임(CSR) 사례 및 시사점, 대외경제정책연구원, 2012, 3면 재인용).

25 R.E. Reidenbach · D.P. Robin, "A Conceptional Model of Corporate Moral Development", Journal of Business Ethics [April], 275면(이상돈, 앞의 책, 30면 재인용).

26 이상돈, 앞의 책, 30면.

27 이상밀/최인철, 재인식되는 기업의 사회적 책임, 삼성경제연구소, 2002, 27면.

28 박세화, "준법지원인제도의 안정적이고 효율적인 운용을 위한 법적 과제", 상사법연구 제30권 제2호, 한국상사법학회, 2011, 261면; 서완석, "내부통제와 준법감시인제도", 기업법연구 제23권 제4호, 한국기업법학회, 2009/12, 306면; 최정식, "준법통제와 준법지원인에 대한 고찰", 법학논총 제27집, 숭실대학교 법학연구소, 2012, 7면.

려 있기는 하지만) 준법지원인제도의 경우[29] 그 취지에도 불구하고 여전히 설립과 제재가 미흡한 실정이다. 2014년 현재 준법지원인 선임현황을 보면,[30] 법률에 의하여 준법지원인을 상시 선임해야 하는 대상 중에서 선임한 회사는 2012년 40.1%, 2013년 35.3%, 40.5%에 불과하여 절반에도 미치지 못할 뿐만 아니라, 법률에 의한 자격조건을 갖춘자를 선임한 곳은 2014년 기준 70곳으로 23%에 불과하다. 이를 두고 처벌규정의 미비를 지적하는 바[31]는 형법적 강제에 의한 기업경영의 정상화 구축이라는 우리의 현실과 직면하게 한다. 내부통제로서 형법외적 법의 개입이 선재함에도 불구하고, 제도의 안정화가 현실화되지 않는 이유를 처벌의 불비에서 찾는 점은, 여전히 한국적 현실은 형법적 개입의 단계임을 반성케 한다.

III 전통적 형법이론: 접근방식과 한계

1. 기업내부자 처벌의 이론적 접근방식

개인형법을 바탕으로 기업내부자 처벌에 있어서는 주로 업무상배임죄의

29 상법상 준법지원인제도에 관한 형법적 기능에 대하여는 김성규, "준법관리 프로그램의 형법적 의의와 기능", 형사정책 제23권 제1호, 한국형사정책학회, 2011/6; 김재윤, "준법지원인제도의 도입에 따른 형사법적 인센티브", 인권과 정의 제425권, 대한변호사협회, 2012; 김혜경, "기업범죄예방을 위한 내부통제로서 준법지원인제도", 비교형사법연구 제15권 제2호, 한국비교형사법학회, 2013/12; 이정민, "기업범죄 억제를 위한 제안으로서 컴플라이언스 프로그램(Compliance Program)", 법학논총 제34권 제1호, 단국대학교 법학연구소, 2010; 이진국, "기업범죄의 예방수단으로서 준법감시제도(Compliance)의 형법적 함의", 형사정책연구 제21권 제1호, 한국형사정책연구원, 2010 참조.

30 자료: 민병두 의원실. 본 조사는 2012년 자산총액 1조원 이상, 2014년 이후 5,000억원 이상 상장사를 대상으로 하였다.

상장사 준법지원인 선임 현황

	대상회사	응답		미응답
		선임	미선임	
2012년 4월	172개사	69개사	46개사	57개사
2014년 4월	306개사	108개사	110개사	88개사
2015년 4월	304개사	123개사	82개사	99개사

31 https://www.lawtimes.co.kr/Legal-News/Legal-News-View?serial=92946

적용 여부를 중심으로, 처벌의 이론적 근거는 감독의무를 중심으로 한 과실범론 또는 부작위범론의 적용을, 또는 공범론을 중심으로 한 공모공동정범론, 정범배후정범론 및 조직지배설의 적용을 중심으로 하여 발전하여 왔다. 그런데 개인형법의 영역인 기업내부자처벌에 있어서도 타행위자종속적인 처벌, 즉 행위 없는 행위자처벌 가능성을 열어둠으로써 이론적 난관에 부딪치게 되었다. 그렇다면, 개인형법이 예정하지 않았던 기업관련 범죄에 또 다른 시도가 가능한지는, 형법관의 기능적 분화가능성의 문제로 귀결될지도 모를 일이다. 이하에서는 기존의 기업내부자 처벌의 이론적 접근방식에 관하여 우선 살펴본다.

가. 처벌규정: 기업내부자에 대한 업무상 배임죄 성부

기업내부자의 업무상 배임죄 성부는 경영판단의 원칙 도입 여부와 관련하여 논의되어 왔다. 다만 배임죄 성부의 찬반론에 앞서 경영판단과 법적 판단의 구조적 차이점은 대체로 인정하고 있을 뿐만 아니라, 형법의 겸억성의 측면에서 민사적 구제방안을 적극적으로 개선하고 지배구조의 선진화를 통한 사전통제방식이 우선해야 한다는 점에도 이견이 없는 것으로 보인다.[32] 그럼에도 불구하고 업무상 배임죄의 적용을 긍정하는 입장에서는 미국법제와 같은 정도의 사전통제장치 및 민사적 구제방법이 없는 한국적 현실에서는 형법에 의한 처벌이 불가피하다고 보면서,[33] 다만 적용 시에는 구성요건 성립 여부를 엄격히 해석할 것을 요구한다.[34] 다른 한편으로는 경영판단의 원칙은 이사의 주의의무에 관한

---

32 배임죄 적용을 부정하는 입장으로는 송옥렬, 앞의 논문, 92면 이하; 이경렬, "경영판단의 과오와 업무상 배임죄의 성부", 법조 제55권 제12호, 법조협회, 2006/12, 134면; 이규훈, "업무상 배임죄와 경영판단", 형사판례연구(13), 한국형사판례연구회, 2005, 321면; 이상돈, 앞의 책, 34면 이하; 이정민, "경영판단원칙과 업무상배임죄", 형사정책연구 제18권 제4호, 한국형사정책연구원, 2007, 166면

33 조국, "기업범죄 통제에 있어서 형법의 역할과 한계 – 업무상 배임죄 배제론에 대한 응답", 형사법연구 제19권 제3호(上), 한국형사법학회, 2007/가을, 168면은 그 근거로서, 미국법제상 징벌적 손해배상제도, 손해액 3배 배상제도(Clayton Act §4), 집단소송제도(Federal Rules of Civil Procedure §23) 등의 민사적 제재방안, 미국 증권거래위원회의 적극적 소송제기방식, 기업에 대한 보호관찰제도 등의 부재를 언급한다. 또한, 천진호, "경제범죄에 대한 새로운 정책적 대응방안", 법학논총 제33집 제1호, 전남대학교 법학연구소, 2013/4, 157면 이하에서는 사회봉사명령으로서의 공익기부금의 출연명령, 기업보호관찰 등을 새로운 기업통제 수단으로 제시하고 있다.

34 고재종, "회사법상 이사 등의 특별배임죄 성립여부", 한양법학 제21권 제4집, 한양대학교 법학연구소, 2010/11, 97면; 최성진, 앞의 논문, 297면.

구체적인 기준이 확립된 후에 이를 바탕으로 발전되는 원칙이라는 점에서 우리 법제상으로는 이를 수용할 수 없는 단계임을 강조하기도 한다.[35] 또는 현행법상 요구하는 적법한 절차를 준수하는 경우에는 법률상으로 경영판단원칙을 도입하지 않더라도 임무위배행위라고 할 수 없으므로, 경영판단원칙의 법적 도입문제는 제기되지 않는다고 보기도 한다.[36]

나. 처벌방식: 행위자 이외의 기업내부자의 참가형태 인정방식

기업내부자에 대하여는 선임감독의무를 기초로 하여 과실범을 인정하거나 부작위범을 인정하는 방식을 취하거나, 다수참가형태로서 공모공동정범론이나 조직지배론을 적용하여 이를 해결하고자 한다.

우선 수직적 분업형태를 전제로 하여 상부자에게 피고용인에 대한 선임감독의무를 형사책임의 근거로 설정하고, 이러한 의무해태에 고의가 없는 경우에는 과실범으로, 고의가 있는 경우에는 보증인적 지위자로서 부진정부작위 고의범으로 구성한다. 첫째, 과실범의 구성은, 특히 명문의 과실범처벌규정이 없음에도 불구하고 처벌가능한가의 문제에 대하여 경영활동으로 인하여 야기되는 한 상부자에게 형사책임을 부과하는 것이 책임주의에 모순되지 않는다고 한다.[37] 부작위범의 성립은 역시 같은 선임감독의무를 보증인의무로 간주하여 고의범 설정이 가능할 것이다. 그러나 감독자가 피감독자의 범죄행위를 통해 발생시킬 가능성이 있는 모든 위험을 통제해야 하는 의무의 부과는, 현실적으로 의무이행을 감독자에게 기대하기 어렵다는 점에서 타당하지 않으며, 결국 포괄적 감독의무의 기인한 형사책임은 포괄적 구성요건의 인정이라는 점에서 수긍할 수 없다.

공범론으로 해결하고자 하는 견해에 의하면, 우리나라 기업지배구조의 특성상 집중된 권한을 보유한 기업상부자가 기업의 방향을 설정하고 지시한다는

---

35 권재열, "경영판단의 원칙", 비교사법 제6권 제1호, 한국비교사법학회, 1996, 37면 이하. 그 밖에도 기업의 폐쇄성과 소수주주의 보호를 위하여 법원의 역할이 부각된다는 점을 지적하고 있다.

36 강동욱, "경영판단원칙과 배임죄", 선진상사법률연구 제62호, 법무부, 2013, 63면 이하; 최성진, 앞의 논문, 298면.

37 이러한 견해의 소개는 원혜욱, "기업대표이사의 형사책임귀속을 위한 형법이론 연구", 형사법연구 제19권 제3호(上), 2007/가을, 207면. 그러나 동 논문에서도 감독자에 대한 선임감독의무위반으로 인한 과실범 또는 부작위범 성립을 부정한다. 다만, 부정하는 근거를 경영판단의 원칙의 참작에서 찾고자 한다.

점에서, 그러한 방향설정이 불법성을 띠게 되면 공모공동정범론을 차용해서 정범성을 인정할 수 있다고 본다.[38]

조직지배설의 입장에서는, 범죄의 배후자가 범죄실행을 위해 일정한 권력장치를 지배하는 경우에, 타인에 대한 의사지배를 인정하여 정범배후정범으로서 배후자에게 정범성립을 인정할 수 있다고 한다. 따라서 기업상부자와 피고용인 간의 명령에 대한 복종적 관계에서는, 피고용자가 완전한 고의범으로 죄책을 질 경우에도 배후자인 상부자가 정범표지를 갖추면 배후의 정범으로서 죄책을 진다고 본다.[39]

2. 기업 처벌의 이론적 접근방식

전통적인 형법이론에 의하면, 기업의 범죄능력에 관하여 법인실재설과 법인의제설의 대립을 논한 후 범죄능력은 부정되지만 수형능력은 인정된다고 봄이 일반적이었다. 그러나 기업에 의한 불법행위들이 사회적 문제로 대두되면서 기업의 가벌성에 관하여 행위능력과 책임능력을 인정하기 위한 시도들이 조심스럽게 제기되어 왔다.[40] 대체로 행위능력은 고유한 자연적인 행위로서 개인의 행위를 기업의 행위로 귀속시키는 방법을 취하고, 행위의 의미는 사회적 유해성이라는 사회적 행위개념에서 찾고자 한다. 또한 책임능력은 개인형법상의 생활영위책임에서 유추된 "영업체운영책임(Betriebsführungsschuld)"[41]이라고 보거나, 인간의 책임에서 벗어나 사회적 책임개념으로서 답책성을 근거로 "조직과

---

38 원혜욱, 앞의 논문, 212면. 반면, 박강우, "기업범죄와 경영진의 형사책임", 안암법학 제43권, 고려대학교 안암법학회, 2014, 534면은 공모공동정범 자체가 범죄행위의 정형성을 파괴하는 것으로서 정당한 책임귀속방법이 아니라고 본다.

39 독일의 기업범죄 영역에 대한 조직지배론의 적용에 관한 자세한 내용은 김동률, "기업범죄 영역에 대한 조직지배설의 적용가능성－독일의 연방대법원 판례와 학계의 논의를 중심으로－", 법학논집 제18권 제3호, 이화여자대학교 법학연구소, 2014/3, 88면 이하 참조.

40 기업의 범죄능력을 인정하고자 하는 견해로는 강동욱, "기업범죄에 있어서 법인의 책임과 배임죄의 성부", 한양법학 제21권 제2집, 한양대학교 법학연구소, 2010/5, 341면 이하; 김성규, "법인처벌의 법리와 규정형식", 법조 제578호, 법조협회, 2004/11, 116면 이하; 김재윤, "기업의 가벌성에 관한 독일의 논의 분석", 형사정책연구 제15권 제2호, 한국형사정책연구원, 2004/여름, 37면 이하 등.

41 Günter Heine의 견해로, 김재윤, 앞의 논문, 57면에 따르면 기업은 처음부터 기업운영상의 전형적인 위험을 매 순간 통제할 수 있었음에도 불구하고 위험예방을 불가능하게 하는 단계로 나아갔다면 영업체운영책임을 져야 한다고 본다.

책(Organisationsverschulden)"[42]이라고 이해하면서 대체로 불법행위 그 자체보다는 정상적인 영업을 위한 예방책임을 이행하지 않은 점에 불법성의 초점을 맞추고 있다.

한편, 기업처벌에 대한 이론적 접근은 양벌규정에 관한 헌법재판소의 위헌 판결[43] 전후로 태도가 급변하는 듯하다. 동 결정에 따르면 기업의 대표자와 종업원의 범죄를 구분하여 기업의 책임을 달리 평가하는바, 기업 대표자의 행위는 곧 법인의 행위이기 때문에 대표자의 책임 역시 아무런 대입과정 없이 기업의 책임으로 귀속된다.[44] 반면, 종업원 등이 저지른 행위의 결과에 대한 법인의 독자적인 책임에 관하여 규정하지 않은 채, 단순히 법인이 고용한 종업원 등이 업무에 관하여 범죄행위를 하였다는 이유만으로 법인에 대하여 형사처벌함은 책임주의원칙에 반한다고 본다.[45] 이 경우 종업원의 책임은 바로 기업책임이 되지 아니하고, 종업원에 대한 선임감독의무의 해태가 기업책임의 근거가 된다.

비교법적으로는 미국법상의 대위책임론에 의하면, 기업은 현실적인 실체가 존재하는 것이 아니라 법적인 테두리 안에서 관념적으로만 존재하기 때문에 기업 고유의 의사를 보유할 수 없다는 점, 따라서 기업 스스로의 행위도 할 수 없다는 점에서 기본적으로 모든 기업책임은 종업원의 행위에 대한 대위책임이어

---

42 Klaus Tiedemann의 견해로, 김재윤, 앞의 논문, 54면. 이러한 기업과책을 책임능력의 논거로 인용하는 견해로는 강동욱, 앞의 논문, 341면. 반면 이를 부정하는 견해로는 김성규, 앞의 논문, 134면 참조.

43 憲裁決 2007. 11. 29, 2005헌가10; 憲裁決 2009. 7. 30, 2008헌가14; 憲裁決 2010. 7. 29, 2009헌가25 등.

44 憲裁決 2010. 7. 29, 2009헌가25. 법인은 기관을 통하여 행위하므로 법인이 대표자를 선임한 이상 그의 행위로 인한 법률효과는 법인에게 귀속되어야 하고, 법인 대표자의 범죄행위에 대하여는 법인 자신이 자신의 행위에 대한 책임을 부담하여야 하는바, 법인 대표자의 법규위반행위에 대한 법인의 책임은 법인 자신의 법규위반행위로 평가될 수 있는 행위에 대한 법인의 직접책임으로서, 대표자의 고의에 의한 위반행위에 대하여는 법인 자신의 고의에 의한 책임을, 대표자의 과실에 의한 위반행위에 대하여는 법인 자신의 과실에 의한 책임을 부담하는 것이다. 따라서, 법인의 '대표자' 관련 부분은 대표자의 책임을 요건으로 하여 법인을 처벌하므로 책임주의원칙에 반하지 아니한다.

45 憲裁決 2010. 7. 29, 2009헌가25. '종업원' 관련 부분은 법인이 고용한 종업원 등의 범죄행위에 관하여 비난할 근거가 되는 법인의 의사결정 및 행위구조, 즉 종업원 등이 저지른 행위의 결과에 대한 법인의 독자적인 책임에 관하여 전혀 규정하지 않은 채, 단순히 법인이 고용한 종업원 등이 업무에 관하여 범죄행위를 하였다는 이유만으로 법인에 대하여 형사처벌을 과하고 있는바, 이는 다른 사람의 범죄에 대하여 그 책임 유무를 묻지 않고 형벌을 부과함으로써 법치국가의 원리 및 죄형법정주의로부터 도출되는 책임주의원칙에 반한다.

야 한다고 본다. 다만 그 경우에도 종업원의 행위를 기업행위로 귀속시키기 위해서는 직무관련성이 인정되어야 한다.[46] 영국법상의 동일성이론은 기업구조의 이원화를 전제로 하위직 종업원은 단순한 손에 불과하기 때문에 이를 기업 자체라고 볼 수는 없지만, 기업의 대표자는 회사의 책임을 귀속시킬 수 있는 회사의 분신이기 때문에 이는 곧 기업의 행위라고 본다.[47] 양 이론의 공통점은 기업에의 책임귀속은 언제나 업무관련성을 전제로 한다는 점이지만, 기업 내 모든 종사자의 행위가 기업의 행위라고 보는 대위책임론에 반하여 후자는 이사진 또는 기업경영자의 행위통제로서 역할을 한다는 점에서 적용대상을 달리하게 된다.

3. 전통적 형법이론에 의한 접근의 문제점

가. 개인범죄에 대한 업무상 배임죄 적용의 문제점

경영행위란 이윤창출과정에서의 리스크를 항상적으로 수반한다는 점에서, 결과적으로 손해가 발생하는 모든 행위들을 처벌의 대상으로 삼을 수는 없다. 따라서 업무상 배임죄를 적용한다고 하더라도, 경영자의 중대한 사무처리 위반에 국한하여 모든 의무위반이 범죄가 되는 결과를 방지하거나, 배임죄를 침해범으로 구성하여 현실적인 재산상의 손해발생을 조건으로 처벌해야 함으로써 배임죄적용의 통제장치를 마련해야 한다고 한다.[48]

그러나 중대한 사무처리의 의미가 무엇인지는 자의적 판단의 우려가 있을 뿐만 아니라, 배임죄를 침해범으로 구성한다고 하더라도, 침해범과 구체적 위험범, 추상적 위험범이 단지 행위 객체에 대한 위협의 강도차이에 있을 뿐이라고 보면, 즉 법익에 대한 공격강도에 따라 순차적으로 구분된다고 보는 견해[49]에 따르면 궁극적인 해결책이 될 수 없다.

또한 기업관련범죄에 있어서 기업집단지배구조라는 한국적 현실에서는 기

46 이에 관한 자세한 논의는 송기동, "영미 기업범죄 형사책임의 전개", 형사정책 제20권 제2호, 한국형사정책학회, 2008/12, 44~50면 참조.

47 송기동, 앞의 논문, 50~55면.

48 강동욱, 앞의 논문, 338면 조국, 앞의 논문, 172면; 최성진, 앞의 논문, 298면; 허일태, 앞의 논문, 140면.

49 Peter Cramer, Vollrauschtatbestand als abstraktes Gefährdungsdelikte, Mohr, 1962, 71면; Roxin, AT. I, 2006, § 10, Rn. 124.

업과 경영내부자의 이해관계가 충돌되는 경우보다는, 경영내부자와 소수주주 또는 간접적인 금융제공자인 제3자의 이해충돌이 사회적으로 문제된다.[50] 따라서 기업과 경영내부자의 이해관계가 충돌하지 않는 많은 경우에는 업무상 배임죄를 적용할 수 없게 된다. 그 결과, 경영내부자와 기업 간의 신임관계를 기초로 하여 가벌성을 묻는 업무상 배임죄의 적용이 기업관련범죄를 해소할 수 있는 영역이란 극히 미미하며, 이를 통해 실질적 피해자 집단을 보호할 수 없다.

나. 개인범죄에 대한 타행위자 종속적 해석

경영내부자에 대하여 종업원의 행위에 대한 선임감독의무의 태만에 대한 과실범이나 선임감독의무 위반에 의한 부작위범으로 처벌하고자 하는 견해는 경영내부자(고용주)의 독자적인 처벌의 근거로서 선임감독의무를 거론한다. 그러면서도 종업원의 위반행위가 존재할 경우 비로소 선임감독의무의 위반 여부를 부작위에 의한 과실범 또는 고의범인지 여부로 판단한다. 또는 공모공동정범론이나 조직지배론을 언급할 때에는 종업원의 행위에 대한 공모자 또는 조직적 지휘자라는 지위의 측면을 강조한다.

그러나 이러한 견해들은 실질적으로는 종업원의 정범행위에 대하여 경영내부자의 행위를 종속시킴으로 인하여, 정범에 대한 정범종속을 인정하는 결과를 초래한다. 특히 조직지배론에 의하면 정범배후정범의 인정실익을 언급하기도 한다. 그러나 일반적인 형법이론에 따르면 이를 쉽게 수긍하기는 어려울 듯하다. 물론 형법이론에 부합하는 처벌의 근거를 모색한다는 점에서는 바람직하지만, 경영내부자의 정범성을 인정하고자 하면서도 종업원의 행위라는 타행위자 종속적인 해석을 시도하는 이유와 한계는 전통적인 개인형법이론을 기업관련범죄에 적용함으로부터 초래되는 결과이기도 하다.

다. 개인범죄와 기업에 의한 범죄의 구별의 불명확성

앞선 공모공동정범론이나 조직지배론은 다시 종업원의 행위에 대한 고용주의 가담형태를 설명하는 방식으로 취해지기도 하지만, 때로는 경영내부자의

50 소수주주 또는 간접적인 금융제공자인 제3자의 이해충돌 이외에 기업활동의 억제가 불법행위의 피해자인 소비자보호로 전환된다고 보는 견해로는 이천현, "기업범죄의 억제를 위한 최근의 정책동향과 과제", 형사정책 제20권 제2호, 한국형사정책학회, 2008, 31~32면 참조.

행위에 대한 기업처벌의 이론적 접근방식으로 이해되기도 한다. 이러한 다수참가형태를 인정함에 있어서 선결되어야 할 문제는 공모공동정범이론이나 조직지배론이 우리 형법과 양립할 수 있는가이다. 판례가 인정하는 공모공동정범론을 적극적으로 수용하는 견해들은 찾아보기 어렵다. 다만 우리 형법상 정범배후정범을 인정할 것인가에 대하여는 논란이 있으며,[51] 부정하는 견해에 따르면 형법 제34조 제1항이 아닌 제2항의 특수교사·방조죄로 처벌하는 것이 타당하다고 한다.[52]

그런데 이러한 견해들은 종업원의 행위에 대한 기업경영자인 자연인의 책임을 논하거나 기업의 이사진을 구성하는 자들 간에 의사결정에 참여하지 않은 자들에 대한 귀책에는 적합할 수 있지만, 종업원의 행위 또는 기업경영자의 행위에 대한 기업의 처벌을 직접적으로 논하고 있다고 보기는 어렵다. 또한 공모공동정범론이나 조직지배론은 '우월적인 의사지배'를 인정하기 위하여 차용되는 이론이지만, 이를 기업처벌에 원용하기 위해서는 기업의 '의사'와 '의사지배'의 인정 및 그 이론적 입증이 선결되어야 한다.

한편 이러한 혼동을 피하기 위하여 입법론을 제시하기도 하는바, 법인의 형사책임에 대한 신설규정의 내용을 "1. 법인은 직무상 그 소속 직원이나 대리인의 행위에 의해 범죄가 이루어진 경우 형사책임을 진다. 2. 자연인 행위자 처벌여부는 법인의 형사책임에 영향을 미치지 않는다"라고 함으로써 해소할 수 있다고 보기도 한다.[53] 또는 특정 자연인의 행위로 귀속될 수 없는 경우 법인을 처벌한다고 함으로써 처벌의 공백을 치유하고자 한다.[54]

이러한 대안들과 입법론들은 우선 기업의 행위능력과 책임능력의 근거를 제시해야만 할 것이며, 기업경영자와 종업원이라는 자연인과 자연인의 관계와

---

51 긍정설적 입장으로는 김일수/서보학, 형법총론, 582면; 박상기, 형법총론, 426면; 오영근, 형법총론, 629면; 원혜욱, 앞의 논문, 214면; 정영일, 형법총론, 418면 등이 있으며, 부정설을 취하는 입장으로는 김성돈, 형법총론, 630면; 김성천/김형준, 형법총론, 588면 등이 있다.

52 다만 김성돈, 앞의 책, 630면은 특수교사·방조죄를 특수공범과 특수간접정범을 모두 규율하는 규정으로 해석하면서, 정범배후정범론보다는 공모공동정범이론을 대신할 수 있는 규정으로 본다.

53 박기석, "판례와 사례 분석을 통한 기업범죄 처벌의 개선방안", 형사정책 제20권 제2호, 한국형사정책학회, 2008, 92면.

54 스위스 형법의 태도로, 이에 대한 논의는 이주희, "스위스 형법상의 기업책임", 법학논총 제23집 제3호, 한양대학교 법학연구소, 2006, 3면 이하 참조.

기업의 모든 종사자(경영자와 종업원을 포함한 모든 직무관련성이 있는 행위 가능자)와 기업의 관계를 명확히 구분하여 접근하여야 할 것이라는 점에서 여전히 숙제를 남긴다.

라. 기업에 대한 처벌의 이론적 한계들

우리 법체계에서 양벌규정의 속성을 명확히 분석하기란 쉽지 않은 듯하다.[55] 다만, 직접 언급한 바는 없지만 미국법상 대위책임론을 적용하여 종업원의 범죄에 대한 법인의 처벌을, 영국법상 동일성이론에 의한 경영자의 범죄에 대한 법인의 처벌을 양벌규정 해석의 근거로 삼는 듯하다. 그러나 그 어떤 경우에도 직무관련성을 전제로 한다는 점은 양벌규정 해석의 준거를 제시한다는 면에서 바람직하다.

최근, 헌법재판소 결정문의 해석을 중심으로 하여 법인처벌의 이론적 양분화를 정립하는 견해가 있다.[56] 이에 따르면 대표자위반행위사례유형과 종업원등위반행위사례유형을 구분하고, 전자는 영국법상 동일성이론과 유사하게 대표자의 행위와 책임은 그대로 법인의 범죄행위 및 책임으로 귀속된다.[57] 그러나 후자의 경우, 동 결정 이후 양벌규정에 추가된 단서, 즉 선임감독상의 의무불이행이 독자적 불법요소인지 책임요소인지를 명확히 함이 선결되어야 한다고 보면서, 법인의 책임능력 인정 여부와 결부하여 독자적 불법요소에 대한 소극적 방법의 규정이라고 한다. 또한 "책임없는 자에게 형벌을 부과할 수 없다"'[58]는

---

55 박기석, 앞의 논문, 83면은 우리 법제상 양벌규정이 가내수공업 시대에 자연인이 범죄의 중심에 있음을 전제로 소극적으로 단체에 선임감독상의 책임을 물어 소액의 벌금을 부과하는데 만족하는 100여 년 전 일본법제상의 처벌규정을 도입한 것이었던 점에서, 입법배경상 현대 기업범죄 규율에 적합하지 않다는 점을 지적하고 있다.

56 김성돈, "기업형법과 양벌규정의 도그마틱", 형사정책연구 제27권 제2호, 한국형사정책연구원, 2016/6, 129면 이하.

57 김성돈, 앞의 논문에 따르면, 공동정범의 경우 타 공동정범자에게 공범자의 실현구성요건이 일정한 요건하에 그대로 귀속되는 것과 같은 이치로 이를 설명하면서, 양벌규정 역시 대표자가 실현한 불법을 일정한 요건하에 법인에게도 귀속하는 귀속규범일 뿐 법인의 독자적 불법을 근거지우는 규정은 아니라고 본다.

58 憲裁決 2007. 11. 29, 2005헌가10 결정문 526면은 이를 근거로 하여, "아무런 비난받을 만한 행위를 한 바 없는 자에 대해, 다른 사람의 범죄행위를 이유로 처벌하는 것으로서 형벌에 관한 책임주의에 반하는 것이라 하지 않을 수 없다"고 언급함으로써 형벌개별화책임인 듯한 인상을 부여하고 있기 때문이다.

형벌에 관한 책임주의가 무엇을 의미하는가의 해석이 재요구된다고 보면서, 결정문이 언급하는 책임주의는 형벌근거적 책임이 아닌 책임개별화원칙의 의미라고 본다. 이처럼 헌법재판소 결정문에 대한 정치한 분석을 통하여 법인의 독자적 불법이나 형벌개별화 책임요소를 밝혀냄에도 불구하고, 법인의 책임능력 즉 형벌근거적 책임을 찾아낼 수 없는 이유는 다시 법인에게 (개인에게 책임을 귀속시키기 위해 요구되는) 자유의사를 인정할 수 있겠는가의 문제로 귀결되기 때문인 것은 아닌가 한다.

Ⅳ 법익의 이해: 연대성 관점에서 기업내부자 처벌의 구체화

1. 연대성 관점에서 중간법익영역 설정을 통한 보편적 법익론의 극복

가. 보편적 법익으로의 전환의 문제점

기업의 사회적 역할 및 비윤리적 행위가 자유시장경제질서에 미치는 위험을 고려한다면, 이제 더 이상 기업관련범죄의 보호법익을 개인적 법익으로서 재산권하에 둘 수는 없다. 기업내부자들이 개인적 이익을 추구하고자 행하는 반도덕적 경영행위들이 위협하는 바는 단순한 관련 이해관계자들의 재산권이 아니라 전체의 경제질서 또는 자유롭고 경쟁적인 경제체계와 신용이기 때문이다. 또한 앞서 살펴본 바와 같이 이를 개인적 법익영역으로 한정하게 되면, 사적자치 및 자유경쟁이 보장되는 영역에 대한 형법의 과도한 투입논란이 제기된다. 비록 개인의 재산권침해에 대하여 민사적 방법으로는 해결할 수 없는 피해가 발생한다고 하더라도, 그 역시 개인 간의 문제로 치부될 수밖에 없기 때문이다. 특히 기업의 사회적 역할과 사회적 책임을 고려한다면, 더 이상 기업을 자연인과 동등한 행위자로서 평가할 수 없다. 뿐만 아니라 개인 대 개인의 관계의 연장에서 개별관계들은 전체 사회질서관계를 형성하는 하나의 구성부분이 된다는 점에서 사회체계와의 관련성을 무시할 수 없을 것이다.

그렇다면 개인적 법익의 영역이었던 부분을 보편적 법익으로 새로이 구상함은 양자의 단절을 의미하는가의 문제가 제기된다. 특히 경제형법의 영역들은 한 국가의 전체 경제질서의 정상적 기능을 보호하는 것을 목적으로 하기 때문이다. 따라서 이러한 법익들은 그 자체로 독자적인 보호목적을 보유하며, 개인적 차원의 법익 보호를 위한 매개 역할을 하는 것이 아니라고 보기도 한다.[59] 그러나 보편적 법익만을 보호목적으로 하여 형벌부과의 정당성을 인정하게 되면 가벌성의 범위는 무한정 팽창된다. 그동안 위험형법의 영역에서 지적되었던 비판들과 동일하게, 보편적 법익 자체의 추상성으로 인하여 형법의 역할이 전방위적으로 최후의 수단이 아닌 최고의 수단으로 변질된다는 비판을 면치 못할 것이기 때문이다.[60]

나. 연대성 관점에서 중간법익 영역의 설정과 모색

개인적 법익과 관계되지 않는 보편적 법익은 존재하지 않고, 보편적 이해를 가지지 않는 개인적 법익도 없다[61]는 의미는, 개인적 법익과 보편적 법익 사이의 전향가능성을 암시한다. 즉, 어떠한 법적 보호의 필요성은 그 재(財)가 국가 또는 사회와의 관련성에서 가지는 의미에 따라 법익의 측면을 달리할 뿐, 양자의 연관성 속에서 평가되어야 한다. 현재 개인적 법익으로서 재산권을 보호법익으로 하는 기업관련범죄에 있어서도, 개인적 법익의 연장에서 이해할 것인가 또는 사회 속의 개인이라는 차원에서 접근할 것인가는 여전히 그것이 보호되어야할 법익이라는 점을 변화시키지는 않는다. 기능적 법익론이 형법규범의 사회적 기능을 사회체계유지로 보고, 가벌성의 근거는 사회유해성이 있다고 하더라도, 사회적 유해성의 정의를 어떻게 내릴 것인가 또는 무엇이 사회적 유해성이 있는 행위인가를 판단하기 위해서는 사회공동체의 구조와 현황을 전제로 해야 할 것이며, 사회공동체의 현황은 구성원으로서 개별 행위자들의 유기적인

---

59 Klaus Tiedemann, Tatbestandsfunktionen, im Nebenstrafrecht, 119면(김동률, “법익개념의 변화와 새로운 범죄유형의 필요성－보편적 법익과 관련한 독일에서의 논의를 중심으로－”, 형사정책 제26권 제1호, 한국형사정책학회, 2014/1, 199면 재인용).

60 이러한 비판은 대체로 인격적 법익론을 중심으로 하여, 이원론과 보편적 법익 일원론을 비판하는 주된 핵심이다. 특히 인격적 법익론의 입장은 시민을 위한 국가의 기능을 중심으로 이해하며, 개인의 이익을 떠난 독자적인 국가만의 이익보호는 형법의 임무가 아니라고 본다. 따라서 국가는 개인의 이익에 근원을 두는 것으로 확인되는 이익만을 법익으로 인정해야 함을 강조한다. 이에 대한 하세머의 논지는 성낙현, “법익개념의 내용적 실체와 기능”, 저스티스 통권 제144호, 한국법학원, 2014/10, 297~299면 참조.

61 Hassemer, Theorie und Soziologie des Verbrechens, 1973, 231면(김동률, 앞의 논문, 198면 재인용).

관계들을 배제하고 논하기에는 지나치게 추상적이 되고 만다.[62]

따라서 보편적 법익으로서 자유시장 경제질서를 논함에도 개인적 법익은 보편적 법익 보호를 위한 형법투입의 한계로서 작용할 수 있다. 즉, 보편적 법익의 팽창에 대한 비판은 개인적 법익과 무관한 보편적 법익의 확대를 제한함으로써 기능할 수 있다. 기업관련범죄는 법익의 측면에서 두 가지 면을 내재한다. 하나는 재산권 위협으로서 개인적 법익의 영역이지만, 그것만으로는 형법의 최후수단성 측면에서 옹호되기 어렵다는 점은 앞서 살펴본 바와 같다. 다른 하나는 자유시장 경제질서의 정상화로서 보편적 법영역이지만, 그와 같은 추상화된 법익의 설정은 형법의 무제한한 확대라는 위험형법적 요소를 선두에 내세운다는 점에서 타당하지 않다. 따라서 법익의 두 측면을 고려한 중간법익 영역을 모색하여야 할 것이다.[63]

그 결과 기업관련범죄들은 업무상 배임죄와 같이 개인의 재산권을 보호하기 위한 범죄로부터 벗어난다고 할지라도, 자유시장 경제질서라는 보편적 법익 보호의 한계는 그것이 개인의 이익과 관련 없이 오로지 체계유지만을 목적으로 무한정하게 확대될 수 없다는 점을 확인케 하여야 하며, 형법이 금지하는 구체적인 구성요건행위 설정 역시 그러한 범위 내에서 한정되어야 한다. 즉, 오로지 체계유지만을 목적으로 한 확장은 차단되어야 하며, 그것이 연대성의 관점에서 필요로 하는 개인적 이익을 넘어서는 공동체적 가치와 결부될 때 형법의 영역으로 넘어오는 것으로 보아야 할 것이다. 국가경제의 정상화가 법인처벌의 목적이어서도 안되고, 그렇다고 개인의 이익침해가 법인처벌의 유일한 목적이어서도 안 된다. 공동체가 가지는 고유의 가치를 중심에 두고 이에 대한 위태화 또는 침해가 기업의 사회적 활동에 의하여 이루어질 경우를 개인적 법익과 국가적 또는 사회적 법익의 중간에서 찾아야 하며, 이를 통하여 입법자는 형법의

---

62 여기에서는 인격적 법익론과 기능적 법익론의 논쟁은 별론으로 하고, 그 어떠한 법익론에서 출발한다고 하더라도 양자는 극과 극의 서로 다른 출발점일 뿐이며, 실질적으로 형법의 기능은 무엇을 우선할 것인가의 문제이지 어느 하나가 다른 것을 완전히 배척하고 설명될 수는 없다는 점을 논의의 근저에 두고자 한다.

63 물론 중간법익 영역의 구체화가 어떻게 설정되어야 할지는 여전히 모호하기는 하다. 다만, 여기에서 논하고자 하는 바는 오로지 경제질서 체계유지를 위한 법익설정만으로는 기업관련범죄 처벌의 정당성이 미약하다는 점이며, 이를 해결할 법익영역은 보다 더 숙고되어야 할 것이다.

체계비판적 기능과 체계유지적 기능을 담보할 구체적인 금지규정들의 찾아내야 할 임무를 부과받아야 한다.

2. 규범설정에 있어서 통제장치의 필요성

법익개념은 각 사회의 문화·역사적 상황에 따라 실제로 침해될 수 있는 실재적 개연성을 전제로 하여 구체적으로 보호되어야 할 가치여야 한다. 따라서 기업관련범죄에 있어서도 보호되어야 할 법익이 개인차원에서 벗어나 보편적 법익으로 전향되어 간다고 하더라도, 구체적으로 어떠한 행위가 사회적으로 유해한지 또는 헌법이 보장하는 사회체계를 위협하는지를 확인하여야 한다. 그러나 보편적 법익이 법익의 추상성으로 인하여 법익침해의 현실적 결과를 요구할 수 없다는 한계는, 기업관련범죄에서도 극복될 수 없는 것으로 보인다. 다만, 가능한 한 그러한 행위가 자유시장 경제질서에 대한 추상적 위협뿐만 아니라 이를 통한 구체적이고 현실적인 개인에 대한 위협 가능한 행위로 한정될 수 있는 장치가 마련되어야 할 것이다.

현재 기업내부자에 대하여는 해석론적으로 업무상 배임죄 적용여부가 논의되어 왔지만, 업무상 배임죄의 적용을 배제하고자 한다면 이에 대한 처벌은 더 이상 해석론으로는 해결할 수 없는 영역이 된다. 따라서 이를 위하여 가능한 몇 가지 입법론적 예시 방안들을 살펴보면 다음과 같다.

가. 업무상 배임죄 규정을 배제한 적용규정의 구체화

앞서 언급한 바와 같이 경영판단원칙을 우리 법제상 업무상 배임죄 적용배제 사유로 도입하는 것은 타당하지 않다. 그렇다고 해서 재산피해 관련 행위들을 모두 업무상 배임죄로 처벌하는 것은 포괄적 구성요건이라는 비판을 면하기 어려울 것으로 보인다. 그렇다면 재산범죄로서 업무상 배임죄 적용을 배제하고 불법성을 논할 수 있는가를 모색해야 할 것이다. 더욱이 업무상 배임죄는 기업과 기업내부자 사이의 문제로서, 기업내부자 특히 경영자의 행위가 신임관계에 위배하여 기업에게 손해발생 또는 위험을 초래하였는가의 문제로 핵심이 한정된다. 즉 업무상 배임죄는 경제질서의 문제가 아니라 기업 개인(법인격자)과 경영자 개인 간의 관계로 사안을 한정하게 되는바, 동 규정의 적용으로 인하여 기존의 주주나 제3의 이해관계자들 및 기업외적인 부정적 파장들은 법적 흠결 영역으로 남게 된다.

예컨대 저가의 전환사채발행에 대한 판례[64]가 전형적으로 이러한 모습을 보여 주는바, 경영자의 행위가 기업에게 손실을 끼치지 않는다면, 기타의 주주 등 다른 손해들이 발생한다고 하더라도 불법성을 인정할 여지가 없게 된다. 전환사채발행은 상법이 재무구조의 개선이나 자본구조의 합리적 개편을 위해 예정하고 있는 다양한 자본거래의 일종[65]이라는 점에서 그 자체가 불법은 아니며, 업무상 배임죄는 기업과 기업내부자 간의 이해관계만을 조망하기 때문에 기업에 결과적으로 손해가 발생하지 않으면 사회적인 부정적 파급력이 높다 하더라도 여전히 가벌성을 인정할 수 없게 된다. 이는 기업과 내부자 간의 관계를 개인적 법익인 재산범죄로 한정하였기 때문이다.

차입매수(LBO)도 동일한 결론에 이르게 된다. 유상감자라든가 우리사주의 발행 역시 마찬가지이다. 기업내부자의 경영행위들은, 기업과의 관련성보다도 기업외적 파장으로서 경제질서에 미치는 영향력을 고려한다면 개인적 법익으로서 재산권 보호의 영역으로 이해해서는 안 될 것이다. 따라서 기업관련범죄들은 기업 개인과 경영자 개인 간의 관계라 하더라도 그 행위가 드러내는 사회적 위험성(유해성)을 고려하여 법익의 영역과 구체적인 행위의 유형화를 입법적으로 해결하여야 할 것이다.[66]

이처럼 업무상 배임죄 규정의 적용을 배제하고, 법익관점에서 개인적 법익의 영역이 아닌 보편적 법익을 중심으로 논하게 될 때에는 사회적 법익 중 공공

---

64 大判 2009. 5. 29, 2007도4949(전합). 동 판결에서 전환사채 발행에 있어서 기존 주주들이 그 인수를 포기함에 따라 발생한 실권주를 제3자 배정방식에 따르지 않고 그대로 발행함은 회사의 입장에서는 회사에 유입되는 자금의 예상규모와 실제 유입된 규모에 차이가 없다는 점에서 업무상 배임죄가 성립하지 않는다고 보았다. 회사의 입장에서 보더라도 기존 주주들이 신주 등을 인수하여 이를 제3자에게 양도한 경우와 이사회가 기존 주주들이 인수하지 아니한 신주 등을 제3자에게 배정한 경우를 비교하여 보면 회사에 유입되는 자금의 규모에 아무런 차이가 없을 것이므로, 이사가 회사에 대한 관계에서 어떠한 임무에 위배하여 손해를 끼쳤다고 볼 수는 없다는 것이 주된 이유이다.

65 성주목/강석민/강선일/강성용/이장준/정재진, 기업범죄의 이론과 실제, 세창출판사, 2010, 20면.

66 예컨대, 박강우, 앞의 논문, 523~527면은 경업행위, 자기거래, 회사목적범위를 벗어난 행위, 투기거래, 분식결산, 이사에 대한 비공식적 상여, 계열사 부당지원 등의 행위를 유형화하여 임무위배행위 여부를 분석하고 있다.

의 신용보호의 장에 독립된 절로서 '공정경쟁을 해하는 죄'라거나 '시장질서의 공정에 관한 죄' 등으로 편재됨이 타당할 듯하다.

나. 목적범으로의 구성

목적범으로의 구성 여부는 행위만으로는 그 가벌성 여부를 판단하기 어려운 경영행위들에 대한 처벌의 한계를, 주관적 요건으로서 목적설정을 통해 구성할 수 있는가의 문제이다. 외형상으로는 기업의 일반적 경영행위라 하더라도 그것이 목적하는 바가 경제질서를 해할 우려가 있는 경우의 통제가 필요하기 때문이다.

예컨대, 앞서 언급한 전환사채의 경우 주주를 해할 목적이라든가, 회사 지분비율의 변동을 통한 경영권을 독점할 목적과 같이 구성요건행위가 지향하는 바가 경제질서를 해할 유해성이 있는가 여부를 구체적으로 판단하기 위한 장치를 부가할 필요가 있다. 특히 기업집단지배구조라는 특징을 가지는 한국적 기업현실에서는 기업집단 내부자들 간의 공모관계로 내부자간 주식포기를 통해 특정인에게 기업을 양도해버리는 결과를 초래하는 경우 등은 목적범적 구조를 통하여 통제하는 방안이 필요할 것이다.

다. 중지미수 및 공동관계 이탈자에 대한 필요적 면제

기업관련범죄들의 처벌에 있어서 가장 문제점은 이를 위험범적으로 구성할 수밖에 없다는 규정상의 한계이다. 보편적 법익과 개인적 법익 사이의 연결고리를 통하여 중간법익적인 요소를 찾아낸다고 하더라도 그 실체를 명확히 하기는 어렵다. 반면 개인적 법익의 요소라는 점이 현실적인 재산상의 피해까지 범죄성립에 요구하게 된다면, 결과적 요소가 감내하기 어려운 피해가 된다는 점에서 목적범의 설정은 결국 그러한 결과발생을 사전에 차단하기 위하여 행위만으로도 범죄성립을 인정하는 형식을 취하게 될 것이다. 이처럼 행위완성만으로도 범죄성립을 인정하게 되면 결과저지에 효과적이면서, 결국 불법의 중심은 규범이 금지하는 행위에로의 심적 태도 형성에 놓이게 된다. 따라서 그러한 반가치적 태도를 스스로 중지 또는 포기한 자에 대하여는 '벌하지 아니한다'는 필요적 면제의 혜택을 부과함이 보다 높은 일반예방효과를 기대할 수 있을 것이다.

기업관련범죄들은 의사결정과정과 그러한 행위에로의 이행까지 복합적인 구조를 가지고 단계적 과정을 거치기 때문에, 이에 관한 처벌을 위험범적으로 구성한다고 하더라도 전통적인 거동범과는 달리 행위실현 자체에 긴 시간적 과정을 요구하게 된다. 따라서 그 과정 중에 행위완성의 단절을 시도하거나 이탈하는 자에 대한 필요적 면제는 두 가지 측면에서 형법정책적 효과를 기대할 수 있지 않을까 한다. 첫째, 복층적인 의사설계와 행위이행에는 구조적으로 다수인들이 참가하게 되는바, 이탈자에 대한 처벌면제는 실제로 불법행위를 지향하는 기업내부의 의사의 완성을 현실적으로 저지 또는 교란하는 효과를 기대할 수 있다. 둘째, 기업의 불법적인 이윤창출행위는 성공과 실패의 가능성이 불확실한 위험거래로서, 가담자에게 필요적 면제의 형벌혜택은 불확실한 위험거래와의 이익교량을 통해 적법행위로의 유인요소로 작용할 수 있을 것이다.

V 기업형법: 독자적 구조 설정을 통한 기업처벌의 구체화

1. 기업형법의 독자적 구조 설정

가. 기존 해석들의 난관과 해결의 실마리

인간의 자유의지와 자연적인 행위를 바탕으로 개인에게 귀속되는 범죄성립과 처벌에 관한 전통적인 견고한 이론을 적용하기 어렵다는 한계와 다른 한편으로는 정책적으로 기업의 사회적인 부정적 영향력에 대한 제재의 필요성이 충돌되는 지점에서, 후자의 정책적 견지는 사회방위적 측면에서 기업처벌의 필요성이라는 현안에 부응하여 부분적으로만 수정해가면서 그러한 요구들을 수렴하여 왔기 때문에 이론적 일관성이 취약함은 사실이다. 그러나 최근 헌법재판소 결정을 바탕으로 한 새로운 시도들은 법인의 행위성과 책임성을 일관되게 체계화할 수 있는 가능성을 보여주고 있다. 그럼에도 불구하고, 헌법재판소 결정은 법인의 행위성을 대표자와 종업원을 구분하여 접근하고 있을 뿐만 아니라, 종업원에 대한 법인의 책임성을 찾아내기 어렵게 만들고 있다.

그리고 선임감독의무의 불이행을 종업원에 대해서만 요구하고 있는 바, 법인의 선임감독의무는 대표자에게는 부과되지 않는가 하는 문제 역시 해결되어야 한다. 물론 헌법재판소는 대표자를 법인 내의 최고의 지위자로 위치지우면서 더 이상 이를 선임하거나 감독할 수 없다고 보지만, 현실적으로 대표자 역시 선임된 자이며, 이사회는 대표자에게도 의무를 진다. 그리고 대표자와 종업원으로 구분하는 이유가 '법인의 대표자나, 법인 또는 개인의 종업원…'이라는 양벌규정의 문장구조 때문인 것으로 보이지만, 그러한 문장구조가 반드시 대표자와 종업원에 대해 적용을 달리할 법적 근거라고 단정하기에는 미약해 보인다.[67]

또한 기업의 구조상 내부에 복층적인 의사결정구조와 행위구조를 가지고 있기 때문에 오로지 대표자 일인만이 법인의 행위의사와 일치하는 자라고 보기도 어렵다. 동일성이론에서와 같이 투영자(alter ego)를 상위그룹으로 한정한다고 할 때에도 상부자와 하부자의 구분이 그렇게 쉽지만은 않을 것이다. 특히 지점이나 분점의 형태로 영업확장을 하는 경우에는 지점의 장이 대표자인지 본점의 장만이 대표자인지 특정하기 어렵게 되기도 한다. 특히 국제적으로 기업의 지점들을 분산시키고 있는 형태에서는 지점들이 본점의 경영방향에 종속되지 않고 독자적인 기업활동을 하는바, 이 경우 역시 대표자가 누구인가의 문제가 발생할 수 있다. 궁극적으로는 대표자와 종업원을 구분하지 않고 기업의 '행위'와 '의사' 형성을 인정하는 일관된 해석을 이론적으로 찾아냄이 타당할 것이다.

그럼에도 불구하고 기업의 범죄와 관련하여 이에 대한 노력들이 여전히 진행중인 이유는 또 여전히 인간의 '자유의사'와 '행위'를 기업에게 인정하기가 쉽지 않다는 기업본질의 문제로 귀결된다. 그렇다면, 기업은 반드시 인간과 동일한 구조의 '자유의사'와 '자연적 행위'를 가져야만 하는가?

이는 범죄성립과 처벌에 있어서 자유의사와 인간의 행위를 요구하는 개인형법의 형법관으로부터 찾아져야 할 것이다. 기업처벌의 형법정책적 목적은 개인의 자유의지와 기본권을 중심으로 하는 전통적인 개인형법과는 달리, 사회체계 기능 또는 자유시장 경제질서라는 헌법질서의 보장을 추구한다. 그렇다면 서로 다른 목적하에 서로 다른 기능을 하는 두 형법 영역을 분리하고, 각각의

67 문장구조상 '법인의 대표자나, 법인 또는 개인의 대리인·사용인 기타 종업원'이라고 한 점은 성질상 개인을 대신하는 행위는 대표가 아니라 대리이며, 대표자는 인적 공동체를 대신하는 자라는 점에서 개인이라는 단수를 지칭하는 용어가 아니기 때문이지, 법문이 양자의 법적 효력을 구분하기 위하여 이와 같은 표현을 사용하지는 않은 것으로 보인다.

목적에 부합하는 기능을 형법에 부여하는 것이 가능할 것인가의 문제로 귀결되는 것은 아닌가 한다. 즉, 개인형법이 의사자유의 존재성을 기초로 기본권보호에 중심을 두고 구상된다면, 기업처벌은 적극적으로 사회규범질서를 보호함으로서 복잡해지고 다변화되어가는 현대사회의 갈등요소의 저지를 목적으로 하여 그와 같은 영역 전체질서를 구상하는 것으로 보이기 때문이다.

나. 형법관의 기능적 분화가능성

형법관의 분화란 전통적인 개인형법의 영역을 지배하는 형법관과 전통적인 형법이 예정하지 않았던 새로운 범죄주체인 기업의 불법행위 영역을 지배하는 형법관을 각각의 추구하는 바에 따라 양립시킴이 가능한가의 문제이다. 일반적으로 형법상 기능주의란 가벌성을 결정하고 이를 실현시킴에 있어서 규범적 원칙들에 의한 형법의 해석이나 평가 대신에 특정의 기능성의 보호라는 관점으로 전환시키는 현상을 의미한다.[68] 기능주의적 형법관은 새로운 형법의 제안이 아니라 현행 형법에 대한 새로운 해석, 즉 또 다른 관점에서의 접근을 의미한다. 따라서 형법이 목적하는 또 다른 추구방향을 향해 그에 적합한 해석이 가능한가의 문제로 이해하게 된다면, 기업관련범죄들은 개인의 인권과 자유보호보다는 사회체계의 안정 및 유지를 보호하고자 함에 초점이 맞추어져 있음에 주목해야 할 것이다.[69]

전통적인 개인형법의 이념을 바탕으로 형법이 모든 보호할 가치가 있는 개인의 법익을 보호하고, 개인의 자유로운 활동영역에서의 자유와 권리를 최대한 보장해야 함은 그 어떤 경우에도 형법의 임무로부터 벗어날 수 없다. 또한 개인형법의 이념하에서도 형법은 개인의 연장선에 위치하는 사회체계의 평온과 안

68 김학태, "기능주의적 형법해석에 관한 연구", 외법논집 제43집, 한국외국어대학교 법학연구소, 1997, 255면.

69 야콥스의 경우 오히려 법인의 범죄능력을 부정한다. 법인은 '의사소통적 권한을 가진 자기의식'을 가질 수 없고, 그 결과 유책하게 행위 할 수 없다고 본다. 이를 책임을 질 수 없는 아동에 빗대어 설명하는바, 의사소통적으로 규범의 효력을 파악하고 그 규범을 자기 자신의 일부로 만들거나 제거하는 능력을 전제로 하는 것이기 때문이라고 한다. 그리고 그러한 자기의식을 가질 수 없는 법인은 범죄능력이 인정될 수 없다고 본다. Jakobs, Strafbarkeit juristischer Personen? in: Festschrift für Klaus Lüderssen, 2002, 568면(양천수, "법인의 범죄능력－법 이론과 형법정책의 측면에서－", 형사정책연구 제18권 제2호, 한국형사정책연구원, 2007/여름, 174~177면 참조).

정을 보호해야 함은 물론이다. 다만, 후자는 궁극적으로 전자의 목적에 기여하는 것일 뿐, 그 자체로서 독자적인 선이 아니다. 그렇지만 전자를 추구하는 전체 형법질서 안에서도, 사회의 다변화와 기능분화로 인하여 부분적으로는 후자의 이념을 보다 강조해야 할 영역이 양산될 수 있음은 부인할 수 없을 것이다. 즉, 여기에서 형법관의 분화가 의미하는 바는 전체 형법질서를 아우르는 형법관의 포기 또는 대체가 아니라, 사회의 기능분화로 인하여 새로이 보호필요성이 제기된 영역을 지배하는 형법관의 목적설정을 지칭하고자 한다.

기업의 사회적 활동과 임무란, 앞서 언급한 바와 같이 전통적인 개인형법이 예정하지 않았던 영역이며, 기업이라는 범죄의 주체 역시 개인형법의 영역에서는 기존의 해석으로 해결할 수 없는 많은 형법적용에서의 문제점들을 노출한다. 이는 기업이라는 범죄의 주체가 고유의 자유의지와 행위의 귀속자가 될 수 있는가라는 본질적인 물음의 결과이다.

다. 기업형법의 작용원리

기업형법에 있어서 형법관의 분화란, 기업에 의한 범죄는 자연인의 범죄와 그 구성요소는 동일하지만 그 작용원리와 개념이 달라짐은 의미한다. 기업은 자연인과 일치하는 구조의 자유의지를 통한 범죄능력과 개인책임의 내용이 적용되지는 않지만, 기업의 사회적 상호작용원리를 통해서 범죄능력과 자기책임을 인정할 만한 구조가 발견될 수 있고, 이를 통하여 범죄의 주체가 될 수 있다고 보여진다. 그 결과 기업의 범죄행위는 대표자나 종업원과 단절하여 기업 고유의 사회적 상호기능에서 찾아진다. 또한 기업의 자기책임은 기업이 가지는 의사결정구조를 통한 독자적 책임이며 기업의 대표자나 종업원의 책임에 종속되지 않는다. 기업은 선임감독의무의 불이행이라는 소극적인 책임범위 내에서만 존재하는 것이 아니라, 적극적으로 기업의 목적하는 행위와 그로 인한 책임을 질 수 있는 독립된 범죄 주체로 인정되어야 하기 때문이다. 그리고 이러한 해석의 출발점은 다시 최초의 물음, 왜 형법은 기업의 처벌을 목적하는가로 환원된다.

기업은 사회에서 전적으로 개인과 동일한 역할을 수행하지 않으며, 사경제 주체로서만 기능하게 된다. 따라서 범죄행위가능성도 일반 모든 범죄에 열려 있는 것이 아니라 경제활동영역에서의 기능범위 내에서만 개인과 동등한 자격이 주어진다. 따라서 기업의 사회적 활동과 법위반행위는 그것이 경제체계에 어떠한 혼란을 초래하는가 및 그러한 혼란을 예방하기 위하여 법이 어떠한 제재를 가하는가에 초점이 맞추어지게 된다. 기업의 의사결정은 의사결정구조 내에 관여하는 자들의 교체가능성으로 인하여, 응보목적의 달성이라는 것이 실질적으로 어떠한 형벌효과로 기대될 수 있는지 의문이다. 오히려 법위반행위로의 의사결정구조에 가담한 자들 역시 기업과 분리된 독자적 형벌이 부과됨으로 인하여 교체되고 나면, 의사결정구조를 기업의 행위능력의 실체라고 하더라도 응보의 개념을 투과하여 그 형벌효과를 찾아내기란 어려워 보인다. 이 경우 기업에 대하여 기대할 바는 전적으로 타행위가능성을 근거로 한 비난으로서의 형벌보다는 예방적 필요성이라는 사회적 필요에 의한 형벌부과가 아닌가 한다.

궁극적으로 기업형법은 법에 의한 강제를 통하여 기업윤리를 구축함으로써 해소되어야 할 영역이다. 따라서 한시적으로 형법적 강제가 이루어지고 적극적 일반예방효과를 통하여 규범준수의식이 강화되고 나면, 기업윤리에로 그 임무를 인수해야 한다. 기업형법에서 궁극적으로 목적하는 바는 형법적 개입에 의한 처벌이 아니라 보다 높은 안정화된 기업윤리의 완성이며, 따라서 형법적 개입단계는 기업이 윤리적 책임을 인수하고 자발적으로 사회적 책임, 즉 자선적 책임단계로 이행하도록 유인하는 과도기적 강제단계로 이해하여야 할 것이다.

2. 불법성: 법인의 행위와 행위능력

가. 행위 이원화의 문제점

동일성이론이나, 명확히 밝히고 있지는 않지만 동일성이론을 취하고 있는 듯 한 헌법재판소 결정은 기업 상부자와 단순한 피고용인을 구분하여 기업의 행위성을 양분화 하고자 한다. 기업 상부자(양벌규정상 법인의 대표자)는 회사에 책임을 귀속시킬 수 있는 회사의 분신(alter ego)으로서 회사의 두뇌를 의미하는 인물[70]이기 때문에 여과 없이 상부자의 행위는 기업의 행위로 본다. 반면 하부

70 HL Bolten Co Ltd v. TJ Graham & Sons Ltd [COURT OF APPEAL] [Matter No. M. 1678. OA. 18.] [1957] 1 Q.B. 159에서 Lord Denning은 “회사는 여러 가지 의미에서 인체에 비유

의 피고용인들의 행위는 곧바로 회사의 기능으로서 작용하지 않는다는 점에서 그들의 행위가 곧 기업의 행위가 될 수 없고, 기업은 그들에 대한 선임감독행위를 하는 것이며 선임감독의무의 불이행이 고의이든 과실이든 기업 불법의 판단 대상이 된다고 본다.[71]

이처럼 기업의 행위성을 이원화하는 경우 몇 가지 문제점이 노출되는바 첫째, 기업의 구조상 법인의 대표자도 기업의 의사방향설정에 대한 개입정도가 클 뿐 기업 구성원의 일부라는 점은 종업원과 다를 바 없고, 기업 내부에는 대표자 이외에도 의사결정에 중요한 역할을 하는 자들(예컨대 이사진이나 주주총회의 주주들)이 있음에도 불구하고 대표자가 동시에 기업이어야만 하는 이유가 무엇인가이다. 둘째, 헌법재판소의 태도는 전형적으로 기업집단지배구조라는 한국적 현실을 반영한다는 점이다. 헌법재판소의 결정은 결과적으로 기업은 대표자(기업집단)의 의사에 따라 움직인다는 기업원리에 반하는 변칙적 기업구조에 기인하고 있다. 셋째, 헌법재판소 태도의 기원이 영국법상 동일성이론의 차용이라는 의심을 거둘 수 없지만, 동일성이론은 기업의 민사책임으로부터 출발하였다는 점에서 우리와 차이[72]가 있을 뿐만 아니라, 여전히 소수의 기업의 분신이라 칭할 수 있는 자에 의해서 기업의 형사책임 인정 여부가 좌우되기 때문에 오히려 기업의 형사책임을 축소하게 된다는 비판을 면할 수 없다.[73]

나. 기업의 독자적 범죄행위의 구성

법인의 범죄능력과 관련하여 행위능력을 찾는 견해들은 대체로 사회적 행

될 수 있다. 우선 회사가 무엇을 할 것인가를 통제하는 두뇌와 신경기관이 있고, 반면 중심기관으로부터의 지시에 부합하는 작용 및 수단으로서의 손이 있다. 회사 내에서 회사의 의지와 마음을 대표할 수 없고 단지 손 이상의 기능을 하지 않는 구성원들에 반하여, 관리자는 회사가 무엇을 할 것인가를 통제하고 회사의 마음과 의지를 직접 대변한다. 따라서 이러한 관리자들의 심적 상태는 곧 회사의 심적 상태이다"라고 이를 표현한다.

71 Kristy Richardson, "The Corporation as Criminal and 'Corporate' Individuals are too: A study of Queensland statutory provisions", 2006. http://www.clta.edu.au/professional/papers/conference2006/2006KR_CCCI.pdf

72 우리 민법은 제정 이래로 법인을 사람으로 인정하면서 처음부터 법인의 불법행위책임을 인정하여 왔다는 점에서 오히려 미국법상의 대위책임론에 가깝다고 보여 진다. 다만 대표자에 대한 법인의 범죄에 대하여는 동일성이론을 취한다는 점에서 양 이론의 복합적인 적용형태를 띤다고 볼 수 있다.

73 송기동, 앞의 논문, 56면.

위론을 기저에 둔다. 사회적 행위론은 사회적 유의미성을 행위 개념의 본질적인 징표로 하기 때문에, 행위개념을 사회적 관계 속에서 구성되는 그 무엇임[74]을 전제한다는 점에서 반드시 자연인만이 행위의 주체라고 한정함에 보다 넓은 여지를 남기기 때문이다. 사회적으로 현저한 또는 유의미한 것, 이는 기업이 기관을 통하여 외부적으로 행하는 기업활동 전반을 의미할 수 있기 때문이다. 즉, 기업의 사회적 상호작용이 기업의 행위라고 전제한 후에, 기업의 사회적 상호작용 중에서 적법한 영역을 벗어난 작용은 형법상 행위로서의 유의미성을 가지게 되고, 따라서 이를 범죄행위라고 보는 것이다.

일반적으로 개인형법의 영역에서 인간의 행위란 자유의사로부터 출발하는 바, 이와 동등하게 기업의 사회적 작용은 기관의 의사결정을 통하여 이루어진다는 점에서 의사결정구조를 가지는 기업은 그를 통해 형성된 의사에 의한 행위의 주체성을 인정받을 수 있다. 그리고 의사결정구조는 법인의 대표자인지 종업원인지 기업 내에서의 지위와는 관련 없이 이루어진다. 즉, 법인의 대표자나 종업원은 그러한 의사결정구조에 직접 또는 간접적으로 가담하는 구성부분일 뿐 의사결정구조 그 자체는 아니다. 대표자 역시 의사결정구조에 참여하는 일부이며, 다만 의사결정에서의 영향력의 강약이 종업원과 일치하지 않을 뿐이다.

이렇게 구성한다면 기업의 자유의사는 의사결정구조의 기능이고, 기업의 행위는 의사결정구조의 결단에 따라 행해지는 기업의 사회적 상호작용으로서의 외적 변화라고 보게 될 것이다. 그리고 그러한 작용이 형법에 위반될 경우 기업도 자연인과 동일하게 형법의 적용을 받을 수 있는 고유한 범죄능력을 인정할 수 있을 것으로 생각된다. 최근에는 기업에 대하여 자연인과의 연관성을 배제하고, 법인 그 자체가 인적 조직과 물적 자산을 통하여 사회적으로 행위를 하는 실존적 존재라는 것을 인정해야 한다고 보는 견해가 있다.[75] 그러나 실존적 존재인 이유를 사회적인 상호인지를 통하여 행위하기 때문이라고 보고 있는바,

---

74 양천수, "법존재론과 형법상 행위론", 법철학연구 제9권 제1호, 한국법철학회, 2006, 162면.

75 류전철, "법인의 형사책임에 대한 새로운 해석론의 시도", 법학논총 제34집 제1호, 전남대학교 법학연구소, 2014/4, 79면 이하. 이에 따르면 법인을 실존적 존재로 이해하면 법인의 형사법적 문제를 해결하기 위하여 형법이론의 기본적 패러다임의 변화가 필요하지 않다는 점에서 유요함을 강조하고 있다.

법인의 범죄행위능력의 인정을 법인이 사회적으로 행위한다는 이유에서 찾고자 한다면 행위하니까 행위능력이 있다는 동어반복에 해당하는 듯하다. 그럼에도 불구하고 이러한 접근이 의미 있는 바는, 법인의 범죄능력을 법인의 사회적 작용으로부터 찾기 때문이다.

여기에서는 대표자나 종업원의 행위에 종속하는 법인의 행위를 찾을 것이 아니라, 기업으로부터 출발된 불법한 사회적 상호작용으로 드러나는 외적 변화를 기업의 행위로 평가하고, 다시 그러한 불법한 외적 변화에 대한 가담여부와 정도를 통해 대표자나 종법원의 각각의 책임의 양을 결정하는 방안을 제안하고자 한다. 즉, 법인에 의한 전체 사회적 상호작용을 통해 불법성을 총체적으로 먼저 판단하고, 법인의 형사책임과는 별도로 개별적인 가담자의 형사책임을 부과함이 각각의 행위성 인정방식이 될 것이며, 책임주의에 부합하는 책임귀속의 방법이 되지 않을까 한다. 다른 한편으로 기업의 의사결정구조에 기인하지 않는 기업의 행위는 고의범이 될 수는 없지만, 개별 내부자가 직무관련성하에 개별적으로 행한 행위가 기업의 사회적 작용으로 드러나면 내부자에 대한 기업의 선임감독의무의 불이행 여부를 통하여 부작위 과실범을 인정할 수 있을 것이다. 이 경우 기업내부자는 고의 여부에 따라 고의범 또는 과실범으로 과책됨은 물론이다. 기업형법의 영역에서 중심은 기업의 반사회적 활동을 통한 사회에의 부정적 기능의 차단이며, 이를 형법적으로 통제함으로서 기업활동 영역에 있어서 보다 높은 법준수의식을 고착함에 있기 때문이다.

3. 책임: 기업의 고유책임

기업의 책임개념에 관한 논의는 기업이 규범에 반하는 방향에로의 심적 태도를 형성할 '자유의사'가 인정되고 그를 기초로 범죄행위로의 '의사결정'을 하였다는 비난을 받는 것이 가능한가의 문제로부터 출발한다. 이에, 자유의사를 인정한다고 하더라도 그 실체가 무엇인가의 문제를 해결하기 위한 이론적 접근들이 이어져 왔다. 그러면서도 기업의 독자적 책임능력을 인정함이 자기책임의 원칙, 즉 형벌근거적 책임으로서 책임원리에 부합하는가, 기업이라는 단체에게 부과되는 형벌의 양이 '자기'책임에 비례하는가의 문제가 수반된다.

그리고 완화된 개인형법을 적용하면서도, 기업이라는 단체의 책임을 개인

책임의 원칙에 부합하도록 설명함에는 매우 광범위한 의미로 접근하고 있는 듯하다. 기업의 책임은 조직책임이라고 보는 견해에 의하면, 기업 자체가 가지는 고유한 사회적 비난의 핵심을 정상적인 기업운영을 유지하기 위해 요구되어지는 예방조치를 이행하지 않았음에서 찾고 있다.[76] 또는 의사소통 속에서 의식이 형성되고 존재한다면 개인을 넘어서는 체계 역시 일정한 기대구조를 형성할 수 있기 때문에 법인도 단일화된 의식 혹은 공감대를 찾아낼 수 있다는 전제하에서, 법인이 기관을 통하여 사회적 행위를 함은, 그러한 기관이 법인을 대표하는 단일한 의사를 형성하는 것으로 보고자 하기도 한다.[77]

기업의 책임은 대표자나 종업원의 책임과 분리된 기업 독자적 책임을 찾을 수 있는가에 그 본질이 있다. 그런데 기업의 행위를 대표자 또는 종업원이라는 타행위자 종속적으로 해석하지 않고, 기업 독자적 행위를 인정하게 되면 기업의 책임을 찾는 것이 난해한 과제가 되지는 않을 것으로 보인다. 앞서 기업의 불법적인 사회적 상호작용을 행위라고 본다면, 그러한 행위를 결단한 의사결정구조는 결단의 범위에 상응하는 정도의 고유의 책임을 지게 된다. 이와 같은 책임은 의사결정에 가담한 내부자의 책임과 단절되며, 내부자에게는 자신의 결정 가담과 행위를 기초로 형벌근거적 책임이 귀속되어야 할 것이다.

사실 기업처벌에 있어서 가장 접근하기 난해한 부분이 책임주의일 것이다. 기업활동으로 인한 이윤창출은 언제나 반대편에 선 위험의 수인의무를 수반하며, 기업의 '불법'활동에 의한 이윤창출 역시 반대편에 선 '처벌'의 위험부담의 수인을 요구하는 것은 자명하다. 다만, 단체책임으로 인하여 이와 무관한 구성원들까지도 책임을 부담하게 되어 책임의 연대성을 인정하는 결과가 초래될 것을 우려하지만, 기업의 고유책임은 기업의 불법적인 사회적 상호작용에서 찾아지며, 그것을 단체책임이라고 명하든 사회생활영위책임이라고 명하든 대표자나 종업원의 책임과는 단절된 책임이라고 보아야 한다. 다만 개인형법상의 책임개념과는 또 다른 의미의 접근필요성이 제기되는 바는, 기업의 결단이 한 개인의 의사자유에만 귀결되는 것이 아니라 기업의 의사결정구조의 속성에 의존하고

76 김재윤, 앞의 논문, 55면.

77 양천수, "법인의 범죄능력－법 이론과 형법정책의 측면에서－", 형사정책연구 제18권 제2호, 한국형사정책연구원, 2007/여름, 177~178면.

있다는 점이다.

한편, 기업의 처벌과 별개로 대표자나 종업원의 처벌이 이중처벌금지의 원칙에 반하는가의 문제는 더 이상 제기되지 않는 것으로 보인다. 기업과 기업내부자들(대표자나 종업원을 모두 포함하여 범죄행위에 직접 관련된 자들)은 공범자도 아니고 공통의 범죄행위를 하는 것도 아니다. 기업내부자들은 자신의 인격적 존재로서의 자유의사와 이를 기초로 한 행위를 하는 개별자들이고, 기업은 이들 개별적 행위들의 총합이 아니라 사회적으로 승인된 위상으로서 사회적 상호작용을 통해서만 인정되는 법인격의 사회적 활동이기 때문이다. 즉, 개별행위자들은 행위자들마다 행위와 결과간의 귀속성을 판단해야 한다. 그러나 기업은 기업활동에 의한 외적 결과와 그것이 기업의 의사결정구조가 지향하는 바가 일치하는가 또는 방향성이 같은가를 책임판단의 근거로 보아야 할 것이다. 이러한 형태의 기업책임은 조직화된 무책임에 대한 책임의 명확화를 위해서도 요구될 것이다.

VI 처벌되는 행위자로서 기업 또는 법인과 윤리화

사회적 필요는 정책적으로 형법에 있어서도 새로운 영역의 포문을 열 수 있어야 할 것이다. 다만, 정의적 차원에서 기업의 처벌을 사회적 법익이라는 추상적인 보호법익 하에 두고자 한다면, 다시 구체적이고 개별적인 의무와 행위규범을 선별하는 작업을 거쳐야 하고, 그와 대응되는 사회구성원으로서의 의무부과와 통제가 이루어져야 할 것이다. 보호해야 할 새로운 법익의 영역이 발견되었다고 해서, 언제나 형법적 개입이 정당화되는 것은 아니기 때문이다.

이윤창출을 위한 기업의 경제적 활동은 직·간접적으로 기업뿐만 아니라 국가와 시민에 대한 파급력이 매우 크다. 우리는 지난 20여 년간 편파적이고 파행적인 기업 활동이 국가경제기반을 흔드는 모습을 지켜보았고 개인의 사활까지도 좌우함에 이미 익숙해졌다. 그럼에도 불구하고 기업의 활동은 이윤창출이라는 기업본질에 부합한다면 치외법권의 영역으로 남겨두어야 할 것인가? 이에 관하여는 형법의 겸억성과 최후수단성을 강조하더라도, 형법의 개입이 불가피한 이유를 현실적인 측면에서 찾을 수 있다. 기업의 윤리적 발전 또는 성숙 단계는 다음과 같다. 첫 번째 단계로써 이윤창출의 극대화, 두 번째 단계로써 법적 개입에 의한 준법정신의 고착화, 가장 성숙한 단계로서 기업윤리의 발전 그리고 사회적 책임으로서 자선적 책임의 이행이 그것이다. 하지만 한국적 현실은 여전히 초기 단계에서 답보하고 있는 것으로 보인다. 그렇다면 형법을 비롯한 법적 개입은 기업윤리의 구축을 위해서도 기업활동 영역에 적극적으로 개입해야 해야 한다.

다만 형법적 개입의 필요성을 인정한다고 하더라도, 전통적인 개인형법이 전제하는 인간의 자유의지와 자연적 행위를 기대하기 어려운, 법적인 인격체로서 기업에게서 그러한 자유의지와 행위를 어떻게 찾을 것인가의 문제는 여전히 진행중인 미결의 과제이다. 특히, 우리 형법처럼 양벌규정을 통하여 기업을 처벌하면서도 타행위자(기업대표자와 종업원) 종속적인 가벌성을 인정하는 구조를 취하는 경우, 결국엔 기업에 대한 독자적인 법적 강제는 이루어질 수 없다. 따라서 기업의 고유한 범죄행위와 책임을 구조적으로 찾아내야 한다.

여기에서는 대표자나 종업원의 행위에 종속하는 법인의 행위를 찾을 것이 아니라, 기업으로부터 출발된 불법한 사회적 상호작용을 기업의 행위로 평가하고, 다시 그러한 불법한 외적 변화에 대한 가담 여부와 정도를 통해 대표자나 종법원의 각각의 책임의 양을 결정하는 방안을 제안하고자 한다. 즉, 법인에 의한 전체 사회적 상호작용을 통해 불법성을 총체적으로 먼저 판단하고, 법인의 형사책임과는 별도로 개별적인 가담자에 대한 귀속판단을 통해 형사책임을 부과함이 각각의 행위성 인정방식이 될 것이며, 책임주의에 부합하는 책임귀속의 방법이 되지 않을까 한다. 다른 한편으로 기업의 의사결정구조에 기인하지 않는 기업의 행위는 고의범이 될 수는 없지만, 개별 내부자가 직무관련성 하에 개별적으로 행한 행위가 기업의 사회적 작용으로 드러나면 내부자에 대한 기업의 선임감독의무의 불이행 여부를 통하여 부작위 과실범을 인정할 수 있을 것이다. 이 경우 기업내부자는 고의 여부에 따라 고의범 또는 과실범으로 과책됨은 물론이다. 기업형법의 영역에서 중심은 기업의 반사회적 활동을 통한 사회에의 부정적 기능의 차단이며, 이를 형법적으로 통제함으로서 기업활동 영역에 있어서 보다 높은 법준수의식을 고착함에 있기 때문이다.

따라서 한시적으로 형법적 강제가 이루어지고 적극적 일반예방효과를 통하여 규범준수의식이 강화되고 나면, 공동체적 가치로서 (기업)윤리에로 그 임무를 인수해야 한다. 기업형법에서 궁극적으로 목적하는 바는 형법적 개입에 의한 처벌이 아니라 보다 고도의 안정화된 기업윤리의 완성이다. 따라서 형법적 개입단계는 기업이 윤리적 책임을 인수하고 자발적으로 공동체적 책임, 즉 공동체 가치로서의 박애정신인 자선적 책임단계로 이행하도록 유인하는 과도기적 강제단계로 이해하여야 할 것이다. 전통적인 개인형법에서는 보편적인 윤리위에 서 있는 절제된 형법의 모습을 보게 되지만, 기업형법의 영역에서는 강제된 법준수를 통해 확인되는 기업의 공동체적 윤리의 구축이 형법의 지향점이 되어야 할 것이다. 궁극적으로 기업형법은 법에 의한 강제를 통하여 기업의 공동체적 윤리를 구축함으로서 해소되어야 할 영역인 것이다.

3

PART

처벌되는 행위자들 2: 국가

CHAPTER 01 국가의 처벌: 국가폭력범죄

I 상실의 시대와 회복의 시대

1. 국가와 수범자(受範者)의 지위

기업을 포함한 법인 및 법인격 없는 단체들의 범죄행위 주체성 및 처벌 가능성을 살펴보았다면, 이제는 국가 역시 보다 거대한 조직으로서 사회공동체에 해악을 가할 수 있는 존재로서의 지위를 가지는지 확인할 차례이다.

일반 국민이 가지는 수범자라는 지위는 국가에 의하여 부여받은 명칭이다. 국민은 법을 받드는(受) 자라는 의미에서 수범자는 법에 의한 이익을 향유하는 자가 아니라 지키고 존중해야 할 의무자가 된다. 즉, 최소한 형법의 영역에서는 국민은 법의 소지자 또는 권리자의 지위를 얻지 못한다. 반면, 국가는 형사입법 권한의 소지자이다. 이처럼 국가형벌권의 영역에서 국가와 국민은 소지자와 의무자의 관계로 대립적이다. 판례[1] 역시 형법의 명확성 원칙에 관하여 '수범자(受範者)인 일반인의 입장에서 처벌조항의 의미를 명확히 이해'할 수 있는가의 문제로 본다. 그러나 이러한 관계는 오로지 국가와 국민의 관계일 뿐, 국가와 사

1 大判 2006. 11. 16, 2006도4549 전원합의체 판결.

회 및 국가와 시민의 관계가 아니다.

또 다른 한편으로는, "국민의 기본권을 보호 내지 실현해야 할 책임과 의무를 지고 있는 공권력의 행사자인 국가나 지방자치단체는 기본권의 수범자일 뿐 기본권의 주체가 아니고, 그 정책결정이나 업무수행과 관련된 사항은 항상 국민의 광범위한 감시와 비판의 대상이 되어야 하며 이러한 감시와 비판은 그에 대한 표현의 자유가 충분히 보장될 때에 비로소 정상적으로 수행될 수 있으므로, 국가나 지방자치단체는 국민에 대한 관계에서 형벌의 수단을 통해 보호되는 외부적 명예의 주체가 될 수는 없고, 따라서 명예훼손죄나 모욕죄의 피해자가 될 수 없다"[2]고 한다. 이 때 국가가 수범자인 이유는 국민의 기본권을 지켜야할 의무자로서의 수범자인 것이다. 이러한 설명은 국가의 지위가 법을 지켜야하는 수범자에서 예외가 될 수 없음을 암시한다. 비록 판례는 헌법적 측면에서 국가의 수범자로서의 지위를 인정하였지만, 더 나아가 모든 법영역에서 국가 역시 수범자여야 함을 논증하고 국가에게 엄중한 형법의 준수와 처벌의 경고를 함은 사회공동체의 관점에서 매우 중요한 일이 아닐 수 없다. 사회공동체의 연대성과 결속에 해악을 가할 수 있는 막대한 권력자로서 국가가 행하는 권력의 오용과 남용을 차단하기 위해서, 특히 한국사회가 근현대를 겪으며 목격하였던 국가폭력에 의한 시민들의 고통을 재확인하고 이에 대한 단죄를 위해서도 국가의 처벌은 이루어져야 한다. 그러나 이와 같은 목적의 정당성 이외에도 처벌이라는 수단의 적합성은 법논리적인 논증을 통하여 이루어져야 한다.

2. 국가에 의한 상실과 회복

한국 사회가 지난 반세기 동안 급성장할 수 있었던 배경에는 어느 누구도 명시적으로 인정하지는 않지만, 대다수가 암묵적으로 동의하는 국가주의가 뿌리내리고 있었다. 우리 사회를 돌진적 성장이나 폭압적 근대화와 같은 용어로 일컫는 이면에는, 정치, 경제, 사회, 문화를 포함한 국민의 총체적 삶을 국가 주도적으로 이끌어서 단기간 동안의 급속한 성장을 이룸으로써 완전한 산업사회로 이행하였다는 결과측면만을 강조하는 성과주의도 역시 한몫 하였을 것이다. 이러한 구조적 이행은 전통사회의 위험과 현대사회의 위험을 동시에 병존

2 大判 2016. 12. 27, 2014도15290.

시키면서, 그러한 위험으로부터의 국민 보호라는 명분하에 국가권력의 무한한 확장과 형식적 법치주의하의 정당성 없는 국가권력의 행사를 용인하고 감수할 것을 국민의 의무로서 내세우고, 그러한 보이지 않는 의무에 대한 의문을 품지 못하게 옥죄는 씨실과 날실과도 같은 복층의 장치들이 있었기 때문이기도 하다. 그러한 장치의 한 예로, 1968년 12월 5일 제정·공포된 국민교육헌장은 국민 모두를 국가 앞에 세워두고, 민족중흥의 역사적 사명이 모든 국민에게 있음을 강조하였다. 동 헌장에서는 개인윤리, 사회윤리, 국민윤리, 반공민주주의정신으로 장을 나누어 모든 국민에게 윤리준수를 요구하였을 뿐만 아니라, 이것을 교육의 기초로 삼아 국민에게 헌법에도 존재하지 않는 의무를 부여하였다.[3]

한국사회가 그동안 겪어 왔던 시대는 외적이고 기술적인 평가의 측면으로 보자면, 경제면에서는 원조를 받던 나라에서 원조가 가능하도록 성장한 유일한 국가, 정치면에서는 민주주의와 법치주의의 완성, 문화면에서는 다양한 국적자들의 유출입이 자유로운 다문화사회 등으로 설명할 수 있다. 그러나 과연 현대를 살아가는 우리들은 경제적으로 풍족하고, 다양성과 관용성을 품은 민주주의를 실현하고 있으며, 다양한 문화적 풍토 위에 서 있는가는 의심할 만하다. 우리는 여전히 국가주의의 그림자에서 벗어나지 못한 채, 국가권력을 합법적이고 정당한 폭력으로 받아들이며 국가의 3요소 중의 하나인 '국민'으로서 법치주의라는 이름하에 국가에 의한 그 어떠한 것들도 여전히 책무로 받아들이고 있기 때문이다. 따라서 우리가 상실의 시대에서 벗어나 회복의 시대로 이행하기 위하여 우리에게 당면한 가장 본질적인 과제는 바로, 국가폭력으로부터의 해방 또는 그에 대한 올바른 인식일 것이다. 여기에서 폭력이란 국가권력의 남용이 범죄가 되는 것을 의미하므로, 형법상 '폭행'과 같은 단순한 물리력의 행사에 국한하지 않는다. 따라서 국가권력작용의 왜곡으로 인한 사기, 횡령, 살인 등 국가가 범죄의 주체가 되어 행할 수 있는 국민을 향한 범죄를 통칭하고자

---

3 동 헌장에 대한 비판은 오성철, "박정희의 국가주의 교육론과 경제성장", 역사문제연구 제11권, 역사비평사, 2003, 66면 이하. 또한 황병주, "국민교육헌장과 박정희 체제의 지배담론", 역사문제연구 제15호, 역사문제연구소, 2005/12, 149면은 동 헌장 제정당시의 시대적 정서를 "…국가를 위해 희생하는 것이 곧 자신을 위하고 자손을 위하는 것이라는 논리를 통해 전 국민이 단일한 유기체의 구성요소라는 점을 강조"하였다고 설명하고 있다.

한다.

국가에 의하여 자행된 범죄는 이미 우리의 역사와 현실이 그와 관련한 많은 '사실'들에 관한 진실을 왜곡하며 전언되어 왔다는 점에서, 국가폭력에 대한 본질을 이해하고 그 진실을 확인하는 작업, 그리고 국가에 의한 범죄에 관심을 기울이는 것은 우리 시대의 또 다른 의무일 것이다. 물론 1980년대 후반의 민주화 운동 이후에 한국근현대사에 대한 역사바로잡기의 노력들은 그간의 역사 속에서 은밀하게 또는 거침없이 국민들에게 향하였던 국가폭력을 드러내고 이를 재평가하기 시작하였다. 이러한 노력들은 국가폭력이라는 개념을 정의하고, 국가의 성립과 폭력과의 관계를 정립하고자 하였으며, 국가폭력으로부터의 피해자들에 대한 관심을 이끌어 내었다. 그러나 그러한 노력들은 역사의 특정한 사건에 한정되어 왔다.[4] 물론 그와 같은 재평가 역시 매우 의미 있는 작업이다. 그와 같은 작업들은 국가폭력을 다시 정의하고 이로부터 국민의 기본권을 보호하기 위한 출발점이 되기도 한다. 하지만 그러는 과정에서도 국가폭력에 의한 범죄와 그 피해들은 현재에도 여전히 진행되고 있다.

Ⅱ 국가폭력의 개념과 구조

1. 정치학적 또는 문화인류학적 의미의 국가폭력

가. 법(Recht)과 불법(Unrecht)

정치학적 접근으로서 국가폭력은 국가의 탄생으로부터 기원한다. 인류의 역사상 특정단계에서 형성 또는 발생되는 국가는 개인이 가진 폭력을 독점하고, 특수한 폭력기구로서의 역할을 한다고 보는 것이다. 이러한 시각에서는 계급갈등과 대립구조를 전제로 국가의 폭력독점을 설명한다. 즉, 계급적 대립은 사회구성원들 스스로의 타협에 의한 해결이 가능하지 않는 대립과 갈등으로

4 예컨대 역사바로잡기의 한 일환이자 국가폭력에 의하여 발발한 사건으로, 제주 4·3 사건이나 5·18민주화운동, 고문조작간첩사건, 1980년대 재개발사업과 용역경비업체의 폭력, 용산4구역 철거현장 화재사건(용산참사) 등이 핵심적으로 다루어져 왔다.

이어지고, 이를 매개하는 특수한 폭력기구로서 국가가 폭력을 독점한다는 것이다.[5] 이러한 의미에서 국가폭력이란, 국가계급인 관료가 행하는 국민에 대한 폭력이라기보다는 관료를 포함한 지배계급이 반대세력이나 국민, 즉 실제적이고 잠재적인 반자본주의 집단에 행사하는 폭력이라고 본다.[6] 특히 자본주의적 구성에서는 경제적 권력과 정치적 권력이 상대적으로 분리되어, 경제적 권력에 의한 사적 폭력은 엄격히 금지된다. 이 경우 공적 폭력은 국민의 기본권을 보호하거나 이를 제한하더라도 최소한 법의 한계 내에서 이루어져야 한다는 법치국가적 폭력행사와 권리를 침해하는 법률에 기초한 폭력 및 모든 법적 제약으로부터 벗어난 폭력으로 구분될 수 있다.

법에 대한 이해에 있어서도, 국민의 권리로서의 법(Recht)과 제정된 법이 국민의 권리를 보장하는지 여부와 관계없이 국가에 의하여 제정된 실정법(Gesetz)으로 구분한다면, 실정법(Gesetz)이 권리로서의 법(Recht)을 보장하지 않고 침해하면 당해 법은 권리로서의 법(Recht)의 관점에서 불법(Unrecht)이 된다. 그러한 법에 대하여는 법복종의무가 없으며, 오히려 당해 법에 의존하는 국가폭력행사에 저항할 권리, 즉 저항권(Widerstandsrecht)이 발생한다.[7]

---

5 이와 비견하여 원시공동체에서는 공동체 구성원들 간의 사회적 관계가 특수한 폭력기구로서 국가를 필요로 하지 않았다고 한다. 그리스 초기의 폴리스를 예로 들면, 모든 공통사항들은 중심부의 아크로폴리스나 아고라에서 토론으로 결정되고, 공동체적 방어는 상비군이 아닌, 구성원들 자신의 비상설적인 무장의 형태로 확보되었기 때문에, 시민자격을 지닌 구성원들의 생활공동체의 형태유지가 가능하였다. 이와 같은 설명은 김세균, "국가권력의 폭력적 기초", 실천문학, 실천문학사, 1989/9, 84면 이하 참조.

6 김동춘, "국가폭력과 사회계약–분단의 정치사회학", 경제와 사회 제36호, 비판사회학회, 1997/12, 117면 이하. 동 논문에서는 법에 의하지 않거나, 법적 절차를 거치지 않거나 또는 입법과정에서 국민의 대의가 반영되지 않은 법에 근거한 국가기관의 민간인에 대한 폭행, 폭언, 인신적 통제와 감시, 사상 및 의사표현의 억제 등도 국가폭력에 해당한다고 본다. 예컨대, 법이 통용되지 않거나 국가가 폭력을 묵인하는 영역들, 적법 여부가 명확하지 않은 노사분쟁에의 명분 없는 공권력의 투입과 노동자 강제해산, 노동조합활동에 대한 경찰의 폭력, 국가를 대신한 철거용역회사의 주민에 대한 폭행 등이 이에 해당한다.

특히 Jonson Nathaniel Porteux/박광호 역, 대한민국 무력정치사(Police, Paramilitaries, Nationalists and Gangster: The Processes of State Building in Korea, 2013), 현실문화, 2016, 161면 이하에서는 "박정희가 강제력을 사용하는 데에서 민간자원이 아니라 공적자원을 선호했다는 것은 분명하다. 나는 경찰관 응답자에게 왜 박정희의 권위주의 시기와 전두환 정권의 초기에 깡패들이 이용되지 않았느냐고 묻자 그는 꽤 단호하게 '당시는 우리가 깡패였다'고 대답했다"고 기술되어 있다.

7 김세균, 앞의 논문, 90~91면. 당해 논문은, 민주화운동의 정점이라 할 수 있는 1980년대 후

이러한 방식의 설명에서 가장 유효한 점은 다음과 같다. 사적 폭력이 엄격히 금지되는 대신, 폭력을 독점한 국가가 지배층의 사적 폭력을 묵인 또는 비호하거나 국가 자신이 스스로 사적 폭력을 조직하는 것은 '국가' 스스로 이미 불법을 행하는 것이므로, 만일 폭력을 독점한 국가가 그러한 불법을 자행한다면, 피지배계층인 대다수 국민들의 법준수의무도 해소된다는 점이다. 물론 반대로 국가가 지배층의 사적 폭력을 허용하지 않는 대신, 법의 이름으로 그들에게 공적 폭력을 제공한다면, 일반 국민의 입장에서는 사실상 자신의 폭력은 수탈당하되 공적 폭력을 당하기만 하는 존재로 전락될 것이다.

나. 폭력과 권력의 동일화

국가폭력을 이해하기 위한 방법으로 폭력과 권력을 동일시하기도 한다.[8] 앞서 언급한 바와 같이 국가를 물리력의 독점자로 이해할 때에, 국가가 행사하는 권력은 강제력을 가지고 있다는 점에서 폭력과 동일한 개념으로 보는 것이다. 폭력을 권력, 강제, 힘, 권위 등의 단어와 구별하고자 하는 견해[9]가 없는 것은 아니지만, 넓은 의미에서 적법한 권력, 정당화된 권위 또는 공적인 힘을 폭력의 개념에 포함시킨다면 폭력과 권력을 반드시 구별할 필요는 없어 보인다. 즉, 국가는 폭력을 독점하고, 그러한 폭력을 권력이라는 이름으로 사용한다고 이해하는 것이다. 이와 같이 폭력과 권력을 동일화할 때에는, 국가권력은 언제나 독점화된 폭력이다.

가장 보편적인 형태의 폭력과 권력의 동일화를 위한 기술적 방법은 법률주의이다. 많은 논의들은 국가가 폭력을 행사할 권리를 법률의 형태로 가지게 될 경우, 법의 부과는 항상 법의 힘의 방식으로 폭력을 내재하게 된다는 점에 주목한다. 이는 "법 자체의 영역 내에서, '정의'와 '폭력' 사이에 명확한 구분선을 긋는다는 것은 실천적으로 극복할 수 없는 곤란"에 처한다고 설명하거나[10] "힘에

반부에 저술되었다는 시대적 정황을 고려한다면, 그와 같은 자본주의하의 계급대립 관점에서 국가폭력을 설명하고 불법(Unrecht)와 저항권(Widerstandsrecht)의 상관성을 권리로서의 법(Recht)으로부터 출발하였음이 충분히 설득력이 있어 보인다. 그리고 여전히 우리 사회에서 이러한 설명은 유효할 것이다.

8 한성훈, "중대한 인권침해와 국가폭력: 고문조작간첩 피해자의 사회적 고통", 한국사회학회 사회학대회 논문집, 2013/12, 575면.

9 예컨대 Hannah Arent, "On Violence", Crises of the Republic, Javanovich, 1972, 142면 이하.

10 Etienne Balibar/최원·서관모 역, 대중들의 공포: 맑스 전과 후의 정치와 철학(La crainte

의하여 강제되고 적용될 가능성을 함축하지 않는 법이란 존재하지 않으며, 힘이 없이는 어떠한 법의 적용가능성이나 강제성도 존재하지 않는다"라고 표현되기도 한다.[11] 즉, 법률주의는 국민의 대의기관을 통해서 추상적으로나마 국민이 가지는 사적 폭력을 국가에 이양하였음을 의미하며, 법률주의를 통해서 국가는 합법화된 폭력을 독점한다. 법률주의(rule of legislation)는 법의 내용과 집행의 방식을 묻지 않고 모든 것을 '법대로'만 처리해야 한다는 것으로, 법의 내용이 국민의 자유와 기본권을 침해하는가 여부 또는 법의 집행에 불공정이나 차별은 없는지 등을 가리지 않음으로써 극단적으로는 법률만능주의로 전락한다. 이러한 법률주의는 일제 식민시대에도, 군부독재시대에도 존재하였지만, 그것은 법치주의가 아니다. 따라서 법률은 언제나 합법화된 폭력을 내재하게 되며, 그러한 폭력은 국가에 의한 강제력의 발동 형식으로 국민을 향해 그 모습을 드러낸다.

폭력과 권력의 동일화는 또한 입법, 사법, 행정의 모든 국가작용에 있어서 유효하다. 입법적 폭력은 사법적 폭력과 집행적 폭력의 근거가 되고, 입법적 폭력이 낳은 법률들은 법의 영속성과 공평성을 기초로 지속된다. 일반적으로 근대국가들의 성립에서는 법의 지배가 사회구성원의 계약과 동의를 전제로 하여 정당성을 얻는다고 설명한다. 특히 대의민주주의는 형식적 법치주의를 바탕으로 사회구성원들의 합의가 법의 지배를 정당화한다고 보는데, 이와 같은 입법에서의 다수결은 다른 한편으로는 다수에 의한 폭력이 될 수도 있다. 법의 지배는 입법적 폭력을 넘어서서 법을 집행하는 과정에 개입하는 국가기관들이 다양한 폭력의 행사를 하는 것을 허용하기 때문에 집행적 폭력 역시 정당화된다. 법의 해석에 있어서도 법률조항이 지닌 약간의 불명확성은 법관의 통상적인 해석작용에 의하여 충분히 보완될 수 있다는 점[12]이 때로는 사법영역에서의 자의적 해석에 의한 폭력의 행사가 될 수도 있다. 더욱이 쟁의행위나 국가보안법위반

---

des masses, 1997), 도서출판b, 2007, 494면.

11 Jacque Derrida/진태원 역, 법의 힘, 문학과 지성사, 2012, 15면.

12 憲裁決 2011. 4. 28, 2009헌바56 판례집 23-1하, 7~8면. 따라서 "처벌법규의 구성요건이 명확하여야 한다고 하여 입법권자가 모든 구성요건을 단순한 의미의 서술적인 개념에 의하여 규정하여야 한다는 것은 아니다. 처벌법규의 구성요건이 다소 광범위하여 어떤 범위에서는 법관의 보충적인 해석을 필요로 하는 개념을 사용하였다고 하더라도, 그 점만으로 헌법이 요구하는 처벌법규의 명확성에 반드시 배치되는 것이라고는 볼 수 없다"(憲裁決 1994. 7. 29, 93헌가4).

사건,[13] 유서대필사건[14] 등과 같은 경우처럼 법원의 판결이 또 다른 폭력이 되기도 한다. 이처럼 입법, 사법 및 행정의 국가권력에 의한 국가작용이 폭력성을 내포하고 있다면, 폭력과 권력의 동일시가 지나친 비유나 과장은 아닐 것이다.

2. 형법적 의미의 국가폭력

가. 개념정의의 부재

형법상으로는 국가폭력의 정의가 없으므로, 앞서 정치학적 또는 문화인류학적 의미의 국가폭력에 관하여 살펴보았다. 이를 간단히 요약하면, 국가폭력은 국가성립의 역사적 배경과 성격을 배제하고 설명할 수는 없는 것으로 보인다. 그러나 형법상의 해석은 해석의 기본원리에 따라야 하며, 전적으로 정치학적 의미로 접근하여서는 안 된다.

현재 국가폭력에 대하여 형법적으로 정의를 내린 문헌은 거의 없어 보인다. 다만, "국가폭력이란 국가공권력이 행사되는 과정에서 그 공권력의 행사가 불법적으로 국민(시민)의 법익을 침해하는 경우…"로서, 국가폭력은 법률상의 개념은 아니지만 '국가범죄나 정부범죄'와는 구별되어야 한다는 것이 유일한 것으로 보인다.[15] 국가범죄나 정부범죄가 타락한 불법국가 내에서의 행위이지만

---

13 국가인권위원회, 국가보안법 적용상에서 나타난 인권실태, 2004, 367면을 보면, 국가보안법과 관련된 법원의 판결문들이 "공소사실의 특정여부조차 의문시되는 공소장과 오자 하나 틀리지 않게, 유죄판결의 범죄사실 내용으로 작성되었고, 국가보안법 판결은 '자판기 판결', '앵무새 판결'이라는 용어를 만들어 내기도 하였다"고 한다.

14 대법원 1992. 7. 24, 92도1148 판결. 당시 김기설의 자살과 관련한 판결문의 일부를 그대로 인용하면 다음과 같다. "이 사건 유서 2장 중 부모에 대한 유서에는, 공소외 1이 감수성이 예민한 고교 1학년 중퇴 후부터 의지해 왔고 특히 자살 7개월 전 금 2,700,000원을 몰래 가지고 나와 당연히 인간적인 고뇌를 느꼈을 큰 누나에 대하여는 아무런 언급이 없고, 특히 어버이날을 골라 부모에게 인륜상 차마 하여서는 안 될, 건전한 일반인이 가장 불효라고 보는 자살을 하면서 오히려 그동안 하지 못한 효도를 마지막으로 하려한다고 하고, 자살 후의 처리를 부모나 가족이 아닌 제3자에게 위임하라고 하면서 부모에게는 말미에 공소외 1이라고 이름만을 기재하고 다른 존칭을 쓰지 않은 데 반하여 그 제3자에게는 '제 목숨보다 아끼고 사랑하는 선배님들'이라고 표현하고 있는 점으로 보아, 이는 공소외 1 본인이 쓴 마지막 유서라고 볼 수 없는 사정 등을 인정할 수 있다." 이처럼 사실관계가 아닌 감상적인 표현과 추측이 법원의 유서의 자필 또는 대필이라는 사실관계 판단 이유 중 하나이다.

15 김성돈, "형법의 과제, 형법의 한계 그리고 리바이어던 형법–국가폭력의 경우, 형법과 국가 및 개인의 관계에 관한 패러다임의 전환", 형사법연구 제28권 제4호, 한국형사법학회, 2016/12, 20면. 동 논문은 국가폭력 및 국가범죄에 대하여 그 구조를 논하는 국내 첫 연구

그 국가 내에서는 형식적인 합법의 테두리에서 이루어지는 것이라는 점에서, 불법국가가 아닌 국가에서 이루어지는 국가폭력과는 구별된다고 본다.

판례는 국가폭력이라는 용어를 사용하지 않는다. 유일하게 2010년 전라북도 교육감에 당선된 피고인의 직권남용권리행사방해죄 판결16에서 피고인은 교과부의 훈령이 '국가폭력'으로서 헌법 제13조 이중처벌금지 원칙에 위반되고, 가해학생들의 헌법상 기본권인 정보자기결정권을 헌법 제37조에 위반하여 법률에 근거 없이 교과부의 훈령으로 제한하는 것이며 기본권의 최소침해 원칙에도 반한다고 주장하였다. 그러나 이러한 주장에 대하여 법원은 별도의 언급을 하지 않았다.

나. 헌법재판소의 결정으로부터 추론한 국가폭력

헌법재판소의 국가보안법과 관련한 결정17은 국가폭력의 본질을 부분적으

라고 할 수 있다. 그 이전에도 국가에 의하여 자행된 폭력에 대하여 다룬 논문들이 있었지만, 사실관계에 대한 폭로 또는 비판이었고 그 구조를 이론적으로 다루지는 않았었다고 보인다.

16 전주지방법원 2016. 8. 19, 2015고단2235. 동 판결은 2010년 직선제로 전라북도 교육감에 당선된 김승환이, 교과부가 소속 교육청과 고등학교 등에 대하여 학교생활기록부 작성 실태와 현황을 점검하기 위한 특정감사를 실시하자, 관내 고등학교 등에 학교폭력 사항과 관련된 감사자료 제출을 거부하도록 지시하는 내용의 공문을 발령하여 소속 교육청 공무원들 및 고등학교 학교장들이 교과부의 자료제출, 답변서·확인서 등 요구에 협력하지 않도록 하였다고 하여 직권남용권리행사방해로 기소된 사안이었다. 당시 주민들의 직선제로 선출된 김 교육감은 교과부가 훈령으로 '학교생활기록 작성 및 관리지침'을 개정하여 '학적사항'의 특기사항란에 전학, 퇴학처분을, '출결상황'의 특기사항란에 사회봉사, 특별교육이수 또는 심리치료, 10일 이내의 출석정지를, '행동특성 및 종합의견'에 서면사과, 접촉·협박 및 보복행위의 금지, 학교에서의 봉사, 학급교체를 각 기재하도록 하면서 초·중학교는 졸업 후 5년, 고등학교는 10년간 보관하도록 하는 것에 반발하였다. 그리고 2012. 3. 26.경 전라북도 교육청 확대간부회의에서 '학생부에 기재할 가해학생의 학교폭력 조치 기재사항을 법원에서 형사범죄로 확정 판결된 사항에 한정'하는 등으로 교과부의 학생부 지침을 수정한 전라북도 교육청 기본방침을 마련하면서 사건의 발단이 되었다.

17 憲裁決 1990. 4. 2, 89헌가113. 동 결정은 국가권력과 통치자에 대한 비판이 우연히 북한집단의 주장과 맥을 같이하는 바가 있으면 여기의 찬양·고무죄의 적용범위에 포함될 수 있으며 정부의 정책 비판이라도 북한 측이 원용하여 선전수단으로 삼을 수 있다는 인식만 있었다면 이적죄의 고리에 걸 수 있는 포괄성이 있기 때문에 정부비판세력을 견제하는 수단으로 오용 내지는 남용의 소지를 안고 있음을 지적하였다. 또한 찬양·고무죄의 구성요건에 대하여 넓게 보았느냐, 좁게 보았느냐의 해석범위의 문제와 당시 처해 있던 시대적 상황과 밀접한 관련이 있었던 것은 부인될 수 없는 사실이며, 이것이 찬양·고무죄의 적용범위의 과도한 광범성과 그 다의성의 큰 요인이라고 보았다.

로 암시한다고 보인다. 헌재는 '법운영 당국에 의한 자의적 집행을 허용할 소지'와 '차별적으로 법을 집행하는 선별집행' 그리고 '가장 경계하여야 할 편의적·자의적 법운영'을 언급하고 있는바, 명시하지는 않았지만 문맥상 국가폭력을 지칭하는 것으로 사료된다. 비록 법률주의에 따른다 하더라도 법규의 문언대로 확대적용하느냐 한정적으로 축소적용하느냐는 법 운영 당국의 재량의 여지가 있으므로 사람에 따라서는 법규의 문언 그대로 적용하여 합헌적인 행위까지도 처벌하여 기본적 인권을 침해할 수 있는가 하면, 그 운영당국은 가능한 한의 축소해석을 통해 위헌성을 띠는 행위마저 처벌을 면제시킬 수도 있다.

이처럼 법 운영에 있어서 객관적인 자의성을 주는 것은 법치주의 원리에 반하는 것이고 결국 법의 집행을 받는 자에 대한 헌법 제11조의 평등권 침해가 된다. 나아가 법규의 적용범위가 과도하게 광범위해지면 어떠한 경우에 법을 적용하여야 합헌적인 것이 될 수 있는가, 즉 법을 적용하여도 좋은 경우와 적용하여서는 안 되는 경우가 법집행자에게도 불확실하고 애매해지는 사태가 올 수도 있는데, 이러한 의미에서 과도한 광범성은 잠재적인 명확성의 결여로서, 사실상 법운영 국가기관이 사법적·집행적 측면에서 재량적으로 행위하는 결과를 초래하게 되는데 이를 국가폭력의 형태로 이해하고자 한다. 이를 기초로 국가폭력이란 국가기관이 편의적이고 자의적으로 법을 운영하거나, 그렇게 자의적으로 집행함을 허용할 소지가 있어서 차별적으로 법을 집행하는 선별집행이나 강압적인 공권력의 행사가 국민의 기본권을 침해하는 것이라고 지칭하고자 한다.

이러한 정의에 의할 경우 국가폭력은 입법, 행정, 사법의 어느 영역에서도 가시화될 수 있다. 특히 문제되는 점은 공권력의 행사가 국가폭력에 해당함에도 불구하고, 그것을 국가의 폭력으로 이해하지 않고 개인의 폭력으로 은폐하는 경우이다. 공무원의 신분이든 아니든 국가의 공권력을 행사하는 자를 국가와 일체하여 보아야 할 것인지는 후술하겠지만, 국가폭력은 국가의 공권력행사 행위에 대한 평가이지, 개인의 민·형사적 불법행위나 범죄행위가 아님을 명확히 하여야 할 것이다.

Ⅲ 국가폭력범죄의 구조

1. 국가폭력과 국가폭력범죄

가. 개념의 구별 여부

국가폭력의 개념을 정의하였다면, 국가폭력이 모두 범죄가 되어 국가폭력과 국가폭력범죄가 동의어인지를 판단하여야 할 것이다. 국가폭력은 실질적이면서 형식적으로도 범죄로 평가되는 행위를 의미한다는 견해[18]에서는 국가폭력은 국가폭력범죄와 동의어이다. 반면 국가폭력은 그 외연이 넓고 불분명하지만, 국가폭력범죄는 그 중에서 실정형법상 범죄로 이해될 수 있는 범위로 축소된다고 보면[19] 국가폭력범죄는 국가폭력의 하위개념 또는 부분집합에 해당할 것이다. 후자의 견해에 따르면 국가폭력범죄는 외부적으로 국가 작용의 과정에서 국가업무를 담당하는 정치인, 공무원 및 이에 준하는 자들이 유형의 권력작용을 통해 형법상 범죄행위에 준하는 불법행위로서 정신적, 육체적, 재산적 피해를 야기하는 것을 의미한다고 본다.

정치학적 의미로서 국가폭력에 대하여 권력을 폭력이라고 보거나, 최소한 자의적이고 편의적인 법집행이 국민의 기본권을 침해하는 경우라고 이해한다고 하더라도, 국가폭력이 반드시 범죄가 되는 것은 아니다. 다만, 국가폭력은 그 자체로서 강제력 또는 유형 또는 무형의 힘의 행사라는 방식으로 이루어지기 때문에, 외부적으로 손실 또는 피해의 결과를 발생할 수는 있지만 반드시 그러한 것도 아니다. 또한 국가권력이 강제력 행사의 측면이 있다는 것과 범죄가 된다는 것은 별개의 문제인 듯하다. 국가권력의 속성은 앞서 살펴본 바와 같이 강제성을 가지지만, 그것이 반드시 외적·물리적 힘만을 의미하는 것은 아니기 때문이다. 그 결과 국가폭력범죄는 국가폭력 중에서도 그것이 객관적으로 현행법상

---

18 김성돈, 앞의 논문 20면.

19 박기석, "국가폭력범죄와 피해자", 법학논총 제32권 제2호, 전남대학교 법학연구소, 2012/8, 319면. 동 논문 320~324면은 국가폭력범죄의 특성을 상존성 및 광범성, 다양성 및 심각성, 양면성 및 자기변명으로 설명하고, 국가폭력범죄 피해의 특성을 광범위성, 다양성, 불분명성, 장기적 지속성, 은닉성, 소영웅주의라고 본다.

범죄의 구성요건에 해당하는 행위로 한정되는 것으로 봄이 타당하다. 물론 국가폭력과 국가폭력범죄를 구분하지 않는 경우에도 국가폭력을 실질적·외형적 범죄로 한정하기 때문에 결과적으로 같은 의미로 이해되므로, 국가폭력과 국가폭력범죄를 구분하는 실익은 그다지 크지 않다. 다만 전자는 정신적·신체적·경제적·사회적·지위적 여하를 불문하고 무형 또는 무형의 일체의 강제력의 행사를 의미한다는 점에서 총체적인 힘의 크기라고 구분하는 것으로 족하다고 보인다.

나. 국가작용의 분류와 국가폭력범죄

국가의 작용을 불법 및 정당성 여부와 관련하여 구분하면, 합법적이면서 정당성이 있는 경우, 합법적이지만 정당성이 없는 부당한 경우, 불법하지만 정당성이 있는 경우, 불법하면서 부당한 경우로 분류할 수 있다. 이러한 분류 중에서 어떠한 것이 국가폭력이나 국가폭력범죄에 해당하는가는 다음과 같다.

첫째, 합법적이면서 정당성이 있는 국가작용은 그것이 강제력의 행사라 하더라고 국가폭력과는 거리가 멀다. 합법/불법 여부가 형식적 법치주의의 측면이라면 정당/부당은 실질적 법치주의의 면이다. 물론 오늘날의 법치주의는 국민의 권리·의무에 관한 사항을 법률로써 정해야 한다는 형식적 법치주의에 그치는 것이 아니라 그 법률의 목적과 내용 또한 기본권 보장의 헌법이념에 부합되어야 한다는 실질적 적법절차를 요구하는 법치주의를 의미한다.[20] 전자가 합법의 의미라면 후자는 권력행사에 대한 정당성 부여의 심사기준이다. 헌법이념에 부합하지 않는 법 또는 그러한 법에 근거한 국가작용은 외형상으로는 법률주의의 형식이고 아직 위헌심사를 받은 바 없더라도, 내재적으로 위헌성을 가지고 있는 것이다. 위헌 여부의 심사는 목적의 정당성을 우선 고려하는바, 여기에서 정당성이란 당해 행위의 목적이 헌법의 테두리 내에서 허용될 수 있는가의 문제이다.

둘째, 합법적이지만 부당한 경우란 형식적으로는 법치주의에 부합하지만, 그 내용이 헌법이념에 부합하지 아니하거나 기본권을 부당하게 침해하는 경우를 의미한다. 일례로서 사법적 폭력이 대표적이라고 보기도 한다.[21] 예컨대 법

---

20 憲裁決 2006. 6. 29, 2004헌바76 등; 憲裁決 1998. 2. 27, 95헌바5

21 엄순영, "사법적 폭력과 법치주의", 민주법학 제61호, 민주주의법학연구회, 2016/7, 65면 이하는 사법적 폭력을 합법적인 사법권력의 행사가 폭력이 될 수 있음을 의미한다고 지적한

원의 재판작용이 특정 단체나 이념을 우호하는 성향을 드러내거나, 특정인에게 유리한 해석을 통해 실질적으로는 형평성에 반하지만, 형식적으로는 위법이 아닌 판결을 하는 경우이다. 영장실질심사시 동일한 사안임에도 불구하고 구속 여부의 판단이 개개인마다 달라지거나, 유무죄판단에서 서로 양립할 수 없는 두 개 이상의 사실관계가 존재함에도 불구하고 어느 하나의 인용을 통해 유죄 또는 무죄로 재판하거나 양형에 있어서 자유로운 증명으로 족한 사실관계라는 점을 악용하여 근거 없이 적절한 또는 권고된 양형범위를 이탈하는 등의 사법 작용들이 이에 해당한다. 이러한 국가권력의 행사는 범죄에 해당하지 않지만, 국가폭력으로서 그 정당성을 인정받을 수 없다. 권력행사 기관이 대의기관인 때에는 선거를 통하여 그 정당성을 심사받지만, 그 외의 기관의 실질적 폭력행위들은 처벌의 대상은 될 수 없으며 성숙한 시민의식에 따른 장기적 변화에 의존할 수밖에 없다.

셋째, 불법적이지만 정당한 경우란 형식적으로는 위법이지만 실질적으로는 헌법에 반하지 않는 경우이다. 실질적인 사회적 유해성 심사를 통해서는 헌법 이념에 반하지 않지만, 형식적인 법률을 통해 위법하다고 판단되어, 헌법합치 여부 또는 위헌심사를 통하여 그 불일치를 해소하여야 하는 영역이다. 불법적이지만 정당한 폭력은 지배적인 도덕이 되지 못하는 소수자의 규범과 가치기준에 위배되는 행위로서, 민주주의의 다양성과 관용성의 관점에서는 소수자의 다양성이 존중받아야 함에도 불구하고 다수의 가치규범 내에서는 불법으로서 인정받지 못하는 영역을 의미한다. 가장 보편적으로는 민주주의 관점 또는 실질적 평등의 관점에서 위헌요소를 담고 있는 입법으로 비범죄화 또는 허용되어야 하는 행위들이 금지규범의 형태로 법전에 산입되어 있는 경우이다. 이러한 입

다. 즉, 사법적 폭력이란 법치주의의 한계이자 동시에 법의 한계이기도 하다. 특히 사법적 폭력이 기존의 폭력과 다른 점은, 본래 폭력이란 그 내재적으로 광폭한 힘을 가지는 것이지만, 사법적 폭력은 그 힘의 형태를 변형시켜서 언어의 해석을 통하여 상징적이고 구조적으로 이루어지되, 그 결과는 생명침해, 자유침해, 재산박탈 등 물리적 힘의 사용보다도 경우에 따라서는 더욱 강한 폭력적 결과를 초래한다는 점을 지적한다. 한편, 김도현, "법의 폭력성: 법과 폭력의 관계에 대한 고찰", 현상과 인식 제22권 제3·4호, 한국인문사회과학회, 1998/12, 82면 이하는 불법적 폭력이 기존 법질서의 가치 관점에서 그것에 위배되는 행위에 대한 평가라면, 합법적 폭력은 기존의 지배적인 규범의 가치관점에서 그것에 위배되는 행위를 의미한다고 본다. 즉, 합법적 폭력이란 '기성 법질서 자체의 폭력성을 합법성의 바깥의 관점에서 폭로'하는 것이라고 한다.

법은 전형적인 국가폭력으로서, 입법자의 반성적 고려를 통해 개정되거나 헌법재판소의 위헌심사를 통하여 그 효력이 무효화 되어야 한다. 예컨대, 과거에 존재하였던 동성동본 혼인금지규정이 이에 해당한다.22 즉, 동성동본의 혼인은 주류의 가치규범에 반하는 불법이지만 소수자인 동성동본 혼인자들의 입장에서는 정당성이 있는 것으로 오히려 법위반이 정당한 폭력에 해당하게 된다. 반대로 소수자의 가치규범을 존중하지 못하는 입법이 입법적 폭력이 되므로, 위헌심사를 통하여 기존의 주류의 시각에서 결정된 규범이 무효로 되는 것이다.

넷째, 불법적이고 부당한 경우는 전형적인 국가폭력범죄이다. 형식적으로도 법에 위반되고 실질적으로도 헌법 이념에 반하는 국가작용으로, 그것이 비록 형식적으로나 실질적으로 국가기관 내에 소속된 개인의 행위일지라도 국가에로 책임이 귀속되어야 하는 영역이다. 주로 행정집행기관에 의한 집행과정에서의 폭력범죄들이 해당된다. 이는 국가폭력이 범죄가 되는 영역으로, 다만 그 경우 위법행위를 한 개인과 국가 중 범죄 및 수형의 귀속자를 확정하여야 한다. 예컨대, 국가배상책임의 범주 내에 해당되는 국가권력의 행사가 이에 해당한다. 비록 국가배상책임의 법적 성격에 관하여는 사법인지 공법인지, 자기책임인지 대위책임인지 여부에 관하여 여전히 논란이 있지만, 그것이 법에 위반되는 불법행위로서 국가에 의하여 손해배상을 받아야하는 영역임에는 변함이 없다. 다만, 국가배상책임은 범죄행위보다 넓은 영역이므로, 그중에서 실제로 범죄가 되는 범주로 한정하여 국가폭력범죄를 다루어야 할 것이다.

이처럼, 국가폭력과 국가폭력범죄를 구분하는 이유는 명백하다. 국가의 물질적 손해배상의 범주와 국가처벌의 범주는 반드시 일치하지 않기 때문이다. 민사/형사의 불법의 차이와 같이 국가배상책임이 사법/공법 영역인가의 문제는

---

22 동 규정은 1960년 1월 1일부터 민법에 규정되었으며, 친족관계를 확인하기 어려운 지나치게 광범위한 범위에서 혼인을 금지하는 것은 타당성이 없다는 이유로, 1978년, 1988년, 1996년 각 1년간 '혼인에 관한 특례법'의 시행으로 동성동본의 사실혼을 법률혼으로 신고할 수 있도록 유예기간을 두기도 하였다. 이후 1997년 7월 16일 헌법재판소에 의하여 헌법불합치결정을 받은 이후, 2005년 3월 2일 국회 민법개정을 통하여 동년 3월 31일 폐지되었다. 憲裁決 1997. 7. 16, 95헌가6 등은 조선시대에 주류규범으로 정착되어 동성동본 혼인금지가 존중되던 시대와 비교하면 현대사회는 너무나 많은 사회환경의 변화가 있었음을 위헌적 요소의 주된 이유로 거론하였다. 구체적으로는 첫째, 사회를 지배하는 기본이념의 변화, 둘째, 혼인 및 가족관념의 변화와 남녀평등관념의 정착, 셋째, 경제구조의 변화와 인구의 급격한 증가 및 그 도시집중화를 들고 있다.

벌론으로 하더라도 국가배상 자체는 행정작용의 결과라는 점에서 형사불법과 차이가 있다. 또한 현재 국가배상법이 기관 내적으로 국가에게 구상권의 행사를 법적으로 허용하는 것과 달리, 그것이 범죄에 해당할 경우에는 형벌에의 구상이란 인정될 수 없다.

2. 국가폭력범죄는 개인의 범죄인가 국가의 범죄인가?

결론부터 언급하자면 국가폭력범죄는 개인의 범죄가 아닌 국가의 범죄이다. 물론 국가 자체가 범죄를 행위할 수 있는가는 자연인이 아닌 법인, 법인격 없는 단체 등도 범죄능력이 있는가, 그리고 국가도 법인인가의 문제로 귀결될 수 있다. 그리고 우리 형법상의 해석으로는 여전히 자연인만이 범죄능력이 있고, 그 외의 법인 기타의 형태들은 수형능력만이 인정될 뿐이고 양벌규정을 통해서만 형벌을 부과 받을 수 있다. 따라서 양벌규정이라는 특별법규가 존재하지 않을 때에는, 그 어떤 경우에도 법인 등은 능력 여부와 관계없이 죄형법정주의에 따라서 '수형'의 대상이 될 수 없다. 따라서 국가폭력범죄를 국가의 범죄로서 국가의 범죄능력과 수형능력을 인정하고 그에 따른 국가에 대한 정당한 처벌로 귀결 짓기 위해서는 몇 가지 논리적 단계를 거쳐야 할 것이다.

첫째, 국가기관 내의 개인의 폭력범죄가 국가의 범죄가 되기 위해서는 우선 국가를 기업과 같이 법인격으로 보아, 법인으로서의 책임을 인정할 수 있어야 한다. 국가를 법인과 같은 일종의 법적으로 승인된 인격체로 본다면, 국가 역시 책임의 귀속자가 될 수 있을 것이다. 그렇지 않으면 국가를 당연한 형법의 수범자로 이해하는 논리적 귀결을 성립시켜야 한다. 예컨대, 국가배상법이 국가기관내의 공무원의 행위를 국가 또는 국가기관으로서의 행위로 보고 배상책임의 범위를 결정하는 방식이다.

둘째, 국가를 법인격과 동일시 할 때, 양벌규정 없이 국가기관에 속한 자의 폭력범죄를 국가에게 책임지우기 위해서는 개인의 행위와 국가의 행위를 일체화하여야 한다. 비록 법인 등에게 수형능력을 인정하고 형벌을 부과할 수 있다고 하더라도, 현행법상 양벌규정 없이 법인격에 대한 처벌은 죄형법정주의에 반하기 때문이다. 또는 역시 국가배상법처럼 국가의 자기책임을 인정하여, 공무원의 과실뿐만 아니라 고의·중과실의 행위도 외형상 직무수행이라면 국가의 행위로 인수하여야 한다.

마지막 단계로서, 국가에 의한 폭력범죄의 성립과 처벌을 인정한다면 과연 국가에 소속된 개인의 면책을 인정하고 전적으로 국가폭력범죄의 성립 및 처벌의 귀속자를 국가로 하는 것이 가능할 것인가의 문제이다. 즉, 불법이라는 범죄행위의 성립까지는 국가에 소속된 개인의 행위를 객관적으로 평가하여 판단하고, 책임단계에서 개인에게는 책임조각을 인정하고 오로지 국가폭력범죄를 전적으로 국가책임으로 전환할 때에만, 국가폭력범죄가 개인의 범죄가 아닌 국가의 범죄로만 귀속될 것이기 때문이다.

3. 민사상 국가배상책임 구조와의 비교

가. 국가배상책임의 법적 성격

공무원의 직무상 불법행위로 발생한 손해에 대해 국가가 책임을 지는 국가배상제도는 나라마다 그 내용이나 발전과정이 한결같지는 않지만, 오늘날 실질적 법치국가에서는 과거와 달리 국가배상책임을 부인하는 나라는 거의 찾아볼 수 없고, 오히려 점차 국가배상청구권을 확대하는 방향으로 발전하고 있다. 법치국가원리는 국가에 의한 적법한 공권력 행사를 전제로 하므로, 국가에 대해 위법한 행위의 결과를 가능한 광범하게 제거할 것과 위법하게 행사된 공권력으로 인해 손해를 입은 국민에게 효과적인 손해보전을 행할 것을 명한다. 이러한 점에서 국가배상책임제도는 법치국가원리에 뿌리를 두고 있다.[23] 물론 국가배상책임이 사법상 책임인가 공법상의 책임인가에 대하여도 이론이 없는 것은 아니나, 국가배상책임은 '공권력 주체로서의 국가의 존재'와 '행정의 적정한 운영의 고려'로부터 공법적 특수성을 찾는 것이 타당할 것이다.[24]

국가배상책임이 자기책임인가 대위책임인가는 공무원의 행위와 국가의 책임과의 관계설정의 문제이다. 대위책임설은 공무원이 일차적으로 부담해야 할 배상책임을, 피해자인 국민을 보호하기 위하여 자력이 있는 국가가 대신 책임을 지되, 내부적으로 국가가 당해 공무원에 대하여 구상권을 가진다고 본다.[25]

---

23 憲裁決 2015. 4. 30, 2013헌바395. 판례집 27-1상, 567면

24 박균성, 행정법론(상), 박영사, 2017, 759면.

25 동 학설은 사법상의 법인에 관한 이론 중 법인의제설을 배경으로 한 것으로, 독일의 책임

반면 자기책임설[26]은 공무원의 행위는 적법/불법 여부를 불문하고 국가의 행위로 귀속되기 때문에 국가의 자기책임으로 본다. 자기책임설은 공무원의 행위가 귀속되는 과정에 대한 논리전개에 따라 기관이론에 입각한 자기책임설과 위험책임설적 자기책임설 및 신자기책임설로 구분된다.[27] 기관이론에 입각한 자기책임설은 공무원이 국가의 기관이라는 점을 근거로 하여 공무원의 직무상 불법행위는 기관의 불법행위이므로 국가는 자기의 책임을 지는 것으로 이해한다. 경과실은 당연히 기관행위이지만, 고의·중과실의 경우에도 외형상으로는 직무행위이므로 국가기관으로서의 행위외관을 갖춘 것으로 이해한다.[28] 위험책임설적 자기책임설은 위법하게 행사될 위험성이 있는 행정권을 공무원에게 수권한 국가가 그에 관한 손해도 책임져야 한다고 보기 때문에, 국가는 공무원의 적법·무과실 행위에도 책임을 져야 한다. 신자기책임설 또는 절충설은 행정권이란 고유한 속성으로 국민에게 손해를 야기할 위험성을 내포하고 있으며, 공무원의 행정권 행사는 국가의 수권에 따라 행정기관의 지위에 기하여 하였음을 강조한다. 따라서 공무원의 경과실에 의한 손해는 당연히 국가기관행위로 보고 행위의 효과를 국가에 귀속시키므로 자기책임을 인정한다. 그러나 공무원의 행위가 고의·중과실인 때에는 기관행위로서의 품격은 상실되었지만, 외관상 국가기관의 직무행위로서의 외형을 갖추었다는 점에서 피해자와의 관계에서는 국가의 자기책임을 인정하기 때문에 여전히 자기책임이지만, 내부적으로는 대위책임으로 본다. 중간설은 경과실과 고의·중과실을 구분하여 전자는 자기책임으로, 후자는 대위책임으로 해결하고자 한다.[29]

법의 영향하에 기초되었다. 박윤흔/정형근, 행정법, 박영사, 2009, 593면.

26 자기책임설의 주된 논거는 우리 법에는 '공무원에 대신하여'라는 문구가 없다는 점에 있다. 류지태/박종수, 행정법신론, 박영사, 2009, 472면.

27 이에 관한 자세한 내용은 박균성, 앞의 책, 762면 이하 및 정연부, "국가배상책임의 본질 및 성립요건 재검토－국가배상법 제2조를 중심으로", 토지공법연구 제46집, 한국토지공법학회, 2009/11, 404면 이하 참조.

28 이러한 논거에 대하여는 이론적 조작에 불과하다고 비판한다. 박균성, 앞의 책, 752면. 다만 동 책은 그러한 비판이 제기된다고만 할뿐 구체적인 출처를 밝히고 있지는 않다.

29 판례의 태도에 관하여는 다소 논란이 없는 것은 아니나, 절충설 또는 신자기책임설로 보는 것이 일반적이다. 大判 1996. 2. 15, 95다38677은 전원합의체 판결로서 '입법 취지는 공무원의 직무상 위법행위로 타인에게 손해를 끼친 경우에는 변제자력이 충분한 국가 등에게 선임감독상 과실 여부에 불구하고 손해배상책임을 부담시켜 국민의 재산권을 보장하되, 공

이와 같은 학설이나 판례의 태도는 점차 국가의 책임을 강화하고, 국민의 피해를 최대한 무과실로 보장하고자 한다. 가장 바람직하게 발전방향을 제시하는 견해는 공무원의 행위가 적법·무과실인 경우에도 국가의 자기책임을 인정하는 위험책임설적 자기책임설이지만, 그 밖에 절충설이나 신자기책임설 역시 대외적으로는 고의·중과실도 직무행위의 외관을 갖춘 경우에는 피해자인 국민에 대하여 국가의 자기책임을 인정하고 있다. 국가면책특권을 헌법상 포기하고 국가의 자기통제기능을 인정하고자 하는 이와 같은 견해들은 비록 행정상 손해배상의 영역이지만, 국가의 고의 또는 과실에 의한 위법행위를 전제로 한다는 점에서 형법상 국가의 고의 또는 과실에 의한 위법행위에 대한 국가 책임귀속에 시사점을 준다.

4. 형법의 양면적 구속성과 국가폭력범죄

가. 형법의 양면적 구속성

법치주의는 법의 양면적 구속성에 따라 한편으로는 국민을 구속하는 반면 또 다른 면에서는 행정을 구속한다. 따라서 국가배상책임의 성격을 이러한 법의 양면적 구속성으로부터 출발하는 견해에 의하면 국가배상제도 역시 이중적 성격을 가진다고 본다. 즉, 위법한 국가작용으로 인하여 발생된 개인의 권리구제로 이해되는 국가배상제도는 가해행위의 결과인 손해의 전보기능과 동시에 행정통제기능도 가진다는 것이다. '공권력주체로서의 국가의 존재'와 '행정의 적정한 운영의 고려'가 공법행위의 특수성이라고 보면서도, 동시에 '사법상 불법행위책임과의 유사성' 역시 고려의 대상이기 때문에 동 제도가 공법과 사법의

무원이 직무를 수행함에 있어 경과실로 타인에게 손해를 입힌 경우에는 그 직무수행상 통상 예기할 수 있는 흠이 있는 것에 불과하므로, 이러한 공무원의 행위는 여전히 국가 등의 기관의 행위로 보아 그로 인하여 발생한 손해에 대한 배상책임도 전적으로 국가 등에만 귀속시키고 공무원 개인에게는 그로 인한 책임을 부담시키지 아니하여 공무원의 공무집행의 안정성을 확보하고, 반면에 공무원의 위법행위가 고의·중과실에 기한 경우에는 … 이러한 경우에도 그 행위의 외관을 객관적으로 관찰하여 공무원의 직무집행으로 보일 때에는 … 국가 등이 배상책임을 지는 경우에는 공무원 개인에게 구상할 수 있도록 함으로써 궁극적으로 그 책임이 공무원 개인에게 귀속되도록 하려는 것'이라고 하여, 고의·중과실의 경우에도 외관상 직무로 보이면 국가가 손해배상을 할 수 있도록 하되, 다만 내부적으로 공무원에 대한 구상권을 인정함으로써 대외적으로는 자기책임을, 대내적으로는 대위책임을 인정하는 듯한 해석을 하고 있다.

성격을 모두 가진다고 이해하는 것이다.

이로부터 차용할 수 있는 논의의 핵심은 법치주의가 법의 양면적 구속성을 가진다는 점이다. 법이 국민을 구속하는 성격과 동시에 국가를 구속한다는 이중성은 형법도 예외는 아니다. 형법은 국민에 대한 통제기능과 국가에 대한 통제기능을 모두 가지고 국민과 국가, 양자에 대한 양면적 구속성을 가져야 한다. 즉, 국민에 대한 통제기능으로서 형법이 규범에 반하는 행위의 선택이라는 심정적 반가치 태도를 형성한 수범자에 대한 예방적 통제기능 및 사후적 응보기능을 가진다면, 동시에 형법은 양면적 구속성을 통해 국가를 향해서도 동일한 작용을 하여야 한다. 따라서 국가통제기능으로서 형법은 국가권력으로서의 국가작용 및 국가형벌권의 통제작용을 하여야 하는바, 국가 역시 법에 위반하는 국민의 기본권 침해작용을 하지 않아야 한다는 국가권력 통제 및 국가형벌권의 행사가 실질적 법치주의에 위반되어서는 안된다는 통제기능이 그것이다. 이는 국가의 국민보호의무와 불법·부당한 국가권력행사의 금지의무를 의미한다.

이러한 법의 양면적 속성은 국가에 의한 정당한 폭력의 독점으로부터 비롯된다. 법치주의 국가에서 모든 행위는 국가가 수립한 단일한 법체계에 의해서만 법적 판단을 받게 되고 국가를 구성하는 그 누구도 유일한 법질서인 국가가 형성한 법체계의 지배범위에서 벗어나지 못하는데, 이는 법을 운용하는 주체인 국가기관도 예외가 인정되어서는 안 된다. 대의제 민주주의 하에서 국민은 이와 같은 국가에 의하여 수렴된 단일한 법체계 내에서만 국가에 의한 폭력의 독점을 승인하였기 때문이다. 따라서 법적 정당성의 근거가 대의제를 통한 입법형성권으로부터 나왔고 형법 역시 예외가 아니기 때문에 국가도 형법준수의무의 통제하에 놓이게 되는 것이다.

반대로, 국가가 소위 합법·정당하게 형성된 법을 위반하게 되면 국민에게도 법준수의무는 해소되는 것으로 보아야 한다. 법의 양면적 속성은 일방에게만 의무를 부여하는 것이 아니라, 국민과 국가 모두에게 동일한 의무를 부과하기 때문이다. 즉, 국가에게 적용되는 법과 국민에게 적용되는 법은 분리된 것이 아니라 오로지 '양면적 속성'으로 부터 비롯된 것일 뿐이다. 따라서 국가의 형법위반행위가 정당화되거나 아무런 통제 하에 놓이지 않는다면 국민은 더 이상 국가가 스스로 위반하면서도 자기통제를 하지 않는 당해 형법을 준수할 의무가,

형법을 위반한 국가로부터 부과되지 않으며, 따라서 형법준수의무는 더 이상 없는 것으로 보아야 함이 타당하다. 이와 같은 반대해석을 통해서도 국가의 형법위반행위는 국가 자체의 행위로서 처벌의 대상이 되어야 한다.

나. 양면적 속성과 책임주의

법, 구체적으로 형법의 양면적 속성은 국민에게는 개인책임의 원칙을 통해 책임의 근거나 범위를 한정한다면 동시에 국가에게도 동일한 형태의 책임의 근거 및 범위 설정의 틀을 제공하여야 한다. 여기에서는 국가에게 개인책임원칙이 바로 국가의 자기책임원칙의 동의어라고 보고자 한다. 비록 국가배상책임에 대하여는 대위책임인가 자기책임인가의 논의가 여전히 진행 중이라 하더라도, 이는 손해배상의 속성으로부터 비롯된 것이라는 점에서 형법의 영역과는 다르다. 형법은 오로지 공법상의 법준수 의무이며 그 결과도 역시 형벌이기 때문에 국민과 국가의 측면이 분화되거나 양분될 수 없다. 따라서 국가의 형법위반은 국가의 자기책임이다.

책임주의는 법치주의와 죄형법정주의로부터 비롯된[30] 형법의 기본원리이다. 책임은 책임비난의 대상이 되는 객관적으로 존재하는 불법에 관하여, 행위판단의 의사능력이 있는 행위자가 규범에 반하는 반가치태도를 형성함으로써 그러한 범죄행위를 선택하였다는 점에 대한 비난가능성 여부이다. 따라서 개인책임의 원칙은 개인의 불법행위에 대하여 최소한의 전제조건으로서 자신의 행위에 대한 선별가능한 의사능력을 표현하는 책임능력이 있어야 하며, 형법이 요구하는 바에 대해 인식가능하여야 한다. 우리 헌법상 인간의 존엄성을 존중하고자 하는 제10조에 따라서도 형법상 행위자는 자율적이고 윤리적인 존재를 전제로 하면서, 책임주의는 모든 형법적 제도에 대하여 개인이 자율적으로 판단할 능력을 보유하고 있음은 물론 적법과 불법의 선택상황에서 윤리적으로 올바른 선택할 할 것임을 전제로 하고 출발할 것을 요구하게 된다. 헌법재판소의 결정과 같이, 모든 인간은 존엄한 존재로서 스스로 판단하여 올바르게 행동할 수 있는 능력을 보유하고 있다고 간주되므로, 개개인이 자율적으로 판단하여 행동할 수 있는 한 국가가 개입하여 특정한 행동방식을 따를 것을 강요할 수는

30 憲裁決 2017. 10. 26, 2017헌바166; 憲裁決 2011. 6. 30, 2011헌가7등; 憲裁決 2010. 10. 28, 2010헌가55등; 憲裁決 2010. 7. 29, 2009헌가18등; 憲裁決 2010. 5. 27, 2009헌가28 참조.

없다. 다만, 국가의 개입은 개개인에 대하여 가능한 한 최대한 자율적 판단권한을 존중해 주는 방식으로 작용하여야 하고, 국가가 선택권을 개인에게 부여하되, 국가가 형벌이라는 형태로 개인의 자유와 권리를 제한하는 것은 필요최소한도에 그쳐야 한다. 이와 같은 자율성이 헌법과 형법정신이 투영된 인간에 대한 존중이자 존엄성의 표현이다.

다. 형법의 개인책임원칙과 국가의 자기책임원칙

책임주의와 개인책임원칙은 엄격한 의미에서는 차이가 있다. 책임주의는 책임의 전제조건으로서 책임능력이 있는 자가 행위의 사회적 의미를 판단할 수 있음에도 불구하고 규범에 반하는 행위에로 심정을 형성하였음에 대한 윤리적이고 도덕적 차원의 원리이다. 반면 개인책임원칙은 책임개별화원칙으로서 타인의 행위에 대해 책임을 지지 않고 자기의 행위에 대해서만 책임을 진다는 원리이기 때문에 양자는 분리된다.[31] 앞서 법치주의의 내재적 속성으로서 법의 양면적 속성을 끌어왔듯이 책임개별화의 원칙 역시 법치주의에 내재되어 있는 원리이기도 하다. 책임주의가 형벌근거적 원칙이라면 개인책임원칙은 형벌부과적 원칙이므로 국가의 자기책임원칙이 형법상 개인책임원칙과 동의어라면, 여전히 국가는 책임주의의 지배하에 놓여 있는지에 대한 답은 여전히 해결되지 않은 것이기 때문이다. 그렇다면 형벌근거적 책임으로서 책임주의와 책임개별화의 원칙으로서 개인책임원칙은 반드시 분리된 의미로 이해하여야 할 것인가? 책임주의는 존엄과 가치의 형성체인 인간만을 전제로 한다고 하면, 법인이든 국가든 그 어떤 경우에도 형법의 지배하에 놓일 수가 없게 된다. 그럼에도 불구하고 여전히 법인을 수범자로 이해하고자 하는 현재의 논의들은 국가 역시 책임주의하에 굴복될 수 있는 존재일 여지를 남겨 두는 것이다.

이제 이러한 형법상 개인책임원칙이 국가의 범죄행위에 대한 자기책임원칙에 부합하는지를 살펴보아야 할 것이다. 형법준수의무가 국가에게도 있음은 국가가 자기책임으로서 범죄에 대한 책임을 져야 함을 의미한다. 헌법재판소는

---

31 양자의 엄격한 분리견해로는 김성돈, "양벌규정과 책임주의원칙의 재조명", 형사법연구 제27권 제3호, 한국형사법학회, 2015/9, 137면. 동 논문은 양벌규정에서 논의되는 책임은 형벌근거적 책임으로서 책임주의가 아니라 책임개별화원칙이기 때문에, 법인의 처벌을 정당화하고자 하는 그 어떤 책임이론들도 윤리적-도덕적 차원의 책임주의와 조화될 수 없음을 강조한다.

"의무"란 "마땅히 하여야 할 일" 또는 "해야 하는 일"이라고 보면서,[32] "사람은 누구나 원하지 않는 일을 하지 않을 수 있는 자유를 가지지만, 의무가 있는 일에 대해서는 자신의 의사에 관계없이 그 일을 하여야 한다. 따라서 어떠한 일을 할 의무가 있는 경우에는 그 의무를 이행하는 것이 개인의 진정한 의사에는 반한다 하더라도 그 의무의 이행으로 인해 개인의 자유가 침해된다고 할 수는 없다. 의무의 존재는 곧 자유의 제한과 강제의 부과가 정당화되는 것을 의미한다"고 판시하였다. 여기에서 헌법과 법률에 의하여 부과된 법적 의무는 헌법과 법률의 지배를 받는 모든 자, 따라서 국민 개개인뿐만 아니라 국가에게도 부여되는 의무인 것이다.

최소한 계약설에 따르면 국가는 성립단계부터 국민으로부터 사적 폭력을 이양 받아 왔다. 국가의 활동은 기관 내적으로 공무원이나 국가의 업무를 이관받은 사인이 행하지만, 그 사인의 행위는 국가기관의 지위에서 행하는 것이므로 행위의 효과는 위법 여부를 불문하고 국가의 행위로 귀속되어야 한다. 만일 이를 분리하여 적법한 공무원의 행위는 국가기관의 지위에서 행한 행위이므로 국가권력의 행사로서 합법·정당하여 모든 국민에게 법적으로 유효한 강제성을 가진다고 하면서, 반대로 불법한 공무원의 행위는 국가기관의 행위가 아닌 순수한 '개인'으로서의 행위에 불과하다고 한다면 공무원이라는 개인이 국가로서 행위할 것인가 개인으로서 행위할 것인가에 대한 전적인 판단자가 되는 결과가 초래된다. 즉 공무원 또는 공무를 이관 받은 사인이 직무수행상 수반되는 행위과정에서 국가기관의 행위와 개인의 행위여부를 판단하고, 그러한 판단 하에 행한 모든 결과반가치는 개인에게 귀속되고 결과불법에 해당하지 않는 것만을 국가에게 귀속시키는 해석을 하게 된다면, 국가작용 자체를 형해화하는 해석으로 전락하고 만다.

앞서 언급한 바와 같이 국가작용은 합법/불법 여부와 정당/부당 여부에 따라 구분될 수 있고, 반드시 형법상 범죄가 아니더라도 국가권력의 속성상 강제성을 본질로서 내포하게 된다. 그럼에도 불구하고 국가행위 또는 작용에 합법

32 憲裁決 2006. 7. 27, 2004헌바46, 판례집 18-2, 75면은 이와 같은 의무를 개인이 도덕적인 가치판단이나 종교적 신념 또는 양심 등으로 인해 어떠한 일을 하여야 하는 것으로 느끼는 심리적 차원에서의 의무와, 헌법과 법률 기타 법규범이 어떠한 일을 하여야 하는 것으로 정하고 있는 법적 의무로 나누고 있다.

적인 폭력으로서 강제성은 인정하되 불법적인 폭력으로서 범죄는 부정한다면, 그 기준점을 어떻게 찾을 것인가? 합법/불법 역시 국가의 입법작용의 결과이자 법치주의의 내용임에도 불구하고 국가가 강제성을 지닌 입법작용을 통하여 구성한 형법이 국가 자신에게는 미치지 않는, 즉 국가는 법치주의의 지배하에 있지 않는 성역이라고 해석하는 결과를 초래한다. 이는 법치주의의 부정이며, 그 자체가 국가성립의 합헌성을 부정하는 해석으로 전락한다. 국가의 존립이 법치주의이며, 법의 양면성에 따라 국가도 국민과 동일하게 의무를 부여받았다면 국가 역시 행위에 대한 책임을 져야 하는 존재임을 부인할 수 없다.

Ⅳ 국가폭력범죄의 구체적 성립구조

1. 국가폭력범죄 성립의 출발점

가. 법의 흠결과 해석작용

형사법은 항상적으로 위헌요소를 배제하고 합헌적인 체계를 유지하기 위하여 긴장한다. 때로는 죄형법정주의에도 불구하고 입법권자의 입법형성권을 넓히는 방향으로의 해석을 허용하기도 하고, 그것이 과도한 확장해석이나 유추해석의 우려가 있을 경우에는 이를 차단하기 위한 장치를 하기도 한다. 이와 관련하여 헌법재판소[33]는 형법의 규정방식을 크게 세 가지로 구분한다. 제한적 열거방식과 포섭적 표현방식 및 예시적 열거방식이 그것이다.[34] 제한적 열거방식은 범죄구성요건 및 적용대상과 범위가 자구 내에 한정되어 그 해석의 확장여지가 막혀 있음으로써, 규율대상이 명확하다는 장점이 있는 반면 해석에 의한 확장이 불가능하기 때문에 경우에 따라서는 법규범의 흠결이 발생하는 것을 막을 수 없다는 단점이 있다. 포섭적 표현방식은 개개의 구성요건요소들을 포섭할 수 있는 상위의 개념으로 형법규정을 구성함으로써 규율대상을 모두 포섭할 수 있다는 장점이 있는 반면, 법률을 해석·적용함에 있어 자의가 개입함으로써

---

33 憲裁決 2009. 7. 30, 2007헌마718; 憲裁決 2000. 4. 27, 98헌바95등.

34 이러한 용어들은 헌법재판소 결정문의 표현은 아니며, 다만 관련 결정들의 내용에 비추어 적절히 지칭하고자 하였다.

규율대상을 무한히 확대해 나갈 우려가 있다는 단점이 있다. 따라서 이들의 단점을 보완하기 위하여 이른바 '예시적 입법'이라는 규율방식을 채택하는 경우가 있는데, 예시적 열거방식은 규율대상인 대전제를 규정함과 동시에 구성요건의 외연에 해당되는 개별사례를 예시적으로 규정하게 된다.[35] 형법에 대한 이와 같은 규정방식들의 논의들은 형법에 헌법 또는 죄형법정주의의 위배될 우려를 사전에 차단하면서도 가능한 한 입법자의 입법형성권을 보장하기 위함이다.

그럼에도 불구하고 법의 흠결이 발생하는 경우에는, 이를 형법 영역에서의 입법부작위로 볼 것인가 아니면 해석작용에 의하여 법의 흠결을 보충함이 가능한 영역으로 볼 것인가 판단을 하여야 한다.[36] 여기에서 법의 흠결을 논의함은, 일반적으로 형법의 수범자는 국민이라고 이해하고 있기 때문에, 형법의 적용대상에 국가형벌권의 발동주체인 국가 자체도 포함되는가 여부가 법의 흠결인지 아닌지에 관하여 언급하기 위함이다. 국가도 형법의 수범자임이 원칙인가 또는 예외인가의 문제이기도 하다.

나. 형법의 수범자와 법의 흠결 여부

형법상 일반범죄는 구성요건상 주체를 특정하지 않은 한 '…하는 자'라는 어구는 모든 수범자를 지칭한다. 이 때의 수범자는 반드시 책임능력이 있는 자이거나 기타 행위자관련적 요소들을 완전히 갖추어야 함을 의미하지 않는다. 따라서 '…하는 자'라 함은 그것이 자연인만을 의미하는지 기타 법인 또는 국가까지도 의미하는지는 여전히 해석의 여지가 전혀 없는 것은 아니다. 그러나 기

---

35 다만, 예시적 열거는 구성요건의 대전제인 일반조항의 내용이 지나치게 포괄적이어서 법관의 자의적인 해석을 통하여 그 적용범위를 확장할 가능성이 있다면 죄형법정주의의 원칙에 위배될 수 있다. 따라서 예시적 입법형식이 법률명확성의 원칙에 위배되지 않으려면, 예시한 개별적인 구성요건이 그 자체로 일반조항의 해석을 위한 판단지침을 내포하고 있어야 할 뿐만 아니라, 그 일반조항 자체가 그러한 구체적인 예시를 포괄할 수 있는 의미를 담고 있는 개념이 되어야 한다(憲裁決 2002. 6. 27, 2001헌바70).

36 법의 흠결과 해석에 관하여는 이미 많은 논의들이 있으며, 여기에서 이를 논한다는 것은 한계가 있을 것으로 보인다. 따라서 국가폭력범죄와 관련한 사항에 한정하여 논하고자 한다. 법의 흠결에 관한 다양한 논의에 관하여는 임웅, "법의 흠결과 형법의 유추적용금지", 형사법연구 제21호, 한국형사법학회, 2004, 81면 이하; 김영환, "공법: 법의 해석과 흠결의 보충에 관한 체계적 의의－최근의 대법원 형사판례를 중심으로, 법학논총 제23권 제1호, 한양대학교 법학연구소, 2006, 43면 이하; 장영민, "법질서의 통일성", 법학논총 제35집 제2호, 전남대학교 법학연구소, 2015/8, 169면 이하; 문종욱, "현대 법학에 있어서 법의 발견과 법사회학", 법학연구 제38권, 한국법학회, 2010, 373면 이하 등 참조.

존의 주류적 형법이론들은 그것이 고전주의든 실증주의든 이론에 부합하는 인간상을 설정하고 그에 대한 국가의 역할을 제시하여 왔다. 고전주의 형법이론이 이성적 인간상을 제시하고 자유주의적 법치국가에게 응보와 일반예방의 과제를 부여하였거나, 실증주의 형법이론이 사회적 국가를 기본으로 하여 교육이나 환경개선 등의 특별예방의 과제를 부여한 것도, 수범자이자 잠재적 범죄자인 국민과 형법작용을 주관하는 국가 간의 대립각을 전제로 한 것이다.

따라서 수범자 또는 범죄의 주체에 자연인 이외의 실체를 포함하고자 할 때, 그것이 해석으로는 충전될 수 없는 법의 완전한 흠결로서 입법을 통해서만 해결될 수 있는 것인지 아니면 여전히 해석자의 해석작용에 의하여 해결될 수 있는지 문제된다.[37] [38] 따라서 국가폭력범죄라는 영역을 인정한다고 하더라도, 구체적으로 누가 국가폭력범죄의 주체가 되고 종국적으로 어떻게 책임지워지는가는 국가폭력범죄라는 개념을 인정하여야 한다거나 국가의 책임은 자기책임이어야 한다는 당위적 주장만으로는 해결될 수 없다. 따라서 여기에서는 국가의 행위주체성, 즉, 국가기관으로서 개인이 행한 행위가 국가의 행위로서 인정될 수 있는가를 우선 살펴보고 단계적으로 국가폭력범죄의 성립을 형법이론적으로 고찰하고자 한다. 다만, 앞서 국가배상책임에서 논한 바와 같이 기본적으로는 자기책임이론을 원용하되, 현행 형법해석과 양립 가능한 방안을 모색해 보고자 한다.

---

37 가장 간단한 방법은 입법적 해결임은 자명하다. 그러나 이는 마치 법인의 범죄능력을 입법을 통해서 해결하고자 하는 시도가 여전히 지속됨에도 불구하고 형사입법이 이에 후속되지 못하는 이유와 크게 다를 바 없어 보인다.

38 한편, 법관의 재판과 관련한 국가배상책임에 관하여는 김남진, "입법·사법상의 불법과 국가배상책임", 국가배상제도의 제문제, 법무부, 1991, 583면 이하; 이일세, "법관의 불법행위와 국가배상책임", 저스티스 제32권 제1호, 한국법학원, 1999/3, 53면 이하; 전극수, "법관의 재판에서의 불법행위에 대한 국가배상책임과 법관의 책임", 외법논집 제34권 제1호, 한국외국어대학교 법학연구소, 2010/2, 259면 이하; 정하중, "법관의 재판작용에 대한 국가배상책임", 저스티스 통권 제75호, 한국법학원, 2003/10, 60면 이하 등 참조. 이러한 연구들은 법관이 재판의 특수성을 앞세워서 다른 공무원의 행정작용과는 달리 위법성을 제한할 수 있는지 및 피해자의 법관에 대한 직접적인 불법행위책임의 청구권이 있는지 등을 주로 다루고 있다.

2. 국가의 행위주체성 인정 여부

가. 국가배상책임 및 법인의 형사책임과의 유사구조

국가배상책임에 관한 법적 성격이나 법인의 범죄능력에 관한 학설들이 대체로 국가기관 또는 법인 내의 개인의 행위를 기관 또는 법인의 행위로 볼 것인가 아니면 개인의 행위로 볼 것인가에 관하여 자기책임설과 대위책임설이 대립하고 있는 바는, 국가폭력범죄를 성립시키기 위해서는 반드시 국가의 행위주체성을 인정할 것인가의 문제와 큰 틀에서 별반 다르지 않다.

우선 국가배상책임에서의 대위책임과 자기책임이론은 앞서 살펴본 바와 같다. 특히 위험설적 자기책임설이나 절충설은 행정권이 본래 국민에게 손해를 야기할 위험성을 본질적으로 내포하고 있고, 공무원의 행정권력의 행사는 국가의 수권에 의해 국가기관의 지위에서 이루어진 것임을 전제로 한다는 점에서 국가폭력범죄에서의 국가폭력범죄의 구조와 매우 유사하다.

다음으로 법인의 형사책임에 관한 미국법상의 대위책임론에 의하면, 기업은 현실적인 실체가 존재하는 것이 아니라 법적인 테두리 안에서 관념적으로만 존재하기 때문에 기업 고유의 의사를 보유할 수 없다는 점, 따라서 기업 스스로의 행위도 할 수 없다는 점에서 기본적으로 모든 기업책임은 종업원의 행위에 대한 대위책임이어야 한다고 본다. 다만 그 경우에도 종업원의 행위를 기업행위로 귀속시키기 위해서는 직무관련성이 인정되어야 한다.[39] 영국법상의 동일성이론은 기업구조의 이원화를 전제로 하위직 종업원은 단순한 손에 불과하기 때문에 이를 기업 자체라고 볼 수는 없지만, 기업의 대표자는 회사의 책임을 귀속시킬 수 있는 회사의 분신이기 때문에 이는 곧 기업의 행위라고 본다.[40] 양 이론의 공통점은 기업에의 책임귀속은 언제나 업무관련성을 전제로 한다는 점이지만, 기업 내 모든 종사자의 행위가 기업의 행위라고 보는 대위책임론에 반하여 후자는 이사진 또는 기업경영자의 행위통제로서 역할을 한다는 점에서 적용대상을 달리 하게 된다.[41]

---

39 이에 관한 자세한 논의는 송기동, "영미 기업범죄 형사책임의 전개", 형사정책 제20권 제2호, 한국형사정책학회, 2008/12, 44~50면 참조.

40 송기동, 앞의 논문, 50~55면.

41 여기에서의 학설에 관한 소개는 김혜경, "기업관련범죄의 형법적 개입에 관한 성찰", 형사

전통적인 형법이론에 의하면, 기업의 범죄능력에 관하여 법인실재설과 법인의제설의 대립을 논한 후 범죄능력은 부정되지만 수형능력은 인정된다고 봄이 일반적이었다. 그러나 기업에 의한 불법행위들이 사회적 문제로 대두되면서 기업의 가벌성에 관하여 행위능력과 책임능력을 인정하기 위한 시도들이 조심스럽게 제기되어 왔다.[42] 대체로 행위능력은 고유한 자연적인 행위로서 개인의 행위를 기업의 행위로 귀속시키는 방법을 취하고, 행위의 의미는 사회적 유해성이라는 사회적 행위개념에서 찾고자 한다. 또한 책임능력은 개인형법상의 생활영위책임에서 유추된 "영업체운영책임(Betriebsführungsschuld)"[43]이라고 보거나, 인간의 책임에서 벗어나 사회적 책임개념으로서 답책성을 근거로 "조직과책(Organisationsverschulden)"[44]이라고 이해하면서 대체로 불법행위 그 자체보다는 정상적인 영업을 위한 예방책임을 이행하지 않은 점에 불법성의 초점을 맞추고 있다.

나. 구조상의 차용가능성과 문제점

국가배상책임에서는 국가의 면책특권 포기와 국가의 수권에 의한 행위에 초점을 맞추어 국가 자신의 행위와 책임을 인정한다는 점에서 국가폭력범죄에의 차용가능성이 매우 높다. 한편 법인의 범죄행위에 있어서는 전통적인 형법이론의 틀을 그대로 고수한 채, 행위능력이나 책임능력의 해석을 현대적인 사회발전의 모습에 맞추어 변화를 시도하거나 그 의미를 넓히고자 목적함으로써 기존의 전통적인 범죄성립구조를 존중한다는 점에서 의미가 있다. 다만, 앞서 언급한 바와 같이 행정법의 해결방식이 사법적 방법인 손해배상으로 귀결된다

법연구 제27권 제3호, 한국형사법학회, 2015/9, 43면 이하의 내용을 인용하였다.

42 기업의 범죄능력을 인정하고자 하는 견해로는 강동욱, "기업범죄에 있어서 법인의 책임과 배임죄의 성부", 한양법학 제21권 제2집, 한양대학교 법학연구소, 2010/5, 341면 이하; 김성규, "법인처벌의 법리와 규정형식", 법조 제578호, 법조협회, 2004/11, 116면 이하; 김재윤, "기업의 가벌성에 관한 독일의 논의 분석", 형사정책연구 제15권 제2호, 한국형사정책연구원, 2004/여름, 37면 이하 등.

43 Günter Heine의 견해로, 김재윤, 앞의 논문, 57면에 따르면 기업은 처음부터 기업운영상의 전형적인 위험을 매 순간 통제할 수 있었음에도 불구하고 위험예방을 불가능하게 하는 단계로 나아갔다면 영업체운영책임을 져야 한다고 본다.

44 Klaus Tiedemann의 견해로, 김재윤, 앞의 논문, 54면. 이러한 기업과책을 책임능력의 논거로 인용하는 견해로는 강동욱, 앞의 논문, 341면. 반면 이를 부정하는 견해로는 김성규, 앞의 논문, 134면 참조.

는 점에서 전적으로 행정법상의 이론구성을 차용하기는 어려울 것이다. 또한 법인의 범죄행위에 관한 이론들을 수용하기 위해서는 국가와 법인이 동일한가라는 또 다른 과제를 선결해야만 한다.

또한 국가배상법상의 자기책임설이 행정권이라는 국가권력은 본질적으로 국민에게 손해를 가할 위험성을 내포하고 있다는 점, 그리고 공무원의 행위는 국가작용의 일부라는 점에서 국가의 자기책임을 인정함은 매우 의미가 있으나, 이는 형법상 책임주의와는 양립하기 어려운 해석이다. 형법상 책임이란 당해 행위자의 행위선택에 대한 비난가능성을 의미하므로, 공무원의 행위에 대한 비난가능성과 국가의 행위에 대한 비난가능성은 분리되어야 한다. 형법상으로는 공무원의 면에서는 고의 또는 과실로 법률에 반하는 위법행위에로 지향하였다는 심정적 반가치 태도에 대한 비난가능성을 의미하지만, 국가에 대한 비난가능성을 '국가권력이 본질적으로 내포하는 위험성'이라는 추상적인 가능성으로 대체할 수는 없다.

또한 자기책임설에서는 고의·과실이 공무원의 주관적 책임요소가 아닌, 국가의 자기책임을 결정하는 데 필요한 '공무운영상의 객관적인 흠의 존재'라고 하고, 반대로 공무운영상의 흠이 존재하면 공무원 개인의 고의·과실 여부와 관계없이 고의·과실이 인정된다고 본다. 그리고 국가에 귀속시킬 수 있는 행위에 의하여 국민에게 손해가 발생한 것이 입증되는 이상 가해 공무원의 특정은 반드시 필요하지 않다고 본다.[45] 따라서 손해가 공무집행으로 발생된 것이면, 공무원이 누구인지, 다수의 공무원을 거쳤는지 여부, 집단적 가담에서 불법행위자를 특정할 수 없는 경우에도 국가배상책임은 성립하게 된다. 이른바 조직과실이론으로, 공무원 개인의 주의의무위반을 문제 삼지 않고 행정작용의 결과의 흠을 행정청의 장의 과실로 의제하는 것이다.[46] 이러한 해석은 국가권력의 자기통제장치로서 매우 유용할 것으로 보인다. 그리고 이를 형법상 그대로 원용할 수 있다면, 국가폭력범죄의 죄책을 국가에 귀속시키는 데 있어서 하등의 장애

45 김남진/김연태, 행정법 I, 법문사, 2004, 506~507면. 그 결과 피해자인 국민이 손해의 발생을 입증하기만 하면, 공무원에게 과실이 있는 것으로 추정되고, 그 추정의 번복은 국가의 입증책임 부담으로 귀결된다고 본다.

46 Waldhoff Maurer, Allgemeines Verwaltungsrevht, 12. Aufl., § 25, Rn. 10(정연부, 앞의 논문, 420면 재인용).

물도 발견되지 않을 것이다. 그러나 가장 큰 난관은 여전히 헌법상의 죄형법정주의나 책임주의와의 부합의 문제이다. 만일 죄형법정주의하에서 범죄행위의 주체에 국가를 포함하는 것이 해석상 허용되고, 책임주의가 유연하게 적용되어 개개인의 책임귀속에서부터 완화될 수 있다면 가능할 것이다. 그러나 죄형법정주의와 책임주의가 헌법상의 주요 원리라는 점에서, 정책상의 필요성을 근거로 헌법이념과 양립할 수 없는 이론적 해결을 허용할 수는 없다.

나. 국가의 행위주체성의 단서

국가배상법상 자기책임설은 형법상 개인책임원칙에 상응하는 평가로 충분하다고 보인다. 그 결과 남은 단서는 국가의 법인화이다. 법제상으로는, 지방자치법이 국가와 지방자치단체 간의 기본적인 관계를 정함을 목적으로 하면서, 국가 산하의 모든 분할구획인 지방자치단체는 모두 법인으로 규정하고 있다(동법 제3조 제1항). 또한 판례[47] 역시 국가가 본래 그의 사무의 일부를 지방자치단체의 장에게 위임하여 처리하게 하는 기관위임사무의 경우에는 지방자치단체는 국가기관의 일부로 볼 수 있고, 지방자치단체가 그 고유의 자치사무를 처리하는 경우 지방자치단체는 국가기관의 일부가 아니라 국가기관과는 별도로 독립한 공법인으로 양벌규정에 위한 처벌대상이 되는 법인에 해당한다고 판시하였다. 다만 동 판결은 지자체가 고유의 자치사무를 처리하는 때에는 국가기관의 일부가 아님과 동시에 공법인이라고 하였으므로, 지방자치단체가 국가기관의 일부로서 국가작용을 할 때에는 공법인이 아니라는 반대해석이 가능하다.

이에 관하여 루만의 체계이론을 원용하고자 하는 견해가 있다.[48] 해당 이론에 따르면 사회 내에 실재한다는 점을 부인할 수 없는 조직체를 '보다 높은 차원의 초월적 존재'로 보지 않으면서도 단순히 방법론적 개인주의로 회귀하지 않는 방안이 가능하다고 한다. 개인행위와 집단행위를 사회적 행위귀속의 상이한 형식으로 평가하여서, 행위주체란 '행위체계 내에서 그 행위체계 자신의 정체성과 행위능력에 관한 반성적 의사소통'을 요구한다는 점을 내세운다. 그리고 국가를 집단주의적 접근법에 따라 공무원의 행위를 전적으로 무시하지 않으면서도 집단주의적 접근법에 의해 국가 자체의 행위주체성을 인정할 수 있다고 본

47 大判 2009. 6. 11, 2008도6530; 大判 2005. 11. 10, 2004도2657.

48 김성돈, 각주 15), 24~25면.

다. 그러나 동 이론은 국가의 범죄행위주체성이 궁극적으로는 책임주의의 문제라는 점을 다소 간과한 면이 있다. 물론 행위주체성은 구성요건 단계에서 해결하여야 할 문제이고 책임주의는 다음 단계에서 논할 사안이라고는 하나, 자연인의 행위를 전제로 하는 범죄성립단계상의 책임주의와는 별개로 자연인이 아닌 법인이나 국가의 행위주체성은 동시에 책임귀속자인가 여부가 동시에 고려되어야 한다.

국가의 법적 성격에 관한 규정은 존재하지 않는다. 국가에 대한 개념이나 법적 성격에 대한 견해들은 지나치게 방대하기 때문에, 어느 하나의 이론을 토대로 국가의 개념이나 성격을 법적으로 정의하기란 불가능하다. 그러나 민주주의 및 법치국가 원리의 확립과 함께 이와 상충하는 국가면책특권을 헌법상 포기함과 동시에 국가배상책임이 인정되게 된 역사적 배경을 고려한다면, 국가는 국민의 상위에 존재하는 실체는 아닌 것으로 보인다. 따라서 여전히 국가의 범죄주체성을 인정할 수 있는 여지는 남아 있다. 국가를 법인격화하는 작업은 국민과 국가를 동등한 지위의 수범자로 해석하게 하는 중요한 단초가 될 수 있다. 그러나 앞서 살펴본 바와 같이 헌법의 넘어설 수 없는 해석이 되는 것은 아닌가에 대한 우려는 여전히 남아 있다. 그리고 이러한 우려는 최대한 헌법합치적 해석을 통하여 해소하여야 할 것이다.

3. 불법성: 국가의 범죄행위와 국가에의 귀속

가. 행위 이원화의 문제점

국가의 범죄행위능력을, 국가의 법인격과의 동일시화로 해소하고자 한다면 우선 법인격의 행위에 대하여 소명하여야 한다. 이와 관련하여 최근에 잇따르고 있는 양벌규정에 관한 헌법재판소의 결정은 매우 의미가 있다. 명확히 밝히고 있지는 않지만 동일성이론을 취하고 있는 듯한 헌법재판소 결정은 기업 상부자와 단순한 피고용인을 구분하여 기업의 행위성을 양분화하고자 한다. 기업 상부자(양벌규정상 법인의 대표자)는 회사에 책임을 귀속시킬 수 있는 회사의 분신(alter ego)으로서 회사의 두뇌를 의미하는 인물[49]이기 때문에 여과 없이 상부

49 HL Bolten Co Ltd v. TJ Graham & Sons Ltd [COURT OF APPEAL] [Matter No. M. 1678. OA. 18.] [1957] 1 Q.B. 159 에서 Lord Denning은 "회사는 여러 가지 의미에서 인체에 비

자의 행위는 기업의 행위로 본다. 반면 하부의 피고용인들의 행위는 곧바로 회사의 기능으로서 작용하지 않는다는 점에서 그들의 행위가 곧 기업의 행위가 될 수 없고, 기업은 그들에 대한 선임감독행위를 하는 것이며 선임감독의무의 불이행이 고의이든 과실이든 기업 불법의 판단 대상이 된다고 본다.[50]

이처럼 기업의 행위성을 이원화하는 경우 몇 가지 문제점이 노출되는바 첫째, 기업의 구조상 법인의 대표자도 기업의 의사방향설정에 대한 개입정도가 클 뿐 기업 구성원의 일부라는 점은 종업원과 다를 바 없고, 기업 내부에는 대표자 이외에도 의사결정에 중요한 역할을 하는 자들이 있음에도 불구하고 대표자가 동시에 기업이어야만 하는 이유가 무엇인가이다. 둘째, 헌법재판소의 태도는 전형적으로 기업집단지배구조라는 한국적 현실을 반영한다는 점이다. 헌법재판소의 결정은 결과적으로 기업은 대표자(기업집단)의 의사에 따라 움직인다는 기업원리에 반하는 변칙적 기업구조에 기인하고 있다. 셋째, 헌법재판소 태도의 기원이 영국법상 동일성이론의 차용이라는 의심을 거둘 수 없지만, 동일성이론은 기업의 민사책임으로부터 출발하였다는 점에서 우리와 차이[51]가 있을 뿐만 아니라, 여전히 소수의 기업의 분신이라 칭할 수 있는 자에 의해서 기업의 형사책임 인정 여부가 좌우되기 때문에 오히려 기업의 형사책임을 축소하게 된다는 비판을 면할 수 없다.[52]

나. 국가폭력범죄에의 적용

법인의 범죄능력과 관련하여 행위능력을 찾는 견해들은 대체로 사회적 행

유될 수 있다. 우선 회사가 무엇을 할 것인가를 통제하는 두뇌와 신경기관이 있고, 반면 중심기관으로부터의 지시에 부합하는 작용 및 수단으로서의 손이 있다. 회사 내에서 회사의 의지와 마음을 대표할 수 없고 단지 손 이상의 기능을 하지 않는 구성원들에 반하여, 관리자는 회사가 무엇을 할 것인가를 통제하고 회사의 마음과 의지를 직접 대변한다. 따라서 이러한 관리자들의 심적 상태는 곧 회사의 심적 상태이다"라고 이를 표현한다.

50 Kristy Richardson, "The Corporation as Criminal and 'Corporate' Individuals are too: A study of Queensland statutory provisions", 2006.
http://www.clta.edu.au/professional/papers/conference2006/2006KR_CCCI.pdf

51 우리 민법은 제정 이래로 법인을 사람으로 인정하면서 처음부터 법인의 불법행위책임을 인정하여 왔다는 점에서 오히려 미국법상의 대위책임론에 가깝다고 보인다. 다만 대표자에 대한 법인의 범죄에 대하여는 동일성이론을 취한다는 점에서 양 이론의 복합적인 적용형태를 띤다고 볼 수 있다.

52 송기동, 앞의 논문, 56면.

위론을 기저에 둔다. 사회적 행위론은 사회적 유의미성을 행위 개념의 본질적인 징표로 하기 때문에, 행위개념을 사회적 관계 속에서 구성되는 그 무엇임[53]을 전제한다는 점에서 반드시 자연인만이 행위의 주체라고 한정함에 보다 넓은 여지를 남기기 때문이다. 사회적으로 현저한 또는 유의미한 것, 이는 기업이 기관을 통하여 외부적으로 행하는 기업활동 전반을 의미할 수 있기 때문이다. 즉, 기업의 사회적 상호작용이 기업의 행위라고 전제한 후에, 기업의 사회적 상호작용 중에서 적법한 영역을 벗어난 작용은 형법상 행위로서의 유의미성을 가지게 되고, 따라서 이를 범죄행위라고 보는 것이다.

일반적으로 개인형법의 영역에서 인간의 행위란 자유의사로부터 출발하는 바, 이와 동등하게 기업의 사회적 작용은 기관의 의사결정을 통하여 이루어진다는 점에서 의사결정구조를 가지는 기업은 그를 통해 형성된 의사에 의한 행위의 주체성을 인정받을 수 있다. 그리고 의사결정구조는 법인의 대표자인지 종업원인지 기업 내에서의 지위와는 관련 없이 이루어진다. 즉, 법인의 대표자나 종업원은 그러한 의사결정구조에 직접 또는 간접적으로 가담하는 구성부분일 뿐 의사결정구조 그 자체는 아니다. 대표자 역시 의사결정구조에 참여하는 일부이며, 다만 의사결정에서의 영향력의 강약이 종업원과 일치하지 않을 뿐이다. 이렇게 구성한다면 기업의 자유의사는 의사결정구조의 기능이고, 기업의 행위는 의사결정구조의 결단에 따라 행해지는 기업의 사회적 상호작용으로서의 외적 변화라고 보게 될 것이다.

이를 기초로, 국가의 행위능력 역시 사회적 행위에서 찾아야 할 것이다. 국가 역시 기관을 통하여 대국민적인 국가권력행사라는 사회적으로 유의미한 행위를 하고, 이러한 국가의 권력행사라는 국민과의 사회적 상호작용 중에서 적법하지 않은 권력작용이 형법상 행위로서 유의미성을 가진다. 또한 개인형법에서 인간의 행위가 자유의사로부터 출발한다면, 국가권력 작용은 국가기관의 의사결정을 통하여 이루어지기 때문에, 그와 같은 정책결정을 비롯한 국가운영상의 결정구조를 가지는 국가는 그것을 통해서 형성된 의사에 의해 운영되는 행위의 주체이다. 공무원은 그 지위의 고저를 불문하고 그러한 의사결정구조에 직접적 또는 간접적으로 가담하는 구성부분일 뿐, 공무원 개인이 그러한 의사

53 양천수, "법존재론과 형법상 행위론", 법철학연구 제9권 제1호, 한국법철학회, 2006, 162면.

결정구조 그 자체는 아니다.

따라서 국가의 행위주체로서 의사결정능력은 국가권력의 행사 및 작용상 의사결정구조의 기능이고, 국가권력 행사는 의사결정구조의 결단에 따라 행해지는 국민과의 상호작용으로서의 외적 변화이다. 그리고 그것이 형법에 위반될 경우 국가 역시 국민과 동등하게 형법의 적용을 받는 고유한 범죄능력의 귀속자가 될 수 있다. 국가기관에 속한 자들은 공무원인지 또는 공무의 수탁을 받은 사인인지, 의사결정구조상 상위인지 말단이든지 관계없다. 그리고 그러한 공무원의 행위에 종속하여 국가의 독자적 행위를 찾을 것이 아니라, 국가기관으로부터 출발된 불법한 사회적 상호작용으로 드러나는 외적 변화, 여기에서는 주로 불법행위에 의한 외적 변동이겠지만 그것을 국가의 행위로 평가한 후에, 다시 그러한 불법한 외적 변화에 대한 가담 여부와 정도를 통해 의사결정구조 전체에 일차적으로 불법행위를 귀속시키고자 한다. 즉, 국가에 의한 전체적인 사회적 상호작용을 통해 불법성을 총체적으로 먼저 판단하고, 불법한 외적 변화에 대한 가담 여부와 정도를 통해 각각의 책임의 양을 결정하는 것이다.

개인에게 범죄에의 의사결정능력과 행위를 전제로 범죄성립 여부를 판단하는 것과 같이, 국가에 대하여도 국가기관 내적 의사결정구조의 존재를 인정하고 의사결정구조의 결단에 따라 행해지는 공무원의 대국민적 상호작용으로서 발생하는 외적 변화를 행위라고 한다면 국가에 의한 범죄행위의 성립을 인정하지 못할 것은 아니다. 이미 국가배상법은 요건으로 '국가나 지방자치단체는 공무원 또는 공무를 위탁받은 사인이 직무를 집행하면서 고의 또는 과실로 법령을 위반'할 것을 요건으로 한다. 동법상 법령의 위반은 폭넓게 행정법규뿐만 아니라 행정형벌법규를 포함한 모든 법률을 포함하므로 형법상의 범죄성립요건으로 파악하면, 국가나 지방자치단체가 자신의 의사결정구조에서 선택한 직무를 집행할 것을 결정하였다는 점이 의사결정능력에 해당하고, 그에 따라 공무원 또는 공무를 위탁받은 사인이 대국민적 상호작용으로서의 직무를 집행하면서 발생하는 법령위반에 수반되는 국민의 손해라는 외적 변화과정이 국가 또는 지방자치단체의 행위이다.

형법은 궁극적으로 규범판단이다. 공존하는 사회와 국가 내에서, 개인은 사회구성원으로서 그리고 동시에 국가의 성립요소로서 존재한다. 어떠한 사실이나 관계에 관한 규범판단은 일의적이거나 다의적일 수 있다. 다의적 판단이란 하나의 사실관계에 대한 법적 평가가 중첩적으로 가능할 수 있음을 의미한다. 따라서 국가기관의 일부 또는 소속된 자의 행위가 개인인 자연인의 행위의 측면과 국가기관으로서의 행위의 측면이 중첩적으로 존재한다는 것 또는 다의적으로 법적 판단이 된다는 것이 이중평가이거나 죄형법정주의에 반하는 해석은 아니라고 볼 것이다.

V 책임주의의 덫

국가의 범죄를 인정하고 국가에게 그 책임을 묻고자 함은 시대의 변화에 따른 '국민의 법감정'을 형법이 수용할 수 있는가의 문제와도 결부된다. 이미 법인의 사회적 활동 및 사회적 책임을 바탕으로 법인의 범죄능력을 인정하고자 하는 많은 입법적·학문적 움직임들이 일어나고 있는 것도 이와 같은 시대의 변화의 수용인 셈이다. 따라서 국가의 범죄주체성을 성립시키고자 하는 시도 역시 그러한 흐름에 따르고자 함이다. 여기에서는 국가가 행하는 불법이 단순히 민사적 책임만이 있는 것이 아니라, 형사적 책임도 부과될 수 있다는 점을 여러 관점에서 밝히고자 하였다.

당위적인 법과 존재하는 법 사이의 간극에는 있어야 할 법이 수용하여야 할 '국민의 법감정'이 놓여 있다. 당위 또는 지향하고자 하는 법의 이상이 존재하는 법으로 충전될 수 없을 때, 그 모든 괴리를 해석상의 문제로 환원하여 해결할 수는 없다. 국민의 법감정에 부합하도록 행한 법해석이 헌법의 허용할 수 있는 한계를 넘어설 때에는, 이는 자의적 해석으로 전락한다. 국가권력에 의한 범죄가 국민의 기본권을 침해하였음에도 불구하고, 법령 또는 명령에 의하여 집행한 국가기관으로서의 공무원만을 처벌하고 국가기관 자체는 범죄행위의 주체가 될 수 없다는 이유로 언제나 면책되는 결과가 국민의 법감정에 반한다면 일차적으로는 해석에 의존하여 이를 해결하고자 할 것이다. 그러나 그러한 해석이 책임주의라는 헌법상의 원리 또는 헌법상 허용할 수 있는 한계를 넘어선다면, 국민의 법감정에 반한다는 현실적인 문제는 헌법의 한계 내에서 해결을 포기하는 수밖에 없다. 국민의 자유와 권리보장을 목적으로 하는 헌법에 반하는 해석으로 국민의 법감정을 보호할 수는 없다. 다만, 그 경우에도 법해석으로 해결될 수 없는 간극을 입법으로 해소하고자 함에도 불구하고, 그와 관련한 입법 자체가 모두 헌법이념에 반한다면 무엇이 정의이고 헌법의 최고원리인지를 재고하여야 할 것이다. 헌법상 이념과 헌법상 보장되는 권리들 역시 우열이 있고 그 자체로서 제한장치들을 가지고 있지만, 그 어떤 경우에도 자유와 권리의 본질적인 내용을 침해할 수는 없기 때문이다. 국가폭력범죄의 처벌은 단순히 국민의 법감정의 측면이 아니라 국민의 자유와 권리 보호를 위한 본질이자 정수일 수는 없는가?

책임주의가 헌법상의 이념임에는 틀림없으나, 전통적으로 자율적이고 윤리적인 인간상을 전제로 구상된 책임주의의 내용은 근대 법치주의의 산물이다. 신고전적 범죄론체계가 형식적 또는 심리적 책임개념에서 탈피하여 책임의 내용을 비난가능성 또는 기대가능성으로 충전하여 윤리적이고 도덕적인 인간을 전제로 한 책임을 구성한 당대의 형법이념들이 국가를 향해 가진 태도는, 20세기 초반의 역사적 흐름과 무관할 수 없다. 그러나 현대 국가의 본질이나 기능은 그러한 의미의 책임주의를 완성한 당대의 종전이라는 정황에서의 국가와는 많은 차이가 있다. 그러한 책임주의의 틀에 갇혀서 당위적으로 요구되는 법적 장치들을 포기하여야 한다면, 책임주의의 본질을 재조명하는 것도 우리 시대의 임무일 것이다. 그리고 이를 바탕으로 시대와 관념의 변화를 수용하고, 진정 국민의 자유와 권리를 보호하는 방안이 무엇인가를 찾아야 할 것이다.

앞서 범죄구성에서 책임단계의 필요성 그 자체에 대하여는 의문을 제기하지 않았다. 다만, 책임의 내용을 구성함에 있어서 책임이 연대책임이나 공동체책임으로 대체되어질 수 없음을 확인하였을 뿐이다. 일반적으로 책임이 없으면 형벌도 없다는 원칙은 실정헌법이나 형법전에 명문규정이 부재하더라도 인간의 존엄과 가치의 보호에 관한 헌법 제10조 및 법치국가의 원리에서 도출된다.[54] 그러나 이러한 책임주의가 범죄의 주체를 국가로 확대하는 데 있어서 장애물이 될 수는 없다. 책임을 요구하고 행위에 비례하는 책임을 부과하여야 한다는 점

54 차용석, 앞의 논문, 14면.

은 변함이 없지만, 책임의 귀속자가 어떠한 방식으로 '주체'로서 확인되고, 또 책임내용을 구성하는지는 별개의 문제이다. 즉, 전통적인 형법에 있어서 심리적 책임개념이 사회적 책임개념이나 국가의 구조적 책임개념 또는 기능적 책임개념으로 확장된다고 해서, 범죄의 구성단계 자체를 변화시키는 것은 아니다. 만일 국가의 유기적 기능을 인정하고 국가가 사회공동체의 존립을 저해하거나 사회공동체의 가치를 훼손하는 행위를 하였다면, 국가 역시 국가형벌권의 수범자로서의 지위를 가져야만 한다. 국가가 형법을 통해서 확보하고자 하는 것은 국가의 존립이 아닌 공동체 가치로서의 연대성과 결속력의 지지라는 점에서, 국가도 그와 같은 가치를 훼손할 수 있다는 현상에 대하여 인정하고 이에 대한 대책을 논하는 것은 당연한 귀결일 것이다.

CHAPTER 02 처벌되는 국가와 처벌되지 않는 행위자들

I 개인의 처벌은 국가의 처벌이 아니다

1. 국가폭력에 의한 희생자로서의 수명자

국가처벌의 가능성을 확인하였다면, 다음으로 국가폭력범죄의 발생이 그러한 사건의 지휘체계 내에 있는 담당자 및 직접행위자의 처벌로 일단락되는 것이 타당한가에 대한 의문을 제기하여야만 한다. 국가폭력범죄는 언제나 그 거대한 구조를 은폐한 채 말단의 실무자 몇 명의 처벌로 '해결'되었다고 평가할 수 있는가? 국가가 행한 폭력이 범죄에 해당함에도 불구하고, 공무원 몇 명의 처벌이 '국가'에 대한 처벌로 인식될 수 있는가? 그렇다면 개개의 공무원은 그 자체로 '국가'인가? 국민은 언제나 잠재적으로 국가폭력의 그늘 아래 있음에도 불구하고, 그러한 일들이 실제로 발생하게 되면 공무원이라는 '개인'의 처벌이 '국가'의 처벌과 동일시 될 수 있는가의 문제인 것이다.

결과적으로 개인의 처벌을 통해 국가의 폭력을 마치 개인의 폭력인 것으로 축소하여 국가폭력을 은폐하는 방식의 처벌이 과연 타당한 것인가? 반대로 만일 개인의 처벌로 늘 종결된다면, 잠재적으로 국민의 기본권 침해작용을 하는 국가기관에 소속된 자들 역시 언제 발생할지 모를 그러한 범죄의 결과를 감수하고서라도 적극적인 국가 및 국민 보호활동을 수행할 것을 보장하거나 기대하지 못할 것이다.

앞서 공동체적 가치로서의 연대성을 해하는 행위들은 그것을 행하는 주체가 기업과 같은 법인이든 국가이든지 간에 수범자로서 책임을 져야 한다고 결론지었다. 특히 법의 양면적 구속성은 국가 역시 공동체의 가치존중이라는 책무로부터 벗어날 수 없음을 반증한다. 또한 책임의 인정형식은 전통적인 형법이론과 같되 책임의 본질적 내용이 확장된다면, 국가 역시 범죄의 주체가 된다고 못할 바 아니다.

여기에서는 국가의 범죄 주체성을 전제로, 그리고 국가가 범죄행위로 인하여 처벌될 수 있음을 인정한 후에 그렇다면 국가에 의하여 위법한 명령을 수행하도록 의무 지워진 국가기관에 속하거나 그렇지 않은 실제 행위자들의 면책가능성을 타진해 보고자 한다. 이 때의 의무자들은 모두 국가의 명령을 수행하는 행위 자체를 통하여 범죄자로서 필요한 모든 요건을 형식적으로 갖춘 자들에 해당한다. 다만, 그러한 자들과 국가를 동시에 처벌하는 점의 타당성을 살펴보고, 주어진 임무나 지위에 의하여 불가피하게 행한 자들이 강요된 행위로서 책임이 면책될 수 없는 경우라 하더라도, 적법행위에의 기대불가능성에 관한 해석의 범위가 확장되어서 책임을 면할 수 있는지를 확인해 보고자 한다. 이유는 간단하다. 국가라는 가장 거대하고 저항할 수 없는, 동시에 때로는 가장 위협적인 폭력 기관의 명령 또는 지휘에 따른 수행행위가 범죄에 해당할 경우 그것을 수행한 자는 진정한 자유로운 의사결정의 주체로서 기능할 여지가 희박하고, 그 결과 수명자는 국가의 위법한 명령에 의한 또 다른 의미의 희생자가 될 수 있기 때문이다.

국가의 임무 또는 명령을 수행하는 자는 자유로운 인격의 발현체로서 역할하기가 어렵다. 그러한 수명자는 주체로서 인식되기보다는 지위로서 인식되고, 그러한 지위에 누가 임명되는가는 무한한 교체가능성으로 인하여 폭력을 행사하는 국가의 입장에서는 아무런 의미가 없다. 불법행위를 행하는 폭력기관으로서의 국가는 당해 지위가 국가의 폭력을 대신하기만 하면 될 뿐이지, 그 지위를 누가 점하고 있는가에 관심을 두지 않는다. 예컨대, 앞서 살펴본 불법적인 살수차에 의한 국민의 사망에서,[1] 국가는 시위진압을 하는 지위가 국가기관 중 어느 위치에 속하는가를 명령전달에서 중요하게 여길 뿐이지 그러한 지위에 누가 현재 위치해 있는가는 중요하지 않다. 그와 같은 지위를 점하는 자는 언제든지 무한하게 바뀔 수 있고, 변경된 그 자가 그러한 명령의 수행을 하기만 하면 국가기능은 여전히 그리고 지극히 '정상적'으로 운영되기 때문이다. 다시 말해서 현재 살수요원으로서 업무상 과실치사죄를 범하여 처벌된 자의 경우에 그 자가 범죄를 범한 것이 아니라, 누구든지 있든 살수요원이라는 지위에 있기만 하면 동일한 행위와 결과를 범할 수밖에 없다. 실제로 고 백남기 농민 사망사건에서 기소된 관련자들 중에서 고위의 국가기관에 해당하는 서울경찰청장은 무죄판결을 받고, 실제 현장에 있던 살수요원들만 유죄판결을 받은 법원판결의 결과는 이러한 현실을 자명하게 보여준다.[2]

이와 같은 구조에서 지위를 통해 실제로 불법한 국가명령을 수행한 자는 당해 행위에 대한 결정권한이 거의 없다고 보아야 한다. 지위의 무한 대체가능성은 개인의 직업과 심지어 생존을 위협하게 되고, 생존을 위해서라면 설령 내용상 정당하지 않은 명령이라 하더라도 이를 거부할 수 있는 현실적 가능성 또는 행위의 선택가능성을 인정하기 어렵게 된다. 이것이 개인 행위자의 면책가능성의 출발점이다. 이때 수명자로서 개인은 국가폭력의 또 다른 이름의 희생자이다. 수명을 거부하면 지위가 박탈되는 희생자이자 명령을 이행하면 국가형법에 의하여 범죄자로 전락하게 되는 선택불가능한 양면적 희생자인 것이다. 만일 국가가 국가를 위한 봉사자로서 역할을 수행하는 개인에게 이러한 양면적 희생을 강제한다면, 국가는 국가라는 이름으로 공동체의 구성원인 개인에게 이중의 폭력을 휘두르는 셈이다.

---

1 사건의 자세한 내용은 PART 1. CHAPTER 02. 각주 8) 참조.

2 2018년 6월 5일 서울중앙지법 형사합의24부는 현장지휘관이었던 제4기동단장에게는 벌금을, 살수요원 한모경장에게는 징역 8개월 및 집행유예 2년을, 그리고 살수요원 최모 경장에게는 벌금 700만원의 유죄를 선고하면서 정작 전 서울경찰청장의 업무상과실치사혐의는 무죄를 선고하였다. 가장 수뇌부에 있는 고위 국가기관장에게는 무죄를 선고한 반면, 실제 행위자들만을 유죄로 처벌한 것이다.

Ⅱ 행위자 면책을 위한 이론들

1. 일반화된 타행위가능성과 개인행위자의 면책

가. 책임요소의 판단기준 완화

규범적 책임개념은 고의 또는 과실이라는 행위자의 심리적 태도가 아닌, 규범적 요소로서 비난가능성을 평가적 요건으로서 책임의 하위개념으로 본다. 구성요건 판단이 적극적인 성립요건에 대한 판단이라면 위법성 단계에서는 소극적으로 위법성 조각사유의 존재 여부를 판단하는 것과 같이, 책임 판단 역시 책임의 전제조건으로서의 책임능력을 포함하여 소극적으로 책임을 배제시키는 요소가 무엇인가를 판단하여야 한다. 책임비난의 대상은 인간의 자유의사인바, 외부적으로 이에 관한 적극적 존재를 증명하는 것이 불가능하다면, 반대로 책임을 구성하는 요소들의 부존재 사유가 존재하는가를 판단하여 책임을 완성하여야 하기 때문이다. 따라서 책임 판단은 규범적일 수밖에 없다. 일반적으로 의사자유란 규범적으로 가정되어 있어서, 인간이라면 합리적으로 적법행위에로의 행위선택의 가능성이 선제되어 있음을 전제한다. 즉, 의사의 자유가 결정되어 있지 않아서 개인의 합리적인 행위선택을 통하여 적법행위에로 나아갈 수 있음을 형법은 기대하고 있는바, 적법행위에의 기대가능성은 '타행위가능성(Anders – Handeln – Können)이라고 일컬어지기도 한다.

이처럼 행위자가 적법행위라는 타행위가능성이 존재함에도 불구하고 범죄행위에로 나아갔다면 비로소 행위자에게 비난가능성이 있다고 하는 규범적 판단이 가능한 것이다. 반대로, 행위자에게 처음부터 적법행위에의 타행위가능성이 존재하지 않았다면, 비록 행위자가 불법행위를 선택하였더라도 형법은 그를 비난할 수 없다. 물론 기대가능성의 판단이 적극적인가[3] 소극적인가[4]에 관하여는 견해가 대립되고 있지만, 소극적으로 판단함이 타당하다. 즉, 일반적인 정황하에서 행위자에게는 적법행위를 할 것이 기대가능하지만, 예외적이고 비정상

3 손동권, 형법총론, §19/5; 오영근, 형법총론, §25/9

4 김성돈, 형법총론, 387면; 박상기 형법총론, 264면. 정성근·박광민, 형법총론, 350면.

적인 정황이 행위자가 불법함을 알면서도 어쩔 수 없이 불법행위로 나아갈 수밖에 없었음에 대한 판단이기 때문에 타행위가능성이 희박하였다거나 없었다는 점을 예외적으로 판단해야 하는 것이다. 결과적으로 책임요소임에도 불구하고 이는 정황판단이라고 하여야 한다. 특수한 정황이 행위자에게 적법행위로 나아갈 것을 불가능하게 하였다는 점에 관한 객관적인 평균인의 판단이라고 하여야 할 것이다.[5]

이를 근거로 국가기관의 하위 소속자로서 국가권력작용을 수행하는 행위자가 잠재적으로 폭력을 내재하는 국가작용을 행하는 과정에서 타행위가능성 즉, 행위의 선택가능성이 없었다면 형법은 그러한 행위자를 비난할 수 없다. 일반적으로 지휘 또는 지위 체계 내에서 하위 또는 하급으로 내려갈수록 직접행위자에게 행위선택이나 결정권한은 상대적으로 적어진다. 국가권력작용은 법치주의의 미명하에 법률에 근거한다고 하지만, 개별 법률들은 방대한 국가의 다양한 작용에 대하여 세세하게 규정하기 보다는 위임입법이나 수권을 통하여 특정 개인이 아닌 직위에 직무수행 결정권한을 귀속시킨다. 국가체계 내에서 개인은 하나의 직위에 영속적일 수 없고, 보직순환적으로 업무를 담당함으로써, 특정인에게 특정 권력이 집중되거나 세습되는 것을 방지한다. 이로서 본질상 폭력적 속성을 가진 권력이 개인을 통해 축적되는 것을 사전에 방지하고 전제주의적 국가로 변질되지 않는 장치들을 보완하는 것이다. 그러나 이와 동시에 그와 같은 권력의 폭력적 속성을 은폐하는 작용을 하기도 한다.

그러한 체계 내에서 직급이나 지위체계가 낮을수록 개인에게 주어지는 결정권한은 매우 적어서, 일반적으로는 지휘체계 내에서 상명에 따른 직무집행을 하게 된다. 이러한 상명에 따른 직무집행은 국가작용의 일관성과 원활한 업무수행에 긍정적 작용을 한다. 또한 행위에 대한 책임자를 명확히 하기도 수월하지만 반대로 직무집행의 과정에서 범죄행위가 발생한 경우 그 책임을 직접 행위자에게 귀속시키기에도 편리한 구조이기도 하다. 직무집행 과정에서 행위자는 특정 행위자일 것이 요구되는 것이 아니라 특정 지위일 것만 충족되면 족하

5 현재 판단기준으로서 국가 스스로 법질서 및 국가이념에 따라 판단하여야 한다는 국가표준설을 취하는 견해는 없는 듯하다. 반면 행위 당시 행위자가 처한 구체적인 사정하에 행위자의 능력을 기준으로 하여 판단해야 한다는 행위자표준설을 취하는 견해로는 이정원, 형법총론 265면이 있다.

기 때문이다. 그 결과 지금까지 특정 지위에 기하여 직무를 집행하는 자의 행위가 범죄의 결과를 초래할 때에는 실질적으로는 당해 '지위'가 처벌의 근거가 되어 왔다. 상부의 명령이 국민의 생명, 신체의 안전 및 자유, 그리고 재산 등의 권리를 해할 우려가 있는 행위일지라도 그것이 외형상 업무 범위 내에 있기만 하면 수행하여야 한다는 것이, 그러한 지위를 가진 공무원의 법률상 의무이기 때문이다. 따라서 그와 같은 지위 또는 업무를 담당하는 공무원이 누구인가는 중요하지 않게 된다. 또한 그와 같은 지시가 외형상 업무의 범위 내라고 한다면 하위의 공무원이 실질적으로 내용상의 불법 여부를 심사할 권한은 거의 기대하기 어렵다고 보아야 한다.

지금까지 면책요소로서의 적법행위에의 기대불가능성을 인정하기 위해서는, 위법한 상관의 명령행위에 대한 절대적 복종관계라는 엄격한 심사를 요구하여 왔다. 그러나 공무원의 직무체계하에서 일반적인 명령행위들에 대한 불법성 심사를 하위 공무원에게 기대하기 어렵다면, 일단 외형상 직무범위 내의 명령이라면 그것에 대한 불이행을 기대하기 어렵다고 완화할 필요가 있다. 대부분의 지시들은 명백히 법률에 위반되기보다는 외형상 직무범위 내라고 할지라도 잠재적으로 불법한 결과를 초래할 위험성이 있거나 또는 내용상 적법과 불법의 경계에 존재하는 경우가 많다. 특히 그러한 직무집행이 대국민적 사항이면서 국민의 이익을 침해할 우려가 있는 행위일 경우에는 더욱 그러하다. 행정대집행이라든가 경찰의 직무집행의 경우가 그 예이다.

나. 직접 행위자의 대체가능성

정범배후정범에 관한 이론이기는 하나, 조직지배이론6의 첫 번째 조건으로서 직접 행위자의 대체가능성(Fungibilitä der unmittelbar Ausfürenden)은 이와 관련하여 시사하는 바가 크다. 권력적 조직구조하에서 직접 행위자는 언제든지 교체가능한 도구에 불과하고, 따라서 간접정범의 정범표지인 '의사지배'는 도구에 대한 정신적 지배가 아니라 도구의 무제한적인 대체가능성이라는 것이다. 일반적으로 지휘체계 내에서 하급자인 공무원은 무한한 대체가능성을 두고, 특정인이 아닌 지위가 행위수행의 근거가 되고 행위자의 자율적 판단이 행위기제

6 록신의 조직지배이론에 관하여는 설명의 순서상 다음의 단락을 참조.

가 되지 않는 경향이 있다. 따라서 이와 같은 무제한적 대체가능성이 있는 지위에 기하여 행한 명령복종행위가 범죄성립의 전제조건으로 작용할 때에는 정범의 '적법행위에의 기대가능성'을 스스로의 의지에 의한 '행위 판단 또는 선택가능성'으로 대체할 가능성이 있는지 고려해보아야 할 것이다. 이러한 의미에서 국가기관의 일부로서 대체가능성이 무한한 지위가 특정한 업무를 수행하도록 하게 할 경우, 그러한 업무를 수행하는 자는 스스로의 의지에 의한 자율적인 행위판단가능성이 희박하다는 점에서, 일반화된 타행위가능성을 기대하기 어렵다. 따라서 그와 같은 지위가 업무수행을 법률로서 요구한다면, 비록 그것이 범죄의 결과를 초래하였다고 하더라도 행위자에 대한 비난가능성을 판단할 때에는 적법행위에의 기대가능성을 대신하여 '국가기관의 의사결정구조하에서 스스로의 의지에 의한 타행위 선택가능성'이라는 완화된 기준으로 대체할 필요가 있다.

여기에서 의미하는 완화된 기준이란, 의사의 자유가 결정되어 있지 않아서 개인의 합리적인 행위선택을 통하여 적법행위에로 나아갈 수 있음을 형법이 기대한다면, 직무의 속성상 스스로 의사결정구조 내에의 관여가 매우 희박한 하급의 공무원에게는 개인의 합리적인 행위선택의 폭이 좁다는 점에서 적법행위에의 기대가능성 역시 좁게 해석하여야 한다는 의미이다. 즉, 형법의 비난이 객관적으로 존재하는 법익침해의 결과보다도 자율적인 의사로 규범에 반하는 행위에로 향하는 심정적 반가치 태도에로 향한다면, 국가기관의 의사결정구조로 인하여 또는 하위법규로서 국가기관 내적 규칙에 의하여 행위선택이 제한되는 행위자에게는, 자율적이고 합리적인 행위선택의 가능성이 제한되는 타율적인 의사결정구조가 책임단계에서 반드시 고려되어야 한다.

그 결과 굳이 형법 제12조의 강요된 행위가 아니더라도, 그리고 반드시 형식적으로 위법한 상관의 명령이 아니더라도 타율적인 의사결정구조는 대체가능성이 무한한 지위에 있는 행위자의 행위선택의 자율성을 제한함으로 인하여, 실제 행위자에게 책임을 면제하거나 최소한 감경할 수 있는 사유로 작용하여야 한다. 적법행위에의 기대가능성을 대체하는 '국가기관의 의사결정구조하에서 스스로의 의지에 의한 타행위 선택가능성'이 대체가능성이라는 지위의 속성에 종속된 공무원의 책임판단의 기준이 되어야 하기 때문이다. 반면 그와 같이 실제 행위자의 책임이 감면되더라도 자율적인 의사결정구조를 가지는 국가기관 자체의 책임은 별개의 문제로서 다루어야 한다.[7]

2. 조직지배이론에 따른 배후자의 처벌가능성

록신은 조직지배이론을 통하여 조직지배에 의한 간접정범을 인정한다. 이에 따르면 하급 또는 말단의 직급을 가진 자로서 언제든 타인으로 교체될 수 있다는 의미의 직접 행위자의 대체가능성(Fungibilitä der unmittelbar Ausfürenden)과 권력기구가 법의 기반 위에서 움직이고 도구에 대한 범죄행위로의 의사지배도 법적인 수단을 통해서 가능하다면 이러한 조직의 배후자에게 정범성을 인정하는 것은 불가능하다는 점에서 법에 구애받지 않는 권력구조(Rechtsgelötheit des Machtapparates)가 필요하다고 본다. 그 밖에 필요한 두 가지 요소로서 배후자가 지시권한(Anordnungsgewalt)을 가지고 구성요건 실현을 위해 이를 행사할 것 및 현저히 상승된 도구의 범죄수행태세(wesentlich erhöte Tatbereitschaft der Ausfürenden)를 요건으로 정범 배후에 존재하는 상부 또는 상급의 지휘체계에 있는 자들을 정범으로 인정할 수 있다고 보았다.[8]

그러나 동 이론[9]은 나치나 전쟁과 같이 국가 자체가 불법한 구조를 띠고 있어서, 권력적 기구 내의 상급자들이 법의 구속을 전혀 받지 않는 상태일 것을 전제로 한다. 따라서 그와 같은 자들이 조금이라도 구속되거나 여지가 있다면, 법규의 우선적 지위를 부정할 수 없기 때문에 불법한 명령과 법규 간의 우열에 의하여 배후자의 의사지배를 인정할 수 없게 된다. 따라서 상급자 또는 권력자들이 다소간이라도 법의 기반 위에서 움직인다면, 배후자의 정범성은 부정된다.

즉, 조직지배이론은 그 태생부터 국가범죄 또는 전쟁범죄와 같이 불법국가

---

7 또한 반대로 그러한 지위 또는 직급의 무한한 대체가능성은 행위자의 소극적이고 합법적인 행위수행을 근거로 지위대체를 가능케 하고, 그 결과 공무원의 본질적인 업무수행을 저해하는 요소로 작용할 수 있다는 점에서도 고려되어야 한다.

8 Claus Roxin, Organisationsherrschaft als eigneständige Form mittelbarer Täterschaft, ZStrR 2007/1, 12면(김동률, "불법체제의 수뇌부 처벌근거로서 조직지배론", 형사정책 제25권 제3호, 한국형사정책학회, 2013/12, 319면 재인용).

9 조직지배이론은 정범배후정범이론의 일부로서, 정범배후정범이론은 Dohna−Schlodien, Übung im Strafrecht und Strafprozessrecht, 제3판, 1929, Fall Nr. 36에 수록된 사안으로 우리 형법 교과서들에서는 주로 'Dohna 사건'으로 인용되어 왔다.

를 전제로 하여 정범의 배후에서 정범을 조종하는 권력자들을 처벌하기 위한 목적을 가지고 있었기 때문에 합법적으로 운영되는 국가의 법질서에는 적용 자체가 원천적으로 차단된다고 보아야 한다. 정범 배후의 정범이란 자체가 매우 이례적일 뿐만 아니라, 이를 정치적으로 이용하거나 특정한 목적을 위해 악용하는 경우 정범과 공범의 구별 자체가 와해될 우려가 있다.[10] 또한 조직지배이론에 따르면 직접행위자의 처벌은 당연하며, 그 배후의 지휘 또는 명령자의 정범성을 논하고자 한다. 그러나 여기에서는 지휘체계 내에서 명령을 수행하는 자의 면책을 목적으로 하기 때문에 동 이론은 그 타당성 여부를 불문하고 적합하지 않다.

Ⅲ 처벌대상의 국가적 확대와 개인적 축소

1. 지위의 무한교체가능성에 의한 처벌범위의 한계

국가기관이라는 특수성은 국가권력의 행사에서도 드러난다. 상명하복의 관계에서 발생하는 불법행위인 경우에는 국가의 형사책임과는 별도로 개별적인 명령수행자의 형사책임을 부과하는 데 있어서, 행위책임 판단에서 명령자와 수행자라는 국가기관 내적 관계를 고려하여야 한다. 비록 행위의 당사자가 개별 공무원이라고 하더라도, 국가기관의 의사결정구조 내에서 실제 행위자인 개인이 행할 수 있는 의사결정 또는 그 가능성은 상대적으로 매우 적다. 뿐만 아니라 대체로 상명하복 또는 직급이나 계급식의 서열화가 보편화된 국가내 조직일수록 개인의 행위결정가능성은 상대적으로 매우 협소하다. 즉, 의사결정구조 내에서 총합적 의사결정에의 가담가능성이 없거나 낮은 행위자는 지휘 또는 명령체계 내에서 상명에 대한 하복의 관계에 불과하다. 그러한 행위자의 명령수행

---

10 한편, 김동률, 앞의 논문, 311면 이하는 동 이론을 매우 구체적으로 소개하면서, 국가적 차원의 그러한 불법구조하의 범죄에 대한 연구결과가 보다 작은 조직의 범죄에 유추적용됨이 타당하기 때문에 의미가 있다고 본다. 그러나 결론에서는 통일 후의 북한정권의 청산에의 시사점에 대하여 강조함으로써 결과적으로는 국가범죄에로 향하는 조직지배이론의 본질과 맥을 같이하고 있다.

또는 복종행위가 범죄의 결과를 야기할 때에는 행위자에게 범죄에의 책임을 면할 필요가 있다. 물론 이와는 별개로 국가의 처벌은 국가폭력범죄의 본질에 해당한다.

우선 현행법상 위법한 상부자의 명령에 대하여는 이행의무가 없기 때문에 이를 거부하는 것 자체는 범죄가 성립하지 아니한다. 문제는 위법한 명령을 이행한 경우이다. 그런데 형법 제20조의 정당행위에서 법령 또는 업무로 인한 행위는 적법한 명령을 의미하는 것으로 이해된다. 따라서 위법한 명령에 대하여는 형법 제20조를 적용할 수 없고, 다만 위법한 명령을 거부할 수 있는 현실적 요건들을 고려하여 위법명령을 거부하고 적법행위를 선택할 수 있는가의 기대가능성의 문제로 접근하게 된다. 따라서 적법행위를 선택할 수 없는 불가피한 사유나 정황이 존재할 때에는 실제 행위자는 초법규적 책임조각사유를 적용하여 범죄성립을 부정할 수 있다. 이 때 배후의 위법명령자의 지시행위가 형법상 범죄에 해당할 때에는 교사죄 또는 제34조 제2항에 따른 특수교사죄가 성립할 수 있다. 다만, 국가폭력범죄에서 배후의 위법명령자의 범위를 어디까지로 볼 것인가의 문제가 여전히 남게 된다.

다음으로 실제행위자가 범죄행위의 결과를 발생케 하였더라고 앞서 본 바와 같이 그러한 업무의 수행이 무제한한 직위에의 대체가능성을 전제로, 국가기관의 의사결정구조 내에 관여할 수 없거나 적은 자의 행위인 경우에는 당해 행위자는 면책되지만, 국가 또는 국가기관의 국가폭력범죄 책임이 면제되는 것은 아니다. 따라서 실제 행위자가 면책 또는 최소한 책임감경이 될 경우에도 국가폭력범죄의 결과에 대하여 책임을 지는 국가 또는 국가기관의 범위의 문제가 발생한다.

국가폭력범죄에서 국가의 범죄주체성을 인정하게 된다면, 그와 같은 지휘체계상 상하관계에 있는 모든 구체적이고 추상적인 지위에 있는 자들은 국가권력 수행자로서 법인의 대표자와 동등하게 처벌의 대상이 되어야 한다고 보여진다. 단순히 중간계급의 직접 지휘 및 수행자만의 처벌만으로 국한된다면, 이는 일반형법상의 이론으로도 충분히 해결가능하다. 교사범이나 방조범으로 해결하고자 하는 것이 사법기관 및 판례의 전형적인 태도이기도 하다. 그러나 여기에서 국가폭력범죄의 성립을 논하고자 하는 바는, 그 조직의 힘을 이용하고자 하는 모든 지휘체계의 범죄성을 법 앞에 세우고자 함이다. 앞서 언급한 바와 같이 국가조차 지키지 않는 법을 국민이 지킬 의무가 없다는 점은 더 이상 국민과 국가가 근대 이전의 절대왕정국가와 같은 수직관계가 아니며, 계약의 당사자로서 수평관계를 가지고 있음을 의미한다. 따라서 일반 형법상 적용되는 범죄이론들을 국가에게도 적용하여 국가폭력범죄를 성립시키고자 하는 목적에 적합하게, 그리고 국가의 법인격화 또는 준법인격화를 인정하여 국가의 범죄주체성을 확인하고자 한다면, 이를 통해 국가폭력범죄에 의한 처벌의 대상이 구체화되어야 한다. 따라서 그러한 직무수행의 지휘체계 내의 의사결정권한이 있는 직급 또는 기관이 처벌의 대상이 되어야 한다. 총체적인 지휘 또는 직위체계 중 하급의 행위자와 몇 단계 관련 있는 자들을 한정하여 처벌대상을 제한한다면, 그러한 중간계급 역시 무제한한 지위에의 대체가능성이 처벌의 의미를 무색케 한다. 대체가능성이 무한한 자리에 위치한 행위자의 교체를 통한 국정운영의 정상화가 국가폭력범죄 처벌의 목적이나 결과가 아니기 때문이다. 총체적인 지휘체계 내에서 추상적으로라도 국가기관의 의사결정구조의 총합의 일부라고 판단되어지는 상부자 역시 처벌의 대상에서 제외되어서는 안 된다. 처벌의 엄중성과 신속성 및 공평성이 가장 효과적인 범죄예방 수단이라는 점은, 국민의 자유와 권리 보호를 위하여 존재하는 국가기관에 대해서도 예외가 아니어야 한다.

2. 공무운영상의 객관적인 흠의 존재

국가배상책임에 있어서 자기책임에 관한 해석은 또 다른 의미에서 되새길 필요가 있어 보인다. 국가배상책임의 본질을 자기책임으로 파악하는 입장에서는 공무원의 고의·과실을 공무원 개인의 주관적 책임요소로 보지 않고, 국가의 자기책임을 결정하는데 필요한 '공무운영상의 객관적 흠의 존재'로 대체한다.[11] 공무운영상의 흠이 존재하면 국가의 고의·과실은 당연히 인정되고, 행위자인 공무원 개인의 고의나 과실은 국가의 책임성립에 아무런 영향을 미치지 않는다는 것이다. 물론 국가배상법 제2조의 '고의 또는 과실로'라는 조건을 문언에 충

11 이광윤, 일반행정법, 법문사, 2006, 334면. 동 견해 역시 이와 같은 문언과 입법목적 간의 괴리를 해소하기 위하여 주관적인 요소로서의 과실보다 객관화하거나 그 입증책임을 완화하려는 방안을 제시하고자 한다.

실하게 해석한다면, 객관적 위법성과는 다른 행위자의 주관적 책임요소를 규정한 것으로 보아야 할 것이다. 그러나 대위책임설을 취하는 입장에서도 문언해석에 의하여 전적으로 행위자의 주관적 요소에 따라 국가배상책임의 성립여부가 좌우된다면, 피해자인 국민의 구제가 불완전하게 된다는 점을 자인한다. 따라서 법의 목적으로서 당위적인 법과 현실적으로 존재하는 법 간의 괴리를 해소하기 위한 법해석을 강구하고자 과실개념의 추상화나 가해공무원의 특정 불요 등의 해석들이 시도되고 있는 것이다.[12]

물론 국가배상책임이 과실개념의 추상화 등의 시도를 할 수 있는 이유는, 배상책임이 금전배상으로 귀결되기 때문이다. 그와 같은 본질적인 차이로 인하여 국가배상책임에서의 자기책임설의 논의를 전적으로 형법상 차용할 수는 없다. 그러나 자기책임설이 지속적으로 당위적인 법의 목적하는 바와 현실적인 법 사이에 존재하는 간극을 메우고자 시도한다는 면에서는 시사하는 바가 크다. 특히 '공무운영상의 객관적 흠의 존재'를 행위자의 내심의 의사의 대체재로 원용하고자 하는 점은 더욱 그러하다. 만일 형법상으로도 실제 행위자의 고의 과실여부와 관계 없이, 그러한 '지휘체계 자체의 운영상의 객관적인 흠의 존재'가 국가폭력의 실체로 인정되게 된다면 국가폭력범죄의 처벌은 더욱 용이해질 수 있기 때문이다.[13]

3. 실제 행위자를 위한 변론

국가폭력범죄라는 범주를 설정하고 국가의 범죄행위주체성을 인정한 후 실제로 국가기관에 의한 범죄를 성립시킨다면 그 후속조치로서 실제행위자에 대한 처벌문제를 다루어야 한다. 앞서 실제 행위자를 처벌하여야 하는가의 문제를 논의하면서 행위자면책가능성을 언급하였다. 이를 요약하면 다음과 같다. 첫째, 국가기관 처벌 외에 실제 행위자가 그러한 범죄에 적극적으로 가담하고

12 정연부, 앞의 논문, 420면 이하. 과실개념의 추상화란 민법에서의 추상적 과실이론을 도입하여 구체적 과실이 아닌 추상적 과실로 보게 된다. 그 결과 주의의무는 특정 공무원의 주관적 주의의무가 아닌, 해당 직종과 지위에 있는 평균적인 공무원의 지식과 능력, 경험 등을 종합하여 객관적으로 정해진다. 그 결과 고의·과실을 입증하기 위하여 공무원을 특정할 필요도 없으며, 나아가 가해공무원을 특정할 수 없어도 최소한 공무원의 행위라고 평가되는 한 국가의 배상책임은 인정된다고 보는 것이다.

13 물론 현행 형법체계하에서는 이를 전적으로 수용할 수 없음은 앞에서 언급한 바와 같다.

범죄에의 의사결정구조에 참여한 자라면 실제 행위자 역시 범죄성립을 인정하여야 한다. 그와 같은 행위자는 국가기관의 일부로서 행위 함과 동시에 개인으로서 자유의사로 범죄행위를 행한 것이므로, 처벌에 형법상 장애사유가 발생하지는 않는다. 국가기관과의 관계에 있어서는 공동정범을 비롯한 다수가담형태의 모든 임의적 공범유형이 적용될 수 있다. 특히 의사결정구조에의 가담의 적극성과 행위의 주도성 여부를 통해 기능적 행위지배가 인정된다면 공동정범이 성립될 것이다.

둘째, 만일 행위자가 목적범에서 목적 없이 행위하거나 행위에 대한 고의가 없는 경우에는 간접정범에서의 피이용자에 불과하다고 보아야 한다. 즉, 행위자는 국가기관의 지시에 의한 의사지배를 받은 자로 평가되어야 하며, 따라서 형법 제34조의 어느 행위로 인하여 처벌되지 아니하는 자에 해당한다. 이 경우에는 국가기관만이 이용자로서 간접정범에 해당할 것이다.

셋째, 행위자에게 인식과 인용이 있고, 행위의 위법성이 인정되지만 면책이 가능한 경우이다. 앞서 살펴본 바와 같이 하부기관으로 의사결정에 가담할 가능성이 없고, 비록 위법함을 알았거나 위법여부에 대하여 의심이 있었다고 하더라도 지시대로 이행하지 않는 경우 직무해태로 인한 징계의 대상이 되거나 심지어 면직의 위험성까지 있는 경우 그와 같은 행위자에게 지시사항에 저항하는 불이행을 기대하기 어렵다고 보아야 할 것이다. 국가기관의 운영은 특정한 행위자를 요구하는 것이 아니다. 반대로 국가기관의 각각의 직책과 운영은 선결정되어 있고 그와 같은 지위나 직책을 누가 담당하는지는 아무런 문제가 되지 않으며, 언제든지 대체가능하다는 점이 오히려 행위자에게 위법한 지시에 대한 불복을 어렵게 하는 정황으로 작용하게 된다. 고 백남기 씨 사망사건의 경우에도 살수요원이 다수인 경우 누가 당해 살수차에 탑승하는가는 살수요원의 의지도 아니고 언제나 무한 대체가능한 자리일 뿐이다. 따라서 실제로 탑승한 자가 아니더라도 누구든 그 살수차에 탑승하게 되면, 상부의 지휘에 따라서 살수하여야 하며 반대로 살수하지 않는 행위가 징계의 대상이 된다.

이제 선택은 두 가지가 된다. 살수행위를 하면 범죄가 되고 하지 않으면 징계를 받는다. 이러한 선택 불가능한 정황을 '적법행위에의 기대가능성이 없거나 희박한 정황'의 기준으로 삼는다면, 실제 행위자에게는 책임조각으로 인하여 범죄가 성립되지 않는다고 판단할 수 있다. 물론 국가기관의 일부이자 국민에 대한 봉사자로서의 지위에 있는 자에게는 국민에 의한 특별한 신뢰로 인한 주의의무와 지위의 전문성으로 인한 특별한 결과회피의무가 부과된다. 그러나 의무의 존재 자체가 의무의 이행을 요구하기 어려운 정황에 대한 판단에 장애사유가 되어서는 안 될 것이다. 국가폭력범죄를 인정하고자 하는 본질적인 이유도 여기에 있다. 실제 행위자만을 처벌하고 반대로 의사결정구조에 참여한 자들을 면책하는 구조의 부정의를 타파하기 위해서는, 반대로 실제 행위자를 면책하고 국가에 의한 불법행위를 결정한 자들을 처벌함으로써 정의의 회복이 이루어져야 할 것이다.

4
PART

제도의 인간화:
인간다운 처벌

CHAPTER 01 좋은 형법과 작은 형법

I 좋음과 작음: 작은 형법이 작은 처벌을 만든다

현대사회를 지칭하는 용어들의 특징은 대체로 정보와 안전, 그리고 초국경으로 요약될 것이다. 그리고 그 바탕에는 모든 과학기술분야의 급성장과 이에 파생되는 부정적 또는 긍정적 영향들이 자리하고 있으며, 생산적 요소를 기반으로 할 때에는 정보화와 기능화를 배제하고 현대사회를 설명하기 어렵다. 더 나아가 비록 정보화와 기능화를 기초로 한다고 하더라도, 사회의 어떠한 상태를 선별적으로 추출하여 파악할 것인가에 따라서, 사회가 하나의 무언가로 정의되기란 애초에 불가능하다. 좌표 축처럼 날실과 씨실만으로 구성되어 양축의 변화만으로 미래를 전망할 수 있는 것도 아니며, 수많은 축들이 서로의 이해관계의 강도를 조절하지 못하고 얽혀 있어서 어느 하나의 변화가 다른 영역들에게 미칠 영향에 대하여도 쉽게 예측할 수 없다. 법 영역 역시 그 수많은 축들 중 일부이며, 입법 또한 3권 분립이념을 주장하던 과거 시대의 명쾌하고 분명한 '자생적이고 독립된 힘'이 아니다. 도대체 대의제로 상징화된 입법권이라는 추상적 권리 이외에 구체적으로 입법권의 실현이 대의를 담고 있는지 여부를 형법영역에서 논함은 한계가 있을 것이다. 그럼에도 불구하고 형사법 영역은 이미 입법권이 낳아 놓은 기형아들로 가득하다. 이처럼 입법권에 의하여 생성과 발전과 소멸의 목숨을 내 놓고 사생의 기로에 놓여 있는 형사법들은 이미 다기망양(多岐亡羊)[1]의 형국에서 벗어날 수 없는 듯 보인다. 형법이 다기망양의 늪에서 벗어나지 못하는 이유 역시 한가지일 듯싶다. 심도자의 말과 같이 오늘날 우리가 접하는 형사법 역시, 본질은 하나임에도 불구하고 갈림길이 많아져서 그 근본 또는 목표를 잃어버리고 무수한 논쟁들에 빠져, 헤어 나오지 못하는 건 아닐까 싶다.

형법의 규범성은 형법 내에서 기술적 요소들을 배제시키는 작용을 함에도 불구하고, 형법은 반드시 '사고의 규범'이어야 한다는 요건을 충족시키기 위하여 지나치게 많은 논쟁들이 갈림길을 만들고 세분화시켜서 원래의 목표점으로 가기 위해서는 지나치게 너무나 많은 길에서 논박을 하고 헤매어야만 하게 되어 버렸다. 그러나 형법도 동시대의 '평균인의 합리적 이성'에 부합하여야 한다는 필요조건을 갖추었는가로부터 시작한다면 의외로 간단해질 수도 있을 것이다. 즉, 다기망양한 형세로부터 한걸음 벗어나 '평균인의 합리적 이성'이라는 렌즈를 통해 일단 바라보는 것으로부터 출발한다면, 수범자에 의한 예측가능성과 법규로서의 수용가능성을 높일 수 있을 것이다. 일반인의 예측가능성과 법규로서의 수용가능성이야말로 수범자로 향한 규범에의 순응력을 높이는 지름길이기 때문에, 형법 역시 그러한 점을 간과해서는 안 된다는 점을 지적하고 싶은 것이다.

수범자를 배려하지 않은 법은 시대를 너무 앞서가거나 시대에 너무 뒤처져 있을 뿐이다. 물론 법은 헌법의 보호영역 내에 위치해 있어야 하지만, 헌법은 단지 그것이 감내할 수 없는 헌법외적 영역에 있는가 여부만을 판단할 뿐 법 자체의 가치를 논하지는 않는다. 그러나 형법은 헌법 내에 위치해 있으면서도 좋은 법이어야 한다. 그리고 좋은 법은 '평균인의 합리적 이성'을 통해 가장 많은

---

1 心都子曰: "大道以多 亡羊, 學者以多方喪生. 學非本不同,非本不一, 而末異若是. 唯歸同反一, 爲亡得喪. 子長先生之門, …" ("큰길에는 갈림길이 많아서 양을 잃어버리게 되었고, 배우는 이는 학문의 방법이 많아서 도리어 본래의 삶을 잃게 되는 것이다. 학문은 본래 근본이 다르지 않다. 근본은 본래 한 가지이다. 그러나 그 끝에 가서는 아주 다르게 된다. 그러나 결국에는 다 같은 데로 돌아가고, 하나로 되돌아올 뿐이다. 마침내는 무엇을 얻는 것도 없고, 잃는 것도 없는 것이다. …")

지지를 받는 법이어야 한다. 그런데 평균인의 합리적 이성이 작동하는 원리는 대체로 효율성이라고 보는데, 특정 상황에서 어떠한 행위를 선택할 것인가는 효율성에 따른 합리적 선택에 의하여 좌우된다는 것이 경제학적 원리를 넘어 많은 영역에서 인간의 행동선택의 원리로서 받아들여지고 있다. 물론 그것이 형사입법에도 작용할 것인가, 또는 작용한다면 어떠한 방식으로 구현될 것인가는 형사입법이라는 영역이 가지는 특징을 간과한 채 일반원리로서 설명되어져서는 아니 될 것이다. 또한 경제성이 단지 기술적인 측면만을 고려한 개념이어서는 안된다.

여기에서 경제성이란 공동체의 작동원리로서 이해되어야 한다. 즉, 공동체의 가치가 충분히 존중되면서도 효율적으로 운용되기 위하여 필요한 공동체의 공통 이성을 토대로 한 경제성을 의미한다. 지속가능한 공동체의 경제적 작동원리는 공동체에게 요구하는 비용을 최소화하면서도 기존의 공동체 가치가 훼손되지 않는 방안이라는 점에서, 처벌에 있어서도 최소한의 비용을 통해 공동체의 지속가능한 영속을 보장해야 한다. 이는 직접적으로는 처벌 자체에 드는 사회적 비용의 문제가 되지만, 간접적으로는 처벌 규모의 합리적 축소의 문제로서 작은 형법을 요구하게 된다. 여기에서는 작은 형법이 작은 처벌로 귀결된다는 의미에서, 작은 형법을 만들어야 하는 논거와 그 작동원리를 살펴본다.

II 법익의 영역 구분짓기

1. 법익과 좋은 형법/감내할 수 없는 경계의 형법

법익이 무수한 논쟁의 갈림길들 사이에서도 중심축을 이루는 이유는 형법의 기능 때문이다. 형법이 법익과 사회 보호의 기능을 수행하여야 한다고 할 때에는, 법익을 해하거나 위태화하는 특정한 행위들을 금지함으로써 사회의 안녕을 유지할 수 있도록 기능한다고 이해하는 것이 일반적이다. 그렇다면 형법에 의하여 금지되는 행위들은 반드시 법익을 침해하거나 위태화하여야만 하며, 구성요건행위는 명확하여야 한다. 그러나 행위나 구성요건이 명확하게 규정되어 있더라도, 구성요건의 규범적 성격으로 인하여 그 적용 여부가 명확하지 않는 경우가 발생한다. 일반적으로 구성요건의 성격을 규범적인 것과 기술적인 것으로 구분하지만, 이제는 무의미한 구분일 뿐이다. 형법의 적용이란 사물의 사실현상—그것이 철학적이든 자연법칙적이든—을 대상으로 하는 것이 아니라, 형법상의 적용가치가 있는 것만을 대상으로 하기 때문이다. 예컨대, 절도죄의 재물은 재이면서 물이어야 한다. 그러나 재도 물도 사실확정에 의하여 그 의미를 인식할 수 있을 것인가의 문제는 별론으로 하고, 형법은 형법상의 법익으로서 보호가치 있는 재이면서 물인 것만을 대상으로 한다.

형법이 어떠한 보호객체들을 어떠한 형식으로 보호할 것인가에 관하여는 전통적인 법익론처럼 헌법질서와 같은 규범적인 원칙들을 기초로 찾아볼 수도 있고, 형법 역시 사회현상을 바탕에 두고 이를 통제하기 위한 수단이기도 하므로 사회현상을 고찰할 수도 있다. 그런데 후자의 접근이 반드시 법익론을 배제한 고찰이라고는 할 수 없다. 법익론 역시 무엇이 법적으로 보호해야 할 이익인가 여부, 즉 보호의 가치는 사회적으로 찾아져야 하기 때문이다. 앞서 언급한 바와 같이 다기망양(多岐亡羊)의 형국으로 모든 논의들에 갈림길을 만들고 양자선택의 문제로 귀결시켜버린다면, 통합적인 이해로부터 점점 멀어져버리게 된다.

즉, 사회적 현상을 포함하는 법익론은 전통적 법익론을 '뛰어넘는'[2] 고찰방법이라고 양자를 구분해 버리면, 전통적 법익론은 '뛰어넘겨져야 할' 구시대의 폐쇄적 사고가 되는 꼴이 되고 만다. 그러나 형법은 현실적으로 사회에 유해한 행위만을 대상으로 형벌을 투입해야 하며, 단순한 도덕이나 윤리에 저촉되는 행위나 추상적인 위험에 대해서는 개입하지 말아야 한다는 것이 전통적인 법익론에서의 법익보호원칙이다. 즉, 전통적인 법익론에서도 '사회에 유해한 행위'인가 여부는 사회적 현상에 대한 관점을 배제하고 판단할 수 없는 것이다. 오히려, 문제는 법익으로만 만들면, 헌법의 보호영역 내에서는 그 무엇이든 형법을

---

2 이진국, "형사입법에서 법익개념의 체계비판적 기능", 동아법학 제37권, 동아대학교 법학연구소, 2005. 12, 112면의 각주 19)는 Winfried Hassemer, Theorie und Soziologie des Verbrechens, Fischer Taschenbuch Verlag·fm, 1973, 130쪽 이하, 147쪽을 소개하면서 "사회적 합의에 중심된 법익론의 대표자인 Hassemer 교수는 형법이 어떠한 보호객체들을 어떠한 형식으로 보호할 것인가에 관한 물음과 관련하여 전통적 법익론과 같이 헌법질서 등과 같은 규범적 원칙들로부터 대답을 도출하는 것을 뛰어넘어 규범의 발생근거로서 사회현상들도 함께 고찰"하고 있다고 소개하고 있다.

통해 통제할 수 있다는 관점이다. 좋은 형법이 아니라, 다수결을 통해 헌법영역 내로 들어오기만 한다면 감내할 수 없는 한계지점 또는 경계선 위에까지 형법을 만들어 놓겠다는 입법결단이 문제인 것이다. 본질과 현상을 명확하게 드러내기 위하여 구분하고 범주를 나누기도 하지만, 때로는 수없이 나뉘어지고 구분되어짐으로 인하여 원래의 형체를 알 수 없게 되기도 한다. 따라서 입법에서도 나눌 것은 나누되, 불필요한 구분은 제거되어야 한다.

2. 법익의 영역 변화

법익의 확정은 사회의 발전 및 동태적 변화에 의존하므로, 사회적 가치관의 변화는 법익의 생성과 소멸을 좌우하게 된다. 그럼에도 불구하고 법익의 영역의 변화, 그것이 개인적 법익인지 사회적 법익인지 또는 국가적 법익인지는 어떠한 이익을 보호하고자 하는가에 따라 달라지는 해석의 문제가 될 뿐, 그것만으로 법익보호의 객체 또는 대상의 해석상의 변화를 초래하지는 않는다.

예컨대 문서범죄가 개인의 특정명칭을 악용함으로써 개인에게 해악을 가한다는 취지에서 개인적 법익으로 범주화되든 개인의 명칭이 기재된 문서를 유통시킴으로써 거래계의 신뢰를 저버릴 위험이 발생한다는 취지에서 사회적 법익으로 범주화되든지 간에 '특정인의 권리의무나 사실관계가 기재되어 이를 증빙할 수 있는 문서'를 객체 또는 보호대상으로 하겠다는 법의 의지는 변함이 없다. 다만, '특정인의 권리의무나 사실관계가 기재되어 이를 증빙할 수 있는 문서'의 악용으로 인하여 타인이 특정인을 사칭함으로써 특정인의 재산권에 해를 가하거나 명예를 실추시킨다면 개인적 법익이겠지만, 그러한 문서를 거래계에 유통시킴으로써 이를 신뢰한 사회구성원들의 기대를 해한다면 사회적 법익의 영역이 된다. 특히, 문서범죄는 개인적 법익에서 사회적 법익으로, 재산범죄에서 공공의 신용을 해하는 범죄로 변형된 대표적 사례이다. 역사적으로 위조란, '고의적으로 진실을 왜곡하여 제3자의 손해를 야기한 사실'이라고 정의되었기 때문에, 19세기 초까지 위조가 행위태양인 문서범죄는 사기죄의 하위유형으로 분류되어 왔고, 프로이센 형법에 이르러서야 사기죄로부터 독립하여 현재의 위치를 가질 수 있었다.[3] 역사적 맥락에서 그 법익이 변화하기도 하였을 뿐만 아

3 Georg Schilling, Das strafrechtliche Schutz des Augenscheinsbeweises, 1965, 37면 이하(류

니라, 고대에는 문서 그 자체가 귀한 재질로서 재산범죄의 대상이 되었다는 점에서 고대문화의 반영이 될 수 있고, 중세 및 근대의 복사기술, 현대의 정보통신기술의 발달을 통한 문서개념의 변화는 현대 기술사회의 문화를 반영할 수 있다는 점에서 문서의 죄 역시 사회현상의 변화를 투영해 볼 수 있는 대표적인 범죄라고 할 수 있다.

이러한 현상은 오늘날 형사법에서도 간혹 드러나는 현상이다. 예컨대, 개인에 대한 침해로 간주되었던 행위들이 빈번하게 발생할 뿐만 아니라, 그것의 확산이 사회적으로도 위해를 가할 우려가 발생한다면 개인적 법익을 침해하는 범죄는 사회적 법익을 침해하는 범죄 영역으로 이동하게 된다. 범죄행위가 변하는 것이 아니라 보호되는 법익의 내용이 중심이동을 하는 것이다. 물론 그것이 개인적 법익인가 아니면 사회적 법익인가 여부에 따라서 보호의 정도나 행위태양 등이 달라질 수 있지만, 특정 범죄의 구성요건을 어떻게 입법화하고 입법화된 구성요건을 어떻게 해석할 것인가는 별개의 문제가 된다.

3. 사회현상의 변화와 법익의 의미변화

형법은 국가형벌권에 의하여 보호될 가치가 있는 이익을 존중함에 있어서 상징적 의미가 아닌 현실적 작동원리가 되어야 한다. 형법의 임무이자 정당화 근거로서 법익의 개념은 사회의 변화에 민감하게 반응한다. 사회가 복잡하고 거대화될수록 형법이 보호해야 할 대상도 확대된다는 암묵적인 경향으로 인하여 법익은 또다시 만들어지고 변화한다. 그리고 법익개념의 변화는 다시 범죄유형에 영향을 미친다. 새로운 법익의 보호에 대한 필요성은 구성요건의 신설 내지는 재검토를 야기하는 것이다. 이런 의미에서 사회와 법익의 개념과 구성요건 체계의 변화는 상호불가분의 관계를 가지고 순차적으로 도미노 효과를 가져온다고 한다.[4] 이처럼 형법의 임무이자 정당화의 근거로 작용하는 법익은 그 자체로서 동적인 개념이기 때문에 사회의 변화에도 매우 민감하게 반응할 뿐만 아니라, 자생적인 생산력을 가지고 개념의 폭을 수축 또는 팽창하기도

전철, 문서위조죄의 형사정책적 고찰, 법학논총 제20권, 전남대학교 법학연구소, 2000. 12, 294면 각주 2 재인용).

4 김동률, "법익개념의 변화와 새로운 범죄유형의 필요성－보편적 법익과 관련한 독일에서의 논의를 중심으로－", 형사정책 제26권 제1호, 한국형사정책학회, 2014. 4, 191면.

한다.[5] 즉, 법익 그 자체는 여전히 변함이 없을지라도 때로는 법익의 의미나 법익을 포용하는 영역이 변화하기도 한다.

형법의 제·개정은 사회가 복잡·다변화됨에 따라 형법으로 보호해야 할 대상이 확대되거나 변하기 때문이기도 하지만, 때로는 이처럼 형법으로 보호해야 할 대상으로서의 법익은 변함이 없지만, 법익의 의미나 포용영역의 변화로 인하여 그 의미 또는 적용대상이 변화할 수도 있다. 전자의 경우에는 입법자의 결단에 의한 형법의 제정 또는 개정이 필요하지만, 후자의 경우 즉, 법익의 의미나 포용 영역의 변화문제는 해석자의 해석의 문제로 귀결되기도 한다. 다시 말해, 새로이 발견된 또는 만들어진 법익의 보호에 대한 필요성은 구성요건의 신설 또는 변화를 야기하게 된다. 그 결과 법익에 대한 시각은 구성요건 자체의 변화를 초래하고, 양자는 불가분적 연관성을 통해 순차적으로 돌고 도는 순환관계 속에서 나선형의 발전 또는 퇴보를 하게 된다. 하지만, 앞서 언급한 후자의 경우에는 경제성의 원리가 적용되어야 한다. 법률의 변화 역시 경제성의 원리에 따라 변화가능성을 최소화함으로써 자기 스스로 안정성을 지키려고 하기 때문이다.

III 작은 형법 만들기와 경제성의 원리

1. 경제성의 원리와 법률과의 관계

가. 경제성의 원리

본래 의미의 경제성의 원리(principle of economy)란 반드시 필요하지 않다면 더 많은 것들을 가정하지 말라는 원칙(Pluralitas non est ponenda sine neccesitate)이다.[6]

---

5 법익개념은 체계내적으로도 체계비판적으로도 그 역할을 수행하여야 한다. 체계내적인 측면에서, 특정한 법익의 보호를 목적으로 하지 않는 형법규정은 존재근거를 잃어 버리게 되고 법익에 대한 실제적 침해 내지는 위험을 초래하지 않는 행위는 범죄의 카테고리에서 배제된다. 최근에는 과도한 형법의 양산에 대한 경고로서 체계비판적 측면이 보다 강조되는 경향이 있는 듯하다.

6 Peter Kunzmann·Franz-Peter Bukard·Franz Wiedman/여상훈 역, 철학도해사전(drv-Arlas Philosophie, 15. Aufl., 2011), 들녘, 2016, 177~178면.

즉, 최소한의 것들만으로 논하라는 오컴의 중세철학의 기본원리이다. 간단히 말하면 어떠한 현상을 설명할 때 복잡한 가정을 하지 않고, 가장 간단한 설명을 고르는 것이 맞을 확률이 높다는 의미이다. "같은 현상을 설명하는 두 개의 주장이 있다면, 간단한 쪽을 선택하라"는 뜻으로, 사고절약의 원리(Principle of Parsimony) 또는 단순성의 원리라고도 한다. 물론 간단한 것이 진실이거나 참이라는 의미는 아니다. 다만, 불필요한 가설을 배제함으로서 상황을 명료하게 만들어야 함을 의미한다. 이는 명제의 진위에 관한 기준이 아니라, 태도이다. 그럼에도 불구하고 현대 사회현상이나 과학에서 경제성의 원리는 가장 기본적 원리로서 차용된다. 심지어 언어 선택의 문제부터 소비와 지출의 기준에 이르기까지 우리의 일상생활 전반에서 경제성의 원리는 다양한 형태로 스며들어 있다. 경제성의 원리를 선호하는 이유 역시 매우 간단하고 경제적이다. 불필요한 에너지의 낭비를 경계하고 오해의 소지를 최대한 축소하는 것이다. 주장에 대한 논증 자료가 많으면 많을수록 오류의 가능성 및 논증 자료들 간의 양립불가능성도 상대적으로 커진다. 대화에 있어서도 불필요한 미사여구가 많으면 많을수록 의미전달을 방해하게 된다.

경제성의 원리는 철학적 사고를 바탕으로 하였지만, 절약적 사고의 원리라는 점에서 주로 경제학적 영역에서 이용되어 왔다. 즉, 계량화된 합리성을 배경으로 하는 인간 행동의 준거를 추구한다는 점에서 경제학 영역의 중심개념으로 자리잡아 왔고, 이제는 경제학을 넘어 공학, 행정학, 언어학 등 다양한 분야에서 효율성을 나타내는 지표로 사용되기도 한다.[7] 그러나 경제성이라는 개념에 포함된 본질이 효율성의 극대라는 점 이외에는 그 원리가 포함하고 있는 구체적인 내용들은 사용되는 영역에 따라 달라지거나 명쾌한 설명이 수반되지 않기도 한다는 점에서,[8] 경제성의 원리가 법학에 수용될 때에는 어떠한 의미를 가져야

7 한편 정영철, "헌법원리로서의 경제성원칙", 토지공법연구 제57집 , 한국토지공법학회, 2012. 5, 462면 이하는 v. Arnim, Hans-Herbert, Wirtschaftlichkeit als Rechtsprinzip, Duncker & Humblot, Berlin, 1988, 21면은 경제적 개념과 법적 개념이 반드시 일치할 필요는 없다는 주장을 소개하고 있다.

8 박종수, "법원칙으로서의 재정효율성", 토지공법연구 제43집 제1호, 한국토지공법학회, 2009, 619면은 경제성 원칙이 대안적 행위가능성 중에서 비용산출의 적절한 관계를 선택할 것을 요구하는 반면에 효율은 경제적 척도와 경제외적 합목적성 요소까지 포괄하는 보다 광의의 개념이라고 구분하였다. 또는 v. Arnim, 앞의 책, 47면은 효율성은 정치적, 사회적, 문화

할 것인가는 또 다른 과제이기도 하다.[9]

일반적으로 경제성의 원리는 효용과 비용, 즉 목적과 수단 사이의 비례 또는 목적과 투입자원 사이의 관계에 의존하여, 그 비례관계의 최적화를 추구한다. 따라서 일정한 목표를 최소의 자원을 투입하여 달성한다는 '최소한의 원칙'과 일정한 자원의 투입으로 최대의 목표를 달성한다는 '최대한의 원칙'으로 요약될 수 있다. 따라서 경제성의 지향이란, 추구하는 목표와 투입되는 자원 사이의 가장 이상적인 비례를 달성하고자 하는 노력의 요청으로 이어지고, 비교를 통하여 그 달성 여부가 평가된다. 최소한의 원칙이란 행위자에 의해서 영향을 받지 않는 목표가 이미 정해진 상황에서, 고정된 목표를 달성하기 위한 최소한의 수단투입을 의미한다. 즉, 고정된 목표하의 목적과 수단의 관계는 절약적 사고의 원리에 따라 최소수단으로 달성되어야 한다. 목표가 정해져 있는 행위상황에서 경제성을 준수한다는 의미는 절약적인 수단투입으로만 가능하기 때문이다. 이런 의미에서는 절약성의 원리는 비용절감의 원칙과 동일한 의미이기도 하다.[10] 반면 최대한의 원칙은 제한된 수단을 전제로 목표를 가능한 한 최대한 달성함을 의미한다. 최대한의 원칙은 수단이 이미 고정되거나 제한된 사정하에서 결과지향적인 행동선택을 지칭하며, 이익의 극대화라고 달리 정의될 수 있다.

이미 법경제학에서는 법규칙의 정립과 재판과정에서 경제적 효율을 고려해야 한다는 목소리가 높아지고 있다.[11] 우선 법경제학에서는 효율의 개념으로

적 영역을 포함하는 광의의 개념으로서 포괄적이고 추상적이며 일반적 명제라고 하여 효율성을 상위개념으로 보고 경제성을 하위개념으로 설명하고 있다. 그러나 여기에서는 경제성과 효율성을 구분되는 개념으로 사용하지 않고자 한다. 본 논문의 목적 자체가 경제적·비경제적 척도를 모두 포괄하여 형사입법의 작동원리로서 경제성이라는 용어를 사용하고자 하기 때문이다.

9 법경제학이라는 학문영역이 자리잡기 전에도, 경제성의 원리가 법과 완전히 결렬된 용어였던 것은 아니다. 예컨대, 존 롤즈는 그의 저서(John Rawls, A Theory of Justice, The Belknap Press of Harvard University Press, 1971)에서 경제성의 원리 또는 효율성의 원리나 복지에 대한 정의우선원칙을 언급한 바 있다.

10 이와 관련한 대표적 문헌으로는 v. Arnim, 앞의 책, 49면 이하 참조.

11 Duncan Kennedy, "Law-and-Economics from the Perspective of Critical Legal Studies", The New Palgrave Dictionary of Economics and the Law, 1998, 465면 이하; Richard Posner, "A Review of Steven Shavell's Foundations of Economic Analysis of Law," Journal of Economic Literature, 44(2), 2006, 405면 이하; Nicholas L. Georgakopoulos, Principles and Methods of Law and Economics: Basic Tools for Normative Reasoning, Cambridge University Press, 2005, Part 1. chapter 5 이하; Steven Shavell, Foundations of Economic

접근하는데, 배분적 효율과 생산적 효율이 그것이다.[12] 배분적 효율이란 한정된 자원의 효용을 극대화한다는 의미로서, 법제도를 설계하고 운영함에 있어서, 만일 자원이 더 큰 효용을 가져올 수 있게 사용될 수 있음에도 불구하고 그렇게 사용되지 못하는 형태의 자원낭비를 막는 것이 목적이다. 반면 생산적 효율이란 일정한 목적을 달성함에 있어서 가장 자원을 절약하는 방안을 모색하게 된다. 앞서 언급한 최소한의 원칙이 생산적 효율을 의미한다면, 최대한의 원칙은 배분적 효율과 일맥상통할 것이다.

나. 공법에의 적용예

경제성의 원리는 앞서 언급한 바와 같이, 경제학을 넘어 이미 다른 학문의 영역에서도 많이 이용되고 있다. 경제성의 원리는 개인의 차원을 넘어서서 법의 영역에서도 수용되고 있는데, 법정책적 측면에서 '법을 통한 사회공학'[13]의 요청을 무시할 수 없기 때문이다. 특히 효율성의 면을 강조하는 행정법, 그중에서도 재정행정의 측면에서는 이미 법률로서 정립되는 단계에 이르렀다. 그렇다면, 동 원리는 단지 재정행정과 관련한 법률에만 국한된 원리인지 아니면 행정법을 넘어서서 헌법이나 형법 또는 동법들의 입법원리로서 작용할 수 있는 것은 아닌가 하는 의문은 매우 생소한 것은 아닐 것이다.

공법, 특히 행정법에서 경제성의 원리는 예산이나 회계와 관련된 재정행정에서 적극적으로 활용된다. 예컨대 감사원법 제34조의2 제1항 제3호는 기관 등에 대하여 감사원은 '행정운영 등의 경제성·효율성 및 공정성 등을 위하여 필요하다고 인정되는 경우'에는 관련사항에 관한 권고권 또는 통보권이 있음을 명시하고 있다. 국가재정법 제7조 제1항 역시 정부는 '재정운용의 효율화와 건전화를 위하여' 재정운용계획을 세우도록 요구하고 있으며, 이 밖에도 자연재해대책법이나 산지관리법, 농어촌정비법, 환경기술 및 환경산업 지원법 등 재정 또는 효율성과 관련한 행정행위 전반에서 경제성을 지향할 의무를 명시하고 있다. 물론 법문을 경제성의 원리라고 명시하지는 않더라도 효율성, 능률성 등의 표

Analysis of Law, Harvard University Press, 2004, 275 이하 등 참조.

12 윤진수, "법(法)의 해석(解釋)과 적용(適用)에서 경제적(經濟的) 효율(效率)의 고려(考慮)는 가능한가?", 서울대학교 법학 제50권 제1호, 서울대학교 법학연구소, 2009. 3, 40면 이하 참조.

13 동 용어는 정영철, 앞의 논문, 461면에서 차용하였다.

현들 역시 동일한 의미로 보아야 할 것이다.

따라서 행정법상 경제성의 원리는 이미 단순한 행정 내부적인 의사결정상의 합리성의 원칙이나 행정윤리적인 의미의 행동원칙을 넘어서서 법적 차원의 원리로서 자리잡았다고 평가할 수 있다. 오히려 최근에는 경제성의 원리가 행정법이라는 법률상의 지위를 넘어서서 헌법적 원리로서 수용될 수 있는가의 논의가 전개되고 있을 만큼, 이미 공법의 영역에서 경제성의 원리는 견고하게 자리잡아가고 있다.

2. 작은 형법 만들기

범죄와 범죄자의 과잉생산은 사회의 안전지수를 매우 열악하게 만든다. 낮아진 안전지수는 범죄의 위험성에 대한 인식을 높이고, 범죄화 및 강력한 처벌을 요구하는 원동력으로 작용한다. 이것이 입법으로 이어지게 되면 형사입법의 비대화라는 끊어지지 않는 악순환의 고리를 초래한다. 엄중한 형법과 강력한 처벌을 통해 사회안전을 보장할 수 있다는 사고는 매우 위험하다. 형사입법은 국가권력의 확대로 직결되며, 확장된 국가권력, 특히 국가형벌권은 국민의 기본권에 직접적 제한을 가하는 방식으로 발동되기 때문에 개인의 안전은 이중적 위협에 처해지는 결과가 된다. 형법은 개인의 안전욕구를 충족시키는 도구가 아니라, 법익보호와 개인의 자유보호의 수단이어야 한다. 그러나 고유의 목적 이외의 목적달성을 위하여 생성되는 형사입법들은 국가형벌권의 비대화만을 초래할 뿐이다.

작은 형사입법 만들기의 취지를 하나의 예로 들자면 다음과 같다. 문서위조죄는 대표적인 위조범죄로서 공공의 신용을 보호법익으로 한다. 그런데 공공의 신용이라는 사회적 법익은 그 추상성으로 인하여 어느 범위나 정도의 보호를 목적으로 하는지를 법익 자체로부터 도출하기는 매우 어렵다. 판례는 오늘날 일상거래에서 복사문서가 원본에 대신하는 증명수단으로서의 기능이 증대되고 있는 실정에 비추어 볼 때 이에 대한 사회적 신용을 보호할 필요가 있다고 하여, 공공의 신용이라는 보호법익을 거래현실을 반영하는 개념으로 판단하고 있다. 공공의 신용이라는 법익의 범주가 중요성을 가지는 이유는 이로부터 어떠한 문서를 보호할 것인가라는 신용의 대상이 확정되기 때문이다. 판례는 문서의 죄의 보호법익은 '문서 자체의 가치가 아니고 문서에 대한 공공의 신용'이라고 본다.[14] 따라서 문서위조죄의 객체가 되는 문서는 반드시 원본에 한한다고 보아야 할 근거는 없고 문서의 사본이라 하더라도 원본과 동일한 의식내용을 보유하고 증명수단으로서 원본과 같은 사회적 기능과 신용을 가지는 것으로 인정된다면 이를 위 문서의 개념에 포함시키는 것이 상당하다고 본다. 즉, 증명수단의 종류와 기능이 증대되고 있는 사회적 변화를 반영하여, 그러한 수단에 대한 사회적 신용의 보호필요성, 즉 법익의 보호를 위하여 필요한 영역으로 그 객체를 확대할 수 있다는 가능성을 확인시켜 준 것이다. 이로서 작은 입법 만들기의 취지와 기준이 간접적으로 제시된 것이 아닌가 한다. 이는 보호법익의 범주 내에 포섭되고, 사회적 변화—그것이 가치의 변화이든 기술의 발전이든 간에—에 의하여, 법익의 보호를 위해 필요한 영역이 된다면 해석을 통하여 형법의 적용영역을 확장시킬 수 있다고 이해되는 대목이다.

물론 형법의 과잉생산을 우려하는 시각에서는, 입법에 의한 확장보다 더욱 경계하여야 할 것이 해석을 통한 은밀한 확장임은 명백하다. 따라서 과잉입법뿐만 아니라 형법의 확장해석 역시 경계하여야 한다. 그러나, 사회변화에 의하여 불가피한 영역까지도 형법의 영역확대저지를 빌미로 방치할 수는 없다. 형법의 확장을 경계하여야 할 영역은 추상적이고 모호한 새로운 법익의 출현영역이다. 그것이, 이미 기존에 전통적으로 인정되어 온 법익의 보호를 외면할 것을 요구하는 것은 아니다. 그렇다면 법익 보호의 필요성이 명백한 새로운 영역에서 형법의 확장을 최대한 축소하는 방안은, 그러한 영역에 대하여 최대한 작은 입법을 만드는 것이다. 작은 입법만들기란 해석을 통하여 해결될 수 있는 법영역에 입법의 칼을 휘두르지 말 것을 요구함을 의미하고자 한다. 이로서 기존의 형법 틀에 관한 최대한 제·개정함이 없이 해석만으로 형법의 손길이 필요한 영

14 대법원 1989. 9. 12. 선고, 87도506 판결. 동 판결은 형법개정 전 복사문서의 문서성을 인정한 전원합의체판결이다. 여기에서 대법원은 복사문서에 대하여 "문서의 사본 중에서도 사진기나 복사기 등을 사용하여 기계적인 방법에 의하여 원본을 복사한 문서 이른바 복사문서는 사본이라 하더라도 필기의 방법 등에 의한 단순한 사본과는 달리 복사자의 의식이 개재할 여지가 없고, 그 내용에서부터 모양, 형태에 이르기까지 원본을 실제 그대로 재현하여 보여주므로 관계자로 하여금 그와 동일한 원본이 존재하고 있는 것으로 믿게 할 뿐만 아니라 그 내용에 있어서도 원본 그 자체를 대하는 것과 같은 감각적 인식을 가지게 하는 것"이라고 판시하였다.

역을 포섭한다면, 법의 외형적 틀이 변하지 않음으로서 법적 안정성을 유지할 수 있다.

3. 형사입법상 경제성의 원리의 도입필요성

형사상 과도한 입법이 초래하는 문제점은 입법전반 과도화의 문제점과도 일맥상통한다. 입법전반을 포함한 형사입법의 과도화의 문제점을 몇 가지 측면에서 살펴보면 다음과 같다.

우선 법률 간의 양립가능성을 저해할 우려가 있다. 입법의 과잉양산은 무수한 입법들 간의 정치한 비교작용을 거쳐서 이루어지지 않을 경우, 법률 간에 모순을 발생시키기도 한다. 사회가 다변화됨에 따라 그에 적용되는 법률의 영역 역시 매우 세분화되고 전문화되어 가고 있다. 이에 따른 입법의 전문화는 통섭적인 안목없이 개별화된 법률들을 양산해 내고, 법률들 간의 양립가능성을 정교하게 다루는 것을 현실적으로 어렵게 만든다. 그 결과 법률들 간의 구성요건이 양립하기 어려운 경우가 발생한다.

둘째, 일단 비대해진 입법영역은 결코 자생적으로 부피를 줄이지 않는 경향을 가진다. 따라서 입법의 축소를 위한 원칙을 가지지 않는 한, 비대해지는 입법영역은 스스로 합리적인 입법의 양을 저울질할 능력을 가지지 못한다. 즉, 입법내재적 통제력을 가지지 못하고 양적 증가의 경향으로 치우칠 가능성이 많아질수록 입법외적 원리를 통해 제한을 가할 필요가 있다는 점을 간과해서는 안된다. 물론 입법외적 통제 이전에 입법의 비대화가 부정적 결과인지 아닌지에 대한 평가가 선결되어야 한다. 입법권은 추상적으로 위임된 국민의 권리이기도 하기 때문이다. 그러나 입법의 양이 많아진다고 해서 그에 비례하여 추상화된 입법권이 강화되는 것은 결코 아니다. 특히 우리나라와 같이 정부가 국회의원과 동등하게 법률발의권을 가지고 있는 경우(헌법 제52조), 입법권이 전적으로 의회에 속한다고 설명하기도 어렵다.[15]

---

15 과거 우리나라 국회 법률안의 실적 중에서 가장 최악이었던 경우는 아마도 제14대 국회였던 듯하다. 1992~1996년 제14대 국회의 경우, 총 902건 중 정부제출 법률안이 581건으로 64%이고 이 중 537건이 가결되어 92.4%의 통과율을 보인 반면, 의원발의 법률안은 321건으로 전체 대비 36%에 불과할 뿐만 아니라, 가결은 119건에 그쳐서 37.1%에 해당하였다. 이러한 법률제·개정의 현실은 입법권이 과연 국민의 대표인 입법부에 속하는 것인지를 의

셋째, 법률의 중복 입법으로 인하여 적용순서 또는 일반법과 특별법 관계의 혼동을 초래한다. 어느 하나의 현상 또는 사건에 대하여 2개 이상의 법률을 적용해야 하는 경우가 발생하는 경우 적용순서는 일반법과 특별법, 구법과 신법 등의 몇 가지 원칙이 있지만, 그것조차 모호한 경우에는 법적용 순서의 혼동으로 인한 적용오류의 문제가 발생하기도 한다. 특히 특별법 간에는 신구법 여부와 관계없이, 어느 법률이 특별법에 해당하는가의 해석이 법적용의 우선순위를 가름하기 때문에 유사한 또는 중복된 입법은 법적용 및 적용을 위한 법해석에 갈등을 야기한다.

넷째, 입법권의 과도한 남용이 입법권의 부당한 월권 또는 반대로 약화를 초래할 우려가 있다. 권리는 사용하면 할수록 비대해지는 경향이 있다. 또는 반대로 잘못 사용된 권리는 그에 대한 불신으로 인하여 약화되기 마련이다. 반대로 적절한 입법권의 사용은 입법에 대한 수범자의 신뢰를 강화시킨다는 점을 상기하여야 한다. 입법권이 대의제를 통해 국민의 권리를 상징한다고 하더라도, 입법권의 강화가 국민의 권리강화로 직결되지는 않는다. 오히려 입법권의 강화로 국민의 기본권을 억제하는 형사 입법경향을 드러내는 경우 자기모순의 결과를 초래하게 된다.

마지막으로, 과잉형법은 형사입법으로 보호하고자 하는 법익의 지나친 세분화나 반대로 불특정성 및 이로 인한 법익의 추상성 또는 모호성을 부추기는 결과를 초래한다. 일반적으로는 특정되지 않은 법익 또는 세분화되지 않은 법익이 법익의 추상성을 조장한다고 본다. 대표적인 예가 위험형법이다. 보호법익의 추상화는 어떤 행위가 구체적으로 법익침해와 연관되는지를 확인할 수 없게 하므로, 처벌의 근거는 특정한 법익침해가 아니라, 침해와의 연관성에 근거하지 않는 행위로부터의 장래의 공격행위를 사전에 차단하도록 만든다. 그 결과 법익과 연관되지 않는 행위준칙을 만들게 되고, 그러한 안전에 관한 규칙 미준수

심케 하는 결과이기도 하다. 물론 그 이후 국회활동의 적극성과 전문인력의 보조를 통해 국회입법의 사정은 매우 호조되기는 하였지만, 여전히 정부가 법률발의권을 가지고 있는 한 이러한 의문은 여전히 남아 있게 된다.

이러한 사정은 지금도 다를 바 없다. 2016년 1월 1일부터 2017년 5월 17일까지 정부입안 현황을 살펴보면, 대통령령 및 부령을 포함하여 4,175건을 발의하였다. 자세한 발의 내용은 정부입법지원센터 https://www.lawmaking.go.kr/lmSts/govLm 참조(2017. 5. 25 최종접속).

만으로도 형벌을 부과함으로 인하여 가벌적 영역을 쉽게 확장시킬 우려가 있다. 또한 보호법익의 추상화는 법익침해의 결과에 대한 예측가능성 또는 그 논거를 뚜렷하게 제시하지 못하기 때문에, 경미범죄에 대하여 그 불법성을 뚜렷하게 제시하지도 못하면서 이를 정당화시켜주게 된다.[16] 따라서 보호법익의 추상성 자체는 매우 위험한 발상이다. 그런데 특정되지 않은 법익뿐만 아니라, 지나치게 세분화된 법익도 법익의 모호성을 조장한다. 예컨대, 환경오염에 관한 법률들이 일반법으로 정비되지 아니하고, 특정 재해나 인적 사고를 대상으로 한 특별법 형식으로 사안에 따라 규정되고 규제행위들을 만들어 내게 되면, 그것이 당해 사고에만 적용되는지 아니면 그러한 행위들이 일반적으로 동일한 상황하에서 적용될 수 있는지 여부에 관한 모호성을 조장한다. 또한 동시에 법익 자체가 특정 객체의 법익에 한정되는지 아니면 동일한 형태의 객체 모두에의 법익으로 귀속되는지를 모호하게 만든다.

Ⅳ 형사입법에서의 경제성의 원리

1. 형사입법상 경제성의 의미

가. 형법의 기초와 경제성

경제성의 원리를 포함한 형사입법의 경제적 접근은 특히 형사입법을 통한 형사정책의 실현이라는 관점에서 조망되어 왔다. 예컨대, 범죄선택이 효용의 극대화의 결과라는 점을 강조한 이론들이 이에 해당한다. 잠재적 범죄인은 그가 보유한 지식과 정보의 범위에서 모든 가능성을 고려하여 효용을 극대화하는 방향으로 행위를 선택한다는 전제하에서 경제학상의 선택이론을 적용하는 방법이 그것이다.[17] 이에 따르면 범죄와 관련한 비용과 수익, 범죄행위에 수반되는 위

16 안전 또는 위험과 법익의 추상화에 관한 자세한 내용은 김혜경, “사회안전과 실체형법의 변화–과제와 전망–사회안전과 사회통제, 그리고 성찰적 형법–”, 비교형사법연구 제15권 제1호, 한국비교형사법학회, 2013, 145면 이하 참조.

17 Gary S. Becker는 그의 저서 Crime and Punishment: An Economic Approach (Columbia UniversityPress, 1968)에서 이와 같은 이론을 전개하고 있다. 또한 그의 이론에 대한 법경

험에 대한 개개인의 서로 다른 계산의 결과가 범죄의 선택에 영향을 미친다고 본다. 이 때의 위험이란 체포확률과 양형이다. 따라서 양형이 중할수록 범죄억지력은 높아지지만, 반대로 형벌이 중할수록 형집행 비용이 높아지기 때문에 효율성의 면에서 적절하지 않다고 본다. 궁극적으로는 체포확률과 양형의 중대화보다는 범죄로 인한 이익을 차단하는 방법으로 범죄를 예방하는 것이 가장 적절하다고 본다.

형사입법에서의 경제성의 원리란, 사회와 법익의 개념과 구성요건체계의 변화가 상호 불가분의 관계가 있음을 전제로 할 때, 이러한 도미노 효과를 낳는 순환관계 속에서의 변동이 초래하는 입법상 힘의 소비가 일종의 낭비가 되지 않도록 해야 한다는 점을 암시한다.

물론 형사입법을 경제성의 원리만으로 해결할 수는 없다. 형사입법은 그 자체로 추구해야 할 고유한 가치가 있기 때문이다. 형사입법의 가치는 인간의 존엄성을 전제로 하며, 인간의 존엄성은 경제성이나 효율성과 같은 비교우위의 대상이 될 수 없다. 즉, 경제성이 기본적으로 목적과 수단 간의 비교를 통해 이익의 극대화를 추구한다는 의미가, 입법상으로는 법률이라는 수단을 통해 범죄억지와 자유보호라는 목적을 달성하고자 할 때, 양자의 비교를 통해 최소 법률투입으로 최대한 법익과 기본권보호를 이끌어내야만 한다. 그러나 법률투입 자체가 형법상으로는 개인의 기본권침해를 전제로 하기 때문에, 기본권침해를 수단으로 한 기본권보호라는 역설이 발생할 위험이 있다. 따라서 형사입법상 경제성의 원리의 도입은 여타의 법영역보다도 매우 신중해야 할 것이다.

나. 형사입법상 경제성의 원리와 법익의 역할

형법상 법익개념이나 법익의 역할 또는 법익의 해석방법은 오늘날에도 여전히 형법해석과 관련하여 끊임없이 논의되고 있다. 개인적 법익의 영역에서는 형법으로 보호할 만한 이익이 상대적으로 실체적이고 명확하기 때문에 외형적으로 큰 문제가 되지는 않는다. 그러나 추상적으로 정의되는 사회적 법익이나 국가적 법익으로 관심을 돌린다면 이러한 추상적이고 보편적인 법익을 어떻게

제학적 소개는 이수성, "범죄와 형벌에 대한 법경제학적 접근: 비판적 검토", 서울대 법학 제28권 제2호, 서울대학교 법학연구소, 1987, 43면 이하 참조.

인정할 것인지는 보호법익의 해석방법에 관한 문제를 제기하게 한다.

법익이란 일정한 신념이나 관점, 정책 등에 영향을 받지 않을 수 없다. 물론 어떤 방법 또는 관점에 따라 법익개념을 바라보고 구성하는가에 따라 각기 법익개념이 달리 구성될 수 있다. 그러나 입법자의 입법의도를 고려한 해석에 의하든 객관적 목적론적 해석에 의하든 입법내재적으로 가지는 이익을, 사회변화에 따른 정책적인 측면을 배제한 채 오로지 입법자의 의도만으로 해석할 수는 없을 것이다.[18] 법익론이 그 기능을 발휘하기 위해서는 현실과의 소통을 기초로 해야 한다는 점은, 형법에 의하여 규정된 법익의 내용과 한계가 법률 자신으로부터 생겨나는 것이 아니라, 그러한 법률을 사회적 현실에 적용하면서 비로소 생겨남을 반영한다.[19] 예컨대 공공의 신용을 법익으로 하는 문서에 관한 죄의 경우, 공공의 신용이라는 보호법익은 위조범죄를 금지함으로써 국가가 보호하고자 하는 법익이라는 점은 역사적으로 언제나 일치하지만, 그 범주나 해석은 그 시대가 요구하는 정도에 따라서 변화하는 동태적 개념이다. 즉 각 시대와 공간에 따라 변화하는 가변적인 개념으로서, 각 시대와 공간과 소통하면서 결정지어지는 개념이기 때문에 시대정책적인 측면을 배제하고 해석할 수는 없다.

따라서 현대의 공공의 신용은 문서위조죄가 입법화된 1953년 제정법이 보호하고자 하는 이익과 반드시 일치하지 않는다.[20] 이렇게 본다면 공공의 신용이

---

18 법익개념의 정책의존성을 잘 드러내고 있는 주장은 W. Hassemer의 의사소통적 법익구상과 인격적 법익구상이라고 할 수 있을 것이다. Hassemer는 법익구상을 양자로 나누면서, 의사소통적 법익구상이란 법익개념이 사회적·규범적 의사소통을 통해 구성되는 것이기 때문에 법익개념은 고정된 개념이 아니라 사회적·역사적 맥락에서 비로소 구성된다고 본다. 그리고 인격적 법익구상의 측면에서 법익은 관계적 개념으로써, 인격을 유지하고 보장하는데 도움이 되는 이익이 형법상의 법익이라고 본다. 따라서 인격적 관점에서 도움이 되지 않는 규범들은 비범죄화의 대상이 되어야 할 것이며, 이러한 점에서 인격개념은 일정한 형법정책의 방향을 지향하게 된다고 본다. 그리고 인격적 법익구상은 의사소통적 법익구상을 포함하고 있다고 본다. Winfried Hassemer, Grundlinien einer personalen Rechtsgutslehre in: ders., Strafen im rechtsstaat, 2000, 168면(양천수, "형법상 법익 개념의 새로운 근거설정 필요성과 가능성", 고려법학 제47권, 고려대학교 법학연구원, 2006, 268~287면 참고 및 재인용).

19 Winfried Hassemer, Theorie und Soziologie des Verbrechens, 1973, 105면(류전철, "보호법익으로서 공공의 신용의 형법해석론상 의미", 형사법연구 제18호, 한국형사법학회, 2002. 겨울, 321면 재인용).

20 1953년 제정된 형법상 제225조 내지 237조의 문서에 관한 죄는 1995년 제227조의2(공전자기록위작·변작), 제232조의2(사전자기록위작·변작) 및 제237조의2(복사문서 등)를 제외하고는 법정형의 변화 이외에 구성요건이 변화된 개정사항이 없다.

라는 법익은 온전히 사회현실만으로 형성되는 것도 아니고 오로지 규범적으로만 형성되는 것도 아니다. 규범적으로는 마치 진정한 문서가 존재하는 듯한 외관을 가진 문서를 생성함으로써 공공의 신용을 해할 위험성이 있는 행위를 금지하는 것으로 해석하되, 법익보호를 위한 대상이 되는 공공의 신용의 도구는 사회현실의 동태적 변화를 고려하여 해석하는 것이 타당할 것이다. 특히 문서의 경우에는 사적 거래에 참여하는 자들 사이에서 형성되는 대상물의 신용이 형법규범을 통해서 보호해야 하는 보호객체이므로, 입법자가 규범적으로 설정해 놓은 대상물로만 한정하는 것은 현실을 외면한 해석이 된다.[21] 따라서 보호의 객체는 신용형성의 수단일 뿐이다. 공공의 신용이라는 보호법익은 현실을 반영하여 유지하고, 법익이 보호하고자 하는 신용을 형성하는 사회적 수단은 시대나 사회발전속도에 따라 변화가능하다고 본다면, 법익개념이 보호되는 문서의 범위[22]를 결정하는 데 중요한 기준이 됨을 알 수 있다. 이 경우 문서의 범위는, 문서의 종류를 특별법이나 형법개정을 통해 법적으로 확대함으로써만 해결될 것인가 아니면 법익을 반영한 법해석을 통해 확장할 것인가의 문제로 귀결된다. 이 때 전자를 선택함은 명확성의 원칙이나 유추해석 금지의 원칙 등 죄형법정주의의 요청을 무시할 수 없다는 논거가 가능하다. 반면, 후자는 경제성의 원리를 여러 논거들 중 하나로 제시할 수 있다.

경제성의 원리를 형사입법의 기본원리로서 법익의 보호에 두고 적용하면, 주장에 대한 논증 자료가 많으면 많을수록 오류의 가능성 및 논증 자료들 간의 양립불가능성도 상대적으로 커진다. 형법 역시 반드시 필요한 규정 이외의 문구들은 해석상의 비경제성을 불러일으킬 뿐만 아니라, 지나치게 많은 규정들은 해석상의 오류를 초래할 뿐이다. 즉, 보호법익의 측면에서 문서의 개념을 해석

21 류전철, 각주 20) 논문, 324면.

22 大判 1995. 9. 5, 95도1269판결은 "형법상 문서에 관한 죄에 있어서 문서라 함은 문자 또는 이에 대신할 수 있는 가독적 부호로 계속적으로 물체 상에 기재된 의사 또는 관념의 표시인 원본 또는 이와 사회적 기능, 신용성 등을 동시할 수 있는 기계적 방법에 의한 복사본으로서 그 내용이 법률상, 사회 생활상 주요 사항에 관한 증거로 될 수 있는 것을 말하는 것으로, 사람의 동일성을 표시하기 위하여 사용되는 일정한 상형인 인장이나, 사람의 인격상의 동일성 이외의 사항에 대해서 그 동일성을 증명하기 위한 부호인 기호와는 구분되며, 이른바 생략문서도 그것이 사람 등의 동일성을 나타내는 데에 그치지 않고 그 이외의 사항도 증명, 표시하는 한 인장이나 기호가 아니라 문서로서 취급하여야 한다"고 보아 사회적 기능, 신용성 등을 문서개념의 주요한 기준으로 삼고 있음을 알 수 있다.

하고 이에 포섭될 수 있는 가능성을 먼저 검증한 후에, 입법의 불비의 영역이 발생할 경우에만 형사입법을 통해서 해결하여야 한다. 규범적 해석은 사회현상의 변화를 반영하여 법문의 목적에 부합하는 목적론적 해석을 하여야 한다. 법해석에는 입법자의 의사, 법규의 문법적인 의미관계, 그리고 형식론적 조작을 통한 논리적 해석 등의 전 과정을 거쳐야 하지만, 이는 법의 객관적 의미를 확정하기 위한 자료나 조건이 될 뿐이다. 그러므로 법규의 해석은 객관적·논리적이어야 할 뿐만 아니라, 입법자의 의사나 법규의 문리적 의미에만 한정할 것이 아니라 법에 내재해 있는 법의 이념과 목적, 그리고 사회적인 가치합리성에 기초한 입법의 정신 등을 객관화해야 하며, 단순한 형식논리적 방법을 넘어설 것이 요구된다.

형사입법의 목적은 오로지 형법을 생산하고, 법위반을 통해 양산된 범법자들을 효과적으로 처벌하는 것이 아니다. 본질로 돌아가서 법익을 보호하고, 질서를 유지하는 기능을 위하여 입법이 이루어져야 한다. 그렇다면 형사입법은 수범자들에 대한 규범준수의 기대가능성이 극대화되는 방향으로 제정되어야만 그 효과도 극대화될 수 있다. 반대로 수범자들이 '평균인의 합리적 이성'의 시각으로 바라보았을 때, 어떠한 것이 준수되어야 하는지에 관한 예측가능성과 법규로서의 수용가능성이 있어야만 한다. 지나치게 형식논리로 만든 갈림길들 내에서 논리적 정합성만을 맞추다보면 본질적으로 의도했던 목적으로부터 점점 멀어져 갈 수 있다. 물론, 논리적으로 부합되지 않는 것을 논(論)해서는 안됨은 말할 나위없는 필요조건이지만, 충분조건을 찾아내는 데 있어서의 토대는 '평균인의 합리적 이성'이어야 한다.

2. 경제성의 원리상 효율과 형사입법상의 정의

경제성의 원리는 효율성의 측면에서 형사입법이 어떠한 경제적 영향을 미칠 수 있고, 그것이 현실적으로 어떻게 운영되는가에 대한 객관적 평가와 분석을 가능하게 해 주는 역할을 할 수 있다. 물론 형사입법은 민사법의 영역과는 다르다. 민사법이 평균적 정의를 추구하고, 재산권개념을 앞세워 경제적 효율을 기점으로 법적 효력을 가늠하기에 보다 적절한 영역이라면, 형사법은 개인의 자유와 공공의 안전이라는 요소를 고려해야 한다는 점에서 효율성만을 가지고 판단할 수 있는 영역이 결코 아님은 자명하다.[23] 그러나 개인의 자유와 공공의 안전이라는 가치적 요소도 언제나 절대적인 관념이거나 불변적인 기준이 되지는 않는다. 특히 배분적 정의를 실현하는 법제도의 입법화에 있어서는, 그러한 입법의 효율성은 무시될 수 없다.

물론 인간의 행동선택의 원리는 하나의 이론만으로 설명되어질 수는 없다. 예컨대, 형법상의 재산범죄들의 선택이 오로지 경제적인 동기만으로 이루어진다고 이해될 수도 없으며, 살인죄와 같은 생명이나 신체를 법익으로 하는 범죄들의 선택은 더욱 그러하다. 물론 형벌이 인간을 대상으로 하는 제재라는 점에서는 행정제재와는 또 다른 의미를 가지며, 형벌의 종류는 인간의 존엄을 존중하는 방향으로 결정되어야 한다는 점 역시 간과할 수 없다. 그러나 형벌제도는 범죄에 대한 사회적 비용의 산출을 통해서 가장 적합하면서 효율적인 방안을 선택하여야 한다는 점도 경시할 수 없다. 형사처벌의 영역에서는, 인간의 존엄성이 지켜져야 한다는 명제를 존중할 뿐 그것이 최대한의 존중을 의미하는 것은 아니므로 형사처벌의 목표와 비용 간의 효율성은 여전히 고려되어야 하기 때문이다. 이처럼 경제성이 모든 범죄와 형벌에 관한 형사입법의 기준이 될 수는 없지만, 그렇다고 경제성을 무시한 형사입법이 바람직한 것도 아니다.

어느 면에서는 경제성의 원리에서의 효율성 개념은 형사입법상의 정의 개념과 일맥상통하는 바가 있다. 이처럼 경제성의 원리가 분배적 정의를 직접적으로 지향하지는 않는다고 하더라도, 형사입법을 객관적으로 파악하게 할 수 있다. 또한 그것은 특정한 내용의 정의를 실현하기 위한 특정 형사입법이 얼마만큼의 사회적 비용을 치러할 것인가를 명백히 함으로써, 형사입법의 방향성에도 객관적인 지침을 제시할 수 있다.[24]

---

23 이와 유사하게, Arnim, 앞의 논문, 14면은 계량화된 합리성을 배경으로 하는 경제학적 개념이, 개인의 자유영역을 보장하고 공공복리를 추구하는 공행정작용과 부합되지 않는 것으로 인식되어 왔다고 한다(김해룡, "경제성원리의 행정법에의 수용", 공법연구 제32집 제4호, 한국공법학회, 2004. 3, 21면 재인용).

24 정상조, "법경제학의 동향과 쟁점", 법과사회 제6호, 창작과 비평사, 1992, 225면은 법경제학과 법제도 전반에 관하여 이와 같은 취지의 설명을 하고 있으나, 경제성의 원리와 형사입법의 관계도 이러한 관점에서 벗어나지 않을 것이다.

3. 경제성의 원리와 형사입법의 조화

가. 비례성의 원칙과 경제성의 원리

비례성의 원칙은 침해의 필요불가결성의 원칙 또는 최소침해의 원칙을 고수하고 있는데, 경제성의 원리 역시 최소수단의 원칙을 통해 일정한 목표를 달성하기 위한 수단의 최소화를 지향한다.[25] 즉, 형사입법상의 법익보호 목적을 위한 수단으로서 범죄 및 형벌의 입법화는 최소한의 그쳐야만 비례성의 원칙과 동시에 형법의 최후수단성에 부합하는 입법방향이 된다. 이를 경제성의 원리에서 바라본다면, 법익보호라는 목적달성을 위한 최소수단의 투입을 통해 효율성을 극대화한다는 의미가 된다.

물론 형사입법은 가치지향적이지만 경제성의 원리는 가치중립적인 형식적 원칙으로 인식된다는 점에서는 차이가 있다. 따라서 수단과 목적 사이의 최적성 또는 효율성을 추구하는 원리인 경제성의 원리가 형사입법에 수용될 때에는 형사법이 추구하는 법익보호, 개인의 자유권 보호, 사회안전 등과 같은 가치들과 어떠한 방향으로 조화를 이룰 것인가 고민해야 할 것이다. 법익보호의 측면에서 본다면, 개인적 법익을 보호하기 위하여 범죄로 규정할 경우 개인간의 충돌되는 기본권들이 존재하게 된다.[26] 이 경우 헌법적 차원에서는 기본권 충돌로 해결하게 되고, 기본권 충돌의 가장 원리적인 해결책으로서 비례성의 원칙이 발동한다. 일반적으로 비례성의 원칙은 과잉금지의 원칙과 동일한 의미로 사용되며, 입법의 영역에서는 국가가 국민의 기본권을 제한하는 내용의 입법활동을 함에 있어서 준수하여야 할 기본원칙 내지 입법활동의 한계를 의미한다.[27] 따라

---

25 김해룡, 앞의 논문, 26면은 비례성의 권칙과 경제성의 원칙에 관하여, "전자가 국민의 주관적 법적 지위에 대한 공권력적 침해의 배제 내지 한계설정을 위한 법제도적 요소를 그 본질로 하는 원칙임에 반하여, 후자는 단순히 수단과 목표 간의 최적화 관계를 의미하는 형식적 내지 도구적 원리라는 점"이 그 차이점이라고 지적한다.

26 예컨대, 명예훼손죄는 한 개인의 표현의 자유와 또 다른 개인의 명예권이라는 기본권의 충돌이 발생한다.

27 헌재 1992. 12. 24. 92헌가8. 헌법재판소는 입법활동과 관련하여, "국민의 기본권을 제한하려는 입법의 목적이 헌법 및 법률의 체제상 그 정당성이 인정되어야 하고(목적의 정당성), 그 목적의 달성을 위하여 그 방법이 효과적이고 적절하여야 하며(방법의 적정성), 입법권자가 선택한 기본권제한의 조치가 입법목적달성을 위하여 설사 적절하다 할지라도 보다 완화된 형태나 방법을 모색함으로써 기본권의 제한은 필요한 최소한도에 그치도록 하여야 하며(피해의 최소성), 그 입법에 의하여 보호하려는 공익과 침해되는 사익을 비교형량할

서 오로지 목적 달성만을 추구하지 않고 방법의 적절성이나 피해의 최소성 및 법익균형성까지 모두 고려하여 형사입법도 결정되어야 한다. 즉, 형사입법의 영역에서는, 가치중립적인 경제성이 비례성의 원칙을 통해 가치지향적인 고려를 추구하여야 한다.

나. 죄형법정주의와 경제성의 원리

죄형법정주의는 심리강제설의 당연한 귀결이라고 칭해진다. 이익과 불이익의 비교를 통해 쾌락을 추구하는 합리적 인간상을 전제로, 범죄로 인한 쾌락보다 형벌의 고통이 크다는 심리적 강제를 통해서 범죄억지력을 향상하고자 하므로, 형벌부과의 내용이 법률로서 사전에 공표되어야만 이성적이고 합리적인 인간에 의한 비교가 가능하기 때문이다. 즉, 심리강제설은 경제성의 원리에 의한 인간의 선택을 사전에 예견하고, 행위의 이익보다 무거운 형벌을 통해서만 그 효과를 기대할 수 있다. 이 때의 인간의 선택은 경제성의 원리 또는 효율성에 의하여 설명되어질 수 있다. 쾌락의 극대화라는 목적을 달성하기 위하여 범죄라는 수단을 사용할 것인가는 수단사용의 이익과 불이익의 비교우위를 통해서 결정되어질 수 있기 때문이다. 이처럼 근대 형사입법의 이념도 한편으로는 경제성의 원리로부터 출발하였다고 볼 수 있다.

뿐만 아니라 현대의 법치주의 역시 경제성의 원리로 이해할 수 있다.[28] 법치주의를 통해 수범자는 무엇이 허용되는지 또 무엇이 금지되는지 명확하게 알 수 있기 때문에, 법 테두리 안에서 가장 합리적인 선택을 할 수 있고, 갈등상황의 경우 그 비용을 최소화하는 방법을 선택할 수 있다(법률의 명확성). 둘째, 법치주의는 법에 따른 효과를 더 잘 예견할 수 있으므로, 불확실한 미래의 사태와 갈등에 대비하는 합리적인 선택을 할 수 있다(예견 가능성). 셋째, 법치주의는 투명한 의사결정과 법집행, 갈등해결의 방법에 대한 가능성과 선택으로 연결되어 사회적 효율성을 가져온다(법의 투명성). 넷째, 법 앞에서 모든 개인이 평등

때 보호되는 공익이 더 커야 한다(법익의 균형성)는 법치국가의 원리에서 당연히 파생되는 헌법상의 기본원리의 하나인 비례의 원칙"을 의미하는 것이라고 본다.

28 이하의 내용은 박철, "경제발전을 위한 법치주의", 저스티스 제106호, 한국법학원, 2008. 7, 39면의 경제발전과 법치주의의 상관관계를, 법치주의의 내용에 초점을 맞추어 재조명한 것이다.

하게 보호되며, 공정한 법적용을 보장받는 환경에서 역동적이고 창의적인 사회활동을 가능하게 한다(법의 평등성). 다섯째 개인의 기본권 보호가 보장되는 환경에서 개인의 역량은 최대한 발휘되며, 성숙한 시민의식의 고취가 가능해진다(재산과 권리의 보호). 마지막으로 공정한 사법절차를 통하여 자유와 권리가 보호되고 합리적으로 법적 갈등상황을 해결할 수 있으며, 개인적 선택의 합리성의 총합으로서의 사회적 비용을 최소화시킬 수 있다(공정한 사법체계).

국민의 자유를 가장 억압적으로 제한할 수 있는 국가권력수단인 형벌권의 남용으로부터 국민의 자유를 보장할 수 있도록 하는 형법이, 법률로서 제정하기만 하면 정당성을 인정받을 수 없는 이유도 이와 같은 경제성의 원리에서 찾을 수 있다. 경제성의 원리가 이성적 인간의 행위 선택의 합리성을 표방할 때, 형법은 행위선택의 기준에 합당하도록 규정되어야만 규범준수 의지를 향상시킬 수 있을 뿐만 아니라 그 결과로서 범죄억지가 실질적으로 가능해지기 때문이다.

다. 최후수단성의 원칙과 경제성의 원리

형법의 최후수단성은 형법의 탈윤리화를 요구한다. 다양성과 관용성을 전제로 하는 민주주의 사회에서 형법의 기능은 헌법질서가 보장하는 시민의 자유로운 생활에 필요한 전제를 보호하는 것으로 제한되어야 한다. 국가는 형벌을 수단으로 양심에 반하는 도덕적이거나 윤리적인 가치관을 강제할 수 없으며, 사회의 존속과 유지에 필요불가결한 기능이 아닌 한 허용될 수 없다는 의미에서 형법은 탈윤리적 성격을 가져야만 한다.[29] 즉, 개인의 신념과 가치관은 그것이 사회생활의 유지에 없어서는 안될 기능이 아닌 한은, 종교적이거나 도덕적인 가치관을 강제할 수 없다. 이러한 가치관의 비강제는 인간의 행위선택의 자유를 보장하게 된다. 개인의 행위선택의 기준은 다양하므로, 그와 같은 다양성을 존중하기 위해서는 형법은 최소한의 투입에 그쳐야 하는 것이다.

---

29 이재상·장영민·강동범, 형법총론, 박영사, 2015, 7면.

CHAPTER 02 제도의 인간화, 인간다운 처벌

I 제도의 인간화와 연대성

1. 사회변화와 인간화(humanization)

가. 인간화의 의미

최근 인간화라는 용어는 다양한 영역에서 사용된다. 학문의 전 영역과 정치적, 경제적 및 사회문화적인 영역에서 '인간화(humanization)'는 현대사회의 새로운 화두로 자리 잡아 가고 있다. '인간화'라는 용어가 인간본성과 인간존엄을 중심으로 한 새로운 장을 의미한다면, 비단 오늘날의 새로운 용어는 아니다. 근대 시민혁명에서 천부인권사상을 통해 이념의 전환을 이끌었고, 그것이 사회개혁과 제도 및 법의 개혁에 영향을 미쳤다면 인간중심사상은 이미 한차례 역사의 장을 바꾸었다. 그러나 그 이후로 자본주의의 발달과 국가중심적 사고가 또 다른 변화들을 후속시켰으며, 그 반발로서 다시 인간화 또는 인간중심으로의 회귀를 모색하는 것이라고 할 수 있다. 18세기 천부인권사상을 중심으로 한 사회혁명 이후에 자본주의의 발달은 경제적 부강을 중심으로 한 역작용으로써 탈인간화된 사회현상들을 초래하였다. 사상적으로는 공리주의를 통한 사회개혁이 이루어졌으며, 이에 대한 반발로서 자유주의가 다시 강조되었고 자유주의의 한계로서 현실에 부합하지 않는 면들이 적극적인 공동체주의 정치철학을 유발하였다가, 국가의 적극적 개입의 부작용에 대한 우려로서 또다시 다원적 공동체주의나 절충적 대안들이 제시되고 있는 것이다.

특히 국제법의 인간화(the Humanization of International Law)는 시사하는 바가 크다. 국제법의 인간화라는 용어는 T. Meron에 의하여 사용되었는데, 핵심은 일반국제법에 대한 국제인권법의 영향에 관한 논의이다.[1] 즉, 국제법은 국가중심적으로 국가들 간의 상호주의 의무를 바탕으로 형성된 국가 간 규범체계이지만, 국제인권법이란 범국가적 또는 국가 초월적으로 인류에게 있어서 보호되어야 할 권리를 중심으로 한 인간중심적 체계이다. 그렇다면 국제법의 인간화란 일반 국제법에 대한 국제인권법의 영향이 어디까지인가의 문제라고 한다. 결과적으로 전통적인 국제질서법에서 국가 중심적 성격을 완화하고 국제인권법과 같이 '비상호주의적' 성격들을 국제의무로서 받아들이도록 할 수 있겠는가의 문제이다. 물론 여기에서 인권만능주의로의 전락은 경계하여야 할 또 다른 의미의 극단적이고 부정적인 경향이다. 이러한 인간화가 화두가 된 이유들을 단지 몇 가지로 압축할 수는 없지만, 오늘날 국제사회에서 비국가적 집단 또는 초국가적 내지 다국적 단체들의 영향력이 국력보다 더욱 강해졌다는 것과 인권이라는 것은 본질적으로 소속된 국가조차도 적대적으로 상대로 하여야 할 개인의 사익이라는 점이 많은 함의를 차지한다.

국제법의 인간화는 궁극적으로 국가중심적 사고에서 개인중심적 사고로, 국가간 상호주의에서 사익을 위한 비상호주의로의 이행이다. 이것이 시사하는 바는, 인간화가 국가중심적 사고로부터의 탈피를 의미한다는 점이다. 국제사회의 변화는 국가중심적 사고의 한계를 초래하였다. 국제사회에 영향을 미치는 이익집단이 국가만이 아니고, 힘의 균형이 국가 간의 문제만이 아니기 때문에라도, 국가중심적 사고는 한계를 드러낼 수밖에 없다.[2] 따라서 국제사회에서도

1 김부찬, "국제법의 인간화에 대한 서론적 고찰-그 배경 및 동향을 중심으로", 국제법학회논총 제59권 제4호, 대한국제법학회, 2014/12, 52면.

2 그러나 구분해야 하는 용어로서 국제공동체가 있다(박정원, "국제사회에서 국제공동체로", 국제법학회논총 제56권 제4호, 대한국제법학회, 2011/12, 147면). 국제공동체는 국제사회의 발전된 형태 또는 보다 성숙한 형태로서 공동의 이익과 결속을 추구하는바, 국제사회와 비

국가 간 힘의 균형 문제에서 벗어나, 소속된 국가에조차도 대항하여야 할 개인으로서 인간의 권리와 존엄에의 관심이 더욱 커지고 있는 것이다.

나아가 구체적인 영역에서도 인간화에 대한 고찰이 낯설지 않게 되었다. 예컨대, 경제학적 의미에서 인간화는 올바른 인간관의 구현으로부터 출발한다. 사회적 시장경제에서는 인간이 개체이면서 동시에 사회적 존재라는 이중성을 인정하고 기업을 인격공동체로 지칭하는 견해에 따르면, 인간을 자율성을 실현하는 개체로서 인정하고 기업을 인격공동체라고 본다.[3] 따라서 인간은 협력자로서 공동으로 결정할 권리 또는 기업형태를 결정할 권리를 행사할 수 있어야 하고, 자유로운 공동결정은 이익대변뿐만 아니라 공동책임으로서 사회적 동반자관계 형성에 핵심이 된다고 본다.[4] 경제영역 또는 기업에 있어서조차, 개인은 기업에 고용된 피고용자가 아닌 기업의 사회적 행위형성과 그로 인한 책임을 함께 연대하는 공동체라고 보는 것이다. 즉, 노동 영역에서 인간화란 기계화된 현대 산업사회에서 소외된 인간의 노동 가치를 재고하고 노동자의 인간으로서 가치를 회복하고자 하는 움직임이라고 할 수 있다. 그리고 기업의 결정과 사회적 행위에 관한 노동자의 적극적인 참여를 수단으로 하여 인간화가 이루어질 수 있다고 본다.

이처럼 다소간의 접근의 차이는 있지만, 인간화란 국가중심적 사고에서 탈피함으로써 출발한다. 인간화란 현대사회의 현상으로서 거의 모든 영역에 있어서 물질과 기계적 합리화를 넘어서서 인간성을 회복하고 인간의 진정한 행복을 추구함으로써, 인간중심적 사고로의 전환을 의미한다고 이해할 수 있다. 인간화란 '인간적으로 되어가다' 또는 '인간이 되게 하다'라는 의미로, 인간존중이라는

교하여 동질성과 충성심에 있어서 강화된 형태라고 한다(김부찬, "국제공동체의 발전과 유엔의 역할" 아주법학 제10권 제2호, 아주대학교 법학연구소, 2016/8, 231면). 반면, 국제사회(international society)란 보편성을 특징으로 하면서, 국가간 상호 안전과 주권 보장을 위한 연계이며, 마치 홉스가 자연상태의 인간존재에 대한 예로 만인의 만인에 대한 투쟁상태라고 묘사한 것과 유사하게 국가의 국가에 대한 자연상태적인 투쟁의 위험성을 제거하기 위하여 상호계약의 형태로서 국제조약 등 국제법을 통하여 모든 국가들을 법의 지배 하에 놓고자 함을 의미한다.

3 정용교·허창수, "노동인간화를 둘러싼 쟁점과 실행", 동향과 전망 제62호, 한국사회과학연구회, 2004/11, 225면.

4 A. Mueller−Armack·Andreas Mueller−Armack, Soziale Marktwirtschaft, Kolhammar Verlag Stuttgart, 1990, 14~15면(정용교·허창수, 앞의 논문, 225면 재인용).

대전제를 기초로 하는데 이것은 목적적 차원에서는 인간 그대로를 존중한다는 뜻과 방법적 차원에서는 인간답게 취급한다는 뜻을 내포한다.[5] 궁극적으로 인간화란 인본주의 또는 인간주의(humanism)와 일맥상통하며, 인간중심의 제도화를 토대로 하여 그 뜻을 추론할 수 있다.

나. 사회공동체와 인간중심의 가치 회복

자유로운 시장경제질서를 통한 현대사회의 발전은 오히려 그 자유로부터 발목이 잡혔다. 경제질서에서의 자유는 자유로운 시장경쟁을 통한 독점과 불공정한 노동자와 자본가의 관계, 빈익빈 부익부, 공정하지 않는 노동환경, 경제력과 정치와의 결합, 경제력을 바탕으로 한 로비활동을 통한 입법에의 개입, 입법우위를 통한 유리한 법률체계의 구축, 정의와 관계없이 오로지 합법적인 법률을 통한 이익의 독식 등과 같은, 끊어지지 않는 순환고리를 양산하였다. 자유의 강조가 오히려 불평등을 조장하였으며, 이것을 시정하기 위한 국가의 적극적 개입을 유발하게 된 것이다. 국가의 적극적 개입은 제3의 법영역으로서 사회법을 통한 복지정책과 불평등의 시정을 위한 조세제도 등의 긍정적인 면도 있지만, 반대로 국가가 개인의 영역을 지나치게 강제적으로 형성하는 부정적인 면 역시 만만치 않았다. 뿐만 아니라 이제는 자본이 만들어가는 경제질서와 국가가 행사하는 국가권력의 영합 작용으로 인하여, 작은 힘의 개인들은 더욱 설 자리가 없어지게 되었다.

이처럼 작은 힘의 개인들이 목소리를 낼 수 없는 구조하에서, 공동체의 결속은 보다 중요해졌다. 사회공동체의 결속이 강화되고, 공동체가 소속된 개인의 의사의 총합으로 작용할 때 비로소 인간중심의 가치 회복은 가능해진다. 국가 차원에서 입법부를 이루는 대의기관은 개개인의 국민의사의 총합을 대의한다고 하지만, 현실적으로 거대해진 국가기관과 그에 상응하여 비대해진 입법부에게 국민의 의사를 대의할 것을 기대하기는 어렵다. 오히려 사회공동체가 단합된 힘으로 구성원들의 권리를 옹호하고 대변하고자 할 때, 개개인들의 가치는 현실화될 수 있다.

일반적으로 인간본성으로서의 공동체 형성과 그의 역할은 소규모, 약

---

5 김찬홍, "교육의 인간화", 제주특별자치도교육청, 1989, 47면.

100~200여 명 정도의 소집단에서만 순기능을 할 수 있다고 본다. 자연발생적 사회공동체의 규모가 그러하였고, 그 정도의 규모에서 자치와 자발적 순종이 가능하다고 보기 때문이다.[6] 그러나 현대의 국가들은 몸집이 거대해졌고, 구성원 개개인의 의지 또는 의사의 총합으로 운영된다고 할 수 없기 때문에 인간본성으로서의 집단구성의 본성의 결과라고 할 수 없는 것이다. 그러나 국가 내에 존재하는 사회공동체들에게는 그와 같은 본성과 기능이 여전히 기대할 수 있다. 물론 다원적 사회에서 사회공동체들 간의 이해관계 역시 충돌할 수밖에 없다. 하지만 공동체의 존재를 중첩적이고 다원적 가치를 지닌 복합적 양상으로 이해한다면, 여전히 다양성과 관용성을 전제로 한 공동체의 결속을 기대할 수 있다.

2. 제도적인 온정적 간섭주의와 형법에 의한 개입

가. 온정적 간섭주의

온정주의 또는 온정적 간섭주의(Paternalism)는 1970년대 독일이나 영국 등에서 법리적 차원에서 왜 국가가 개인의 판단이나 선택에 개입하거나 간섭해야 하는가 및 그것이 법적으로 타당하고 정당한가라는 법적 온정주의를 중심으로 전개되었다.[7] 그러나 Paternalism이라는 용어의 번역 자체는 국내에서 견해가 나뉘는데, 국가온정주의, 가부장주의, 국가후견주의, 간섭주의 또는 부권주의 등 다양한 용어로 번역되고 있다. 우선 범죄학이론 중 페미니스트이론과 관련하여 기사도가설을 설명할 때, 국가의 개입을 국가온정주의라고 표현한다.[8] 가

---

6 Paul R. Ehrlich, HUMAN NATURES: Genes, Cultures, and the Human Prospect, 2001(폴 에얼릭/전방욱 역, 인간의 본성(들)－인간의 본성을 만드는 것은 유전자인가, 문화인가?, 이마고, 2008), 290면은 "이들 중간적인 수준의 사회구조를 일종의 유전적 편향으로 설명하자면 이 호모 사피엔스가 몇백만이나 몇십억 명이 아니라 기껏해야 몇백이나 몇천 명이라는 단위에서 생활하도록 되어 있는 기본적으로 여전히 소집단 동물이었다는 점을 알려 준다. 이것은 오랫동안 수렵－채취인으로 살았던 우리들의 역사에서 배울 수 있는 가장 중요한 교훈"이라고 설명한다.

7 Dagut, Paternalism and Social Distance: British Settlers' Racial Attitudes, 1850s－1890s. South African Historial Journal. 37, 1997, 3~4면(이해영, "정책포퓰리즘과 온정주의적 정책의 균형", 한국정책연구 제12권 제2호, 경인행정학회, 2012, 231면 재인용).

8 Ronald Akers · Christine Sellers · Wesley Jenings, Criminological Theories: Introduction, Evaluation, & Application, Oxford University Press, 2016, 263면 이하. 이에 대한 번역은 민수홍 · 박강우 · 기광도 · 전영실 · 최병각 · 김혜경 역, 범죄학이론, 나남신서, 2017, 488면.

부장주의는 인문사회과학에서,[9] '법적 가부장주의(legal paternalism)[10] 또는 부권주의[11]는 법학에서 번역되어 사용된다. 온정적 간섭주의는 주로 생명윤리를 다루는 의료법을 중심으로 사용되는 용어로서[12] 본질적으로는 개인의 자율성에 우선하는 국가의 적극적 개입 또는 국가의 선의적 개입을 통한 개인의 보다 나은 상태로의 향상을 지칭한다.

온정주의는 타인을 해악으로부터 보호하거나 더 나은 상태를 만든다는 이유로 그들의 의지에 반하는 타인에 대한 간섭을 동기화하거나 국가의 규제법들을 정당화하게 된다.[13] 예컨대 현행 형법이 마약류와 관련한 행위들을 금지하는 법규들을 둠에 관하여, 사회적 법익으로서 공중의 건강이라고 한다면 그것은 국가의 직접적 규제를 요구하기 어렵겠지만, 마약이 개인의 건강을 직접적으로 침해하기 때문에 그러한 해악으로부터 보호하기 위하여 개인의 의지에 반하여 법으로서 금지하는 것을 정당화시키는 방식이다. 또한 최근에 '호스피스 완화의료 및 임종과정에 있는 환자의 연명의료결정에 관한 법률'이 일정한 유예기간을 거쳐 2018년부터 시행되고 있는데, 대표적으로 의료의 영역은 환자의 자율성과 온정적 간섭주의의 충돌에 관한 많은 논쟁들이 이루어져 왔다. 특히 온정적 간섭주의는 한 사람의 선호나 행위를 다른 사람이 의도적으로 무시하는 것으로, 여기에서 타인의 선호나 행위를 무시하는 사람은 자신의 선호나 행위가 무시되는 사람에게 이익을 준다는 목적이나 그 사람에게 발생할 해를 막거나 완화한다는 목적에 호소함으로써 이러한 무시를 정당화한다.[14] 특히 그 무시자가 국가

9 장수덕·강태헌, "환경불확실성, 조직여유, 가부장주의가 조직 앙트라프러뉴십과 기업성과에 미치는 영향", 중소기업연구 제32권 제3호, 한국중소기업학회, 2010/9, 68면 이하.

10 박용철, "마약류범죄의 처벌에 대한 소고－연성 마약을 중심으로－", 비교형사법연구 제15권 제2호, 한국비교형사법학회, 2013/12, 63면 이하.

11 주용기, "의료행위의 본질에 관한 형법적 고찰", 법학연구 제16권 제1호, 경상대학교 법학연구소, 2008/8, 129면 이하.

12 김상득, "의료행위에 있어서 온정적 간섭주의의 정당화 물음", 한국의료윤리학회지 제19권 제4호, 한국의료윤리학회, 2016/12, 448면에 따르면 '온정적 간섭주의란 '아버지'를 뜻하는 라틴어 'pater'에서 유래된 용어로, 아버지가 그 자녀를 사랑하는 마음에서 자녀의 선을 위해 행하는 간섭 행위를 일반화시켜 하나의 윤리적 입장으로 정식화한 것'이라고 한다. 그 밖에 정규원, "의료행위에서의 온정적 간섭주의와 자율성 존중", 법철학연구 제5권 제1호, 한국법철학회, 2002, 231면 이하.

13 스탠포드 철학사전(Stanford Encyclopedia of Philosophy) 인용. 이하의 도덕적 온정주의의 내용 역시 같다. 원문은 https://plato.stanford.edu/entries/paternalism/ 참조.

인 경우, 그리고 무시의 방법이 형법이라면 국가형벌권을 통하여 온정을 베푼다는 점에서 국가개입의 한계 문제를 야기한다.

온정주의에 대한 일반적 정당화는 그와 같은 간섭을 받는 자들의 이익을 의미한다. 이와 같은 이익들은 그들의 삶에 있어서 특히 신체적 그리고 정신적 상태에 있어서의 이익으로 정의된다. 반면 국가개입의 옹호자들은 간섭받는 자의 도덕적 복지 보호를 추구한다. 예컨대, 성매매여성들이 질병으로부터 그들의 건강이 보호되고 품위 있는 삶이 설령 보장된다고 하더라도 차라리 그들의 성매매가 저지되는 것이 더욱 좋은 것이라고 주장할 것이다. 그들이 성매매로 인하여 도덕적으로 타락하기 때문에 저지되는 것이 궁극적으로 더 좋아지는 것이라고 본다. 따라서 이러한 국가 개입은 인간의 도덕적 안녕을 증진시키기 때문에 정당화된다. 이를 도덕적 온정주의라고 일컫는다. 또한 도덕적 온정주의는 개인의 도덕적 성향을 향상시키기 위한 개입과 복지를 위한 — 비록 결과적으로 그의 삶이 더 나아지지 않을지라도 — 간섭 사이의 또 다른 구분이다. 또한 복지적 온정주의인가 도덕적 온정주의인가의 구별에 있어서, 개입이 타인의 이익을 보호하거나 증진하는 면에서 정당화되지 않는 경우에 조차도 타인에 대한 간섭을 정당화해 온 기타의 사상들로부터의 구별은 매우 중요하다.

특히 도덕적 온정주의는 법도덕주의(legal moralism)와 구분되어야 한다. 법도덕주의에서는 사회통합은 그 사회를 구성하는 공유된 도덕적 확신의 존재에 좌우된다고 전제한다.[15] 따라서 사회적 통합이란 그 사회의 유지에 필수적인 도덕이 통합적 기능을 함으로써 가능해지고, 따라서 사회통합적인 도덕을 위협할 우려가 있는 행위는 그것이 비록 사적인 행위라 하더라도 국가에 의한 강제적 규제로부터 벗어날 수 없다고 본다. 반대로 법도덕주의를 비판하는 측면에서는 어떠한 행위가 국가의 규제사항인가 여부, 즉 공공적 이익의 사안인가 여부는

---

14 조선우, "온정적 간섭주의는 자율성의 이름으로 정당화될 수 있는가? : 온정적 간섭주의와 환자의 자율성 및 환자의 최선의 이익에 대한 고찰", 한국의료윤리학회지 제17권 제3호, 한국의료윤리학회, 2014/12, 287면.

15 법도덕주의는 울펀던 보고서(Wolfenden Report)의 성인간 합의에 의하여 사적으로 행한 동성애 행위를 더 이상 범죄로 취급해서는 안 된다는, 1957년 9월의 영국의 울펀던 경을 의장으로 하는 '동성애 및 매춘위원회(the Committee on Homosexual and Prostitution)'의 보고서에 관한 찬반론으로부터 시작되었다. https://www.bl.uk/collection-items/wolfenden-report-conclusion 참조.

타인의 정당한 이익을 침해하는가 여부로 결정되어야 하며, 만일 타인의 이익 침해 위험성이 없으면 그러한 행위는 도덕적이든 비도덕적이든 국가의 강제적 개입이 허용되지 않는 순수한 사적 영역이라고 본다. 예컨대 동성애는 절도나 살인과 같이 타인의 이익을 침해하지 않으므로 그러한 행위가 비도덕적인지 여부와 관계없이 법적으로 개입되어서는 안 된다는 것이다. 법적 도덕론과 도덕적 온정주의를 구분하는 일은 쉽지 않다. 플라토(Plato)와 마찬가지로, 옳지 못한 행위가 정신을 손상시킨다면, 이는 법도덕주의가 아닌 도덕적 온정주의의 예가 될 것이다. 중요한 것은 전자가 단지 간섭된 행동의 도덕성에 호소함에 불과하지만, 도덕적 온정주의는 그의 인격에 행해진 손해에 호소한다는 점이다.

나. 형법의 개입

온정주의든 법도덕주의든 궁극적으로 도덕적 절제를 국가형벌권의 발동으로 해결하고자 한다면, 몇 가지 점에서 거부되어야 한다. 첫째, 국가는 윤리든 사상이든 개인에게 교육을 하여서는 안 된다. 특정 행위들이 범죄로서 형법적으로 금지된다고 할 때 그러한 행위들이 특정 가치의 교육목적을 가지게 된다면, 개인의 다양성을 침해하고 획일화된 인간을 양성한다는 면에서 부정되어야 한다. 밀(Mill)이 교육의무의 이행을 강조하고, 교육을 시키지 않는 부모의 처벌 또는 규제는 동의하되 그렇다고 해서 국가가 교육의무를 대신해서는 안 된다고 주장한 점도 같은 맥락이다. 국가에 의한 교육은 도덕적으로 획일화된 인간을 양성해내게 되고, 그것은 자유주의의 이상과는 완전히 반대의 결과이기 때문이다.

둘째, 법도덕주의의 반대에서 주장하는 바와 같이, 사회든 개인이든 행위자 이외의 외부에 해악을 가하는 행위가 아닌 한 국가가 적극적으로 개입해서는 안 된다. 온정주의에 대한 반론으로서 자유주의적 간섭주의(liberal paternalism)가 대두된 이유도 여기에 있다. 자유주의적이라 함은 개인의 합리적 선택가능성을 열어두는 방식을 의미한다. 즉, 개인이 바람직하지 못한 선택을 하는 근본적인 이유가 선택에 필요한 충분한 정보와 자기 통제력의 결여 또는 부족에 있다고 보고, 합리적 선택에 필요한 것들을 제공하는 것에 국가의 역할을 한정하고자 한다. 따라서 자유주의적 간섭주의는 되도록 강제화된 규제의 방식을 취하지 않는다.

셋째, 온정주의에 있어서 국가의 강제적 개입이 개인에게 궁극적으로 이익이 된다는 그 자체의 판단이 국가에게 전속된다면, 즉 그와 같은 판단자가 이성적이고 합리적인 개인이거나 제3자가 아닌 국가 자체라면, 개입수단으로서의 형법은 국가에 의한 자가 원동력을 가지기 때문에 비대화의 경향을 저지할 수 없다. 대표적인 예가 안전형법이다. 안전이 궁극적으로는 개인에게 이익이라는 이유로 안전을 위협할 가능성이 있는 모든 행위들을 강제적 규제하에 놓게 된다면, 결과적으로는 개인의 이익이 아닌 국가의 이익을 위한 개인의 통제로 전락하게 된다. 앞서 성매매의 경우도 마찬가지이다. 온정주의는 특히, 도덕적 온정주의는 성매매 금지가 개인의 도덕적 타락을 방지하기 때문에 정당화되어야 한다고 본다. 반면 법도덕주의는 성매매가 사회적 통합을 위한 도덕적 기준에 반하기 때문에 이를 인정할 경우 사회통합이 와해된다는 점에서 금지되어야 한다고 본다. 그와 같은 주장들은 실제로 성매매를 하는 자의 이익이나 불이익, 또는 사회 전체에 가해지는 실제적인 해악과는 거리가 멀다. 오로지 판단자인 국가의 입장에서 성매매가 가지는 해악만을 고려하는바, 다음과 같을 수 있다. 우선, 도덕적 국민의 양성을 위협한다. 둘째, 암시장을 확대함으로써 국가수익을 저해한다. 그러나 첫째의 이유는 개인의 도덕성은 단지 성을 사고 판다는 행위 하나만으로 결정될 수 없고, 그와 같은 행위가 단순히 쾌락의 일부라면 그와 같은 쾌락을 모두 도덕과 관련하여 논의할 수 없다. 둘째의 이유는 오히려 성매매를 합법화하고, 그와 같은 시장을 국가가 합법적으로 관리함으로써 해결될 수 있다.

마지막으로 형법의 최후수단성의 원칙에 반한다. 특히 온정주의가 개인의 행복과 복리를 위해서 타인이나 공동체에 크게 정의를 벗어나지 않는 한도 내에서 국가가 개인의 의사결정에 적극적으로 간섭하거나 개입하는 방식이 형법적 규제의 형식이라면, 이것은 형법의 보충성의 원칙에도 반한다. 형법의 보충성은 국가의 개입을 저지할 강력한 무기이다. 그런데 단지 온정주의적 태도를 가지고 국가가 개인이 행할 선택에 앞서서 선택지 중 일방에 형벌이라는 불이익을 부가조건으로 하여 선택을 방해한다면, 개인의 자유의지를 방해함으로써 형법이 자유의지를 가진 이성적인 인간을 전제로 하여 규범에 반하는 심정적 반가치의 형성을 비난하겠다는 본래의 취지는 무색해진다.

다. 온정주의와 공동체주의와의 관계

우선 온정주의와 자유주의가 양립할 수 있는 개념이 아님은 명백해 보인다. 자유주의자들은 선택의 자유에 대해 어떤 것이 옳은 선택인지를 다른 사람이 판단하게 한다는 것 자체를 거부할 뿐만 아니라, 그 선택자가 국가라면 과도한 국가개입이 개인의 자유를 침해하는 결과를 초래한다고 볼 것이다. 온정주의는 국민을 위한 국가의 적극적 개입이라는 면에서 공동체주의가 사회재들의 가치의 다원적 평등을 유지하기 위한 국가의 적극적 개입을 요청한다는 측면과 유사해 보인다. 특히 도덕적 온정주의는 국민들의 삶에 있어서 특히 신체적 그리고 정신적 상태에 있어서의 도덕적 복지의 보호를 이익으로 정의한다. 따라서 공동체 가치로서의 도덕윤리가 궁극적인 보호의 대상이라는 점에서는 공동체가치의 존중을 통한 공동체의 영속에 이로운 이념으로 비추어진다. 더욱이 온정적 간섭주의적 행위가 개인에게 부여하는 이익이 개인의 선택에 따른 위험을 훨씬 능가한다면 이는 공동체의 이익으로 남기 때문이다. 그러나 앞서 언급한 바와 같이, 공동체주의만의 주장은 전체주의로의 변질 우려가 있고, 이는 온정주의도 예외는 아니다. 온정주의는 합리적 선택이 규범적이라는 점을 강조하기 때문에 개인의 선택의 자유를 훼손할 우려가 있다.

오히려 다원적 공동체주의의 입장에서는 하나의 사회적 재가 다른 하나를 잠식해서는 안 됨을 강조하면서 다원적 평등을 주장하지만, 국가가 규범적인 이유로 온정적으로 간섭을 하는 것이 결과적으로는 개인의 선택의 자유를 훼손함으로써 다양한 가치의 공존을 해한다는 점에서는 양자를 동일하게 취급할 수 없다. 따라서 외견상 공동체주의와 온정주의가 국가의 개입을 완만히 또는 적극적으로 허용한다고 해서 양자를 동등하게 평가할 수 없을 뿐만 아니라, 특히 다원적 공동체주의의 입장에서 개인의 다양한 가치들의 평등을 주장하게 된다면 비록 사적인 영역에서 비도덕적인 선택가능성이 여전히 남아 있다고 하더라도, 그것은 개인의 몫으로 남겨 두어야 한다. 예컨대, 성매매의 경우에도 도덕적 온정주의는 그것이 개인의 도덕적 가치를 훼손하기 때문에 국가에 의한 적극적 개입을 허용하겠지만, 다원적 공동체주의에 따르면 성인 간의 합의에 의한 성매매가 실제로 다른 구성원들의 소유재를 잠식하지 않는 한 국가가 적극적으로 개입해서 이를 저지할 사유란 없다.

3. 제도의 인간화와 연대성의 원리

인간이라는 한자는 사람(人) 사이(間), 즉 인간이 곧 사회라는 함축적 의미를 가지고 있다. 공동체구성과 결속이 인간본성인 점에서 인간이 곧 사회라는 의미는 결코 낯설지 않다. 따라서 인간화란 그 사회공동체에 내포된 기대와 규범에 따른 인간성의 회복을 의미하게 되는데, 인간성의 회복은 개인의 문제가 아닌 사회공동체의 문제이며 그가 속한 공동체 안에서의 상호작용을 통해서만 가능한 것이다. 그러한 의미에서 인간화란 연대성의 회복이며, 공동체가치의 존중인 것이다.

현대사회에서 경제와 정치가 거대한 힘으로 작용하는 동안, 공동체 가치로서의 연대는 개인에게 힘을 부여해 줄 근원이 된다. 바우만의 액체근대(liquid modernity) 또는 유동하는 사회는 불확정적이고 유동하는 현대사회의 모습을 표현하고 있지만, 그 유동성은 오히려 연대의 자발성으로 이해될 수도 있다. 바우만은 현대의 공동체란 그 내부의 모습보다는 울타리가 빈틈없이 경계된다는 사실로 특징지어진다고 한다. 공동체의 사수는 출입문을 통제하는 무장경비를 고용하는 것과 같은 뜻이며, 공동체라고는 하지만 실제로 과거 고체의 전통사회에서의 확고한 자아정체성과 신념을 잃어버린 현대사회에서는 그와 같은 의미가 될 수 없다고 본다. 과거 공적 권력을 견제하는 입장에서는 그것의 억압적 가능성을 적대시 하였지만, 반대로 사적인 것들이 침해되지 못하도록 보호가 절실해진 개인의 해방을 강화하기 위해서 역설적으로 공적 영역과 공적 권력의 필요성은 더욱 요청된다는 것이다.[16]

그러나 그와 같은 사회현상에 대한 분석은 현대사회의 고립화된 개인의 모습을 묘사하고 분석하는 데에서는 매우 탁월하지만, 그것이 곧 대안이거나 바람직한 미래의 방향이 될 수는 없다. 바우만은 오히려 불확실한 개인에게 안전과 안정을 위해서는 공적 권력의 필요성이 요청된다고 보기 때문에, 그것이 현대의 공동체주의자들의 견해와 일치하는 것처럼 보인다. 그러나 마이클 샌델이 공동체주의자로 분류되는 것에 강한 거부감을 표현하는 것처럼,[17] 공동체주의

16 Zygmunt Bauman/이일수 역, 액체근대(Liquid Modernity, 1999), 강, 2009, 82~84면 및 144~145면.

17 Michael Sande/l이양수 역, 정의의 한계(Liberalism and the Limits of Justice, Cambridge

라 하더라도 국가권력의 강화나 국가의 적극적 개입으로 귀결되는 것은 아니다. 오히려 불안정성의 극복이 자발적 연대의 기회로 이어질 수 있다는 것과 그것의 구조를 찾는 것이 가능하다면, 연대성의 원리가 국가차원이 아닌 사회공동체 차원에서 자율적이고 자발적인 연대로 이어질 수 있다.

역사적으로 이행되어 가는 흐름들은 강력한 국가의 폐해를 경험하였고, 공동체주의 역시 다원적이고 관용적인 평등을 요구하면서 애써 국가권력의 강화를 경계하고 있다고 보아야 한다. 제도의 인간화 역시 같은 맥락이다. 법률차원에서 정비되는 제도는 형식상 국가기능의 일부를 형성하지만, 그 내용 또는 실질은 공동체 가치로서 다양성과 관용성을 담은 사회연대의 결속과 강화에 기여하여야 한다. 제도가 인간화될 때, 제도에의 자발적 감응력은 높아진다. 사회가 요구하는 것은 국가자신의 포만감을 채울 제도가 아니라, 사회공동체의 결속을 강화하고 개개인의 인간화를 촉진하는 제도이다. 특히 국가형벌권과 관련되는 한, 개인은 수범자나 수용자의 지위에 국한되거나 그것으로 전락해서는 안 된다. 형벌권의 귀속은 국가에게 있되, 형벌권에의 감응력을 높이기 위해서는 제도의 인간화가 필요한 것이다.

다양성과 관용성을 전제로 한 연대성의 관심은 우리가 추구하는 사회가 어떠한 가치를 가지는 또는 어떠한 종류의 사회인가로부터 출발한다. 따라서 사회 속에서의 개인, 공동체를 이루는 연대의 주체로서의 개인에 초점을 맞추며, 자유주의자들이 상정하는 초월적 자아 또는 공동체로부터 독립적인 무연고적 자아(unencumbered self)에 대하여 회의적이다. 가장 중요한 점은 개인을 공동체와 어떠한 관계로 이해하는가에 따라 규범과 도덕에 대한 이해 또는 설정에 중대한 왜곡이 초래될 수 있으며, 그것이 제도화로 이어지는 경우 그 결과는 매우 상이할 수 있다. 이러한 공동체적 주체에 대한 인식이 반드시 자유로운 주체의 존재를 부인하거나 사회의 계층화를 인정하는 결과를 초래하지는 않는다. 공동체주의가 개인의 자유를 부정하는 것은 결코 아니며, 오히려 자유로운 개인 간의 이해를 공동체 내에서 파악하고 평등의 개념을 의무론적으로 해석하지 않으면서 자발적 박애를 도출하기 위한 작업으로서 공동체의 구성원인 개인을 상정

University Press, 1982), 멜론, 2012, 49면. 그에 따르면 공동체라는 설명이 부적절하며, 그 자신도 항상 공동체주의의 입장에 서 있지 않았음을 강조한다.

하는 것은 매우 의미가 있다.

Ⅱ 제도의 인간화의 작동 원리

1. 범죄와 처벌 사이의 투명성

미셸 푸코에 따르면 "어떤 범죄에 대해서 적당한 징벌을 찾는 일은 결정적으로 범행의 생각을 매력 없는 것으로 만들어 버릴 수 있는 그러한 불이익을 발견하는 일"[18]이라고 한다. 따라서 근대 이전의 신체형은 이와 같은 장애로서의 기호로 충분하였다고 한다. 그러나 신체형이 인간의 신체를 소유물로 간주하던 시대의 전유물이라는 점에서, 그와 같은 처벌은 인간존엄과는 지극히 거리가 멀다. 하지만 푸코가 언급한 처벌로서의 몇 가지 조건은 경청할 만하다. 그는, 가능한 한 자의적이지 않아야 한다고 본다. 무엇이 범죄가 되어야 하는가는 그 사회의 이해관계에 따라서 규정되어진다. 그리고 이상적인 처벌이란 그 자체가 그것을 생각하는 자에게 빈틈없이 그것으로 처벌받는 범죄의 기호가 되어야 하며, 처벌에 의해서 제재되는 범죄에 투명하게 나타나야 한다고 본다. 기호학자로서 미셸 푸코다운 설명이다. 중요한 것은 범죄와 처벌 사이의 투명성이다.

범죄가 스스로 거울처럼 투명하게 처벌을 반영하려면, 처벌이 인간이 인간에게 또는 국가권력이 인간에게 폭력을 휘두른다고 생각되지 않아야 한다. 범죄 행위자가 처벌을 자신에게 직접적으로 휘둘러지는 폭력으로 이해할 때, 범죄자는 스스로 폭력에의 피해자라고 인식하게 된다. 이는 처벌의 투명성이 곧 처벌의 공평성임을 의미한다. 가장 원시적이면서도 처벌의 투명성이 담보되는 처벌방식이 탈리오법칙일 것이다. 탈리오법칙(Lex Talionis)은 응보원칙의 가장 소박한 형태이자 범죄와 처벌의 질적·양적 동일화를 통해 처벌의 예측가능성을 투명하게 담보하고 있다. 동해보복이라고 표현되는 것처럼, 보복의 정도를 제한하는 역할을 하였으며, 평등의 정의 관념이 빈틈없이 그리고 직접적으로

---

18 Paul-Michel Foucault/오생근 역, 감시와 처벌: 감옥의 역사(Surveiller et punir: Naissance de la prison, Gallimard, 1975), 나남 출판사, 1999, 161면.

드러난다. 이것이 함무라비 법전에서는 응보적 정의감의 만족으로 종결되도록, 가해자의 재복수가 허용되지 않음을 명확히 법으로 규정하였다는 점에서 의미가 있다. 탈리오법칙은 사적 보복을 허용하고 있다는 면에서는 국가형벌권 체계하의 현대사회에서는 기대불가능한 방법이지만, 그리고 그 방법에 있어서는 간혹 잔혹할 수 있을지 몰라도 불공평하다는 생각을 하지 않게 된다. 가장 투명하게 범죄에 대한 형벌의 종류와 양을 예측할 수 있기 때문이다.

다만 탈리오법칙의 가장 치명적인 점은 도덕의 무게이다. 도덕적 정의감에 따르면 타인에게 의도적으로 불의를 행하는 것은 참된 도덕적 선이 아니며, 더 나아가 소크라테스식 행복론에 따르면 도덕적 덕에 따른 행위가 행복에 대한 최상의 전망을 제공한다는 점에서 덕은 행복의 필요조건이고, 따라서 덕은 필연적으로 행복을 함축한다. 그 결과 복수는 복수 대상은 물론 복수를 하는 사람의 정의까지도 손상시키는데, 이처럼 타자에 대한 위해행위가 복수 주체와 복수 대상 모두의 덕을 손상시켜서 전부를 불행하게 만들어 사회 전체의 행복을 감소시키게 되는 것이다.[19] 가치 있는 것이라고 간주되는 것을 위하여 불의를 행한다면, 그 불의한 행위는 행위자와 행위 대상 모두에게 나쁜 것이기 때문에 궁극적으로는 가치 있지도 정의롭지도 않은 것이라는 결론에 이른다.

그렇다면 현대 사회에서 범죄와 처벌사이의 투명성은 어떻게 담보되어야 하는가? 형법의 예고기능과는 별개로, 사회구성원들이 어떠한 범죄행위에 대하여 어느 정도의 처벌이 부과될 것인가에 관하여 합리적이고 이성적으로 예측가능한가의 문제이다.

그것의 불가능성 또는 어려움은 다원화된 정의 사회에서 언제나 사회적 재들의 가치가 평등할 수 없다는 점으로부터 출발한다. 보다 강한 힘 또는 세력이 있는 재들을 보유한 자들의 압력이 입법에 영향을 미치는 순간부터, 사회구성원들의 합리적 사고로부터 추론되는 것과 범죄의 정의는 일치할 수 없다. 가능할지는 몰라도, 만일 사회적 재들의 가치가 공평하여서 그 어떤 불균형적인 힘이 형사입법에 개입되지 않는다면 투명성의 담보는 가능할 수 있을 것이다. 예컨대, 네틀러는 '범죄란 행위가 아니라 언어'라고 본다.[20] 그 사회에서 구성원들

19 조홍만, "복수의 도덕적 수용 가능성에 관한 고찰 –탈리오의 정의와 소크라테스적 행복주의–", 인문학연구 제94권, 충남대학교 인문과학연구소, 2014/3, 443~444면.

20 Gwynne Nettler, Explaining Crime, McGraw Hill, 1973, 16면.

이 무엇이 범죄라고 이름을 붙이기 전에는 어떠한 행위가 범죄가 아니고, 반대로 범죄라고 개념정의할 때 비로소 범죄가 된다는 것이다. 예를 들어 차를 빨리 모는 것이 과속이라고 정의될 때에만 범죄가 된다고 한다. 또한 일정한 가격을 책정하기 위하여 서로 합의를 하는 행위를 담합이라고 정의할 때에 범죄가 되는 것 역시 마찬가지이다. 이처럼 구성원들의 합의에 의하여 언어로서 범죄라고 정의할 때 범죄가 비로소 된다면, 합의를 하는 자들 사이에 이미 그것에 대한 처벌의 양도 결정되어질 것이다. 그러나 그러한 결정에 사회의 특정 힘이 개입되어 총합이 아닌 일부의 의사가 그와 같은 언어결정을 좌우한다면, 그로부터 처벌의 양 역시 예측가능성이 사라지게 될 것이라는 점에서 다원화된 사회에서 특정 사회적 재가 다른 사회적 재를 잠식해서는 안 된다는 원칙은 매우 중요하게 된다.

2. 착한 벌에 의한 연대감의 회복

제도의 인간화는 비용문제에 있어서 비효율성을 얼마나 감내할 수 있는가의 문제로 귀결되기도 한다. 현행 형벌의 집행 역시 만만치 않은 비용이 사회적 지탄을 받기도 하지만, 나름 저렴한 비용으로 최대한 많은 인원들을 수용하여 처벌을 하는 방식이 교도소이다. 교도소의 집행비용의 정도가 감시의 효율성을 의미한다면 벤담의 파놉티콘 형태를 가장 우선 떠올릴 것이다. 그러나 푸코가 언급한 바와 같이, 파놉티콘 형태의 교도소가 가지는 정치적 함의는 매우 위험하기까지 하다. 그와 같은 수감형태는 여러 범죄의 개별성에 대응할 수 없을 뿐 아니라, 교도소라는 수감시설의 존재가 사회구성원들에게 미치는 심리적 압박감을 통해서 일반예방의 효과를 기대할 수도 없다. 그럼에도 불구하고 경제성의 측면에서는 여전히 교도소가 가장 집행의 효율성을 충족시켜준다는 점을 무시할 수는 없다.

그러나 범죄의 개별성과 특수성을 고려하면서, 제도의 인간화를 추구하고자 한다면 소규모 집단의 연대성에 기한 감화방식을 눈여겨 볼 필요는 있을 것이다. 연대성에 의한 제도의 인간화를 가장 적절히 표현할 수 있는 사례로, 남아프리카 잠비아 북부 고지에 사는 화전민 종족인 바벰바(Bemba)족의 범죄자 칭찬 릴레이를 들 수 있다. 바벰바족은 범죄를 범한 자에게 부족구성원들 모두가 돌아가면서 끊임없이 칭찬을 함으로써, 범죄자의 감화 또는 참회를 이끌어내는 방식으로 범죄자를 '벌'하는 것으로 유명하다. 칭찬이라는 벌을 부과함으로써 범죄자가 가지는 사회구성원으로서의 연대성 또는 공동체적 결속력을 강화하는 것이다. 이와 유사한 사례로, 캐나다 리치몬드 경찰서에서 행한 칭찬통지서(Positive Ticket)의 재범 방지효과를 언급할 수 있다.[21] 저자인 맥커운은 무의미한 다수가 아닌 본질적인 소수에 집중함으로써 더욱 큰 성과를 낼 수 있다는 본질주의의 예로 칭찬통지서를 거론하였다. 하지만 연대성의 측면에서 동 제도를 살펴보면, 형사사법기관인 경찰과 범죄자가 대립구도를 이루지 않고 상호친화적인 결속의 강화방안을 통해 범죄를 감소시켰다는 점에 의의가 있다.

이들 사례는 공통적으로 범죄를 범한 자를 중심에 두고 사회구성원들 모두가 둘러서 칭찬과 장점과 과거의 선행을 끊임없이 이야기함으로써 스스로 참회하면, 구성원 모두 진심으로 용서하고 보상을 한다. 구성원들의 이와 같은 착한 벌의 방식을 현대사회에서 제도적으로 이끌어냄은 거의 불가능할 것처럼 보인다. 중요한 것은 범죄의 대가가 반드시 원치 않는 고통이어야 하는 것은 아니라는 점이다. 현대사회에서 범죄와 그에 대한 대가의 관계는 언제나 행위자로부터 무엇인가를 박탈함으로 인하여 '고통을 느끼면서 당하는 것'이어야 한다고 본다. 그리고 그 고통을 응보 또는 인과라고 하는데, 고통의 방식이 행위자가 가진 것을 박탈하는 방식으로만 가능하다는 관점에서 탈피한다면 제도의 인간화가 가능해질 수 있다. 물론 피상적인 언급일 수 있으나, 형사제도 중에서 소년법상 소년에 대한 특칙들이 가지는 특징이 간접적으로 이러한 방식이다. 범죄를 범한 소년에게 과해지는 이른바 '보호'처분은 말 그대로 보호이다. 범죄에

---

21 Greg Mckeown/김원호 역, 에센셜리즘 Essentialism 본질에 집중하는 힘, 알에이치코리아(RHK), 2014에서 소개된 사례로 다음과 같다. 캐나다 리치몬드의 한 경찰서는 청소년 재범률이 65퍼센트에 이르자, 한 직원이 칭찬 통지서를 만들었다. 범죄를 범한 청소년들에 대한 엄격한 관리가 일시적으로는 범죄율을 낮출 수는 있어도 영구적으로 제거할 수는 없다는 본질적 질문으로부터 시작된 제도이다. 범죄를 범하는 청소년을 찾아내어 붙잡는 데 집중하는 게 아니라, 좋은 일을 하는 청소년(쓰레기를 쓰레기통에 제대로 버리는 행위, 오토바이를 타면서 헬멧을 착용하는 행위 등)을 찾아내어 그들에게 칭찬 통지서를 발부하고, 이 통지서를 제출하면 영화관에 무료로 입장을 하거나 피자를 무료로 먹을 수 있게 하였다. 청소년들을 음지로부터 끌어내어 좋은 일들을 할 수 있는 장소로 유도한 결과 범죄로부터 멀어지도록 하는 효과를 얻었다. 그 결과 칭찬 통지서 프로그램을 운용한 지 10년이 지난 후에는 60퍼센트가 넘던 지역의 청소년 재범률이 8퍼센트로 떨어졌다.

대한 대가로서 국가가 응보가 아닌 보호를 하겠다는 것이다. 그것이 소년에게만 국한되어야 하는 이유는 소년법상의 목적 규정에 있다. 소년법은 '반사회성이 있는 소년의 환경 조정과 품행 교정을 위한 보호처분 등의 필요한 조치를 하고, 형사처분에 관한 특별조치를 함으로써 소년이 건전하게 성장하도록 돕는 것'을 목적으로 한다. 그리고 특별한 조치들은 사회공동체 내에서 유대감이 있는 자와의 친밀관계를 이용하거나 형사시설이 아닌 시설에의 수용에 의한 해결을 의미한다. 그런데 여기에서 소년 대신에 사람 또는 죄를 범한 자를 넣어서 읽는다면 범죄자에 대한 재사회화를 의미하게 된다. 물론 모든 범죄자를 대상으로 가능한 방법은 아니겠지만 기본적으로 사회구성원으로의 복귀가 형사처벌의 궁극적인 목적이라면, 연대성의 적극적인 활용이 범죄자의 연대감의 적극적인 회복에 도움이 될 수 있으리라는 기대를 버리지 말아야 한다. 사회구성원으로서의 결속력 또는 유대감을 통해 범죄자에게 온정을 베풀 기회를 일반 사회구성원들로부터 처음부터 박탈해서는 안 된다.

3. 시놉티콘(Synopticon)의 확대

가. 파놉티콘(Panopticon)과 시놉티콘(Synopticon)

처벌은 감시를 수반한다. 감시가 없는 자발성 또는 자율성은 처벌의 의미를 퇴색시킨다. 그런데 파놉티콘은 체화된 감시의 자발성을 이끌어낼 것을 목적으로 한다. 즉, 불균형적인 가시성을 통하여 감시를 받는 자가 스스로 감시를 하는 결과를 만들어내는 것이다. 파놉티콘의 작동원리는 3단계로 이해할 수 있다. 첫 번째 단계는 시선의 불균형으로 감시자는 비감시자에게 보이지 않고, 비감시자만 감시자에게 보임으로써 가시성의 불균형을 계획한다. 또한 피감시자들 간에서 보이지 않음으로써 집합적인 군중심리가 처음부터 작용할 수 없도록 사전에 차단한다. 두 번째 단계는 감시의 자동화로, 피감시자의 입장에서 감시자가 보이지 않음으로써 상시적으로 감시받고 있음에 대비하게 된다. 즉, 감시자가 보고 있는지 여부를 확인할 수 없는 상태에서 피감시자는 감시의 가능성을 항상적으로 의식하게 되고, 감시의 자동화가 이루어진다. 그 결과로 감시자가 없어도 피감시자는 감시를 받는 상태와 동일한 태도를 취하게 된다. 세 번째 단계는 감시주체의 이동이다. 감시의 자동화로 인하여 감시의 주체가 감시자에서 피감시자로 이동하게 된다. 즉, 강제력을 행사하지 않아도 피감시자의 자발성에 의존하는 감시기제가 형성되는 것이다.

반면 시놉티콘은 정보의 상호교류를 통한 상호감시를 의미한다. 파놉티콘이 모두를 뜻하는 'pan'과 본다는 뜻의 'opticon'의 합성어로서 모두 다 본다는 뜻으로, 중앙권력에 의한 대중감시를 뜻하였다면, 시놉티콘은 '함께'라는 뜻의 'syn'과 '본다'는 뜻의 'opticon'의 합성어로 함께 본다, 즉 역감시 또는 상호감시를 의미한다. 파놉티콘은 일방적 가시성을 이용한다. 재소자들은 항상적으로 감시를 받고 있다는 심적 무게를 통해 규율과 감시를 내면화하여, 궁극적으로 스스로 '자기 감시'를 하게 되는 것이다. 반면에 시놉티콘은 권력에 의한 일방적 대중감시에 대항한 대중에 의한 권력 감시를 의미한다. 주로 언론이나 통신을 통해서 활성화되는 정보교류의 상호성은 쌍방향의 감시를 가능하게 하는데, 이것이 4차 산업혁명시대에 초래될 수 있는 형벌과 처벌에 변화가능성의 한 축이 될 수 있다. 4차 산업혁명시대의 언론은 기존의 대중매체를 지칭하던 것과는 의미가 다르다.

시놉티콘은 노르웨이 사회학자인 토머스 메티슨이 1997년 파놉티콘에 상응하는 사회학적 용어로서 '다중에 의한 소수의 감시(surveillance of the few by the many)[22]'를 지칭하기 위하여 사용하기 시작하였다. 그는 언론과 통신의 발달이 이룩한 정보화시대에는 다수의 대중이 소수의 권력자를 감시할 수 있는 체제로의 이행이 가능하다고 주장하였다. 시놉티콘은 인터넷 등의 정보통신망을 이용한 사회에서 일어나는 부정적인 현실의 고발과 비판적인 의견의 개진, 국가정책이나 정치에 대한 익명의 투서 등을 통해서 이루어진다. 이와 같은 현상은 권력자들을 감시하고 음지에서 발생하는 소외현상들에 대하여 대중의 관심을 이끌어내는 긍정적인 역할을 하게 된다.

나. 시놉티콘과 공동체의 결속

시놉티콘은 정보통신망의 발달로 인한 역감시라는 최초의 출발로부터, 그 개념이 확장되어 보다 적극적이고 진취적인 함의를 가질 수 있다. 이를 정리하면 다음과 같다.

---

22 Thomas Mathiesen, The Viewer Society, Theoretical Criminology, Vol 1(2), Sage Publications, London, 1997 참조.

첫째, 파놉티콘이 가능한 이유는 작동원리의 제1단계인 가시성의 불균형이다. 일방적으로 감시자만이 피감시자를 볼 수 있고, 반대로 피감시자는 감시자의 상태를 확인할 수 없는 방식이 궁극적으로 자발적 감시를 가능하게 한다. 마찬가지로, 정보화시대의 정보 또는 의견개진의 익명성이 가시성의 불균형을 대체하는 기능을 할 수 있다. 대중의 익명성은, 자신을 권력에 드러낼 때 수반될 수 있는 국가권력의 피험자가 될 위험성을 제거해 주고, 개인이 가진 소수의 의견을 매체를 통해서 다수화할 수 있기 때문에, 대중에 의한 소수 권력에의 감시가 가능해진다. 이것이 현대적 시놉티콘의 가장 근본적인 작동원리이다. 그 이후에 정보통신망을 통한 정보교류의 부정적 영향에 대한 대책으로서 익명성에 대한 규제가 권력에 의하여 가해진다고 하더라도, 이미 정착된 의견개진의 다양성과 의견의 취합가능성은 익명성이 제거된 후에도 여전히 힘을 가질 수 있다. 우리의 현실을 보더라도 이미, 국가기관들은 대중의 비판적 의견을 청취하는 창구들을 정보통신망에 마련해 놓고 있으며, 그것을 통해 아래로부터의 감시 또는 시민에 의한 권력감시라는 역감시가 이루어지고 있다. 그리고 이제는 실명제로 운영된다고 하더라도, 존재의 확인이 '실명'으로만 가능하다는 점은 여전히 상대적인 익명성을 보장한다는 점에서 의사표현의 자유로움이 보장된다.

둘째, 파놉티콘의 유래는 벤담의 형제인 사무엘 벤담이 러시아 해군의 조선작업장을 건설하면서 미숙련 노동자 다수를 숙련된 소수의 전문인들이 제어할 수 있는 작업장 시스템을 고안하면서 시작되었다. 즉, 시작점은 감옥이 아니라 자본주의적 건축이었고, 이것을 벤담은 감옥뿐만 아니라 병원이나 학교, 정신병자 수용시설 등 사회 전역에 걸쳐서 응용할 수 있는 획기적인 설계방식으로 인식하였다.[23] 즉, 시설이 아닌 제도로 이해한 것이다. 마찬가지로 시놉티콘은 파놉티콘에 대한 역발상으로 시작되어서, 정보통신망을 이용한 대중에 의한 소수 권력자의 감시라고 도구적으로 이해되었다. 이제는 더 나아가 상호교류를 가능하게 하는 제도로서 확장되었다. 익명성에 의하든 그것이 제거된 이후이든

---

23 특히 감옥시설을 건설하고, 그것을 유지·관리하면서 국가로부터 비용을 청구 받고자 하였던 벤담의 입장에서는 파놉티콘은 자본주의적으로 이윤창출을 가능하게 하는 도구였던 셈이다. 자세한 내용은 홍성욱, "벤담의 파놉티콘(Panopticon)에서 전자시놉티콘(Synopticon)까지: 감시와 역감시, 그 열림과 닫힘의 변증법", 한국과학사학회지 제23권 제1호, 한국과학사학회, 2001/6, 76면 이하 참조.

의견의 개진은 국가기관 또는 권력의 반응이 후속되도록 하였으며, 그것을 통해 권력작용의 투명성을 이끌어 낼 수 있는 가능성을 열어 준 것이다. 대중에 의한 감시가 권력자들의 교체가능성을 암시하고, 권력자들이 이것을 권력에 대한 위협으로 인식하게 함으로써 권력작용의 투명성은 확보될 수 있다. 또한 반대로 대중의 비판에 무딘 권력일수록, 그러한 권력을 반대하는 사회공동체의 결속을 더욱 강화하는 계기가 될 수 있다.

셋째, 파놉티콘은 소수에 의한 다수의 감시인 반면, 시놉티콘은 다수에 의한 소수의 감시라는 점에서 역감시라고 본다. 그러나 시놉티콘에서의 다수는 파놉티콘의 몰개성적인 피감시자로서의 다수가 아니라 다양화되고 개성적인 개개인의 총합을 의미한다. 현대사회에서 이미 개개인은 언론으로서 역할을 하며, 하나의 사실에 대한 다양한 각도의 많은 정보들을 제공하면서 사회적 여론을 형성하는 주축으로 역할을 한다. 시놉티콘이라는 용어의 유래는 언론으로서 대중매체의 기능을 강조하기 위하여 만들어졌을지 몰라도, 이제 그 역할은 개개인인 공동체 구성원들이 직접 수행하는 단계에 이르렀다. 그리고 개개인의 의사가 소수의 견해일지라도, 의사의 가시화는 유사한 의견들 간의 합의를 가능하게 함으로써 대중의 의견으로 완성되어질 수 있다. 이러한 과정을 통해서 개인은 인터넷을 비롯한 대중 매체를 통해서 공동체의 관심과 지지를 얻어낼 수 있고, 그와 같은 과정의 반복으로 공동체의 결속은 더욱 강화될 수 있다.

다. 시놉티콘과 제도의 인간화

인간은 이미 형성되어진 제도 내에 존재할 때에, 삶을 영위하기 위하여 개인적으로 최소한의 힘의 소요가 가능해진다. 제도의 틀은 생활의 안정화를 가능하게 함으로써 상호 대립의 각을 무디게 할 수 있다는 점에서 인간에게 제도는 필요하다. 그러나 제도의 틀이 견고하고 강하면 강할수록 제도의 불변은 인간을 옭죄는 속박이 된다. 제도가 인간 위에 군림할 때 그것은 자유를 억압하고 몰개인화하는 수단으로 전락하게 되며, 제도를 형성하는 국가권력의 힘을 비대하게 만드는 역할을 한다. 즉 사회와 국가의 관계가 개인과 제도의 관계로 대체되어질 때, 개인의 자유보장과 국가제도의 관계는 필요불가결하지만 상호 긴장관계에 놓이게 된다. 그러나 앞서 언급한 바와 같이 국가의 인위적 제도들은 개인과 사회공동체의 영속을 위해서 구성되어야 하며, 자가목적적으로 이해되어서는 안 된다. 제도가 스스로의 목적을 달성하기 위하여 인간의 생존과 자유를 잠식해 들어가기 시작할 때, 개개인은 그 속박으로부터 벗어나기 어렵다. 그것이 제도라는 명칭의 경제, 사회, 문화, 복지 등 그 어떤 영역이든 마찬가지이다. 제도의 총합이 국가권력의 크기에 상응한다면 더욱 그러하다. 이로부터 제도의 인간화를 강조해야 할 근거가 찾아진다.

그러나 제도는 영속적인 것이 아니다. 인간으로 구성된 사회공동체가 결속을 통한 항상성을 특징으로 한다면, 제도는 그와 같은 결속을 강화하는 한 사회공동체에 긍정적으로 수용될 수 있다. 그러나 국가의 제도가 그와 같은 목적으로부터 벗어나서 국가 제도 자체의 영속을 목적으로 한다면 권력은 자가 목적을 추구하도록 전락하고 만다.

시대의 변화는 더 이상 자유지상주의의 추구만을 허락하지는 않는다. 오히려 비대해진 국가와 국가권력으로부터 지켜야 할 사회구성원들의 연대성이 사회가치의 중심에 서게 된다. 그렇다고 하여 완전한 공동체주의를 표방하고자 함도 아니다. 연대는 인간본성을 중심으로 사회와 제도를 이해하려고 할 때 가장 존중되어야 할 가치이다.

국가의 형사사법제도와 국가의 형벌권력은 국가를 지탱하는 가장 강력한 무기이다. 제도의 인간화는 바로 그러한 형사사법 영역의 인간화로부터 비롯되어야 한다. 형사사법 영역의 인간화란 형사사법이 인간성의 회복, 사회로의 복귀라는 임무를 다하도록 구성되어야 한다는 의미이다. 강화된 처벌과 영구화되는 격리는, 사회구성원들에게 가해지는 권력에 의한 위협과 구성원들의 격리를 통한 사회해체를 조장할 뿐이다. 따라서 형사사법제도의 인간화, 처벌의 인간다움이란 바로 다양성과 관용성을 토대로 한 사회구성원들의 연대성의 문제가 된다. 어떠한 처벌이 인간다운가는 그러한 처벌이 인간으로서 그리고 사회구성원으로서의 복귀에 가장 바람직한가의 문제제기이다. 그리고 이것은 사회기능의 정상화와 직결된다.

감시의 권력은 역감시의 구조를 통해서만 그 투명성을 보장받는다. 대중에 의한 국가형벌권의 감시가 형사사법제도의 인간화로 이어지기 위해서는 우선 사회공동체의 역량이 강화되어야 한다. 다원적 사회에서 다양한 사회재의 소유자들 간의 상호작용의 활성화와 그를 통한 공동체의식의 함양에 성패가 달려 있다고 해도 과언이 아니다. 과거보다 활발하게 우리 사회에서 시민운동들 및 국가권력에 대한 비판적 시각의 공론화가 이루어진 것도 시놉티콘의 결과이며, 2016년 광화문을 밝혔던 촛불집회 역시 역감시의 대표적인 예라고 할 수 있다. 정보사회의 도래와 그로 인한 상호감시가 초래하는 부작용들이 존재함은 당면한 현실이다. 그러나 그러한 현실에 대한 부정적 시각만으로는 현실에 대한 대안을 찾을 수 없다. 따라서 정보사회에서 사회구성원들은 역감시를 권리확보의 기회로 파악하여야 하며, 특히 시놉티콘을 통해 국가체계존립을 위한 국가형벌권이 아닌 사회구성원들의 결속을 위한 국가형벌권으로 자리매김하도록 비판적 시각과 성숙한 공동의식의 함양을 추구하여야 한다.

Ⅲ 현행 처벌의 타당성 검증

1. 책임주의의 한계

형벌이 책임주의에 구속됨은 인간의 자유의지를 전제로 하였을 때에만 가능하다. 책임주의는 법치주의와 죄형법정주의로부터 비롯된[24] 형법의 기본원리이다. 책임은 책임비난의 대상이 되는 객관적으로 존재하는 불법에 관하여, 행위판단의 의사능력이 있는 행위자가 규범에 반하는 반가치태도를 형성함으로써 그러한 범죄행위를 선택하였다는 점에 대한 비난가능성 여부이다. 따라서 개인책임의 원칙은 개인의 불법행위에 대하여 최소한의 전제조건으로서 자신의 행위에 대한 선별가능한 의사능력을 표현하는 책임능력이 있어야 하며, 형법이 요구하는 바에 대해 인식가능하여야 한다. 우리 헌법상 인간의 존엄성을 존중하고자 하는 제10조에 따라서도 형법상 행위자는 자율적이고 윤리적인 존재를 전제로 하면서, 책임주의는 모든 형법적 제도에 대하여 개인이 자율적으로 판단할 능력을 보유하고 있음은 물론 적법과 불법의 선택상황에서 윤리적으로 올

24 憲裁決 2017. 10. 26, 2017헌바166, 공보 제253호, 1107면(憲裁決 2011. 6. 30, 2011헌가7등; 憲裁決 2010. 10. 28, 2010헌가55등; 憲裁決 2010. 7. 29, 2009헌가18등; 憲裁決 2010. 5. 27, 2009헌가28 참조).

바른 선택을 할 것임을 전제로 출발할 것을 요구하게 된다.

책임주의가 헌법상의 이념임에는 틀림없으나, 전통적으로 자율적이고 윤리적인 인간상을 전제로 구상된 책임주의의 내용은 사실상 근대 법치주의의 산물이다. 신고전적 범죄론체계가 형식적 또는 심리적 책임개념에서 탈피하여 책임의 내용을 비난가능성 또는 기대가능성으로 충전하여 윤리적이고 도덕적인 인간을 전제로 한 책임을 구성한 당대의 철학사조 및 그 인식 배경이 된 다양한 사회 환경의 결과라는 점에서, 책임주의는 20세기 초반의 법학이라는 학문의 총합이다.

그러나 현대 사회는 책임주의가 완성되었던 시대와는 많은 간극이 생겼다. 전통적인 책임사상에서 강조하는 바는 타행위가능성이며, 행위자의 의지에 의한 합리적 선택가능성이다. 그러나 4차 산업혁명은 보다 특수한 정황하에서 책임귀속의 문제를 논하도록 만든다. 주지하는 바와 같이 인지과학의 발달은 인간의 의식의 흐름을 보다 정밀하게 분석하였고,[25] 인식과 의지가 언제나 행위 이전에 발생하지 않는다는 점을 알아내 버렸다.[26] 뿐만 아니라 AI의 발전은 책임귀속의 또 다른 문제들을 야기한다. 인공지능의 선택이 윤리적이라고 할 수 있는가, 인공지능이 선택한 행위로 인하여 타인의 법익침해의 결과가 발생하였을 경우 인공지능을 이용한 행위자가 도덕적이고 법적인 책임비난의 귀속자가 되어야 하는가 및 그러한 선택을 윤리적이라고 할 수 있는가 등의 문제들을 도외시한 채 형법이 완강하게 전통적인 책임주의를 고수해야 한다면 부수되는 많은 문제들에 직면하지 않을 수 없다.[27] 또한 개인의 책임 이외에도 기업의 사회

---

25 예컨대, 이정모/손지영, “법 인지과학: 법 영역의 인지과학적 조명”, 서울대학교 법학 제51권 제4호, 서울대학교 법학연구소, 2010/12, 384~385면은 “인지과학적 관점에서 실제로 선택하는 행위에 있어서 어떤 행동을 선택할 것인가에 대한 갈등 가운데에 인식가능하고 측정가능한 진정한 의사결정의 자유가 존재한다고 믿는 것은 오늘날 인지과학, 특히 뇌신경과학 분야의 연구결과들을 통하여 볼 때 다시 검토해 볼 여지가 있는 전제로, 이에 형법상 책임비난의 근거와 전통적인 형벌운용의 정당성은 인지과학의 관점에서 행위자의 책임에 대한 재해석과 새로운 책임기반이 필요하다”고 보기도 한다.

26 2007년 독일 베를린의 번스타인 계산신경과학센터의 신경과학자인 존-딜런 하네스(John-Dylan Haynes) 박사가 우리의 의식적인 판단을 규명하기 위해 인간을 대상으로 한 가지 실험을 수행한 것은 한 예이다. Soon CS, Brass M, Heinze HJ & Haynes, JD, Nature Neuroscience. 11, 2008, 543~545면 참조.

27 예컨대 2018년 3월 미국 애리조나 주 피닉스 외곽에서 자율주행 중이던 우버의 볼보 XC90이 야간에 도로를 무단 횡단하던 자전거 사용자를 치어 사망한 사고가 일어났다. 이는 자율

적 책임뿐만 아니라 심지어 국가도 기능적으로 책임을 져야 하는 상황에 놓이게 되기도 한다. 즉, 책임주의가 완전히 사라지고 그것의 대체재가 대신 자리를 차지할 것인지 아니면 책임주의는 여전히 존재하되 그것을 보충할 보완재가 추가될 것인지는 여전히 확실하지 않지만, 적어도 책임주의만으로는 형법과 형벌의 귀속을 해결하기는 어렵다는 점에 주목하여야 할 것이다. 그럼에도 불구하고 책임주의의 틀에 갇혀서 당위적으로 요구되는 법적 장치들을 포기하여서는 안 될 것이다. 나아가 책임주의의 본질을 재조명하는 것도 우리 시대의 임무일 것이다. 그리고 이를 바탕으로 시대와 관념의 변화를 수용하고, 진정 국민의 자유와 권리를 보호하는 방안이 무엇인가를 찾아야 할 것이다.

2. 현행 처벌의 실효성 판단

가. 처벌로서의 자유형: 범죄자의 신체 구속이 아닌 대중의 심리 구속

형벌로서의 자유형이 도입된 것은 그리 오래 되지 않았다.[28] 중세까지 신체를 누군가의 소유로 이해하였던 시대에는 신체에 대한 침해가 형벌이 되었고, 그 기능의 상실로부터 사망이라는 기능의 영구적 박탈까지가 마치 재산형과 같은 역할을 하여 왔다. 그러나 근대 이후 인권에 대한 시각들이 신체형을 거부하게 되었고, 그 대안으로서 자유형의 도입이 대체재로서 역할을 하여 왔다. 그러나 실제로 근대 자유형은 개인이 가지는 인력의 공공재적 사용의 다른 이름이었다. 범죄자 또는 부랑자들이 가지는 사적 노역의 공적화를 통해 자본주의 발전의 바탕이 되는 기반사업들을 펼쳐나갔고, 그것을 죄의 대가로 이해하였던 것이 초기의 자유형이었다. 근대 초기 형벌로서 감금에 대한 착상이 많은 개혁

주행 모드로 주행하는 차에 의해 일어난 것으로는 지금까지 알려진 첫 번째 사망 사고로 기록됐다. 사고는 밤 10시경에 사고차가 자전거를 밀고 차도로 들어선 49세 여성을 들이받으면서 일어났고, 피해자는 병원으로 이송된 뒤 숨졌다. http://v.auto.daum.net/v/oLCZRsCKXA

그 외에도 자율주행자동차의 선택이 윤리성의 문제가 개입될 경우를 예정할 수 있다. 예컨대 앞차의 급정거로 인하여 좌우로 차를 회전하여야 하는 순간 왼쪽에는 어린아이가, 오른쪽에는 노인이 있어서 자율주행자동차에 탑승한 자를 포함한 누군가의 희생이 필요한 순간에 인공지능의 선택이 그 무엇이든간에 그것에 윤리적인 색채를 입힐 수 있겠는가의 문제 등이 그것이다.

28 감옥의 역사에 관한 자세한 내용은 Paul-Michel Foucault/오생근 역, 감시와 처벌: 감옥의 역사(Surveiller et punir: Naissance dela prison, Gallimard, 1975), 나남출판사, 1999 참조. 또한 한인섭, 형벌과 사회통제, 박영사, 2007 참조.

자들에 의해서 비판을 받았던 이유는, 일반대중에 대한 효과가 결여되어 있고, 사회에 무익하고 유해할 뿐만 아니라 비용문제 및 악덕의 증가, 일괄적인 감금으로는 개별화된 처우가 될 수 없다는 등의 많은 이유가 있었다.[29]

물론 현재는 교정의 개념을 도입하여 재사회화를 목적으로 한다고 하지만, 이 역시 두 가지 점에서 자유형의 목적이 달성될 수 없다는 논거가 가능하다. 첫째, 형의 장기화이다. 보안형벌이라고까지 비판을 받게 되는 현대 자유형의 장기화는 교정목적이 실패하였음을 자인하는 것이다. 국가가 자유형을 50년으로 장기화하였음은 그동안 최대 25년을 교정목적을 위해 투입하였음에도 불구하고 그것이 실패하였기 때문에 두 배에 달하는 장고의 세월을 더 달라고 요구하는 것이다. 과연 교정목적은 자유형을 통해 달성될 수 있을 것인가? 자유의 장기 박탈을 통해 자유의 소중함을 터득하게 하겠다는 의미인가? 미국의 경우 이미 사설교도소들은 사익을 위해서 보다 많은 수감자들의 보다 긴 형기를 원한다. 많은 교도소들이 중형교도소의 위상을 가지길 원한다. 교정의 실패는 단순한 감금의 장기화만을 요구하게 되는데, 그것이 과연 자유형의 목적인가를 반문해야 할 것이다.

둘째, 실제 자유형의 선고 및 집행 비율의 문제이다. 조회 가능한 2016년도 범죄통계를 보면, 총 수사가 개시된 범죄사건 1,982,859 중 기소된 자는 768,382명으로 38.8%에 해당하지만, 실제로 1심에서 무기징역을 포함한 징역형의 선고는 61,519명으로 전체의 8.00%에 불과하다.[30] 이미 기소사건 중 벌금, 과료, 몰수 등 재산형에 해당하는 사건으로 구약식으로 해결되는 것이 578,855명으로 전체 기소사건의 75%를 상회하고, 나머지 구공판 사건도 집행유예 및 재산형이 징역형의 2.7배에 달한다. 이는 비단 2016년도만의 이례적인 현상이 아니며, 항상적으로 징역형의 비율은 전체 선고형의 10%를 넘어서지 않는다. 즉, 우리의 인상은 범죄를 범하는 자는 교도소에서 징역을 살아야 한다고 생각하지만 전체 범죄자의 92% 이상은 교도소에 발을 들여 놓지도 않는다. 그리고 발을 들여 놓는 자들 중에서도 다수는 1년 이하의 단기형에 불과하다.

그렇다면 우리가 징역이라는 신체의 구속을 통해 교정을 하는 비율은 극히

29 미셸 푸코/오생근 역, 앞의 책, 175면 이하 참조.

30 2017년도 법원행정처 발행 사법연감 및 대검찰청 발행 범죄분석의 내용 중에서 발췌하였다.

예외적이라고 할 수밖에 없다. 그렇다면 형벌이 중형화된다고 하더라도 실제로 그와 같은 중형을 "감내"하는 범죄자는 매우 적다. 그 결과 중형주의는 범죄자의 신체를 구속하는 것이 아니라, 대중의 심리를 구속하는 셈인 것이다. 형벌의 중형화로 인하여 우리 사회가 안전하다는 눈속임을 통해서 말이다. 안전이라는 개념은 가장 첫 단락에서 제시한 바와 같이, 용어의 추상성 및 개념의 주관화로 인하여 객관적으로 검증될 수 없다. 오히려 안전을 추구하는 사회일수록 안전에의 기준이 보다 엄격해지고, 엄격해지는 기준을 충족할 수 없는 한 안전에 대한 불안은 더욱 가속화되기만 할 뿐이다.

나. 처벌로서의 재산형: 빈익빈 부익부의 또 다른 이름

형벌로서 재산형은 어떤 의미인가? 일반적으로 재산형이란 범죄행위자에게 경제적 활동에 필요한 자산을 박탈함으로써 경제적 곤궁상태를 만들어서 생활상태의 조건을 열악하게 하거나 제한하는 것을 목적으로 한다.[31] 이 때에도 행위와 대가 간의 균형, 즉 비례성의 원칙이 요구된다. 이때 비례성의 원칙은 범죄행위와 그 불이익으로서의 벌금, 징역형과 벌금형 사이뿐만 아니라 각 조문에 규정된 벌금형 간에도 요구된다. 자기책임성의 원리는 형법 자체의 한계로 기능함으로써 과도한 형벌권의 행사를 막는 방어막의 기능을 담당하면서,[32] 구체적으로는 비례의 원칙으로 표현되기 때문이다.

그러나 만일 벌금형이 이와 같은 목적을 가진다면 벌금형은 행위에 비례하는 것이 아니라 행위자의 자산상태 또는 경제력에 비례하여야 한다. 즉 책임주의가 과거의 행위에 대한 비례의 원칙을 근간으로 자리 잡은 개념이라면, 벌금형은 그에 부합하지 않는다. 재산형의 액수는 비례성의 원칙에 따라 행위에 근거하여야 하지만, 그렇게 할 경우 가진 자들은 재산형이 형벌로서 가지는 목적을 전혀 달성할 수 없는, 즉 형벌 위에 존재하는 신적 존재가 되어버린다. 반면 행위자의 경제력을 고려하여 곤궁상태를 만들 수 있는 만큼에 비례하여 부과하게 된다면, 이번에는 행위책임의 원칙에 반하게 된다. 더욱이 행위자의 생활상태를 곤궁하게 만드는 것이 형벌의 목적이라는 점은 또 어떻게 설명할 것인가?

---

31 졸고, "법정형으로서 합리적 벌금형을 위한 필요조건", 형사법연구 제24권 제2호, 한국형사법학회, 2012, 117면.

32 Claus Roxin, "Sinn und Grenzen staatlicher Strafe", Strafrechtliche Grundlagenprobleme, 1973, 17면.

생활상태가 범죄 이전보다 곤궁해진다고 해서 행위자가 자신의 행위를 반성하거나 재사회화될 수 있다고 할 수 있는가? 재산형이 근대 이전의 사회에서처럼 전 재산을 박탈하는 형태로 이루어지는 경우에는 행위자가 범죄를 후회할지도 모르겠다. 그러나 그것은 명백히 책임원칙에 반한다.

더욱이 오늘날 독일을 비롯한 많은 국가들이 채택하고 있는 일수벌금형[33]이나 벌금분납제, 청소년의 범죄행위에 대한 친권자의 대납제 등은 벌금을 포함한 재산형이 형벌로서 아무런 의미를 가질 수 없음을 드러낸다. 뿐만 아니라 경제적 곤궁을 목적으로 한다면 연좌제에 해당하는 것은 아닌가? 범죄행위자의 경제적 박탈로 인하여 가족 구성원 전부가 경제적 곤궁상태가 되어 버린다면 더더욱 책임주의에 반하는 결과가 아닌가?

다. 형벌로서의 명예형: 이유 없는 권리 박탈

일반적으로 명예형이란 자유박탈형이나 재산몰수형 이외에 행위자에게 일정한 사회참여를 제한하는 형식을 의미한다. 우리나라의 경우 자격정지, 자격박탈 등이 이에 해당한다. 그러나 이미 1992년의 법무부 개정안은 자격상실을 형의 종류에서 삭제하였다. 자격정지는 형의 종류로 존치되었지만, 그것은 선고정지를 의미할 뿐이었다. 따라서 당연정지 유형의 자격정지도 역시 형의 종류에서 삭제하였지만, 현행법에서는 형종으로 남아있게 되었다. 다만 그 이유는 명백하지 않은 것으로 보인다. 이후에도 2011년 형법개정안 제40조에 명예형은 없다.[34] 자격상실은 형의 부수효과에 불과하므로 그것을 형벌이라고 할 수 없고, 자격정지 역시 실무상 선고에 의한 자격정지가 활용되지 않는다는 점을 근거로 삭제하였다. 2017년 통일형법시안[35] 제39조는 형벌을 자유형과 벌금형 두 가지로 단순화시키면서 자연스럽게 명예형을 형종에서 삭제하였다.

---

33 독일의 동 제도가 반사회적이며 사회적 약자를 고려하지 않은 제도임이 분명히 드러난 이상 벌금형제도의 개정이라는 입법적 조치가 불가피하다는 독일 내부의 비판적인 시각에 관한 소개로는 김성룡, "독일의 일수벌금형 운영 40년 결산이 주는 시사", 형사법의 신동향 54, 대검찰청, 2017, 156면 이하 참조.

34 다만 형종이 아닌 독립된 조문으로서 제42조에 자격상실과 자격정지를 두었는데, 형의 부수효과로서는 의미가 있다는 점이 그 이유이다. 법무부, 형법(총칙) 일부개정법률안 제안이유서, 2011/4, 53면.

35 이는 형사정책연구원이 통일을 대비하여 가안으로 마련한 것으로, 주로 한국형사법학회 중견학자 중심으로 완성되었다.

자유형의 부수효과로서 자격제한을 부과할 것인지는 입법정책의 문제가 된다. 대체로 다른 국가들도 자격제한을 형벌의 일종으로 설정하고 있지는 않지만 형의 부수효과로는 부과하는바, 예컨대 독일 형법은 중죄로 1년 이상의 자유형을 선고받은 자에게 공무담임자격과 선거권 및 피선거권 등을 제한하며,[36] 프랑스 형법 역시 중죄의 유죄판결을 받은 수형자에게 선거권과 피선거권 및 사법관련 직무수행 등의 자격을 제한한다.[37] 따라서 최소한 형의 부수효과로서의 자격제한은 부과하는 것이 타당하겠지만, 그 역시도 입법기술의 문제일 뿐이다. 헌법재판소도 집행유예자와 수형자에 대하여 구체적인 범죄의 종류나 내용 및 불법성의 정도 등과 관계없이 전면적·획일적으로 선거권을 제한하는 것은 침해의 최소성원칙에도 어긋나며 따라서 헌법에 합치되지 않는다고 본다. 특히 집행유예자는 집행유예 선고가 실효되거나 취소되지 않는 한 교정시설에 구금되지 않고 일반인과 동일한 사회생활을 하고 있으므로, 그들의 선거권을 제한해야 할 필요성이 크지 않다고 보았다.[38]

수형자의 피선거권이 제한되는 것은 물리적 또는 장소적인 한계 때문이라고도 할 수 있다. 그러나 수형자의 선거권 제한은 이유 없는 권리박탈에 해당한다. 선거권이 제한되는 수형자가 정작 자유박탈적 형벌로부터 해방된 후에 그로 인하여 직접적인 손익의 주체가 된다면, 그것은 과도한 권리침해이다. 집행유예자 역시 마찬가지이다. 특히 신체적으로 아무런 제한을 받지 않는 집행유예자의 형벌의 원인된 범죄가 무엇이었는가를 묻지 않고 일괄적으로 선거권과 피선거권 또는 일정한 직의 취임을 제한하는 것은 "교정"이라고는 찾아볼 수 없는 일방적인 권리박탈에 불과하다. 따라서 명예형은 형벌로서 아무런 효과가 없으며, 이제 더 이상 형벌이라고 해서도 안 된다.

---

36 독일형법은 제45조와 제45조의a 및 제45조의b에서 부수효과로서의 자격제한을 규정한다. 이승호, "전통적 형벌제도의 정비방안", 형사정책연구 제17권 제4호, 한국형사정책연구원, 2006, 718~719면 참조

37 한국형사정책연구원, 통일시대의 형사정책과 형사사법통합 연구(Ⅲ): 통일형법(시안)의 이론과 정책(가안), 2017, 123면.

38 憲裁決 2014. 1. 28. 2012헌마409 등. "수형자에 관한 부분의 위헌성은 지나치게 전면적·획일적으로 수형자의 선거권을 제한한다는 데 있다. 그런데 그 위헌성을 제거하고 수형자에게 헌법합치적으로 선거권을 부여하는 것은 입법자의 형성재량에 속하므로 심판대상조항 중 수형자에 관한 부분에 대하여 헌법불합치결정을 선고한다."

Ⅳ 인간다운 처벌, 처벌의 인간화

1. 처벌의 지도원리

도덕심리학의 최근 연구 결과는 인간의 합리성 판단이 본질적으로 다양한 가치판단과 결합하여 이루어진다는 점, 그리고 그러한 결합은 문화마다 어떤 가치를 선택적으로 고려하는지의 차이에 따라 달라진다는 점을 보여주고 있다.[39] 현대 사회가 점점 비인간화되어 가는 듯이 보여도, 모든 분야에서 사람은 가장 중요한 자원이다. 예를 들어 19세기 수많은 공장 노동자들을 한 무더기의 노동자 중 하나이면서 다른 노동자로 대체할 수 있는 존재로 보았고, 범죄자 역시 공공인력으로서 대체재로 인식하였다. 그러나 인간 중심의 사고방식을 근본으로 하고자 한다면, 인간의 합리성 판단은 처벌을 하는 주체 이외에 처벌을 받는 자의 측면에서도 함께 작용하여야 한다. 즉, 처벌을 받는 자 역시 여전히 합리적인 인간으로서 취급을 받아야 하며, 그에 적절한 처벌의 인간화가 이루어져야 한다.

앞서 처벌의 인간화라는 화두의 구체적인 모습을 밝혀내기 위하여, 다양한 접근을 시도하였다. 인간화, 도덕적 온정주의, 시놉티콘, 형벌 포퓰리즘 등을 통해 인간화와 처벌의 인간화가 어떠한 연관성을 가지는가에 관하여 논의해 보고자 하였다. 그리고 처벌의 인간화는 처벌을 통한 인간본성의 회복, 인간본성의 가장 핵심인 공동체 가치로서의 연대성의 회복이라고 결론짓고자 한다. 물론 그것만으로는 누구를 처벌할 것인가, 어떻게 처벌할 것인가, 어느 만큼 처벌할 것인가에 관한 구체적인 해답이 제시되는 것처럼 보이지는 않는다. 그러나 여기에서는 처벌의 근본 원리를 탐구하고자 하였고, 처벌의 근본원리를 이와 같은 '인간화'와 '연대성'을 중심으로 이해할 때 처벌의 지도원리는 방향성을 가질 수 있다.

즉, 처벌은 국가형벌권의 충족이어서는 안 된다. 권력의 만족은 국가의 것이며, 시민의 몫이 아니다. 또한 처벌은 사회공동체 구성원들의 분노의 표출이

---

39 이상욱, "인간 조건 하에서의 합리성: 진화, 공감, 제도", 한국경제의 분석 제20권 제2호, 한국금융연구원, 2014/8, 9면.

거나, 악의 감정의 대리만족이어서는 안 된다. 처벌은 객관적이어야 하고, 처벌의 양과 질은 공동체 전체의 주관적 감정의 표현이거나 그것에 기여하여서는 안 된다. 그리고 처벌은 인간성의 회복과 사회연대로의 복귀를 목적으로 하여야 한다. 처벌이 단순히 응보의 개념일 때에는 형벌의 가중화를 막을 수 없고, 재범의 예방만을 목적으로 한다면 범죄자에 대한 사회적 낙인을 전제로 하게 된다. 범죄자 역시 공동체의 구성원의 일부이고, 비록 범죄를 범한 자라고 하더라도 재사회화되어 다시 공동체로 복귀하여야 한다면 오로지 응보나 예방의 목적만으로는 인간성과 연대성의 회복을 이루어낼 수 없다.

2. 처벌 원리의 구체화

가. 연대성 원리에 의한 형법의 축소

처벌의 원리를 보다 구체화하여 법익별로 살펴보면 무엇을 처벌할 것인가의 문제가 해결된다. 그리고 처벌원리를 구체화하고 나면 후속하여 누구를 처벌할 것인가 및 어떻게 처벌할 것인가와 어느 만큼 처벌할 것인가의 문제를 논하여야 할 것이다.

우선 연대성 또는 공동체 결속을 해하지 않는 기능적인 범죄들을 형법에서 축출함으로써 범죄와 범죄가 아닌 행위를 명확히 구분하여야 한다. 법익을 기준으로 할 때에는, 법익의 설정과 창설은 입법을 통해 무한히 팽창할 수 있다. 현행 형법의 비대화는 법익 창설의 비대화와 비례관계에 있다. 국가에 의하여 창설되는 '법적으로 보호할 만한 이익'의 영역은 얼마든지 팽창할 수 있다. 국가가 법적으로 보호할 가치가 있다고 판단하면 법익이 되고, 형법의 개입은 정당화되기 때문이다. 소위 법률만능주의로의 전락에 대한 경고가 요구된다. 이는 형법으로의 편입에 있어서 준수되어야 할 비례성의 원칙이나 실질적 죄형법적주의에 선결되어야 할 문제이다. 법익만으로는 형법 설정의 기준을 찾을 수 없고 또 다른 가치개념이 요구되는 이유이기도 하다.

그러나 연대성 또는 사회공동체의 결속이 실질적 충전기준이 될 때, 형법은 축소되는 경향을 가질 수 있다. 뿐만 아니라 국가가 형벌권을 무기로 하여 윤리적 또는 정치적 성향을 교육하고자 한다면, 그러한 범죄들은 폐지되어야 한다. 사회공동체가 공동체적 가치로서 가지는 윤리적 또는 정치적 성향들은 사회공동체 내에서 형성되어야 하며, 국가에 의하여 결정되어지거나 교육될 수 없기 때문이다. 이를 각 법익 영역별로 살펴보면 다음과 같다.

나. 국가적 법익

병역기피와 병역거부의 구분을 하지 않는 병역법상의 범죄설정을 예로 들 수 있다. 병역기피라 함은 국가가 부여한 병역의무의 기피 또는 도피를 의미하며, 정당한 사유 없이 국가에 의하여 강제된 병역의무를 '하기 싫음'에 대한 처벌이다. 반면 병역거부란 고의적인 의무태만이나 의무불이행이 아닌, 개인적인 양심상 또는 종교상 그 밖의 이념에 의한 병역의 거부이다. 즉, 개인의 다양한 가치관의 형성을 보장받는 사회공동체에서 관용에 의하여 해결되어질 수 있는 영역이고, 병역의 거부를 사회공동체가 개인 신념의 다양성과 관용성에 의하여 용인할 때 사회적 결속력은 강화된다. 물론 병역의 정당한 거부에 대한 대체재를 사회는 가질 수 있고, 대체복무 등의 대체제를 통하여 정의로운 의무이행을 기대할 수 있다. 그럼에도 불구하고 병역법이 병역기피와 병역거부를 구분하지 않고 처벌대상으로 삼는 것은, 연대성의 원리를 무시한 입법의 예라고 볼 수 있다.

이러한 예를 형법 전체에서 찾는다면, 각칙상 제3장 국기에 관한 죄 및 제4장 국교에 관한 죄는 개인에게 국가에 대한 애국심을 강제하는 숨은 정치화가 내포되어 있다는 점에서 형법에 규정할 필요가 없다.

다원적 공동체주의에 반대되는 개념의 일부로서 국가주의가 있다. 우리의 근현대사는 팽배한 국가주의가 사회공동체를 파괴하고 구성원들에게 국민으로서의 의무를 강제하면서 공동체 해체위기를 경험하였다. 국가주의란 초우월적인 국가의 존재를 인정하고, 국가의 이익을 위한 사회공동체의 희생과 의무의 강요가 보편화된 사상을 의미한다. 국가주의에 의하면, 국가는 국가에의 복종을 위하여 국민에게 특정 사상이나 철학을 강제할 수 있으며, 국가의 이익을 위해할 위험성이 있는 행위들을 광범위하게 범죄로 구성할 수 있다. 국기에 대한 맹세가 1968년 작성될 당시와 달리 1972년 '조국과 민족의 무궁한 영광을 위하여 몸과 마음을 바쳐 충성을 다할 것'을 요구한 것도 그 예이다.[40] 비록 현재는 자

---

40 국기에 대한 맹세는 1968년 3월 충청남도 교육청에서 제작한 것으로, "나는 자랑스런 태극

유롭고 정의로운 대한민국에 대한 충성으로 바뀌었지만, 그 역시도 여전히 국가주의의 잔재이다. 또한 국기와 국가 등 국가를 상징하는 것들에 대한 지나친 충성의무의 부과 역시 국가주의의 산물이다. 따라서 형법상 국기나 국교에 관한 죄는 국가주의의 반영이라는 점에서 타당하지 않다. 따라서 다원적 공동체주의를 우선하고 연대성원리에 따라 형법상 범죄를 구성한다면, 국가주의를 모방한 형법 및 특별법상의 규정들은 모두 폐지되어야 한다.

다. 사회적 법익

사회적 법익 중 제17장 아편에 관한 죄와 제22장 성풍속에 관한 죄는 국가가 도덕적 온정주의 입장을 내세운 지나친 간섭에 해당한다. 특히 치료적 사법의 입장에서 개입하는 것이 아니라 도덕적 응보의 측면에서 접근한다는 점에서 더욱 정당성이 없다.

제23장 도박과 복표에 관한 죄는 연대성의 원리와도 무관할 뿐만 아니라, 국가가 특별법으로 도박을 합법화하였다는 점에서도 타당하지 않다. 양자의 차이는 조세의 문제이다. 일반적으로 행해지는 도박은 개인이 이득을 얻지만 그 이득에 대한 세금을 국가가 확보하기 어렵다. 반면 국가에 의하여 합법화된 도박들, 예컨대 각종 복권들이나 관광진흥법에 의하여 허가되는 카지노, 폐광지역개발 지원에 관한 특별법에 의하여 운영되는 강원 정선랜드, 크루즈산업의 육성 및 지원에 관한 법률에 의한 카지노 등은 오로지 국가의 조세 확충을 목적으로 한다. 명목상으로는 관광진흥이나 폐광지역의 지역경제 활성화 등을 목적으로 하지만, 실상은 국가의 경제적 부를 위한 것이다. 국가는 그로 인한 지역사회 구성원들의 피폐화를 목격하면서도 이를 합법화한다. 즉 개인의 영리목적을 위한 도박은 허용되지 않지만, 국가의 조세확충을 위한 도박은 허용된다. 국가의 허용과 불허용의 차이는 개인의 이익인가 국가의 이익인가의 문제일 뿐이다. 따라서 이러한 입법은 사회공동체 구성원들의 상호간 신뢰를 깨뜨리고 결속을 완화시키는 반면, 오로지 국가의 부의 창출이라는 자기목적적 형법이라는 점에

기 앞에 조국의 통일과 번영을 위하여 정의와 진실로써 충성을 다할 것을 다짐합니다"라는 문구였다. 그러나 1972년 군부독재시절 "나는 자랑스런 태극기 앞에 조국과 민족의 무궁한 영광을 위하여 몸과 마음을 바쳐 충성을 다할 것을 굳게 다짐합니다"로 수정되었다. 이것은 2007년까지 35년 동안 유지되었다가, '조국과 민족'이 '자유롭고 정의로운 대한민국'으로 변경되었고, '몸과 마음을 바쳐'라는 문구는 삭제되어 현재에 이르고 있다.

서 타당하지 않다.

노동관계의 불균형과 불안정성을 시정하기 위한 처벌법들은 그것을 통해 대다수의 구성원이 노동자인 사회의 결속을 강화한다는 면에서 긍정적으로 평가할 수 있다. 한편으로 자본가에 해당하는 기업에 대한 처벌은 앞서 언급한 바와 같이 기업처벌가능성을 전제로 가능하다고 보아야 한다. 따라서 기업이 시장경제에 의도적으로 개입하거나 조직적으로 조작한다면 역시 범죄가 성립한다고 보아야 하고, 언론의 조작이라든가 자기결정권을 방해해는 행위들은 특정한 사회적 재가 타 사회적 재의 가치를 잠식하도록 조작하는 행위에 해당한다는 점에서 범죄가 되어야 한다.

사회적 법익에 관한 죄들 중에서 방화와 실화의 죄, 일수와 수리에 관한 죄, 교통방해의 죄, 음용수에 관한 죄 등 공동체의 건강이나 안전을 목적으로 한 죄는 사회공동체의 정상적 운영과 결속에 긍정적이므로 타당하다. 그러나 국가가 윤리적 교육을 목적으로 금하는 행위들은 처벌에서 제외되어야 한다. 국가는 설령 윤리적인 차원이라 하더라도 공동체 구성원들에게 특정 가치나 정치철학을 교육하고자 하여서는 안 된다. 성풍속에 관한 죄나 도박과 복표에 관한 죄, 아편에 관한 죄 등이 그것이다. 사회공동체가 공동체적 가치로서 가지는 윤리적 또는 정치적 성향들은 사회공동체 내에서 형성되어야 하며, 국가에 의하여 결정되어지거나 교육될 수 없기 때문이다.

라. 개인적 법익

공동체 구성원으로서 개인은 연대성의 원리에 따라 사적자치의 원칙에 의한 권리의무관계를 존중해야 할 의무 이외에도 일반적 의무로서 상호간 배려와 수인의 의무를 져야 한다. 예컨대 긴급피난의 기본원리를 연대성의 원리에서 찾는 것도 이 때문이다. 긴급상황에 처한 구성원에 대하여는, 긴급권을 적극적 권리로 이해하거나 또는 소극적으로 법질서에 의하여 허용되는 상황으로 평가한다.[41] 전자로 이해하는 견해에 의하면, 시민사회에서 빈곤에 빠진 사람들이

41 김학태, “정당화사유의 법철학적 분석에 관한 연구－정당방위와 긴급피난의 구조적 분석과 비교를 중심으로”, 외법논집 제35권 제1호, 한국외국어대학교 법학연구소, 2011, 133~134면은 전자의 견해로서 헤겔의 견해를(G. W. F. Hegel, Grundlinien der Philosophie des Rechts, 1983, 100면), 후자의 견해로 칸트의 카르네아데스의 판자의 예를(Eric Hilgendorf/이상돈 역, 형법의 세계화와 전문화, 박영사, 2010, 112면) 설명하고 있다.

모든 자유로운 시민들의 의지를 실현시키는 것을 봉쇄하는 사회질서에 대하여는, 각자가 이에 대항할 수 있는 권리를 가지고 있을 뿐만 아니라, 궁핍에 따른 위험상황하에서 삶을 위한 특별한 권리와 그에 의한 행위는 정당성을 가진다고 본다. 반면 후자에 따르면 긴급한 상황하에서 어쩔 수 없이 불법을 자행한 경우라 하더라도 옳지 못한 것을 합법적으로 만드는 것은 정당화될 수 없다고 본다. 어떠한 견해로 이해할 것인가는 사회공동체 결속의 기간과 성숙도에 좌우된다. 불완전하거나 이행기의 사회공동체에서는 법질서에 의존하여 법에 의한 허용상황으로 국한하여 해석하여야 하지만, 공동체 연대가 매우 성숙하고 치밀한 사회일수록 적극적 권리로서 사회구성원들이 주장할 수 있다고 보아야 할 것이다.

이를 전제로 개인적 법익에 관한 죄들을 살펴보면, 우선 살인죄가 범죄가 되는 이유는 앞서 살펴본 바와 같다. 반면 낙태죄가 범죄가 될 수 없음도 역시 언급하였다. 요약컨대, 낙태로 인한 태아의 생명이라는 이익보다는 여성의 자기결정권이라는 개인의 이익 자기보호권의 존중으로 인하여 사회적 결속이 더욱 강화되거나 유지될 수 있다면, 형법의 선택은 낙태를 사회윤리적인 비난으로 남겨두어야 한다. 태아의 생명권이 개인의 이익의 측면으로 고려된다면, 이익으로 볼 것인가 여부는 전적으로 충돌하는 두 이익의 귀속자인 개인이 결정하여야 하기 때문에 개인의 자기보호권 또는 선택권을 존중하여야 한다. 따라서 범죄가 될 수 없다. 반대로 이것이 개인에게 귀속한 이익의 상충의 문제가 아니라고 주장한다면, 다시 말해 태아의 생명권은 태아의 것이지 임부인 여성에게 귀속되지 않는다고 한다면 국가는 형법을 무기로 하여 태아의 생명권의 귀속자가 국가임을 선언한 결과가 된다.

존속에 관한 가중처벌규정들 역시 폐지되어야 한다. 우리 사회에서 유교적 전통은 조선시대의 윤리적 사상이었지, 사회공동체의 역사 전체를 관통하는 가치는 아니다. 또한 그것은 윤리적 비난으로 그쳐야 하지, 국가의 적극적 형벌권에 의한 개입의 이유가 될 수 없다. 이는 국가가 형벌권을 통해 공동체 구성원들에게 특정한 윤리사상을 교육 또는 강제하는 결과이기 때문이다.

사실적시 명예에 관한 죄 역시 폐지되어야 한다. 명예훼손죄는 구성원 개인이 보유하는 명예권과 표현권의 충돌을 본질로 한다. 헌법상으로는 기본권 충돌로 해결하겠지만, 사실을 적시한다는 것은 개인의 표현권을 보장한다는 의미에서 허용되어야 한다. 사실적시의 대상인 다른 구성원은 타인의 표현권 행사에 대하여, 연대성의 내용인 일반적 수인의무가 있다고 하여야 한다. 명예권이란 자신의 인격적 품위와 사회적인 평가를 훼손당하지 않을 권리[42]이므로, 객관적으로 존재하는 진실의 사실에 의하여 평가받는 것까지도 수인을 거부할 수는 없다. 만일 사실임에도 불구하고 타인의 악사추행에 관한 것은 불특정 또는 다수인에게 언급하여서는 안 된다고 한다면, 이것 역시 국가가 형벌권을 무기로 타인을 함부로 헐뜯지 말라는 윤리사상을 교육 또는 강제하는 것이라고밖에 할 수 없다.

이처럼 개개의 범죄들을 다양성과 관용성을 전제로 한 연대성의 원리에 근거하여 이해한다면, 형법의 축소는 불가피하다. 또한 형법의 축소가 이루어진다고 해서 공동체가 불안한 사회가 되는 것은 결코 아니다. 형법이 개인의 보호가 아니라 국가권력의 비대화에 기여하는 성향에 관하여는 반드시 경계하여야 한다.

마. 형법 축소에 따른 범죄 감소

형법이 축소되면 범죄율은 당연히 감소된다. 범죄의 증가는 형법의 증가와 상관관계에 있다. 범죄가 증가함으로써 범죄자가 보다 많이 양산되는 것은, 반대로 처벌되는 행위가 많아졌기 때문이다. 뿐만 아니라 공식통계상의 범죄율의 증가는 범죄의 증가와 직접적 관련이 없음은 앞서 살펴보았다. 공식통계를 어느 기관에서 어느 범위까지 산정하여 작성하는지는 바뀔 수 있고, 그것이 실제 범죄율의 증가를 나타내지는 않는다.[43]

실질적인 기준에 의한 형법 영역의 축소는 자연스럽게 범죄율의 감소로 이어지고, 범죄율의 감소는 사회 안전에 대한 인상에 긍정적인 영향을 미친다. 실

---

42 국가인권위원회, 국가인권위원회 휴먼레터, 2009/6/1자 '인간의 존엄과 가치' 중에서 발췌.

43 예컨대, '2000년에서 2016년 사이에 강도와 살인 범죄율은 감소하였다. 강도는 지속적으로 감소하였고 살인은 비슷한 수준을 유지하다가 최근에 약간 감소하였다. 그러나 같은 기간 절도는 1.1배, 성폭력(강간 포함)은 3.9배, 폭행은 9.4배 증가하였다. 특이한 것은 2006년 이후 폭행이 급증한 현상이다. 이것은 폭행의 발생이 갑자기 증가했다기보다는 경찰이 2005년도부터 범죄정보관리시스템(CIMS)을 형사사건에 적용하면서 과거에는 기록에 남지 않던 경미한 폭행사건이 빠짐없이 기록된 것과 2006년 중순 이후로 야간에 발생한 폭력행위를 특수폭행죄에서 폭행으로 분류하면서 생긴 결과로 추정된다.' 이것은 우리나라 국가지표를 공식적으로 발표하는 '국가주요지표(http://www.index.go.kr/potal/main/EachDtlPageDetail.do?idx_cd=4057)의 설명을 그대로 인용한 것이다.

제로 절대적인 범죄의 양이 감소되었는가는 중요하지 않다. 범죄의 양은 범죄라고 언어로서 명칭할 행위의 양과 비례하기 때문이다. 뿐만 아니라 일반적으로 범죄에 대한 처벌의 인상은 교도소와 징역이 많은 부분을 차지하고 있지만, 현실적으로 가장 많은 처벌의 비율을 차지하는 것은 범죄자가 실제로 법원의 근처에도 가지 않는 약식명령에 의한 벌금, 과료의 부과이다. 따라서 형법의 축소는 범죄율을 '강제적으로' 감소시키고, 형벌권은 그에 비례하여 상대적으로 약화될 수 있다.

3. 누구를 처벌할 것인가: 처벌되는 행위와 처벌되는 행위자

누구를 처벌할 것인가는 무엇이 범죄가 되는가와 그와 같은 범죄는 누가 범할 수 있는가의 문제이다. 범죄는 궁극적으로 사회공동체의 결속력을 와해하거나 깨뜨리는 행위여야 하고, 그러한 행위를 하는 주체는 기업과 같은 법인이나 심지어 국가도 될 수 있으며, 개인인 경우에는 책임의 주체를 한정하는 문제를 수반한다.

우선 처벌의 목적은 다원적 공동체주의적인 입장에서 다양성과 관용성을 근간으로 하는 연대성의 유지와 결속강화라고 보았다. 따라서 살인죄를 해석함에 있어서도, 국가가 형벌을 통해 타인에 의한 국민의 생명권의 침해로부터 보호하는 것이라고 보아서는 안 된다. 개인의 이익을 포함한 사회공동체의 영역은 원칙적으로 국가가 함부로 간섭해서는 안 되기 때문이다. 그러나 개인의 이익을 해하는 특정 행위들이 공동체 결속에 부정적 영향을 미칠 때, 형법적 개입은 목적달성을 위해 정당화된다. 따라서 어떠한 행위가 특정한 개인의 이익을 해할 우려가 있다고 하더라도 그것이 다양성의 면에서 연대감 또는 사회공동체의 결속력을 해하지 않는다면, 연대성의 원리에 의하여 처벌이 이루어질 수 없고 구성원은 감내하여야 한다. 다양성과 관용성이라는 전제조건은 이를 통해서 이익의 손실이 이루어지는 모든 영역에 국가가 개입하는 것을 저지하는 조건으로 작용한다. 따라서 연대성을 해하는 행위를 하는 자는 개인에 한정되지 않는다. 기업과 같은 법인 또는 법인격 없는 단체 역시 독자적인 범죄행위자가 될 수 있고, 국가 역시 예외가 아니다.

기업의 사회적 기능은 개인의 그것보다 크다. 또한 기업에 의한 불법이 미치는 공동체 결속의 와해 정도는 구성원인 개인이 행할 수 있는 부정적 영향과는 비교할 수 없을 만큼 막대하다. 특히 국내의 특유한 기업집단지배구조하에서의 법인은 제왕적 지위와 흡사하다. 그 처벌의 구조는 앞서 설명한 바와 같다.

국가폭력범죄 역시 처벌의 대상이 되어야 한다. 국가가 사회공동체를 와해하고 무력화하는 행위는 우리 역사상 지속적으로 발생되어 왔다. 전형적인 국가주의의 예로써, 처벌받지 않았던 국가 또는 국가지도자, 국가기관 및 그 운영자들이 자행한 행위들이 처벌받은 것은 거의 최근의 일이다. 또한 처벌받는 국가기관 역시 하위 공무원 일부에 불과하였다. 그러나 국가우선주의사상에 의하여 발생한 사건들에 대하여는 마땅히 국가가 처벌대상이 되어야 한다. 정치적으로는 선거에 의한 국가지도자 또는 국가기관 운영자들의 교체를 통해서 해결할 수 있다고 하지만, 그것만으로 족하다고 하기에는 사회공동체가 겪은 피해들은 가늠하기 어려울 정도로 막대하다. 물론 어떻게 처벌할 것인가는 문제는 여전히 남아 있지만, 여기에서 확인하는 바는 정치적 책임의 부과만으로는 부족하다는 점이다.

또한 국가폭력범죄의 책임자로 지목되는 하위 공무원들 역시 또 다른 의미의 피해자이다. 우리 사회의 인식상 공무원이라는 직업이 가지는 가치는 매우 높다. 따라서 그와 같은 공무원의 지위를 획득한 하위 직책의 행위자들이 설령 합리적 선택을 할 수 있는 이성을 가지고 있다고 한들, 양심상 상위명령을 거부한 채 개인 고유의 신념대로 행동할 것을 기대하기 어렵다면 그러한 명령의 적법성 여부판단은 별론으로 하고도, 선택가능성이 없어서 의사에 반하여 행위를 한 직접행위자인 하위공무원에게는 면책의 사유를 부여하여야 할 것이다. 대다수의 하위직의 직접 행위자들은 명령이행 거부에 수반되는 해임 또는 그 밖의 불이익을 감수하고서라도 양심에 따른 행위 또는 적법행위를 할 것을 기대하기 어렵기 때문이다. 그럼에도 불구하고 하위직의 직접 행위자들만을 처벌하고자 한다면, 국민의 봉사자이자 안전을 담당하는 그들에게 적극적인 임무수행을 기대할 수 없게 된다. 그리고 그와 같은 소극적 이행으로 인한 불이익은 다시 사회공동체가 부담하여야 한다.

4. 어떻게 처벌할 것인가: 예방처분

가. 인간화와 연대성 회복을 위한 처벌

다음으로 공동체적 관점에서, 남겨진 범죄에 대한 제도적 처우로서의 인간화된 접근이 필요하다. 제도의 인간화는 응보와 예방 차원이 아니라 인간화 또는 인간본성의 회복, 그리고 사회 연대성의 강화에 적합한 처우에 대한 요구이다. 특히 다른 사회구성원들의 총합적 의지에 의하여, 특정 개인인 범죄자의 사회에의 연대가능성을 완전히 차단해버리는 것이 가능한가의 문제를 고민하여야 한다. 범죄자들에게 연대가능성을 차단하거나 결속의 기회를 박탈함은 궁극적으로는 전체 공동체의 결속약화의 결과를 초래한다. 그러나 다른 한편으로 구성원들은 그러한 범죄자의 행위가 처벌되어야 정의롭다고 인식함을 도외시할 수 없다.

즉, 범죄자에게 사회와의 연대가능성을 차단하거나 박탈하는 것은 구성원의 상실을 통한 결속의 약화로 이어지지만, 반대로 범죄를 행한 자에게 그에 상응하는 처벌을 하지 않는 것도 구성원들의 신뢰를 저버림으로써 결속의 약화로 이어질 수 있다. 양자 간의 균형점을 찾는 것은 결코 쉽지 않다. 그럼에도 불구하고 범죄행위에 상응하는 처벌이 사회와의 연대가능성을 사전에 완전히 차단하는 방식은 아니어야 한다는 점은 분명하다. 이로부터 생명을 침해하는 사형제도가 형벌이어서는 안 되는 이유가 도출된다. 또한 가석방 없는 무기징역이나 형의 부당한 장기화 역시 실질적인 연대가능성의 박탈이기 때문에 지양되어야 한다.

또한 인간성품 또는 성향의 다양성은 처벌의 다양성에 연계될 수 있는가도 고려되어야 한다. 응보적 관점에서 행위에 대한 대가는 인간의 다양성과 관계없이 과거 범죄행위에 비례하여야 한다. 응보적 관점에서는 오로지 불이익에 대한 객관적 예측가능성과 처벌의 공평성이 우선된다. 반면 예방적 관점에서는, 개인의 다양성이 무시되고 몰개인화 또는 탈개인화된 처벌은 진정한 인간화를 추구하는 것이 아니라 처벌이 주는 공포의 각인에 의한 재범에의 두려움만을 목적으로 하는 결과를 초래한다. 따라서 응보적 관점에 의한 처벌과 예방적 관점에 의한 처벌의 방식은 같을 수 없다. 그럼에도 불구하고 개개인의 다양성을 고려한 처벌의 다양성이 오히려 인권을 침해하는 처벌의 방식으로 전락할 우려가 있음은 자명하다. 양자 간의 적절한 조화점을 찾는 것 역시 쉽지는 않을 것이다.

나. 강제처분 강화 경향과 그 부정적 효과

어떻게 처벌할 것인가 역시 인간성의 회복, 연대감 또는 결속력의 회복이 가능한 방법이어야 한다. 지금까지 형벌과 형벌 이외의 형사제재들은 일원론과 이원론의 입장에서 설명되어져 왔고, 형벌 이외의 영역을 모두 보안처분으로 볼 것인가 아니면 보안처분 이외에 형벌대체처분이나 제3의 독립제재의 영역을 인정할 것인가는 여전히 논란의 중심에 있다.[44] 형벌 이외의 형사제재를 통괄하는 용어의 필요성 및 그것의 명칭은 매우 중요한 문제이다. 그것이 보안, 보호, 예방, 안전 등 어떤 명칭을 가지는가에 따라서 처분의 목적이 달라지기 때문이다. 특히 최근 형벌 이외 형사 제재 영역의 다양화 및 확대경향으로 인하여 그에 대한 관심은 더욱 증폭되었다. 예컨대, 법원 역시 처벌에 있어서 한계가 있는 형벌보다는 그 외의 형사제재의 선택과 강화로 이어지는 경향을 보이고 있다.

다음은 최근 위치추적 전자장치 부착자 수의 변동 현황이다.[45]

구체적으로 살펴보면 위치추적 전자장치 부착자 수의 변동은 다음과 같다.

	2012	2013	2014	2015	2016	2017
계	526	2,555	3,260	3,598	4,066	4,350
성폭력	209	1,747	2,370	2,650	2,894	3,046
유괴	1	2	4	8	7	16
살인	316	806	705	585	761	925
강도	-	-	181	355	404	363

44 보안처분의 개념 및 영역에 관하여는 형벌을 대체하거나 보완하기 위한 형사제재로 보거나(김성돈, 형법총론, 801면) 사회방위를 위하여 감호, 거세 등 행위자에 대한 직접적인 자유의 제한을 가하는 형사제재수단만으로 한정하는 견해(김혜정, "보안처분의 체계적 입법화를 위한 소고", 형사법연구 제25권 제4호, 한국형사법학회, 2013, 141면 이하) 등이 있다. 특히 이들은 보호관찰을 어떻게 이해할 것인가에 관한 견해의 대립이기도 하다. 전자의 견해도 보호관찰을 보안처분의 일종으로 보기도 하지만, 형벌집행의 대체 또는 변형이라고 하기도 한다(김성돈, 앞의 책, 813면). 반면 후자는 제3의 독립제재로 보는데, 왜냐하면 행위자의 개선을 위한 일체의 처분은 부정적인 재범예측을 바탕으로 하는 보안처분과는 질적으로 다르기 때문이라고 본다.

45 http://www.index.go.kr/potal/main/EachDtlPageDetail.do?idx_cd=2810#quick_05

특정 범죄자 위치추적 현황

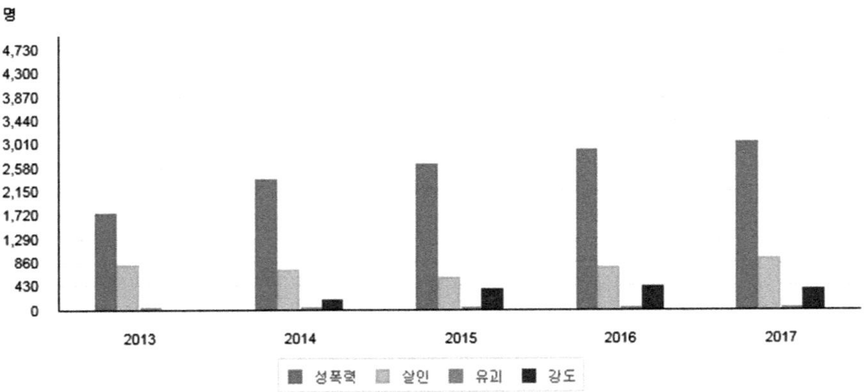

출처: 「보호관찰 통계」

성폭력범죄, 유괴범죄, 살인범죄 및 강도범죄의 경우 위치추적 전자장치 부착자의 증감을 보면, 2012년 526명에서, 2013년 2,555명, 2014년 3,260명, 2015년 3,598명, 2016년 4,016명 및 2017년 4,350명으로 최근 5년 사이 8배 이상 증가하였다. 이와 같은 급격한 증가는 성폭력범죄와 살인범죄를 범한 자들 중에서 위치추적 전자장치 부착자의 급증 때문이다. 특히 성폭력범죄의 경우 2012년 209명에서 2017년 3,046명으로 거의 15배가 증가하였고, 본격적으로 부과하기 시작한 2013년과 비교하더라도 1.7배 이상, 거의 두 배에 이를 만큼 증가하였다. 그러나 이와 같은 급증은 각 범죄의 발생건수의 증감과 비교하여야 한다. 범죄의 발생건수 또는 범죄자의 증가와 연동할 때, 법원의 경향이 드러나기 때문이다. 즉, 성폭력 범죄자의 증감은 많은 변동이 없음에도 불구하고 법원이 성폭력 범죄자에게 위치추적 전자장치 부착명령을 15배에 이르게 부과하였다면, 그만큼 법원이 재범의 위험성을 보다 과중하게 평가하였다는 결론에 이르기 때문이다. 다음은 지난 5년간 살인범죄의 증감률이다.[46]

발생건수는 해마다 소폭의 증감은 있으나, 전체적으로는 감소추세에 있다고 보아야 하며, 특히 살인기수범의 발생건수 역시 상대적으로 감소하고 있다. 전체 증감률은 지난 10년간이 비교이기 때문에 2007년을 기준연도로 하였고,

46 검찰청, 범죄백서, 2017, 11면.

연도	살인(전체)			살인기수범		살인미수범	
	발생건수	발생비[47]	증감률	발생건수	발생비	발생건수	발생비
2012	1,022	2.0	-13.0	402	0.8	620	1.2
2013	959	1.9	-17.4	348	0.7	611	1.2
2014	938	1.8	-21.7	366	0.7	572	1.1
2015	958	1.9	-19.2	359	0.7	599	1.2
2016	948	1.8	-20.3	344	0.7	604	1.2

2007년 발생건수가 1,124건으로 전체 발생비의 2.3을 차지하였던 점에 비추어 대폭 감소하였다고 할 수 있다. 그럼에도 불구하고 살인범죄에 대한 전자장치 부착건수는 2012년 대비 2016년도에 2배 이상 증가하였음을 통계를 통해 확인할 수 있다. 이것은 실제 범죄자는 감소하였음에도 불구하고 위험한 범죄자가 2배 이상으로 증가하였다고 평가한 것인데, 과연 그러한 결론이 타당한지에 대한 검증의 방법이 없다는 점이 가장 큰 문제이다.

성폭력 범죄의 경우에도 이와 비슷한 경향을 나타낸다.

발생 연도	발생건수	발생비	전년대비 증감률
2012	23,365	45.9	-
2013	29,090	56.9	24.5
2014	29,863	58.2	1.9
2015	31,063	60.3	4.0
2016	29,357	56.8	-5.5

성폭력범죄의 경우 2015년도를 제외하고는 항상적인 수치를 유지하고 있다. 이를 전자부착장치 범죄자수와 비교하면 차이를 쉽게 확인할 수 있다. 2012년 발생건수가 23,365일 때, 부착명령은 209명으로 발생건수 대비 0.9%에 불과하여 100명당 1명 꼴이 되지 않았지만, 2013년도부터 급증하여 범죄자 29,090명 중에서 1,747명이 부착명령을 받아 6%에 이르러 1년 만에 6배 이상 증가하였다

47 발생비란 인구 10만 명당 범죄발생건수를 의미한다. 주로 주요 형법범죄의 발생률을 설명하기 위하여 사용되는 개념이다. 이하에서도 또한 같다.

가, 2016년에는 범죄자 29,357명 중에서 2,894명이 부착명령을 받아 9.6%에 달하게 되었다. 범죄자 10명 중 1명이 전자장치 부착명령을 받은 셈이다. 이는 5년 사이 10배 이상 증가한 셈이다. 그렇다면 과연 10배 이상 재범을 범할 우려가 있는 위험한 성폭력 범죄자가 증가한 것인가를 재고하여야 한다. 그리고 왜 법원은 지난 5년간 급격한 사회변동이 없었음에도 불구하고 재범의 우려와 우려로 인한 부착명령의 필요성을 10배 이상 확대하였는가?

처분의 강화는 최소한 두 가지 이상의 인상을 부여해 준다. 첫째, 성폭력범죄에 대한 사회적 적대감이라는 공감대가 법원의 판결에 직접적인 영향을 미칠 수 있다. 최근 우리 사회에서 성폭력범죄와 아동학대는 매우 민감하고 강한 반감을 동반하는 범죄로 인식되고 있다. 따라서 두 범죄에 대한 사회적 인식은 보다 엄중한 심판을 요구하고 있지만, 형벌은 양형위원회의 양형기준에서 벗어나기 어렵기 때문에 보다 많은 종류의 보안처분과 보다 장기화된 처분기간의 부과를 통해 중한 처벌을 하였다는 인상을 심어줄 수 있다. 전자장치 부착기간은 최대 30년에서 경합범 가중의 경우에는 45년까지도 가능하므로, 그와 같은 숫자는 일반인들에게 강력한 처벌을 하였다는 인상을 줄 수 있기 때문이다. 둘째, 가시화될 수 없는 범죄에의 두려움의 해소에 긍정적인 영향을 미칠 수 있다. 최근 이른바 묻지마 범죄의 발생은 사회적으로 누구나 범죄의 표적이 될 수 있다는 공포를 확산시켰다. 또한 성폭력범죄의 경우 연인이나 부부관계와 같은 친밀관계에서의 범죄가 살인까지도 초래하는 경우가 이제는 의외의 사건이 아니다. 이처럼 일상에서 개개인이 언제든지 성폭력 범죄의 대상이 될 수 있다는 범죄에의 두려움은 특정한 사건을 계기로 표현되고 해소되어야 하는데, 장기화되고 다양해진 보안처분이 그 역할을 할 수 있다. 전자장치부착이나 이른바 화학적 거세와 같은 처분들은 그 용어가 주는 강렬함이 일반인들에게 상대적으로 강한 인상을 심어줄 수 있고, 반사적으로 사회안전에 대한 주관적 기대를 상승시킬 수 있기 때문이다.

그러나 그와 같은 처분의 강화가 효력이 있는가는 전혀 다른 문제이다. 전자장치 부착명령기간 동안 범죄자가 전자장치를 부착하고 있음으로 인하여, 범죄를 다시 범하지 않는 것은 처분의 효력이 아니다. 보안처분이 종료된 이후에도 보안처분의 효과로 인하여 재범을 하지 않을 때에만 실질적이고 진정한 의미의 효력이 있다고 보아야 한다. 즉, 보안처분의 효과는 보안처분이 종료된 이후에 판단할 수 있고, 보안처분의 기간 동안에 강제처분에 의하여 실질적으로 범죄에의 어려움이 발생하는 것이 그것의 효과라고 할 수 없다. 예컨대, 치료감호의 경우에도 치료감호기간 동안에는 치료의 효과가 아니라 감호라는 강제상태로 인하여 범죄에의 어려움이 존재하는 것이고, 치료감호의 효과는 치료감호가 종료된 이후에 치료의 효력으로서 재범이 발생하지 않아야 하는 것과 동일한 원리이다.

그렇다면 전자장치 부착명령이라는 강제처분의 효과가 어느 정도인지를 확인할 수 있는 것은, 입법이 시행된 2008년부터 30년이 지나는 2038년 이후에나 가능한 일이다. 더욱이 2016년도 법무부의 보고에 따르면 성폭력범죄자에 대한 부착명령 평균기간은 2008년 최초 시행될 당시 평균 2.5년에서 2014년 10.4년으로 4배가 넘게 늘었다.[48] 뿐만 아니라, 전자장치를 부착한 성폭력범죄자의 동종범죄 재범률은 2008년 0.48%에서 2012년에는 2.4%, 2015년에는 2.0%로 오히려 증가하는 추세를 보이고 있으며, 전체 전자장치 부착자의 재범률도 2011년 1.28%에서 2015년 3.75%로 3배 가까이 늘었다는 점은 강제처분의 강화가 재범감소에 직접적인 영향을 주지 않는다는 의혹을 일으키게 한다.

보다 큰 문제는 전자장치 부착 대상자의 자살률이 국민 전체 자살률의 약 20배에 달한다는 점이다.[49] 재소자의 자살률이 일반인보다 높다는 점은 이미 많은 보고를 통해 각 국가마다 인정되어온 사실이다. 우리나라의 경우 자살 저지를 포함한 교정시설 수용자의 자살시도 빈도는 일반인보다 7~10배가량 많은 것으로 추산되고 있다. 외부에 드러나지 않은 사건을 포함해 매달 7~8명의 자살시도가 전국 교정시설에서 일어나고 있는 셈이다.[50] 물론 실제 자살률은 2014년 기준으로 10만 명당 7.8명으로 일반 자살률 27.3명보다 훨씬 적다. 그러나 이

---

48 법무부 통계에 따르면 성폭력 형기종료 대상자 연도별 평균 부착기간은 다음과 같다.

연도	2008	2009	2010	2011	2012	2013	2014
부착기간	2.5년	4.3년	7.5년	9.5년	9.9년	10.3년	10.4년

49 법률신문, 2016/08/22자 "전자발찌, 부착기간 늘어나자 재범률 오히려 증가" 기사 중에서 인용.

50 김옥기·송문호, "교정시설 내 자살예방대책", 교정연구 제68호, 한국교정학회, 2015/9, 177면 이하.

러한 현상은 불과 10여 년에 불과하고, 2008년까지는 교정시설 자살률이 34.2명으로 일반 자살률보다 높은 수준을 유지하였다. 다만 2009년 교정시설 자살률이 20.2명으로 급격히 감소하면서 역전현상이 일어나기 시작하였을 뿐이었고, 그것 역시 교정시설 내 높은 자살률의 책임을 묻는 방식의 관련기관들에 대한 강도 높은 비판에 의한 강화된 감시의 결과이다.

이처럼 강화된 강제처분이 범죄예방에 기여하는 바는 긍정적이기보다는 부정적인 영향이 보다 크다. 그럼에도 불구하고 강제처분은 보다 중해지는 경향성을 보이는 것이 현실이다. 그러나 이와 같은 실제의 부정적 효과를 확인하였다면, 강제처분의 목적과 그 방법에 대하여 반드시 재고하여야 할 것이다.

다. 예방처분

형벌의 종류는 절대적이거나 불변하는 것이 아니다. 현재 규정되어진 명예형들은 이미 그 필요성에 대한 비판이 충분히 제기되어졌으며, 벌금형은 눈에 보이지 않는 연좌제의 형태임이 드러났다. 경제적 제약을 통한 고통은 범죄자가 단독으로 지는 것이 아니라 경제생활 공동체 내의 모든 구성원들이 그와 같은 고통을 함께 져야 하기 때문이다. 자유형은 사회공동체로부터의 격리를 목적으로 함으로써 교정을 통한 연대성의 회복이 가능할 것인가에 관한 의문을 해소하기 어렵다. 또한 자유형의 장기화는 범죄자의 연대성 회복가능성을 더욱 희박하게 함으로써 격리만이 형벌목적이 되어버리는 결과를 초래한다. 그렇다고 하여도 그와 같은 형벌의 종류를 대체할 새로운 형벌을 찾아내는 것 역시 쉽지 않다. 신체형이나 생명형의 심각한 기본권 침해를 이미 경험하였고, 그 밖에 과거 유배와 같은 형벌은 오늘날 아무런 의미가 없으며, 그 밖에 새로운 종류의 형벌은 보다 많은 상상력과 검증을 동원해야만 하는 부담이 크다.

뿐만 아니라, 형벌이 과연 책임주의에 부합하는가도 회의적이다. 오로지 응보만을 목적으로 하는 형벌이 사회전체에 기여하는 바는, 사회구성원들의 정의감의 회복이 아니라 나쁜 짓에 대한 분노의 표출에 가깝다. 만일 그것을 응보의 측면에서 바라본다면 원시적인 동해보복의 원리로부터 벗어난 이념이 무엇인가 반문하여야 할 것이다. 또한 처벌되는 행위자가 자연인에서 법인이나 국가까지 확장된다면 인간만을 전제로 개발된 형벌들에 관하여 재고하지 않을 수 없다. 반면 형벌 이외의 형사제재는 다양성 및 개별화가능성 그리고 재범 예방을 추구한다는 점에서 보다 많은 시도들이 이루어지고 있다. 이러한 이유로 인하여 형벌보다는 형벌 이외의 형사제재에 대한 관심이 증가되고 있다.

그렇다면 형벌 이외의 형사제재 영역을 어떻게 통칭할 것인가의 문제를 우선 거론하여야 한다. 이원론의 입장에서는 이를 보안처분이라고 칭하였지만, '보안'이라는 명칭은 행위자의 개선보다는 사회방위를 중심으로 하는 개념이므로 적절하지 않다. 보안이란 안전을 위한 방식이기 때문이다. 사회안전은 보안을 통해서 이루어진다. 이 때 사회방위를 위한 유리벽으로서 보안처분이 기능하게 된다. 또한 사회방위는 국가 또는 체계를 중심으로 이해되는 개념이다.[51] 그러한 이해는, 개인에게 가해지는 가시적인 불이익이, 체제존립이라는 비가시적이고 추상적인 이익을 위해 강제되는 것으로 비추어진다. 사회방위는 그 자체로서 독자적인 선이 아니며, 특정 개인에게 과해지는 구체적인 불이익으로서 보장될 성질의 것이라고 보기에는 너무나 크다. 이 때문에 사회방위와 같은 거대 개념의 추구를 위한 보안처분의 투입은 그 상한선을 설정하기 어렵다. 이는 제동을 걸 수 없을 만큼 질주하는 보안처분의 강화라는 우리 사회 현상으로 드러나고 있다.

보안처분이라는 명칭은 인간중심의 처벌, 처벌의 인간화 면에서도 적절하지 않다. 인간성의 회복과 사회연대의 강화를 위한 처분이어야 한다면 그것은 '보안'과는 거리가 멀다. 따라서 여기에서는 차라리 개인의 범죄의 '예방'을 위한 처분이어야 한다는 의미에서, 예방처분이라고 명칭하고자 한다. 인간화에 초점을 맞추게 된다면, 예방처분의 구체적 방법들은 '보안'처분의 방식과는 달라야 한다. 따라서 궁극적으로는 '인간다움의 회복'이 예방처분의 목적이 되어야 하고, 사회방위 또는 사회안전은 그에 부수적으로 수반되는 반사적 효과 정도로 이해하여야 할 것이다.

---

51 물론 신사회방위론은 개인보호를 전제한 사회방위를 언급한다. 이수성, "사회방위론의 과거와 현재", 서울대학교 법학, 제24권 제2·3호, 서울대학교 법학연구소, 1983/9, 85~101면은 사회질서는 개인을 통해서, 그리고 개인을 위해서 존재하기 때문에, 신사회방위론은 형사정책에 있어서 사회질서를 보호하려고 하나, 이는 개인의 보호를 전제로 하는 것임을 강조한다. 그러나 신사회방위론은 지나치게 추상적이며, 개인과 사회 양자를 동등하게 양립시킬 수 없는 입법방향 내지 입법의 구체적 기술에 대하여는 전혀 언급하고 있지 않다.

형벌 이외에 부과되는 처분들을 예방처분이라고 명칭할 때, 예방처분은 재범에의 부정적 예측과 긍정적 예측에 따라 그 정도에 차등을 두어야 한다. 이를 강성제재와 연성제재로 구분한다면, 강성제재는 소위 자유제한적 예방처분에 해당하는 시설 내 처우들을 의미하고 연성제재는 그 외에 정상적인 생활을 보조하기 위한 사회 내 처우들을 의미한다. 예컨대 현행법상 치료감호는 강성제재이지만, 보호관찰이나 치료명령 등은 연성제재에 해당한다. 강성제재는 주로 시설 내에서 이루어지겠지만, 사회 내 처우라고 하더라도 전자감독과 같이 오로지 감독을 목적으로 하는 처우들도 강성제재에 해당한다고 보아야 한다. 즉, 강성제재는 재범에의 부정적 예측으로 인하여 사회공동체 구성원으로서의 복귀에 보다 많은 사회적 재의 투여가 요구되는 영역이다. 그러나 전자감독과 같이 오로지 감독을 목적으로 하는 처분은 사회방위만을 목적으로 하는 보안의 방식일 뿐이다. 따라서 시설내의 '감시'에서 사회내의 '감시'로의 전환이라는 의미를 가질 뿐, 예방처분이라고 볼 수 없다.

예방처분의 영역과 시행가능성은 형벌보다 상대적으로 광범위하다. 그러나 치료, 교육, 예방 등 그 목적 여하를 불문하고 그것의 궁극적인 목적이 사회방위나 보안 또는 사회안전이어서는 안 된다. 사회공동체는 일방 구성원들이 타 구성원을 사회재건이나 정상화의 수단으로 전락시켜서는 안 되기 때문이다. 따라서 예방처분의 목적은 범죄에로의 재진입을 차단함으로써 범죄자를 사회에 적합한 '최적의 인간' 또는 '이상적인 인간'으로 맞춰야 하는 것도 아니다. 오로지 공동체가 한 구성원 개인에게 요구할 수 있는 최선의 또는 최적의 조건은 함께 공존하기 위한 '최소한의 인간상'에의 기대를 넘어설 수 없다. 이는 다양성과 관용성에의 최저 조건이기도 하다. 처벌이나 처분은 그 어떠한 형태든 강제력의 행사가 본질이고, 그와 같은 강제력의 행사는 다양성과 관용성에 대하여 대척관계에 있다. 따라서 '최소한의 인간상'이라는 요구야말로 처벌이 요구할 수 있는 최대의 목적이어야 한다.

5. 얼마나 처벌할 것인가: 처분의 양

어느 사회에서든 형법은 계급 또는 계층 간의 갈등을 적절히 유지하면서 그 증폭의 현저한 변화를 막는 역할을 하여야 한다. 동일한 사회공동체 내라도 미세하게나마 계급 또는 계층은 존재하며, 그것이 다원화적 측면으로 발현된다. 사회란 상호간의 이익을 위한 협동체이면서, 동시에 이해관계의 일치뿐만 아니라 상충이라는 특성도 가진다. 다만, 구성원들은 각자가 자기 혼자만의 노력에 의하여 살기보다는 공동체를 통해서 보다 나은 생활을 할 수 있다는 점에서는 계급을 떠나서 이해관계가 일치한다.[52] 따라서 계급 또는 계층 간의 갈등이 영으로 축소되는 사회란 현실적으로 불가능하지만 또 바람직하지도 않다. 그러한 결과는 다원화를 무시하는 것이다. 갈등이란 사회발전의 주요 요소이면서, 갈등의 해결을 통해 또는 갈등해소를 위한 제도를 통해서 사회는 새로운 변화와 구조를 받아들이며 발전해 나아가기 때문이다. 형법 역시 지배계급의 형성에 따라 발생한 역사적 산물이며, 형법의 진화는 사회의 변화와 불가분의 관계에 있다. 사회의 변화란 인간의 본질적 성품 및 본성의 변화와 무관하지 않으며, 반대로 그것의 표현이다. 따라서 인간본성이 투영되는 형법은 바람직한 법의 모습을 갖출 수 있지만, 그것에 반하는 경우에는 공동체가 감내할 수 없는 법률체계가 되고 만다. 즉, 우리는 형법이 인간에 의하여 인위적으로 만들어진다고 생각하지만, 형법은 인간본성의 발현이자, 반대로 인간본성은 형법의 내재적 한계점으로 작용하여야 하는 것이다. 이를 통하여 우리는 형법의 인간화 및 처벌의 인간화를 구상할 수 있다.

처벌의 인간화를 위해서는 시설의 인간화가 수반되어야 한다. 처벌시설을 포함한 교정과 재사회화에 관여된 모든 시설들의 인간화를 위한 노력들이 이루어져야만 궁극적으로 인간다운 처벌이 가능해진다. 인격이란 다의적이고 그것은 도달된 어떠한 정의개념이라기 보다는 형성되어져 가는 과정으로서 이해되어야 하는바, 범죄자에게 처벌시설은 그 과정의 장인 것이다. 일반적으로 윤리학적 용어로서 인격이란 도덕적 행위의 주체로서의 개인을 의미하며, 스트라이크(K. A. Strike)가 인간이 사물과 달리 수단이 될 수 없는 그 자체로서 목적이라고 한 이유도 바로 여기에 있다. 물론 교정시설을 포함한 처벌시설의 인간화가 요구하는 비용문제는 사회공동체가 감내할 수 있는 범위를 넘어설 수는 없다. 최근 재소자의 수감비용이 문제가 되는 것도 이 때문이다. 전체 관리비용을 수용자 수로 나누어 계산하면 2015년도에 이미 한해 평균 1인당 약 2,500만원을

52 Rawls/황경식 역, 정의론, 37면.

초과하였다.[53] 그럼에도 불구하고 교도소는 과밀화되어 운용 면에서 어려움을 겪고 있다. 이 경우 고려되어야 하는 것이 사회 내 처우이다. 사회 내 처우가 시설 내 처우에 비하여 보다 많은 자유권을 보장한다는 점에서 경한 제재로 이해되지만, 사회 내 처우의 효과가 시설 내 처우보다 경하다고 단정할 수 없고 범죄자의 권리 제한이 많아질수록 처분이 효과적이라고 할 수도 없다. 다만, 사회 내 처우라 하더라도 시설 내 처우와 동일하게 감시만을 목적해서는 안 될 것이다. 사회 내에서 행해지는 처분들은 당연히 범죄자의 공동체로의 복귀를 목적으로 하여야 한다.

또한 형벌을 포함한 모든 형사제재는 인간본성으로서 감내할 수 있는 한계를 넘어설 수 없다. 인간화를 목적으로 부과되는 처벌이 비인간적일 때, 그와 같은 처벌에 대한 인상은 행위자에게 인간성 회복의 기회를 부여할 수 없기 때문이다. 또한 처벌로 인한 고통의 양과 범죄의 대가가 일치할 필요도 없다. 행위와 처벌 간의 비례성의 원칙은 그것을 넘어설 수 없는 한계로서 작용하여야 할 것이지, 최소한의 요건으로 작동해서는 안 된다. 즉, 처벌은 범죄행위와 실질적으로 비례하여야 한다는 의미는, 최대한 범죄행위에 비례하는 정도를 넘어서서는 안 된다는 의미이지, 비례를 최소한의 요건으로 하여 그보다 과중한 정도를 허용하는 것으로 이해해서는 안 된다.

따라서 처벌의 양을 결정할 때 비례성의 원칙은 처벌의 최대점을 결정하는 원리여야 하고, 처벌의 최소한을 정하는 기준으로 작용하여서는 안 된다. 물론 적정한 양의 부과가 형사제재의 최저 부과를 요청하는 것은 아니다. 그럼에도 불구하고 가장 중시하여야 할 것은, 사회공동체에서 함께 공존하기 위한 '최소한의 인간상'으로서의 인간본성을 회복시키기 위한 양이 기준이 되어야 한다는 점이다. 그것은 국가형벌권이 사회공동체를 존중하는 방식이기도 하다. 국가형벌권은 처벌의 양을 결정할 때에도, 공동체의 연대성의 원리에 따른 결속의 강화와 개개인의 최소한의 인간성 회복에 필요한 만큼이라는 기준을 준수하여야 한다.

---

53 법무부, 2015년도 예산 및 기금운용계획, 2015/10/28자 공식보도에 의하면 교도소 전체 수용자 관리비용이 2015년도부터 1,000억원을 초과하였다.

참고문헌

1. 국내문헌

강동범, “이사의 경영판단과 업무상 배임”, 법학논집 제14권 제3호, 이화여자대학교 법학연구소, 2010

강동욱, “경영판단원칙과 배임죄”, 선진상사법률연구 제62호, 법무부, 2013

______, “기업범죄에 있어서 법인의 책임과 배임죄의 성부”, 한양법학 제21권 제2집, 한양대학교 법학연구소, 2010/5

______, “이사 등의 경영행위에 대한 배임죄의 성립범위－객관적 구성요건의 해석을 중심으로－”, 한양법학 제24권 제1호, 한양법학회, 2013/2

강문석, “두 수준의 공리주의 정당화 논변”, 인문연구 제78호, 영남대학교 인문과학연구소, 2016/12

강병호, “밀의 공리주의의 규범성의 의무론적 바탕에 관하여”, 사회와 철학 제34호, 사회와철학연구회, 2017/10

강수택, “근대, 탈근대, 사회적 연대”, 한국사회학 제38권 제5호, 한국사회학회, 2004/10

강희갑, “경영판단의 원칙에 관한 미국법의 최근 동향”, 상사법연구 제15권 제2호, 1996

검찰청, 범죄백서, 2017

고재종, “회사법상 이사 등의 특별배임죄 성립여부”, 한양법학 제21권 제4집, 한양대학교 법학연구소, 2010/11

구회근, “업무상 배임죄와 경영판단원칙－대법원판례를 중심으로”, 법조 제590호, 법조협회, 2005

국가인권위원회, 국가보안법 적용상에서 나타난 인권실태, 2004

______, 국가인권위원회 휴먼레터, 2009/06/01

국회사무처, 제337회 법제사법위원회 법안심사 제1소위원회 회의록, 2015/10/20

권건보, “형사절차와 출입국관리법상의 지문날인제도와 헌법의 국제화”, 국제헌법학회·한국학회 학술대회 발표논문집, 2008

권재열, “경영판단의 원칙”, 비교사법 제6권 제1호, 한국비교사법학회, 1996

______, “경영판단의 원칙의 도입여부를 다시 논함”, 상사법연구 제19권 제2호, 한국상사

법학회, 2000
김광록, "미국의 최근 판례를 통해 본 경영판단의 원칙", 법학연구 제32호, 한국법학회, 2008/11
김남진, "입법·사법상의 불법과 국가배상책임", 국가배상제도의 제문제, 법무부, 1991
김남진/김연태, 행정법Ⅰ, 법문사, 2004
김대환, "돌진적 성장이 낳은 이중위험사회", 사상, 사회과학원, 1998/가을
김도현, "법의 폭력성: 법과 폭력의 관계에 대한 고찰", 현상과 인식 제22권 제3·4호, 한국인문사회과학회, 1998/12
김동률, "기업범죄 영역에 대한 조직지배설의 적용가능성－독일의 연방대법원 판례와 학계의 논의를 중심으로－", 법학논집 제18권 제3호, 이화여자대학교 법학연구소, 2014/3
김동률, "법익개념의 변화와 새로운 범죄유형의 필요성 －보편적 법익과 관련한 독일에서의 논의를 중심으로－", 형사정책 제26권 제1호, 한국형사정책학회, 2014/1
______, "불법체제의 수뇌부 처벌근거로서 조직지배론", 형사정책 제25권 제3호, 한국형사정책학회, 2013/12
김동춘, "국가폭력과 사회계약－분단의 정치사회학", 경제와 사회 제36호, 비판사회학회, 1997/12
김명식, "행복학, 공리주의, 숙의민주주의", 사회와 철학 제31집, 사회와철학연구회, 2016/4
김민희/백석훈, 개도국에서 기업의 사회적 책임(CSR) 사례 및 시사점, 대외경제정책연구원, 2012
김부찬, "국제공동체의 발전과 유엔의 역할" 아주법학 제10권 제2호, 아주대학교 법학연구소, 2016/8
______, "국제법의 인간화에 대한 서론적 고찰－그 배경 및 동향을 중심으로", 국제법학회논총 제59권 제4호, 대한국제법학회, 2014/12
김상득, "의료행위에 있어서 온정적 간섭주의의 정당화 물음", 한국의료윤리학회지 제19권 제4호, 한국의료윤리학회, 2016/12
김성규, "법인처벌의 법리와 규정형식", 법조 제578호, 법조협회, 2004/11
김성규, "위험사회에서의 형법의 과제와 기능", 법학연구 제15집 제2호, 인하대학교 법학연구소, 2012
______, "준법관리 프로그램의 형법적 의의와 기능", 형사정책 제23권 제1호, 한국형사정책학회, 2011/6

김성돈, “기업형법과 양벌규정의 도그마틱”, 형사정책연구 제27권 제2호, 한국형사정책연구원 2016/6

______, “양벌규정과 책임주의원칙의 재조명”, 형사법연구 제27권 제3호, 한국형사법학회, 2015/9

______, “형법의 과제, 형법의 한계 그리고 리바이어던 형법－국가폭력의 경우, 형법과 국가 및 개인의 관계에 관한 패러다임의 전환”, 형사법연구 제28권 제4호, 한국형사법학회, 2016/12

김성룡, “독일의 일수벌금형 운영 40년 결산이 주는 시사”, 형사법의 신동향 54, 대검찰청, 2017

김성천/김형준, 형법총론, 소진, 2014

김성필, “법정책학의 개념과 학문적 영역”, 법과정책연구 창간호, 한국법정책학회, 2001

김세균, “국가권력의 폭력적 기초”, 실천문학, 실천문학사, 1989/9

김영란, “한국의 사회적 위험구조－위험의 민주화 또는 위험의 계급화?－, 담론 201 제14권 제3호, 한국사회역사학회, 2011

김영정/정원규, “밀 『공리주의』”, 철학사상 제16호, 서울대학교 철학사상연구소, 2003/5

김영환, “공법: 법의 해석과 흠결의 보충에 관한 체계적 의의－최근의 대법원 형사판례를 중심으로, 법학논총 제23권 제1호, 한양대학교 법학연구소, 2006

______, “위험사회에서의 책임구조”, 법철학연구 제14권 제3호, 한국법철학회, 2011

김옥기·송문호, “교정시설 내 자살예방대책”, 교정연구 제68호, 한국교정학회, 2015/9

김왕배, 안전문화 정착을 위한 안전의식 조사연구, 국무총리실 안전관리개선기획단, 2002

김우영, “분배적 정의의 두 이론”, 전주교육대학교 학생생활연구 제12집, 전주교육대학교 학생생활연구소, 1993/12, 23면.

김일수, “남흥우 교수님의 100세 기념 특별기고문: 위험형법, 적대형법과 사랑의 형법”, 고려법학 제65권, 고려대학교 법학연구원, 2012

______, “사회변동과 형법정책의 방향”, 2012/7/19 제5회 입법정책포럼 발표문

______, “형법상 책임과 예방과의 관계”, 법학논집 제22권, 고려대학교 법학연구원, 1984/12

______, 법·인간·인권: 법의 인간화를 위한 변론, 박영사, 1996

김일중, 과잉범죄화의 법경제학적 분석－공정거래분야를 중심으로, 한국경제연구원 연구보고서, 2013/5

김재윤, “기업의 가벌성에 관한 독일의 논의 분석”, 형사정책연구 제15권 제2호, 한국형사정책연구원, 2004/여름

______, “위험사회라는 사회 변화에 대한 형사법의 대응”, 비교형사법연구 제12권 제2호,

한국비교형사법학회, 2010

______, “위험사회에 있어 형법의 팽창현상에 대한 비판적 고찰”, 비교형사법연구 제7권 제1호, 한국비교형사법학회, 2005

______, “준법지원인제도의 도입에 따른 형사법적 인센티브”, 인권과 정의 제425권, 대한변호사협회, 2012

김재호/김해룡, “행정질서벌의 법적 쟁점”, 토지공법연구 제78집, 한국토지공법학회, 2017

김정오 “공동체주의와 법에 대한 연구”, 법철학연구 제3권 제1호, 한국법철학회, 2000

김정환, “2013 성폭력범죄에 대한 형사제재의 모습”, 2013 한국보호관찰학회 춘계학술세미나 자료집

김준호, “형법상 경영판단의 원칙 도입론에 관한 비판적 검토”, 법조 제636호, 법조협회, 2009

김찬홍, “교육의 인간화”, 제주특별자치도교육청, 1989

김택주, “경영판단의 원칙의 적용요건”, 기업법연구 제20권 제1호, 한국기업법학회, 2006/3

김학근, “분배적 정의에 관한 소고”, 목포대학교 논문집 제12집 제1권, 목포대학교, 1991/6

김학태, “기능주의적 형법해석에 관한 연구”, 외법논집 제43집, 한국외국어대학교 법학연구소, 1997

______, “정당화사유의 법철학적 분석에 관한 연구－정당방위와 긴급피난의 구조적 분석과 비교를 중심으로”, 외법논집 제35권 제1호, 한국외국어대학교 법학연구소, 2011

______, “현대위험사회에서의 형법상 귀속구조의 변화”, 비교형사법연구 제3권 제1호, 한국비교형사법학회, 2001

김한균, 후기현대사회의 위험관리를 위한 형법 및 형사정책연구(Ⅰ)－현대과학기술사회 위험관리 형법 및 형사정책의 체계와 원리－, 한국형사정책연구원 연구총서 12－CB－01, 2012

김해룡, “경제성원리의 행정법에의 수용”, 공법연구 제32집 제4호, 한국공법학회, 2004/3

김혜경, “경영판단의 원칙과 형법상 배임죄의 해석”, 비교형사법연구 제18권 제1호, 한국비교형사법학회, 2016/4

______, “공리주의적 관점에 기초한 형법관의 이해”, 형사법연구 제30권 제1호, 한국형사법학회, 2018/3

______, “국가폭력범죄의 개념과 국가 책임구조－국가의 범죄행위 주체성을 중심으로－”, 형사법의 신동향 제58호, 대검찰청, 2018/3

______, “기업관련범죄의 형법적 개입에 관한 성찰”, 형사법연구 제27권 제3호, 한국형사법학회, 2015/9

______, “기업범죄예방을 위한 내부통제로서 준법지원인제도”, 비교형사법연구 제15권 제2호, 한국비교형사법학회, 2013/12

______, “문서위조죄에서 복사와 행사의 개념”, 형사판례연구 제18권, 한국형사판례연구회, 2010/6

______, “법정형으로서 합리적 벌금형을 위한 필요조건”, 형사법연구 제24권 제2호, 한국형사법학회, 2012

______, “사회안전과 실체형법의 변화－과제와 전망 －사회안전과 사회통제, 그리고 성찰적 형법－”, 비교형사법연구 제15권 제1호, 한국비교형사법학회, 2013

______, “작은 형법 만들기와 경제성의 원리”, 원광법학 제33권 제2호, 원광대학교 법학연구소, 2017/6

______, “전자문서의 문서성과 형법상 범죄성립”, 경찰학연구 제12권 제3호(통권 제31호), 경찰대학, 2012/9

______, “보안처분의 체계적 입법화를 위한 소고”, 형사법연구 제25권 제4호, 한국형사법학회, 2013

남현주, “시민사회와 사회정의의 맥락에서 본 연대성의 위기와 그 극복－뒤르깽, 하버마스, 롤즈 그리고 왈쩌의 입장을 중심으로－”, 사회보장연구 제27권 제4호, 한국사회보장학회, 2011/11

노진철, “불확실성 시대의 위험사회”, 2010년 국가위기관리학회 동계학술대회 자료집

류인모, “현대과학기술의 발전과 위험사회의 형법”, 비교형사법연구 제4권 제2호, 한국비교형사법학회, 2002

류전철, “문서위조죄의 형사정책적 고찰”, 법학논총 제20권, 전남대학교 법학연구소, 2000/12.

______, “법인의 형사책임에 대한 새로운 해석론의 시도”, 법학논총 제34집 제1호, 전남대학교 법학연구소, 2014/4

______, “보호법익으로서 공공의 신용의 형법해석론상 의미”, 형사법연구 제18호, 한국형사법학회, 2002/겨울

______, “危險社會(Risikogesellschaft)와 危險刑法(Risikostrafrecht)”, 법률행정논총 제18집, 전남대학교 법학연구소, 1998/12

______, “위험원의 제거와 형법의 과제”, 아주법학 제4권 제2호, 아주대학교 법학연구소, 2010

류지태/박종수, 행정법신론, 박영사, 2009
류지한, “권리에 기초한 공리주의 비판”, 철학논총 제59호, 새한철학회, 2010/1
______, “두 수준 공리주의에 관한 연구”, 국민윤리연구 제55호, 한국윤리학회(구 한국국민윤리학회), 2004
문종욱, “현대 법학에 있어서 법의 발견과 법사회학”, 법학연구 제38권, 한국법학회, 2010
민수홍·박강우·기광도·전영실·최병각·김혜경 역, 범죄학이론, 나남신서, 2017
박 철, “경제발전을 위한 법치주의”, 저스티스 제106호, 한국법학원, 2008/7
박강우, “기업범죄와 경영진의 형사책임”, 안암법학 제43권, 고려대학교 안암법학회, 2014
______, “위험사회(危險社會)와 형법(刑法)의 변화(變化)”, 형사정책연구 제32권, 한국형사정책연구원, 1997
박균성, 행정법론(상), 박영사, 2017
박기석, “국가폭력범죄와 피해자”, 법학논총 제32권 제2호, 전남대학교 법학연구소, 2012/8
______, “판례와 사례 분석을 통한 기업범죄 처벌의 개선방안”, 형사정책 제20권 제2호, 한국형사정책학회, 2008
박명서, “경영판단의 원칙”, 기업법연구 제17집, 한국기업법학회, 2004
박성민, “배임죄에 있어 경영판단의 원칙 도입여부에 대한 검토, 비교형사법연구 제16권 제1호, 한국비교형사법학회, 2014
박세화, “준법지원인제도의 안정적이고 효율적인 운용을 위한 법적 과제”, 상사법연구 제30권 제2호, 한국상사법학회, 2011
박용철, “마약류범죄의 처벌에 대한 소고 －연성 마약을 중심으로－”, 비교형사법연구 제15권 제2호, 한국비교형사법학회, 2013/12
박유영, “공리주의 철학에 근거하는 분배정의관에 관한 일고”, 논문집 21, 숭실대학교 산업경제연구소, 1991/12
박윤흔/정형근, 행정법, 박영사, 2009
박정순, “공동체주의적 사회비판의 가능성: 마이클 왈쩌의 논의를 중심으로”, 범한철학 제30호, 범한철학회, 2003/9
박정원, “국제사회에서 국제공동체로”, 국제법학회논총 제56권 제4호, 대한국제법학회, 2011/12
박정훈, “협의의 행정벌과 광의의 행정벌”, 서울대 법학 제41권제4호, 서울대학교 법학연구소, 2001
박종근, “위험사회와 형법의 기능변화”, 비교형사법연구 제12권 제2호, 한국비교형사법학회, 2012

박종수, “법원칙으로서의 재정효율성”, 토지공법연구 제43집 제1호, 한국토지공법학회, 2009

방희선, 합리적인 양형통제방안 연구, 서울대학교 박사학위논문, 2001

배규한/한준/김우식 외, 변화하는 사회환경, 기업의 대응, 지식마당, 2002

백상진, “위험형법의 전개에 대한 비판과 바람직한 형법적 대응방안”, 비교형사법연구 제13권 제1호, 한국비교형사법학회, 2011

법무부, 형법(총칙) 일부개정법률안 제안이유서, 2011/4

서완석, “내부통제와 준법감시인제도”, 기업법연구 제23권 제4호, 한국기업법학회, 2009/12

설동훈, “한국인의 위험인식”, 한국사회과학 제20권 제1호, 서울대학교 사회과학연구원, 1998

설민수, “상장회사 경영진의 경영상 행위에 대한 형사적 규율의 원인, 그 한계 및 대안의 모색: 배임죄의 확장과 퇴조에 중점을 두고”, 저스티스 통권 제127조, 한국법학원, 2011

설봉식, 경제적 정의에 관한 연구, 경제논문집 6, 중앙대학교 경제연구소, 1992/12

성경륭, “실업과 사회해체: 총체적 위험사회의 등장”, 사상, 사회과학원, 1998/가을

성낙현, “법익개념의 내용적 실체와 기능”, 저스티스 통권 제144호, 한국법학원, 2014/10

성주목·강석민·강선일·강성용·이장준·정재진, 기업범죄의 이론과 실제, 세창출판사, 2010

성태균, “해외 주요국의 기업지배구조”, 주식 통권 제434호, 증권거래소, 2004/10

송기동, “영미 기업범죄 형사책임의 전개”, 형사정책 제20권 제2호, 한국형사정책학회, 2008/12

송옥렬, “이사의 민사책임과 형사책임의 판단기준”, 상사판례연구 제6권, 한국상사판례학회, 2006

신동운, “횡령죄와 배임죄의 관계”, 한국형사법학의 새로운 지평, 유일당오선주교수화갑기념논문집, 2000

신동일, “규범과 형법률－칼 빈딩의 이론을 중심으로”, 형사법연구 제12권, 한국형사법학회, 1999

______, Binding의 규범이론, 고려대학교 법학박사논문, 1997

신유근, 한국의 경제, 박영사, 1992

신치재, “양형의 기준”, 형사법학의 과제와 전망, 1993

안동준, “법익론의 생성, 발전과 변환”, 법학논총 제28권 제1호, 전남대학교 법학연구소, 2008/6

양천수, "19세기 독일 형법학에서 전개된 법익개념", 법사학연구 제38호, 한국법사학회, 2008

______, "법인의 범죄능력 – 법 이론과 형법정책의 측면에서 –", 형사정책연구 제18권 제2호, 한국형사정책연구원, 2007/여름

______, "법존재론과 형법상 행위론", 법철학연구 제9권 제1호, 한국법철학회, 2006

______, "예방과 억압의 혼융", 공법학연구 제10권 제2호, 한국비교공법학회, 2009

______, "한국 법체계에 대한 '비동시성의 동시성' 테제", 법철학연구 제10권 제2호, 한국법철학회, 2007

______, "형법상 법익 개념의 새로운 근거설정 필요성과 가능성", 고려법학 제47권, 고려대학교 법학연구원, 2006

엄순영, "사법적 폭력과 법치주의", 민주법학 제61호, 민주주의법학연구회, 2016/7

오성근, "경영판단원칙의 적용기준의 법리에 관한 검토", 기업법연구 제20권 제1호, 한국기업법학회, 2006/3

오성철, "박정희의 국가주의 교육론과 경제성장", 역사문제연구 제11권, 역사비평사, 2003

원혜욱, "기업대표이사의 형사책임귀속을 위한 형법이론 연구", 형사법연구 제19권 제3호(上), 2007/가을

유문무, "위험사회와 성찰성 그리고 사회적 안전", 경호경비연구 제8호, 한국경호경비학회, 2004

윤대혁, 글로벌시대의 윤리경영, 무역경영사, 2005

윤진수, "법(法)의 해석(解釋)과 적용(適用)에서 경제적(經濟的) 효율(效率)의 고려(考慮)는 가능한가?", 서울대학교 법학 제50권 제1호, 서울대학교 법학연구소, 2009/3

이경렬, "경영판단의 과오와 업무상 배임죄의 성부", 법조 제55권 제12호, 법조협회, 2006/12

이경묵/이지환, "한국 기업의 지배구조", 노사관계연구 제14권, 서울대학교 노사관계연구소, 2003/12

이광윤, 일반행정법, 법문사, 2006

이규훈, "업무상 배임죄와 경영판단", 형사판례연구 제13권, 한국형사판례연구회, 2005

이대희, "헤어와 공리주의", 철학논총 제78호, 새한철학회, 2014/1

이상돈, "형법상 경영판단의 원칙의 지평확대", 고려법학 제74호, 고려대학교 법학연구원, 2014

______, "경영실패와 경영진의 형사책임", 법조 제560호, 법조협회, 2003

______, 경영과 형법, 법문사, 2011

이상밀/최인철, 재인식되는 기업의 사회적 책임, 삼성경제연구소, 2002

이상영, "공리주의 대 자연권–프랑스혁명과 자연권에 대한 벤담의 평가", 세계헌법연구 제16권 제2호, 세계헌법학회 한국학회, 2010/6

이상욱, "인간 조건 하에서의 합리성: 진화, 공감, 제도", 한국경제의 분석 제20권 제2호, 한국금융연구원, 2014/8

이석배, "횡령죄와 배임죄의 관계", 동아법학 제46호, 동아대학교 법학연구소, 2010/2

이세인, "미국기업지배구조의 시대적 변천", 법학논총 제30권 제2호, 전남대학교 법학연구소, 2010/8

이수성, "범죄와 형벌에 대한 법경제학적 접근 : 비판적 검토", 서울대 법학 제28권 제2호, 서울대학교 법학연구소, 1987

______, "사회방위론의 과거와 현재", 서울대학교 법학, 제24권 제2·3호, 서울대학교 법학연구소, 1983/9

이승호, "전통적 형벌제도의 정비방안", 형사정책연구 제17권 제4호, 한국형사정책연구원, 2006

이승훈, "현대 사회의 위험과 위험 관리: '위험의 사회적 구성'에 대한 이론적 논의를 중심으로", 현대사회와 문화 제29권, 연세대학교 사회발전연구소, 2009

이용식, "위험사회에서의 법익보호와 적극적 일반예방", 형사정책 제13권 제1호, 한국형사정책학회, 2001

______, "형법에 대한 헌법적 통제", 한국형사법학회 동계학술자료집, 2005/12,

______, "차입매수(LBO)에 대한 형사책임–대법원의 배임죄 판단에 대한 검토–", 이화여자대학교 법학논집 제14권 제3호, 이화여자대학교 법학연구소, 2010/3

이원봉, "맥킨 타이어와 칸트의 덕: 인간선의 실천으로서의 덕", 사회와 철학 제14호, 사회와철학연구회, 2007/10

이윤근/조용철, "미국 사회안전시스템의 새로운 변화와 전망", 한국공안행정학회보 제18호, 한국공안행정학회, 2009

이일세, "법관의 불법행위와 국가배상책임", 저스티스 제32권 제1호, 한국법학원, 1999/3

이재열, "체계실패로서의 위험사회: 대형사고에 대한 조직사회학적 연구", 1998 전기사회학대회 발표문 요약집, 한국사회학회, 1998

이정모/손지영, "법 인지과학 : 법 영역의 인지과학적 조명", 서울대학교 법학 제51권 제4호, 서울대학교 법학연구소, 2010/12.

이정민, "경영판단원칙과 업무상배임죄", 형사정책연구 제18권 제4호, 한국형사정책연구원, 2007

______, “기업범죄 억제를 위한 제안으로서 컴플라이언스 프로그램(Compliance Program)”, 법학논총 제34권 제1호, 단국대학교 법학연구소, 2010

이정원, “배임죄의 구조와 문제점”, 법학연구 제34집, 전북대학교 법학연구소, 2011/3

이주희, “스위스 형법상의 기업책임”, 법학논총 제23집 제3호, 한양대학교 법학연구소, 2006

이준호, “상법상 주식회사 이사의 신인의무－경영판단의 원칙의 적용을 중심으로－”, 법학논총 제35권 제1호, 전남대학교 법학연구소, 2015/4

이진국, “기업범죄의 예방수단으로서 준법감시제도(Compliance)의 형법적 함의”, 형사정책연구 제21권 제1호, 한국형사정책연구원, 2010

______, “형사입법에서 법익개념의 체계비판적 기능”, 동아법학 제37권, 동아대학교 법학연구소, 2005/12

이창섭, “경영판단의 원칙의 형법상 의미”, 법학연구 제23권 제1호, 경상대학교 법학연구소, 2015

이천현, “기업범죄의 억제를 위한 최근의 정책동향과 과제”, 형사정책 제20권 제2호, 한국형사정책학회, 2008

이해영, “정책포퓰리즘과 온정주의적 정책의 균형”, 한국정책연구 제12권 제2호, 경인행정학회, 2012

이호용, “법해석과 법정책의 관계”, 저스티스 통권 제145호, 한국법학원, 2014/12

이홍윤, “功利主義의 分配的 正義”, 형이상학 통권 제6호, 토마스학회, 1998/12

임 웅, “법의 흠결과 형법의 유추적용금지”, 형사법연구 제21호, 한국형사법학회, 2004

임병락, “적극적 일반예방론의 허와 실”, 법학연구 제30집, 한국법학회, 2008

임정호, “형법상 배임죄에 있어서 경영판단원칙에 대한 재검토－ 형법 규정과 신인의무의 간극－”, 법학연구 제23권 제2호, 연세대학교 법학연구원, 2013

임현진, “한국사회의 안전과 위험－이론적 모색과 경험적 고찰”, 사회과학 제39권 제2호, 통권 제51호, 성균관대학교 사회과학연구소, 2000

장경섭, “압축적 근대성과 복합위험사회”, 비교사회 통권 제2호, 한국비교사회학회, 1998

장동익, 로버트 노직, 무정부. 국가. 유토피아, 커뮤니케이션북스, 2017

______, 롤즈 정의론(해제), 서울대학교 철학사상연구소, 2005

장수덕·강태헌, “환경불확실성, 조직여유, 가부장주의가 조직 앙트라프러뉴십과 기업성과에 미치는 영향”, 중소기업연구 제32권 제3호, 한국중소기업학회, 2010/9

장승혁, “사회연대원리의 기원과 발전 － 전통적인 사회이론가들의 사상을 중심으로 －”, 사회보장법연구 제3권 제2호, 서울대 사회보장법연구회, 2014/12

장영민, "법질서의 통일성", 법학논총 제35집 제2호, 전남대학교 법학연구소, 2015/8
장자크 루소/이재형 역, 사회계약론, 문예출판사, 2013
전극수, "법관의 재판에서의 불법행위에 대한 국가배상책임과 법관의 책임", 외법논집 제34권 제1호, 한국외국어대학교 법학연구소, 2010/2
정규원, "의료행위에서의 온정적 간섭주의와 자율성 존중", 법철학연구 제5권 제1호, 한국법철학회, 2002
정기성, "한국사회의 위험인식에 대한 문화론적 연구", 정치·정보연구 제7권 제1호, 한국정치정보학회, 2004
정상조, "법경제학의 동향과 쟁점", 법과사회 제6호, 창작과 비평사, 1992
정승환, "'안전사회'와 수사절차", 2013년 한국형사소송법학회 춘계학술대회 발표집
정연부, "국가배상책임의 본질 및 성립요건 재검토" 국가배상법 제2조를 중심으로", 토지공법연구 제46집, 한국토지공법학회, 2009/11
정영철, "헌법원리로서의 경제성원칙", 토지공법연구 제57집 , 한국토지공법학회, 2012/5
정영태, "업무상 배임죄와 경영판단의 원칙－대법원 2011.10.27. 선고 2005도14464 판결－", 판례연구 제25집, 부산판례연구회, 2014
정용교·허창수, "노동인간화를 둘러싼 쟁점과 실행", 동향과 전망 제62호, 한국사회과학연구회, 2004/11
정태석, "벡의 재귀적 현대화 이론과 개인화의 딜레마", 경제와 사회 제55권, 비판사회학회, 2002
______, "위험사회의 사회이론－위험을 어떻게 이론화할 것인가?", 문화과학 제35호, 문화과학사, 2003
정하중, "법관의 재판작용에 대한 국가배상책임", 저스티스 통권 제75호, 한국법학원, 2003/10
조 국, "기업범죄 통제에 있어서 형법의 역할과 한계－업무상 배임죄 배제론에 대한 응답", 형사법연구 제19권 제3호(上), 한국형사법학회, 2007/가을
조기영, "배임죄의 제한해석과 경영판단의 원칙", 형사법연구 제19권 제1호, 한국형사법학회, 2007
조병선, "환경형법에 있어서의 위험범－"위험사회의 형법"의 한계와 가능성－", 한일법학연구 제14집, 한일법학회, 1995
조선우, "온정적 간섭주의는 자율성의 이름으로 정당화될 수 있는가? : 온정적 간섭주의와 환자의 자율성 및 환자의 최선의 이익에 대한 고찰", 한국의료윤리학회지 제17권 제3호, 한국의료윤리학회, 2014/12

조성용, "적극적 일반예방의 가능성과 한계－독일의 논의상황을 중심으로－, 법조 제565권, 법조협회, 2003

조준현, "양형책임에 관한 양형이론의 형사정책적 의의", 한국형사학의 새로운 지평, 心溫김일수교수회갑기념논문집, 2006

조흥만, "복수의 도덕적 수용 가능성에 관한 고찰 －탈리오의 정의와 소크라테스적 행복주의－", 인문학연구 제94권, 충남대학교 인문과학연구소, 2014/3, 443~444면.

존 롤즈/황경식 역, 정의론, 이학사, 2003

주기종, "미국판례상 경영판단의 원칙의 수용 논의", 미국헌법연구 제18권 제2호, 미국헌법학회, 2007/9

주동률, "밀의 다층적 공리주의 － 행위 vs 규칙 공리주의의 이분법을 넘어서", 철학 제131호, 한국철학회, 2017/5

주용기, "의료행위의 본질에 관한 형법적 고찰", 법학연구 제16권 제1호, 경상대학교 법학연구소, 2008/8

차용석, "책임주의", 고시연구 1984/9

차진경 외 11인, 연구보고서 지역사회를 기반으로 한 중독 치료·재활 모형 개발, 한국음주문화연구센터, 2011

천진호, "경제범죄에 대한 새로운 정책적 대응방안", 법학논총 제33집 제1호, 전남대학교 법학연구소, 2013/4

최낙범·금현섭·오윤이, "소득불평등과 범죄 간의 관계에 대한 탐색: 광역지방자치단체를 중심으로", 행정논총 제53권 제2호, 서울대학교 한국행정연구소, 2015/6

최병규, "경영판단원칙과 그의 수용방안－최근 독일의 입법 내용을 중심으로－", 기업법연구 제19권 제2호, 한국기업법학회, 2005/6

최봉석, "행정제재와 형벌의 관계에 관한 소고", 법제연구 제40호, 한국법제연구원, 2011

최석윤, "위험형법(危險刑法) (Risikostrafrecht) "위험사회" 그리고 환경형법과 마약형법에서 위험사회의 "상징적 입법"", 형사정책연구 제33권, 한국형사정책연구원, 1998

최성진, "경영판단원칙과 경영책임자에 대한 업무상 배임죄의 성부", 동아법학 제60호, 동아대학교 법학연구소, 2013/8

______, "경영 판단의 원칙과 배임죄에 대한 고찰", 상장협연구 제69호, 한국상장회사협의회, 2014

최영준, "위험 관리자로서의 복지국가: 사회적 위험에 대한 이론적 이해", 정부학연구 제17권 제2호, 고려대학교 정부학연구소, 2011

최정식, "준법통제와 준법지원인에 대한 고찰", 법학논총 제27집, 숭실대학교 법학연구소,

2012
최환용, 행정형벌 정비방안 연구, 한국법제연구원, 2015/9
한국형사정책연구원, 통일시대의 형사정책과 형사사법통합 연구(Ⅲ): 통일형법(시안)의 이론과 정책(가안), 2017
한덕웅, "한국사회에서 안전에 관한 심리학 연구의 과제", 한국심리학회지: 사회문제 제9권, 한국심리학회, 2003
한석훈, "형사책임에 대한 경영판단원칙의 적용", 성균관법학 제22권 제2호, 성균관대학교 법학연구소, 2010
한성훈, "중대한 인권침해와 국가폭력: 고문조작간첩 피해자의 사회적 고통", 한국사회학회 사회학대회 논문집, 2013/12
한영수, "책임과 예방", 한국형법학의 새로운 지평, 心濫김일수교수화갑기념논문집, 2006
한인섭, 형벌과 사회통제, 박영사, 2007
허일태, "배임죄의 행위주체와 손해의 개념", 비교형사법연구 제6권 제2호, 한국비교형사법학회, 2004
______, "위험사회에 있어서 형법의 임무", 비교형사법연구 제5권 제2호, 한국비교형사법학회, 2003
홍성욱, "벤담의 파놉티콘(Panopticon)에서 전자시놉티콘(Synopticon)까지: 감시와 역감시, 그 열림과 닫힘의 변증법", 한국과학사학회지 제23권 제1호, 한국과학사학회, 2001/6
홍성태, "위험연구와 위험정치－위험사회에서 안전사회로－", 아주법학 제4권 제2호, 아주대학교 법학연구소, 2010/12
황경식, "분배적 정의의 기준", 철학연구 제42권, 대한철학회, 1986
황병주, "국민교육헌장과 박정희 체제의 지배담론", 역사문제연구 제15호, 역사문제연구소, 2005/12

2. 국외문헌 및 번역서

A. E. Liska · S. F. Messner/장상희 역, 일탈과 범죄사회학(Perspectives on Crime and Deviance, 1999), 경문사, 2001
A. F. William · A. K. Lund Injury control: What psychologists can contribute. American Psychologist vol.47, 1992
A. Mueller－Armack · Andreas Mueller－Armack, Soziale Marktwirtschaft, Kolhammar Verlag Stuttgart, 1990

Alessandra Vicentini, The Economy Principlein Language; Notes and Observations from Early Modern English Grammars, Mots Palabras Words, 2003. 3

Allen MacRae/Howard Jehr, Family Group Conferences, New Zealand Style, Good Books, 2004

Anthony Giddens/김미숙 외 역, 현대사회학(Sociology, 1986), 을유문화사, 2009

Anthony Giddens/이윤희·이현희 역, 포스트 모더니티(The consequences of modernity, 1990), 민영사, 1991

Anthony Giddens·Ulrich Beck·Scott Lash/임현준·정일준 역, 성찰적 근대화(Reflexive Modernization, Stanford University Press, 1994), 한울, 1998

Archie B. Carroll, "The pyramid of Corporate Social Responsibility: Toward the Moral Management of Organizational Stakeholders," Business Horizons, Vol 34, No. 4, 1991

Aristotle, Nicomachean Ethics(Immanuel Bekker 편), Berlin, 1831~1870

Arthur Kaufmann, Das Schuldprinzip, Eine strafrechtlich-rechtsphilosophische Untersuchung, Carl Winter, 1961

Arthur Kaufmann, Normen und Institutionen als Mittel zur Bewältung von Unsicherheit: Die Sicht der Soziologie, in: Bayerische Rückversicherung Akiengesellschaft (Hrsg.), Gesellschaft und Unsicherheit, Karisruhe, 1987

B. Joachim, Karlsruher Kommentar zum Gesetz über Ordnungswidrigkeiten, 3. Aufl., 2006

Baumhart, R.C., An Honest Profit: What Business Say about Ethics in Business, 1968

Bowen, H.R., Social Responsibilities of the Businessman, 1953

CED(Committee for Economic Development), SOCIAL RESPONSIBILITIES OF BUSINESS CORPORATIONS, 1971/6

CED, MODERNIZING GOVERNMENT REGULATION: THE NEED FOR ACTION, 1998/1

Claus Roxin, "Sinn und Grenzen staatlicher Strafe", Strafrechtliche Grundlagenprobleme, 1973

Claus Roxin, Organisationsherrschaft als eigneständige Form mittelbarer Täterschaft, ZStrR 2007/1

Claus Roxin, Strafrecht Allgemeiner Teil, Bd. I, 4. Aufl., C.H.Beck, 2006

Clifford Shaw· Henry McKay. Juvenile Delinquency and Urban Areas. Chicago, IL : University of Chicago Press, 1931

Cornelius Prittwitz, Strafrecht und Risiko: Untersuchungen zur Krise von Strafrecht und Kriminalpolitik in der Risikogesellschaft, Klostermann, Vittorio, 1993

Cupp, Richard L., Jr.·Danielle Polage, "The Rhetoric of Strict Products Liability Versus

Negligence: An Empirical Analysis." New York University Law Review 77, 2002/10
David Johnston, A brief History of Justice, Wiley－Blackwell, 2011
David Johnston/정명진 역, 정의의 역사(A brief History of Justice, 2011), 부글북스, 2011,
Dohna－Schlodien, Übung im Strafrecht und Strafprozessrecht, 3 Aufl., 1929
Donna Coker, "Restorative Justice, Navajo Peacemaking and Domestic violence", theoret－ical Criminology, SAGE Pub., 2006
Duncan Kennedy, "Law－and－Economics from the Perspective of Critical Legal Studies", The New Palgrave Dictionary of Economics and the Law, 1998.
Eduard Dreher/Herbert Tröndle, Strafgesetzbuch und nebengesetze, C.H. Beck, 1995
Edwin Baker, "Sandel on Rawls", University of Pennsylvania Law Review, vol. 133, Pennsylvania university, 1985
Émile Durkheim, The Division of Labor in Society, 1893
Émile Durkheim/임희섭 역, 자살론/사회분업론(La Suicide. 1897), 삼성출판사, 1990
Eric Hilgendorf, Gibt es ein Strafrecht der Risikogesellschaft?, NStZ, Heft.1. 1993
Eric Hilgendorf/이상돈 역, 형법의 세계화와 전문화, 박영사, 2010
Etienne Balibar/최원·서관모 역, 대중들의 공포: 맑스 전과 후의 정치와 철학(La crainte des masses, 1997), 도서출판b, 2007
Francisco J. Ayala, The Biological Roots of Morality, Biol. & Philos., 2, 1987
Gary S. Becker, Crime and Punishment : An Economic Approach, Columbia UniversityPress, 1968.
Georg Schilling, Das strafrechtliche Schutz des Augenscheinsbeweises, 1965.
Gerald Postema, Bentham and the Common Law Tradition, Oxford, 1986
Greg Mckeown/김원호 역, 에센셜리즘 Essentialism 본질에 집중하는 힘, 알에이치코리아(RHK), 2014
Günther Jakobs, Strafbarkeit juristischer Personen? in: Festschrift für Klaus Lüderssen, 2002
Gwynne Nettler, Explaining Crime, McGraw Hill, 1973
Hannah Arent, "On Violence", Crises of the Republic, Javanovich, 1972
Hans－Jürgen Bruns, Alte Grundfragen und neue Entwicklungstendenzen im modernen Strafzumessungsrecht, 1974
Harry G. Henn·Jone R. Alexander, Law of Corporation(4th ed.), West, 1983
Heinrich Henkel, Die "richtige" Strafe, Mohr Siebeck, 1969
Herbert Tröndle·Thomas Fischer·Otto Schwarz·Eduard Dreher, Strafgesetzbuch und ne－

bengesetze, Auflage 51., C.H.Beck, 2003

J. S. Mill/최요한 역, 자유론(On Liberty, 1859), 홍신문화사, 2006

J. V. Roberts, Penal Populism and Public Opinion, Oxford University Press, 2003

Jacque Derrida/진태원 역, 법의 힘(Force de loi, 1994), 문학과 지성사, 2012

Jeremy Bentham, An Essay on the Political Tactics, The Works of Jeremy Bentham vol. Ⅱ, 1843

Jeremy Bentham, Introduction to the Principles of Morals and Legislation, J. Burns/H. L. A. Hart, Methuen, 1982

Jeremy Bentham/고정식 역, 도덕과 입법의 원리 서설(An Introduction of the Principle of Morals and Legislation, 1789), 나남, 2011

Joel Seligman, Corporations: case and materials, Aspen Publishers, 1995/6

Johannes Wessels/Werner Beulke/Helmut Satzger, Strafrecht Allgemeiner Teil, 47. Aufl., C.F. Müller, 2017

John F. Olson & Aaron K. Briggs, “THE MODEL BUSINESS CORPORATION ACT AND CORPORATE GOVERNANCE: AN ENABLING STATUTE MOVES TOWARD NORMATIVE STANDARDS”, Law and Contemporary Problems, Vol. 74:31, 2011/winter

John Rawls, A Theory of Justice, The Belknap Press of Harvard University Press, 1971.

John Rawls, A Theory of Justice, Yale University Press, 2008

John Rawls, Political Liberalism, Columbia University Press, 1993

Johnson, H.L., Business in Contemporary Society: Framework and Issues, 1971

Jonson Nathaniel Porteux/박광호 역, 대한민국 무력정치사: 민족주의자와 경찰, 조폭으로 본 한국 근현대사(Police, Paramilitaries, Nationalists and Gangster: The Processes of State Building in Korea, 2013), 현실문화, 2016

Jürgen Habermas, Theorie des Kommunikativen Handels. Bd. Ⅱ, Shurkamp, 1981

Jürgen Habermas/이진우 역, 담론윤리의 해명(Erläuterungen zur Diskursethik, 1991), 문예출판사, 1997

Karl Binding, Die Nomen and ihre Übertretung, Eine Untersuchung über die rechtmässige Handlung und die Arten des Delikts, Bd. Ⅰ, 2. Aufl., Leipzig 1890

Krishnan Ohitter, “The Corporate Director's Standard of Care : Past, Present, and Future”, Delaware Journal of Corporate Law, vol. 10, 1985

Kristy Richardson, “The Corporation as Criminal and “Corporate” Individuals are too: A study of Queensland statutory provisions“, 2006

Lothar Kuhlen, Zum Strafrecht der Risikogesellschaft, Goltdammer's Archiv für Strafrecht, Decker, 1994

Michael Sandel, Justice－What’s the right thing to do?, FARRAR, STRAUS AND GIROUX, 2009

Michael Sandel, Liberalism and the Limits of Justice, Cambridge University Press, 1982

Michael Sandel/이양수 역, 정의의 한계(Liberalism and the Limits of Justice, 1982), 멜론, 2012

Michael Sandel/이창신 역, 정의란 무엇인가(Justice: What's the right thing to do?, 2009), 김영사, 2010

Michael Walzer, “The Idea of Civil Society”, in: E. Dionne(ed), Community Works: The Revival of Civil Society in America, Brookings Institution Press, 1991

Michael Walzer/정원섭 외 역, 정의와 다원적 평등(Spheres of justice : a defense of plu－ralism and equality, 1984), 철학과 현실사, 1999,

Milton Friedman, Capitalism and Freedom, 1962

Murray L. Weidenbaum, “The Marlin Toy Case,” Business, Government, and the Public, 4 ed., ed. Murray L. Weidenbaum(Englewood Cliffs, N.J.: Prentice－Hall, 1990

Nancy Bonvillain, “Gender relations in Mative North America”, American Indian Culture and Research Journal Vol. 13, No. 2, 1989

Nicholas L. Georgakopoulos, Principles and Methods of Law and Economics: Basic Tools for Normative Reasoning, Cambridge University Press, 2005.

Nicola Lacey/장영민 역, 국가형벌론－정치적 원리와 공동체 가치－(State Punishment: Political Principles and Community Values, 1988), 한국형사정책연구원, 2012

Nils Christie, “Conflict as Property”, The British Journal of Criminology, Vol.17, No.1, Oxford journals, 1977/1

OECD Ad Hoc Task Force on Corporate Governance, OECD Principles of Corporate Governance, 2013

Olaf Hohmann, Das Rechtsgut der Umweltdelikte: Grenzen des strafrechtlichen Umweltschutzes (Frankfurter kriminalwissenschaftliche Studien, Band 33), Peter Lang GmbH, 1991

Paul R. Ehrlich/전방욱 역, 인간의 본성(들)－인간의 본성을 만드는 것은 유전자인가, 문화인가?(HUMAN NATURES: Genes, Cultures, and the Human Prospect, 2001), 이마

고, 2008

Paul－Michel Foucault/오생근 역, 감시와 처벌: 감옥의 역사(Surveiller et punir: Naissance de la prison, Gallimard, 1975), 나남 출판사, 1999

Peter Cramer, Vollrauschtatbestand als abstraktes Gefährdungsdelikte, Mohr, 1962

Peter de Marneffe, "Liberalism and Perfectionism", The American Journal of Jurisprudence, Vol. 43, Issue 1, Oxford University Press, 1998/1

Peter Kunzmann · Franz－Peter Bukard · Franz Wiedman/여상훈 역, 철학도해사전(drv－Arlas Philosophie, 15. Aufl., 2011), 들녘, 2016

Peter Singer/김성한 역, 사회생물학과 윤리(The Expanding Circle: Ethics, Evolution, and Moral Progress, 2011), 연암서가, 2012

R. Franklin Balotti & Joseph Hinsey IV, Director Care, Conduct and Liability: The Model Business Corporation Act Solution, 56 BUS. LAW. 35, 2000

R. M. Hare, "Ethical Theory and Utilitarianism," in Essays in Ethical Theory, Oxford: Clarendon Press, 1989

R. M. Hare, Moral Thinking/Its Levels, Method and Point, Oxford, The Clarendon Press, 1981

Rashmi Goel, "No Women at the Centre: The Use of Canadian Sentencing Circle in Domestic Violence Cases". Wisconsin Women's Law Journal Vol. 15, 2000

Raymond D. Walk, "CPSC Mistake Leaves Company Clinging For Its Life," Industry Week, 4 November, 1974

Richard Posner, "A Review of Steven Shavell's Foundations of Economic Analysis of Law," Journal of Economic Literature, 44(2), 2006

Robert Merton, "Social Structure and Anomie". American Sociological Review, 3, 1938

Robert Nozick, Anachy, State, and Utopia, Basic books, 1974

Roger Trigg/김성한 역, 인간본성과 사회생물학－사회생물학의 철학적 측면을 논하다(The Shaping of Man, 1982), 궁리, 2007

Ronald Akers · Christine Sellers · Wesley Jenings, Criminological Theories: Introduction, Evaluation, & Application, Oxford University Press, 2016

Ronald Dworkins, "Liberalism", in A Matter of Principle, Harvard University Press, 1985

S. E. Stumpf/이광래 역, 서양철학사(A History of Philosoph, 1966), 종로서적, 1994

Sigve Oltedal · Bjørg－Elin Moen · Hroar Klempe · Torbjørn Rundmo, Explaining risk perception: An evaluation of cultural theory, 2004

Simon Dagut, Paternalism and Social Distance: British Settlers' Racial Attitudes, 1850s−1890s. South African Historial Journal. 37, 1997

Sir Anthony Bottoms, The politics of sentencing reform. In C. M. Clarkson, R. (Ed.), The philosophy and politics of punishment and sentencing. Oxford: Oxford University Press, 1995

Sir William Blackstone, The Commentaries on the Laws of England, The Claredon Press at Oxford, 1765~1769

Sonderquist · Sommer · Chew · Smiddy, Corporations and other business organizations, michie, 1997

Soon CS/Brass M/Heinze HJ/Haynes, JD, Nature Neuroscience. 11, 2008

Stephan Stübinger, Strafrecht−zwischen Wissenschaft und politik: Über die Differenz zwischen wissenschaftlichem und politischem Reformdruck auf das Strafrecht, in: Institut für Kriminalwissenschaften und Rechtsphiosophie Frankfurt a.M.(ed.), Irrwege der Strafgesetzgeburg, 1999

Steven Shavell, Foundations of Economic Analysis of Law. Harvard University Press, 2004

Tess Bartlett, The Power of Penal Populism: Public Influences on Penal and Sentencing Policy from 1999 to 2008, Victoria University of Wellington, 2009/6

Thomas Donaldson/유장선 역, 기업윤리(Corporation and Morality, 1982), 법문사, 1990

Thomas Mathiesen, The Viewer Society, Theoretical Criminology, Vol 1(2), Sage Publications, London, 1997

Tobias Singelstein · Peer Stolle/윤재왕 역, 안전사회−21세기의 사회통제, 한국형사정책연구원, 2012

U.S. Comptroller General, Banning of Two Toys and Certain Aerosol Spray Adhesives, U.S. General Accounting Office, 1975

Ulich Sieber/김한균 외 역, 전세계적 위험사회에서 복합적 범죄성과 형법(New Challenges of the Risk Society Blurring the Limits of Criminal Law), 한국형사정책연구원), 2011

Ulrich Beck/홍성태 역, 위험사회−새로운 근대성을 향하여(Risikogeshellschaft − Auf dem Weg in eine ander Moderne, Suhrkamp, 1986), 새물결, 2006

Ulrich Beck/홍윤기 역, 아름답고 새로운 노동세계(Schöne neue Arbeitswelt, Suhrkamp Verlag, 1999), 생각의 나무, 1999

v. Arnim, Hans−Herbert, Wirtschaftlichkeit als Rechtsprinzip, Duncker & Humblot, Berlin, 1988

Vennard, J., "Justice and Recompense for Victims of Crime", New Society, No. 36, 1976

Winfried Hassemer, Grundlinien einer personalen Rechtsgutslehre in: ders., Strafen im rechtsstaat, 2000

Winfried Hassemer, Produktverantwortung im modernen Strafrecht, 1994

Winfried Hassemer, Theorie und Soziologie des Verbrechens, 1973

Winfried Hassemer, Theorie und Soziologie des Verbrechens, Fischer Taschenbuch Verlag· fm, 1973

Wolfenden Report, the Committee on Homosexual and Prostitution, 1957/9

Zygmunt Bauman, Wasted Lives: Modernity and its Outcasts, Polity Press, 2004

Zygmunt Bauman/이일수 역, 액체 근대(Liquid Modernity, 1999), 강, 2009

Zygmunt Bauman/정일준 역, 부수적 피해－지구화시대의 사회 불평등(Collateral Damage (Social Inequalities in a Global Age, 2011), 민음사, 2013

찾아보기

[저자 약력]

김 혜 경

연세대학교 법학과 및 동대학원 석사·박사
전 한국형사정책연구원 부연구위원
현 계명대학교 경찰행정학과 부교수
미국 버클리 로스쿨(U.C. Berkeley, Law School) 방문교수
사법시험, 중등교사 임용시험 및 각종 국가고시 출제위원
대법원 양형위원회 전문위원 등

현대사회의 위험, 경제문제, 회복적 사법 및 전환적 사법 등과 형법과의 관계, 인간본성을 기초로 한 진화론적 접근으로서의 형법 등 형법과 연계 학문 간의 통섭적 연구에 관심이 많다. 지금까지 그와 관련된 60여 편 이상의 논문을 게재하였고 공저인 법과 진화론(법문사, 2016)은 대한민국학술원 우수학술도서로 선정되기도 하였다.

처벌의 원리 -공동체 가치로서 연대성과 처벌의 인간화-

초판인쇄 2018년 6월 20일
초판발행 2018년 6월 25일

지은이 김혜경
펴낸이 김중용

총괄기획 박노일·최준규
편 집 심성보·김인숙

펴낸곳 마인드탭 MIND TAP
경기도 파주시 책향기로 441, 1004동 1004호(동패동, 책향기마을)
등록 제406-2014-000093호
전 화 070)7550-3758 팩 스 02)718-8554
홈페이지 www.mindtap.co.kr 이메일 pnc@pncmedia.co.kr
ISBN 979-11-86672-98-3 93360

※ 마인드탭은 피앤씨미디어의 자매 브랜드입니다.

정 가 25,000원